| 개정판 |

영유아발달

이 영 · 이정희 · 김온기 · 이미란 · 조성연 · 이정림 · 박신진
유영미 · 이재선 · 신혜원 · 나종혜 · 정지나 · 문영경 공저

학지사

개정판 머리말

'영유아발달'은 인간 발달 과정의 초기에 해당하는 특별한 시기의 발달을 다루는 학문이다. 영유아에 대한 구체적인 대상 연령과 구분은 학자마다 그리고 법적 · 교육적 적용 목적에 따라 다소 다르게 사용되고 있다. 2009년에 『영유아발달』을 처음 출판하였을 때는 태내기부터 6세 이전까지의 발달을 다루었다가 2015년에 『영아발달』과 『유아발달』로 세분화하고 태내기부터 3세 이전까지의 발달을 『영아발달』에서, 3세부터 6세 이전까지의 발달을 『유아발달』에서 좀 더 상세하게 다루었다. 이번에 다시 영유아기를 함께 다루는 책이 필요하다는 요청에 의해 태내기부터 6세 이전까지의 발달을 다루는 『영유아발달(개정판)』을 출판하게 되었다. 따라서 이 책은 『영유아발달』 『영아발달』 『유아발달』의 내용에 기초를 두고 재구성된 책이다.

이 책은 장차 현장에서 영유아를 지도하거나 다루어야 하는 영유아보육교사, 유아교사, 아동상담사, 아동치료사, 아동지도사, 아동복지사 그리고 영유아에 대한 전문적 지식과 지적 호기심을 가지고 있는 사람들에게 기초적인 지식과 실제적 도움을 주는 것을 주요 목적으로 하고 있다. 또한 동시에 이 책은 장차 영유아발달에 관한 연구자가 되기를 희망하는 사람들에게도 연구를 위한 자극과 정보 그리고 교육적 · 치료적 적용을 위한 정보 등에서 실제적인 도움을 주고자 한다. 이 책을 읽고 공부하는 독자들은 각자의 입장에서 이 책의 내용을 지식이나 정보로 이해하고 습득하는 데 그치지 않고 실제 생활 현장에서 창조적으로 활용할 수 있게 되기를 기대해 본다.

이 책의 제1장은 이영, 제2장은 유영미, 제3장은 조성연, 제4장은 이정희, 제5장은 나종혜, 제6장은 김온기, 이미란, 신혜원, 제7장은 김온기, 문영경, 박신진, 정지나, 제8장은 이정림 박사가 그리고 각 장에 있는 팁은 이재선이 각각 책임 집필하였다.

이 책이 나오기까지 협력해 주신 모든 분께 감사드리며, 이 책의 원고가 준비되기까지 격려해 주시고 지원을 아끼지 않으신 학지사 김진환 사장님과 직원들께 진심으로 감사를 전한다.

2017년 3월

저자 일동

1판 머리말

영유아발달은 인간 발달과정의 초기에 해당하는 특별한 시기의 발달을 다루는 학문이다. 학문적으로 영유아(infancy and toddlerhood)라는 용어를 정의할 때는 대개 출생 후부터 2세까지의 기간을 의미하지만, 아동발달연구의 일부로서 그리고 교육이나 보육의 대상으로 영유아발달을 다룰 때는 보다 넓은 의미로 규정하여 사용하고 있다. 영유아에 대한 구체적인 대상 연령과 구분은 학자마다 목적에 따라 다소 다르지만 보편적으로 수정 후부터 6세 이전까지를 포함한다. 경우에 따라서는 이 기간을 좀 더 세분화하여 태내기, 출생 후부터 2세까지 그리고 2세부터 6세까지 등으로 구분하고 각 시기에 대해 집중적으로 연구하기도 한다. 이 책에서는 태내기부터 6세 이전까지의 발달을 다루었다.

이 책은 몇 가지 측면에서 기존의 영유아발달을 다룬 책들과 차별화된다. 첫째, 책의 구성에 있어서 영유아발달을 공부할 때 기초가 되는 주요 이론들과 방법론 및 대표적인 관련 연구들을 제시함과 동시에 보다 전문적인 연구에 도움이 되는 최근의 연구 경향에 관한 정보들을 포함시키고자 노력하였다. 그러므로 독자들의 필요와 관심에 따라 다양하게 접근할 수 있도록 배려하였다. 둘째, 영유아기를 세분하여 태내기, 신생아기, 영아기, 유아기로 구분하고 각 단계별로 가장 중요시되는 주제를 뽑아 관련 이론과 연구방법 및 최근 연구경향 등을 설명하고, 각 주제와 관련지어 특별히 사회적 이슈가 되거나 교육적 적용에 필요한 정보들을 별도로 상세히 제시하였다. 셋째, 정상적인 영유아발달뿐 아니라 비정상적이거나 부적응적인 영유아발달 이상에 관해서도 이해하기 쉽게 설명하였다.

이 책의 궁극적인 목적은 장차 영유아발달에 관한 연구자, 학자가 되기를 희망하는 사람들, 현장에서 영유아를 지도하거나 다루어야 하는 영유아보육교사, 유아교사, 아동상담사, 아동치료사, 아동지도사, 아동복지사 그리고 영유아에 대한 전문적 지식과 지적 호기심을 가지고 있는 사람들에게 기초적인 지식은 물론 연구를 위한 자극과 정보 그리고 교육적, 치료적 적용을 위한 정보 등으로 실제적인 도움을 주고자 함이다.

이 책의 저자들은 각자가 맡은 부분을 책임지고 집필하였지만 모든 집필자가 원고 전체를 함께 윤독하고 서로 논평해 주면서 처음부터 끝까지 공동으로 참여하고 협조하였다.

제1장은 이영, 김수연, 제2장은 유영미, 제3장은 조성연, 정지나, 제4장은 이정희, 제5장은 나종혜, 제6장은 김온기, 이미란, 신혜원, 제7장은 이재선, 정지나, 김수연, 제8장은 이정림 박사가 각각 책임 집필하였다.

이 책이 나오기까지 협력해 주신 모든 분들께 감사하며, 특별히 아들 지환의 사진을 사용하도록 허락해 주신 지화진 선생님에게 특별한 감사를 드린다. 끝으로 이 책의 원고가 준비되기까지 오랜 기간 인내심을 가지고 기다려 주시고 격려해 주신 학지사 김진환 사장님과 직원들께 진심으로 감사한다.

2009년 2월

저자 대표 이영

차 례

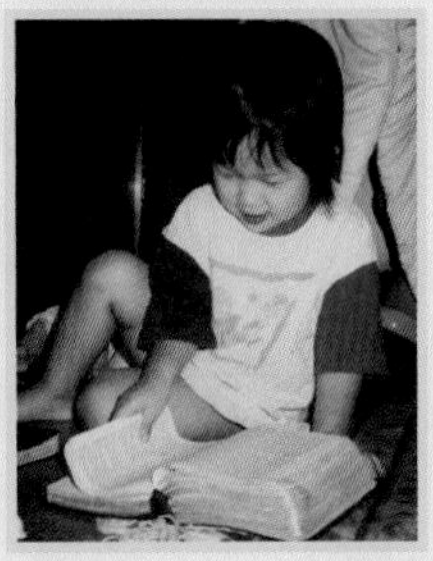

chapter 08

01 *chapter*

영유아발달 이해의 기초

1. 영유아기 발달의 특성
2. 발달의 개념과 원리
3. 발달의 영역 및 시기 구분
4. 발달에 영향을 미치는 요인
5. 발달 연구의 주요 쟁점
6. 영유아발달의 연구 동향과 전망

학습개요

많은 동물의 종 중 인간의 영아기가 가장 길다. 그러나 오랫동안 영아는 아무것도 할 수 없는 의존적이기만 한 존재로 간주되어 왔기 때문에 영아발달의 중요성은 실제보다 과소평가되어 왔다. 그러나 20세기 이후 여러 연구결과를 통해 영아의 감각 · 운동 · 인지 능력에 대해 알게 되었고, 특히 최근에는 지속적인 과학의 발달로 두뇌 발달과 태내 발달 과정을 관찰할 수 있게 되면서 영아기에 대한 관심과 이해가 급격히 증가하였다. 최근 들어 보육, 유아교육, 저출산 대책, 일-가정 양립 정책 등 여러 사회정책 분야에서 영유아에게 타고난 능력과 특성에 맞는 최선의 조건을 만들어 줄 환경 요인들을 찾고자 하면서 영유아 연구의 필요성이 더욱 강조되고 있다. 그동안 우리나라에서는 '세 살 버릇 여든 간다'는 속담이 있을 정도로 발달 과정에서 유아기를 매우 중요한 시기로 인식해 왔다. 최근에는 대부분의 유아가 유치원이나 어린이집과 같은 유아교육기관을 다니고 있으며 『내가 정말 알아야 할 모든 것은 유치원에서 배웠다』(Fulghum, 1988/2009)라는 유명 저서가 있을 만큼 이 시기 경험의 중요성이 강조되고 있다.

영유아발달을 제대로 이해하기 위해서는 우선 발달의 개념과 원리에 대한 전반적인 이해가 필요하다. 따라서 이 장에서는 발달을 이해하기 위한 기초로서 영유아기 발달의 특성을 살펴보고, 발달의 개념과 원리, 발달의 영역 및 시기 구분, 발달의 기저가 되는 영향 요인, 발달 연구의 주요 쟁점 등에 대해 살펴보기로 한다. 또한 그동안 진행되어 온 영유아의 발달에 관련된 연구의 흐름을 정리함으로써 영유아발달 연구 분야의 주요 관심에 대해 살펴보고, 앞으로 영유아 연구가 지향해야 할 미래 과제에 대해 알아보고자 한다.

chapter 01

영유아발달 이해의 기초

1. 영유아기 발달의 특성

모든 인간은 천성적으로 생존을 위한 공통된 특성들을 가지고 있다. 그렇지만 동시에 모든 인간은 각 개인의 독특한 특성을 가진다. 영유아발달은 인간 발달과정의 초기에 해당하는 특별한 시기의 발달을 다루는 학문이다. 학문적으로 영유아(infancy and toddlerhood)라는 용어를 정의할 때는 대개 출생 후부터 2세까지의 기간을 의미하지만, 아동발달연구의 일부로서 그리고 교육이나 보육의 대상으로 영유아발달을 다룰 때는 보다 넓은 의미로 규정하여 사용하고 있다. 영유아에 대한 구체적인 대상 연령과 구분은 학자마다 목적에 따라 다소 다르지만 보편적으로 수정 후부터 6세 이전까지를 포함한다. 경우에 따라서는 이 기간을 점 더 세분화하여 태내기, 출생 후부터 2세까지 그리고 2세부터 6세까지 등으로 구분하고 각 시기에 대해 집중적으로 연구하기도 한다. 이 책에서는 태내기부터 6세 이전까지의 발달을 다루었다.

영유아의 발달은 수정되기 이전부터 부모와 조부모, 그리고 더 거슬러 올라가서 부모 가족의 계보로부터 유전을 통하여 전해지는 특징들과 수정의 순간부터 이후 경험하는 환경의 영향을 받으면서 매우 빠른 속도로 이루어진다.

영아기는 여러모로 볼 때 전 생애에서 가장 격동적인 발달 시기로서 극적인 변화가 많이 일어나는 시기이다. 영아기에는 무엇보다도 신체적 성장이 급속히 이루어지며 뇌와 신경계가 급격히 발달한다. 감각과 지각 능력의 발달과 함께 운동 능력도 빠른 변화를 보인다. 전적으로 의존적이던 영아는 점차 기고, 앉고, 서고, 첫걸음을 떼는 것을 배운다. 그리고 자신이 원하는 바를 울음, 미소 그리고 기초 언어를 이용하여 표현한다. 이 시기의 언어적 자극과 경험은 언어적 의사소통 능력의 바탕이 된다. 또한 부모와 주 양육자에게 애착을 형성하고 세상에 대한 신뢰감과 자율성을 형성한다. 영아기에 자신이 사랑받을 가치가 있는 존재라는 느낌을 경험하면서 자아존중감의 토대를 마련하고 또래관계를 포함한 다양한 사회적 관계의 바탕을 쌓아 간다.

유아기는 영아기에 비해 발달 속도가 다소 완만해지나 모든 영역의 발달이 꾸준히 이루어지는 시기다. 초등학교 입학 후 펼쳐질 아동기 발달을 위한 기초 능력과 습관도 이 시기에 형성된다. 신체의 크기나 모습이 현저하게 변화하며 대·소근육 조절과 운동 능력이 비약적으로 발달한다. 걷거나 뛰는 것이 자유롭게 되면서 활동 반경이 확대되고 신체적 자기 통제도 어느 정도 가능해진다. 잠시도 가만히 있지 않고 끊임없이 움직이며 신체적 활동량도 많아진다. 집 안에서 생활하기보다 유치원과 어린이집 등의 기관을 다니면서 활동 범위가 넓어지고, 특히 놀이터나 바깥에서 뛰어다니며 놀이하는 것을 즐긴다. 따라서 안전사고의 위험이 높은 시기다.

뿐만 아니라 유아기 동안 유아는 논리적 사고의 출발인 표상적 사고를 하게 되며 복잡한 인지 개념을 획득하고 기억 능력이 크게 증진된다. 주변의 사물과 상황에 대해 호기심이 많아지고 효과적으로 대처할 수 있게 된다. 다른 사람의 마음과 생각에 대해서도 이해하기 시작하여 사람의 마음과 생각이 어떻게 작용하는지에 대한 지식, 즉 마음 이론을 발달시키기 시작한다. 유아기의 기억력은 아직까지 정교하지 못하지만 영아기에 비해 훨씬 더 정보에 잘 집중할 수 있고 정보의 처리 속도도 빨라진다. 특히 상상력이 풍부해지고 창의성이 발달하며 다양한 놀이를 즐긴다. 어휘력이 빠르게 확장됨에 따라 다른 사람과의 언어적 의사소통 능력이 급속히 발달한다. 따라서 유아기에는 말이 대화의 수단이 된다. 언어가 발달하면서 정보를 언어로 부호화하기 때문에 언어가 발달함에 따라 기억 능력이나 정보처리 능력 등 인지 능력도 급격히 발달한다.

사회적 접촉의 대상이 부모와 가족뿐 아니라 또래와 이웃 등 주변 사람들로 확대되면서 대인관계의 폭이 넓어진다. 바깥세상을 탐색할 기회가 많아지면서 자기와 타인에 대한 관심과 인식이 발달하고, 다양한 사회적 관계 능력이 발달하며, 사회적 가치관이나 규범을 습득한다. 특히 성역할이나 자신이 속한 문화와 민족에 대한 정체성 및 편견도 획득하게 된다. 따라서 이 시기부터 또래의 영향력이 점점 커진다. 특히 유아기부터는 다른 사람들의 시선과 판단을 크게 의식하는 우리 사회의 독특한 문화로부터 영향을 받기 시작한다.

이와 더불어 감정 표현이 다양해지고 타인의 감정 표현을 인식할 수 있게 되며 자신의 감정도 점차 조절하여 표현할 수 있게 된다. 그러나 자아개념이 형성되는 과정에서 자기 고집이 강하고 자기중심적이며 정서 조절이 쉽지 않아 정서의 기복이 심하다. 유아는 정서적 안정이 이루어지기 전에는 어떤 것에도 흥미를 느끼거나 집중하지 못한다. 반면, 정서적 안정을 이루어 마음이 편해지면 유아는 놀이에 집중하고 놀이를 통해 많은 것을 배워 나간다. 그러므로 이 시기에는 무엇보다 유아의 정서적 안정이 중요하다.

이처럼 영유아기는 여러 측면에서 나름의 독특한 발달적 변화가 이루어지는 시기다. 따라서 이러한 변화를 중심으로 발달이 정상적으로 이루어지는지를 살펴볼 수 있고 발달 수준에 적합한 방법으로 지도하고 도움을 줄 수 있다.

2. 발달의 개념과 원리

인간이 형성되고 발달해 가는 과정을 이해하기 위하여 발달의 개념과 발달의 원리부터 알아둘 필요가 있다.

1) 발달의 개념

발달은 난자와 정자가 수정되는 순간부터 죽음에 이르기까지 시간이 경과함에 따라 끊임없이 일어나는 양적 또는 질적 변화의 과정이다. 양적 변화는 키, 몸무게, 머리 둘레, 치아의 수 등에서 보이는 수치, 크기, 양의 변화를 의미한다. 이와 같은 양적 변화는 흔히 성장(growth)이라는 용어로 표현하기도 한다. 질적 변화는 언어 사용 능력, 인지 능력, 사회적 능력 등의 측면에서 보이는 종류나 구조, 조직의 변화를 의미한다. 예를 들어, 말을 하지 못하던 아이가 한 단어의 말을 함으로써 언어적 의사소통이 가능해지는 변화처럼 새로운 기능이 나타나는 경우 혹은 장난감을 입에 넣고 빨면서 탐색하다가 어느 순간 장난감을 두 손으로 조작해 보면서 놀이하게 되는 경우를 말한다. 발달하는 과정에서 인간은 환경과의 계속적인 상호작용을 통해 양적으로 그리고 질적으로 변화해 가지만 한편으로는 지속적이고 연속적인 측면도 있어 안정성을 보이기도 한다.

발달이 이루어지기 위해서는 성장과 성숙, 학습이라는 세 가지 기제가 작용해야 한다.

성장이란 키가 크거나 몸무게가 느는 등 신체의 크기나 능력이 양적으로 증가하는 변화를 의미하고, 성숙은 유전적으로 결정되어 있는 발달적 변화의 시기와 과정들이 시간이 흐름에 따라 자연스럽게 나타나는 생물학적 과정을 말한다. 학습은 직접적 혹은 간접적 경험의 결과로서 획득되는 발달적 변화를 의미하며, 개인의 노력이나 환경의 영향을 받아 이루어진다. 따라서 영유아의 발달은 성장과 성숙, 학습의 세 과정이 끊임없이 함께 작용하여 이루어지는 것이다.

2) 발달의 원리

영유아의 발달은 매우 복잡한 과정을 거쳐 이루어지지만 그 과정에서 모든 아동은 환경의 영향과 무관하게 다음과 같은 몇 가지 보편적 원리를 따른다.

첫째, 발달 과정에는 일정한 순서가 있다. 예를 들어, 모든 영유아는 머리를 가누고 난 후에 뒤집기를 하고, 기어 다니고 난 후에 앉고 설 수 있으며, 그다음에 걷고 달릴 수 있다. 이처럼 이동하는 데 필요한 신체 능력은 일정한 순서를 거치는데, 걷기에 관련된 신체 능력을 획득한 후에 달리기에 필요한 능력을 추가로 획득한다. 언어발달에서도 울음으로 의사 표시를 하던 영아가 옹알이를 한 후에 한 단어로 말을 하게 되고, 두 단어로 말을 하면서부터 간단한 문장을 사용하여 의사소통을 하다가 점차 복잡한 문장을 사용할 수 있게 된다. 발달은 이처럼 환경과는 무관하게 보편적으로 나타나는 순서가 있으며, 아무리 훈련을 반복하여도 그 단계에 필요한 능력을 갖추지 못하면 다음으로 넘어갈 수 없다.

둘째, 발달은 일정한 방향으로 진행된다. 즉, 발달은 일정한 순서에 따라, 일정한 방향의 원리에 따라 진행된다는 것이다. 진행되는 방향에는 세 가지 원리가 있는데, 머리 부분이 먼저 발달하고 점차 아래쪽 부분의 발달로 진행되는 두미(cephalocaudal) 방향의 원리, 몸 중심부에서 말초 쪽으로 발달이 진행되는 근원(proximo-distal) 방향의 원리, 전체적인 운동 기능에서 세분화된 기능으로 진행되는 전체-세분화(mass-specific) 방향의 원리가 있다. 예를 들어, 영아는 머리를 가눈 후에 몸과 팔을 이용해 앉을 수 있고, 그 후 다리를 이용하여 걸을 수 있게 된다. 또한 팔에서 시작하여 손목, 손가락의 순서로 움직이게 된다. 그리고 바닥에 떨어진 물건을 잡을 때 처음에는 손 전체를 사용하지만 점차 시간이 지나면서 손가락을 사용하여 물건을 잡을 수 있게 된다([그림 1-1] 참조).

셋째, 발달은 지속적으로 이루어지지만 발달의 속도는 일정하지 않다. 특정한 시기에

[그림 1-1] 세 가지 발달의 진행 방향
출처: 이영, 이미란, 홍희영, 한성희, 민성혜, 박신진 외(2015). 영아발달, p. 14.

특정한 영역이 급격히 발달하기도 하고 천천히 발달하기도 하는 등 그 속도가 일정하지 않다. 예를 들면, 신체의 성장과 발달의 경우, 태아기부터 영아기, 유아기, 아동기, 청년기까지 지속적으로 신체의 성장과 발달이 이루어지지만 특히 영아기에 신체가 급속도로 성장하고, 사춘기에는 2차 성징이 나타나면서 호르몬 변화로 생식기관의 발달이 빠르게 일어난다. 그런가 하면 유아기에는 어휘 습득 속도가 매우 빨라 언어발달이 급격히 일어난다. 반면, 청년기에는 추상적 사고 능력과 논리적인 문제해결력이 향상된다. 이처럼 발달의 속도는 일정하지 않다.

[그림 1-2]에서 보는 바와 같이 연령의 증가에 따른 전반적인 성장 곡선에 비해 두뇌는 영아기와 유아기에 급속히 발달하다가 그 이후 성장 속도가 둔화된다. 또한 림프 조직은 영아기부터 유아기와 아동기까지 계속해서 빠른 속도로 성장하다가 아동기가 끝나면서 속도가 완만해진다.

넷째, 발달은 분화와 통합의 과정을 거친다. 갓 태어난 아기의 울음은 분화되어 있지 않지만 2개월 정도 지나면 아기의 울음은 배고플 때, 기저귀가 젖었을 때, 아플 때 각각 다르다. 어느 정도 양손 사용이 익숙해진 후 두 손의 협응을 이루어 손뼉을 치는 짝짜꿍을 할 수 있게 되며, 이후에 점차 왼손이나 오른손 중 우세한 손이 출현한다. 신체발달은 물론 정서발달, 지각발달 그리고 인지발달 측면에서도 처음에는 비교적 분화되지 않은 상태였다가 점차 분화되고 정교화된다. 정교화되고 세분화된 능력은 다시 통합되어 상호 협응된 상태로 사용할 수 있게 발달한다.

다섯째, 발달에는 개인차가 있다. 발달은 보편적인 순서에 따라 이루어지지만 개인에

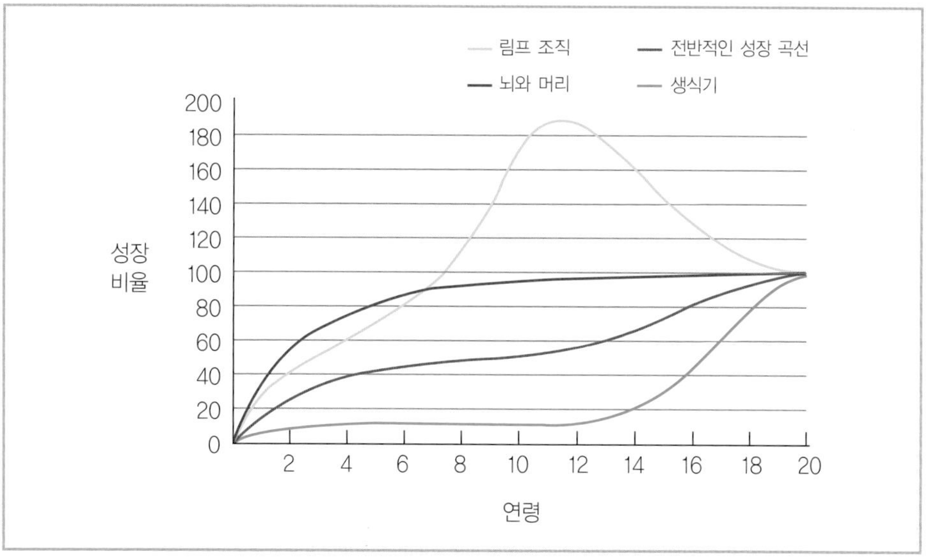

[그림 1-2] 신체부위별 성장 속도 곡선
출처: Berk, L. E. (2005). *Infants and children* (5th ed.), p. 290.

따라, 성별에 따라, 그리고 환경과 유전에 따라 차이가 나타난다. 비슷한 유전적 요인을 타고난 일란성 쌍생아도 신생아기부터 개인차가 나타나며, 발달의 속도와 양상은 개인마다 각기 다르다. 즉, 월령이 같은 12개월 영아들 간에도 성장 속도에 차이가 나서 어떤 영아는 걷고 한 단어 말을 하지만 다른 영아는 아직 기어 다니고 옹알이를 하기도 한다. 또한 성별에 따라서도 발달적 특징이 달라져 대개 여아는 남아에 비해 상대적으로 언어발달이 빠르고, 남아는 대근육의 발달이 상대적으로 우세한 편이다. 성장 과정에서 발달의 비율과 시기는 개인마다 각각 다르게 나타난다. 어떤 사람은 20대 이후에도 계속 키가 자라기도 한다.

여섯째, 발달의 제 영역들은 서로 상호작용하고, 발달은 유전과 환경이 서로 상호작용하여 이루어진다. 신체발달과 언어발달, 인지발달, 정서발달, 사회성 발달은 서로 밀접하게 영향을 주고받으면서 진행되므로 각 영역의 발달을 분리하여 생각할 수 없다. 신체발달은 인지발달이나 도덕성 발달과 관련되고 인지발달은 사회성 발달이나 성격발달과 관련되어 있다. 예를 들어, 신체적으로 건강하고 잘 걷는 영아는 주위 탐색을 잘할 수 있어 인지발달과 사회성 발달이 활발하게 이루어질 수 있다. 정서 이해가 빠른 유아는 또래의 마음을 잘 이해하여 사회적 능력의 수준이 높다. 반면, 언어발달 수준이 뒤떨어지면 사회성과 대인관계에도 문제가 생긴다.

3. 발달의 영역 및 시기 구분

인간의 발달을 좀 더 깊게 이해하기 위해 발달의 내용과 과정을 몇 개의 영역으로 구분하여 연구한다. 또한 전 생애에 걸쳐 일어나는 발달의 과정을 이해하기 위해 생활연령에 따른 종단적 변화를 시기로 구분하여 접근하기도 한다.

1) 발달의 영역

인간은 연령이 증가하면서 변화와 안정성이 각기 다르게 영향을 미치기 때문에 그 기제를 정확하게 설명하기 어렵다. 그러므로 인간 발달을 연구할 때 일반적으로 발달의 내용을 몇 개의 영역으로 구분하여 심도 있게 연구한다. 발달 영역의 구분은 학자마다 다양하지만 대체로 영유아발달을 이해하기 위해 신체 및 운동발달 영역, 인지발달 영역, 언어발달 영역, 정서발달 영역, 사회성 발달 영역 등으로 구분한다.

신체 및 운동발달 영역은 주로 뇌와 신경계의 성장, 신장 및 체중의 발달, 근육 및 골격의 발달, 치아의 발달, 대근육과 운동 능력의 발달 및 소근육 발달을 포함한다. 인지발달 영역은 개인의 사고와 지능, 개념의 발달, 기억, 창의성 및 정보 처리 능력 등과 같은 정신 능력의 발달을 포함한다. 언어발달 영역은 말하기와 듣기, 문장의 구성 규칙의 발달, 읽고 쓰기의 발달, 그리고 타인과 의사소통하는 방법의 발달을 포함한다. 정서발달 영역은 감정과 정서의 표현, 자신과 타인의 정서 이해, 정서 조절 능력 등의 발달을 포함한다. 사회성 발달 영역은 자아, 도덕성, 성역할, 자신과 타인에 대한 이해, 사회적 관계 능력, 친사회적 행동, 공격성 등의 발달을 포함한다.

발달의 영역들은 완전히 구분되는 서로 다른 측면이 아니라 편의상 구분한 것이기 때문에 각 영역에 포함되는 구체적인 측면은 학자에 따라, 혹은 관점에 따라 서로 다를 수 있다. 예를 들어, 언어발달을 인지발달의 한 측면으로 포함시키기도 하고, 도덕성을 인지발달 영역에 포함시키거나 사회적 행동에 포함시키기도 한다. 또한 사회 인지를 인지발달의 일부라고 보기도 하고, 사회성 발달의 일부로 보기도 한다. 그런가 하면 사회성과 정서, 성격 등을 구분하지 않고 이들을 하나의 발달 영역으로 묶어서 살펴보기도 한다.

각 영역의 발달은 완전히 독립적이지 않으며 한 영역의 발달은 다른 영역의 발달에

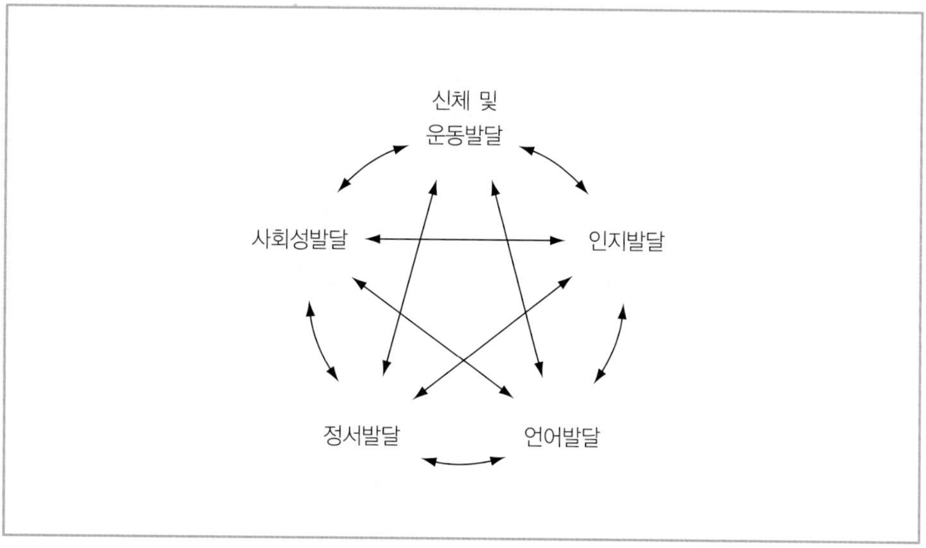

[그림 1-3] 발달 영역 간 상호작용
출처: 이영, 김온기, 조성연, 이혜경, 이선원, 이정림 외(2015). 유아발달, p. 19.

영향을 주고받는다. 예를 들면, 언어 능력은 구강 구조의 발달과 두뇌의 신체적 발달 정도에 따라 달라지고, 말로 자신의 의사를 잘 전달하지 못하는 유아는 타인으로부터 부정적인 반응을 받아 자아존중감이나 사회성이 낮아질 수 있다. 이처럼 신체적 발달과 언어적 능력은 사회적 수용에 영향을 미칠 수 있다.

이처럼 발달의 제 영역들은 상호 관련되어 있어서 전 생애에 걸쳐 서로 영향을 주고받는다. 또한 [그림 1-3]에서 보는 바와 같이 각 발달 영역을 단순히 합쳐 놓은 것 이상이며, 상호작용하면서 통합적으로 이루어지는 복잡한 과정임을 유념해야 한다.

2) 발달의 시기 구분

인간의 발달 과정은 수정되는 순간부터 죽음에 이르기까지 끊임없이 계속되는 변화 과정이지만, 편의상 나이 범위를 기준으로 생의 시작과 태내기, 출산의 과정과 신생아기, 영아기, 유아기, 청소년기, 성인기, 노인기 등으로 구분하여 접근한다. 전 생애의 발달 과정을 종단적으로 놓고 보편적인 나이의 범위를 정해서 시기를 구분하는데, 만 나이를 기준으로 하여 일반적으로 수정에서 출생까지를 태내기, 출생 후부터 1개월까지를 신생아기, 1개월 이후부터 2세까지를 영아기, 2세 이후부터 6세까지를 유아기, 6세 이후부터 12세까지를 아동기, 12세 이후부터 19세까지를 청소년기, 20세 이후부터 40세까지를 성인 전기, 40세 이후부터 65세까지를 성인 중기, 65세 이후를 노인기로 나눈다. 특히 최근 평균수명이 늘어나면서 노인기의 기간이 다른 시기보다 훨씬 길어지고 있어 발달 시기의 구분을 재조정해야 한다는 주장도 있고, 노인기를 다시 전기와 후기로 나누어야 한다는 주장도 있다.

시기마다 사람들이 보여 주는 행동과 능력에서 공통된 특징을 쉽게 찾을 수 있어 대부분은 이 나이의 범위와 구분에 동의한다. 하지만 각 시기의 과정이 시작되고 끝나는 연령은 개인마다 차이가 크며 어떤 시기는 시작과 끝이 애매하여 분명하지 않다. 또한 이 시기의 구분은 여러 가지 면에서 임의적이며 시대와 문화에 따라 달라진다. 특히 우리나라에서는 교육법상으로 볼 때 유치원에 취원할 수 있는 연령인 36개월부터 초등학교 입학 전까지를 유아기로 보기도 한다. 또한 청년기와 성인기의 구분에서 대학교 졸업 또는 취업을 기준으로 삼기도 한다.

그러므로 발달이론가들은 발달의 시기를 어떻게 구분하고 어떤 시기로 명명하느냐에는 큰 의미를 두지 않는다. 그보다는 어떤 특정 영역의 발달이 왜, 그리고 어떻게 일어나며, 그 시기나 과정에서 개인마다 차이가 있는 이유는 무엇인지에 더 관심이 있다. 이 책에서는 영유아기를 생후 72개월까지의 기간으로 정하고 이 시기의 발달에 대해 살펴보고자 한다.

4. 발달에 영향을 미치는 요인

발달에 대한 관심 중 가장 근본적인 관심은 발달적 변화를 일으키는 주요 요인을 찾는 일이다. 다시 말해, 무엇이 작은 수정체로부터 출발하여 사람의 모습을 갖추게 하며 여러 측면의 발달적 변화를 이루게 하는지, 그 변화를 일으키는 유전적 기저(genetic foundations)와 환경적 기저(environmental foundations)는 무엇인지, 무엇이 한 사람을 독득한 개체로 만드는지, 개인차를 만들어 내는 요인은 무엇인지를 이해함으로써 우리는 인간의 발달을 도울 수 있는 구체적인 방안을 찾아낼 수 있기 때문에 이러한 질문에 많은 관심을 갖는다.

유전적 요인과 환경적 요인 중 어느 것이 상대적으로 발달에 더 중요한 영향력을 갖는가에 대한 견해는 학자에 따라 차이가 있다. 그러나 오늘날에는 대체로 정도의 차이는 있으나 이 두 요인이 함께 작용한다고 생각한다. 또한 동일한 유전적 소양과 동일한 종류의 환경에 대해서도 인간 개인마다 각각 다르게 반응한다는 사실도 인정되고 있다. 발달에 영향을 주는 유전적 요인과 환경적 요인에 대해 더 자세히 살펴보기로 한다.

1) 유전적 요인

철학자 루소(Rousseau)는 인간이 일정한 단계를 거쳐 발달하는데, 그 단계는 타고난 본성의 힘으로 진행된다고 보았다. 그러므로 인간이 가지고 태어난 본성을 자연이 이끄는 대로 내버려 두면 자연스럽게 발달이 이루어진다고 하였다. 또한 성숙 이론가인 게젤(Gesell)도 모든 인간은 성숙함에 따라 이미 결정되어 있는 잠재적 성장 모형이 자연스럽게 펼쳐진다고 보았다. 이렇듯 발달적 변화를 이끄는 주요 기저가 유전적 요인이라고 보는 학자들은 타고난 유전적 기초나 생물학적 기초가 인간의 발달을 결정짓는다고 보았다.

키, 몸무게, 신체적 외모, 시력, 대머리, 사춘기 초경 시기 같은 생리적 특성(physiological traits)은 분명히 일차적으로 유전에 의해 더 크게 좌우된다는 사실이 밝혀져 있다(Papalia & Olds, 1982/1988, p. 70). 뿐만 아니라 기질이나 성격, 지능조차도 대부분 부모로부터 천성적으로 물려받는다고 주장하는 학자들도 있다.

성격은 개인의 행동 · 기질 · 정서 및 정신적인 특질의 집합적인 유형을 의미하는 복합적인 개념이기 때문에 환경이나 유전 중 한 가지만의 영향을 파악하기가 쉽지 않다. 그럼에도 불구하고 성격의 유전적 요인의 중요성을 증명해 내려는 연구들이 있다. 1956년에 2명의 정신과 의사와 1명의 소아과 의사(Thomas, Chess, & Birch, 1968)가 231명의 아동을 대상으로 뉴욕(New York) 종단연구를 시작하였다. 영아기부터 사춘기에 이르기까지 여러 특질에 대해 면밀히 추적하여 조사한 결과 '기질(temperament)'이라는 한 개인의 기본 행동양식은 처음부터 가지고 태어나는 것으로 보인다고 결론지었다. 모든 아기는 출생 시부터 매우 다양한 특질을 가지고 있었으며 이러한 초기의 행동양식은 성격의 일부로서 변하지 않고 지속되는 경향이 있었다고 하였다.

그 밖에 다른 연구들도 쌍생아 연구방법을 이용하여 여러 가지 다양한 성격특질에 있어서 이란성 쌍생아보다 일란성 쌍생아가 더 일치도가 높았다고 입증하였다. 즉, 외향성-내향성, 정서성(emotionality), 활동성, 우울증, 정신병리적 행동들, 사회적 내향성, 불안, 강박증 등과 같은 특성에 대한 유전적 원인의 증거들을 보여 주었다. 또한 행동적 특성에서도 유전적 기초를 가지고 있음을 시사하는 연구가 많다. 예를 들면, 과활동성 증후군(hyperactive syndrome; Willerman, 1973; Morrison & Stewart, 1973)이나 야뇨증, 손톱 물어뜯기, 차멀미, 변비 등(Bakwin, 1971a, 1971b, 1971c; Bakwin & Davidson, 1971)에서 유전적 기초가 있다고 보고하였다.

뿐만 아니라 정신분열증과 같은 복합적 정신장애나 사고장애(thought disorder)도 어느 정도 유전됨을 입증한 연구가 많다(Papalia & Olds, 1982/1988, pp. 76-77). 물론 이러한 병들이 생물학적 유전에 대한 강력한 증거가 있다 하더라도 실제 유전적 기제가 개입되는지는 정확히 밝혀져 있지 않다. 다만 병 자체가 유전된다기보다는 유전적 소인을 지닌 사람에게 특정한 환경적 스트레스가 가해질 때 병으로 반응할 수 있다고 해석한다.

그러나 인간이 가진 DNA와 침팬지가 가진 DNA는 98~99%가 동일하며, 인간과 다른 인간 사이에는 99.1%가 동일하다는 점(Gibbons, 1998)을 참고해 볼 때, 인간의 특성이나 능력에서 개인차에 기여하는 DNA의 역할은 지극히 미미함을 알 수 있다. 더욱이 한 세포가 세포분열 과정을 통해 증식되어 갈 때 세포핵이 되는 단백질을 만들어 내는데, 이 과정은 생물학적인 반응 과정으로서 이 과정에서조차 유전과 기타 요인들이 함께 작용하게 되는 것이다.

TIP 유전적 전이의 기제

어떻게 유전적 요인이 발달적 변화에 절대적인 기저가 되어 작용하는가? 유전의 기제에 대해 이해하려면 생물학적 기초를 이해하여야 한다. 인간은 배우체(gametes) 혹은 성세포(sex cells)라고 하는 2개의 특별한 세포, 즉 정자와 난자가 합쳐지면서 만들어진다. 성세포는 23개의 염색체(chromosome)를 가지고 있으며 정자와 난자 두 개의 성세포가 만나 수정하면 46개의 염색체로 구성된 접합체(Zygote)라는 세포가 된다. 접합체는 꼬아 놓은 실처럼 생겼으며 나선형 사다리꼴 모양의 DNA 분자로 구성되어 있다. 모든 인간은 수많은 세포로 구성되어 있고, 각 세포 안에는 유전적 정보를 저장하고 전달해 주는 염색체들이 들어 있다. 염색체는 DNA(Deoxyribonucleic acid)라고 불리는 화학적 물질로 구성되어 있고, 이 DNA에는 약 1억 개의 유전자(gene)가 있는 것으로 추정되는데 이 유전자들이 특정 기능과 그 기능을 수행할 방식에 대한 정보를 가지고 있다. 46개의 염색체는 두 개씩 쌍을 이루는데, 이 중 22쌍은 상염색체(autosomes), 23번째 염색체는 성염색체(sex chromosomes)라고 한다. 상염색체의 유전자는 남성과 여성에게 똑같이 유전될 수 있으나 23번째 쌍인 성염색체는 남녀에 따라 다르게 유전된다.

인간의 성장은 세포분열을 통해 이루어진다. 그런데 인간의 세포는 크게 골격과 신경을 형성하는 체세포와 난자와 정자를 만드는 성세포로 분류된다. 이 두 세포는 분열되는 방식이 서로 다르다. 체세포는 유사분열(mitosis)을 통해 세포를 생산하고, 성세포는 감수분열(meisosis)을 통해 세포를 생산한다. 유사분열은 모세포 내의 염색체가 스스로 자신과 동일한 염색체를 복제한 후 복제된 염색체 X가 2개로 분리되면서 모세포와 동일한 염색체를 가진 딸세포가 된다. 감수분열도 염색체가 스스로를 복제하여 시작되지만 감수분열 때는 자신과 짝을 이룬 염색체와 유전자 교환을 하여 각기 다른 두 개의 모세포로 분리된다. 이 유전자 교환을 통해 인간은 각기 다른 고유함을 가진다. 이 2개의 모세포는 다시 각각 분열하여 4개의 딸세포를 만들고 이 딸세포들은 각각 23개의 염색체를 갖게 된다. 정자와 난자가 가진 23개씩의 염색체가 수정되면 46개의 염색체를 가진 수정란이 되는 것이다.

영유아의 발달에서 유전의 영향을 많이 받는 특질은 키와 몸무게와 같은 생리적 특성과 지능과 같은 인지적 특성, 기질과 같은 성격 특성 등에서 찾아볼 수 있다. 신체발달에 있어서 적-녹색맹과 혈우병 등은 상염색체와 관련하여 나타나는 대표적인 유전적 이상이고, 다운증후군이나 클라인펠터증후군, XYY 증후군, 터너증후군, XXX 증후군 등은 성염색체와 관련하여 나타나는 유전적 결함의 예다.

일반적으로 일란성 쌍생아의 경우 같은 유전적 형질을 가지고 있으며 이들의 외모와 호흡, 맥박수, 2차 성징의 출현, 노쇠 과정 등의 생리적 지표와 신체적 특성은 이란성 쌍생아보다 일치도가 높다. 키와 몸무게는 둘 다 환경적 영향을 받지만, 일차적으로 유전에 의해 결정되며, 시각과 지각 기능도 유전에 의해 크게 영향을 받는다. 인간이 가진 유전자는 표현형을 제한한다. 다시 말하면, 우리가 인위적으로 성장호르몬을 투여하여 최대한 키를 자라게 한다 하더라도 인간이 기린처럼 커질 수 없고, 폭식증이 심한 사람이라 할지라도 코끼리의 몸무게를 초과할 수 없다.

또한 인간은 부모로부터 각각 한 개씩의 성염색체를 받아 성세포를 형성한다. 여성의 성염색체인 난자는 모두 X 염색체를 가지지만 남성의 성염색체인 정자는 X 염색체와 Y 염색체를 절반씩 가지고 있다. 난자와 정자가 만나 수정될 때 정자가 X 염색체를 가졌으면 여자가 되고 Y 염색체를 가졌으면 남자가 되는 것이다. 그러므로 아기의 성별은 아버지의 정자가 가지고 있는 성염색체에 달려 있다. 그런데 XY보다는 XX가 더 안정적이고 X 염색체가 더 많은 유전자를 가지고 있어 남아의 사산 비율이 여아보다 더 높고, 유전 질환도 주로 남자에게서 나타난다. 이는 대부분의 유전 질환은 X 염색체와 관련이 있는데 남성의 경우 X염색체를 하나만 가지고 있어 염색체에 결함이 생기면 이를 대체할 염색체가 없기 때문이다.

출처: 이영, 김온기 외(2015). 유아발달, pp. 22-23.

2) 환경적 요인

경험주의 철학자인 로크(Locke)는 백지설(tabula rasa)을 주장하면서 인간이 태어날 때는 백지 상태로 태어나지만 외부 환경에 의해 다르게 발달한다고 주장하였다. 그 이후 왓슨(Watson)과 스키너(Skinner) 같은 20세기 행동주의 심리학자들은 환경에 대한 개인의 경험이 발달적 변화를 일으키는 요인이라고 주장하였다. 즉, 환경론자들은 발달적 변화에 천성적인 유전적 영향뿐 아니라 임산부가 섭취한 음식물과 같은 생물학적 환경 요인과 부모의 양육 태도와 같은 사회적 환경 요인이 더 중요한 영향을 줄 수 있다고 주장한다. 이러한 입장에서는 가정, 교육, 지역사회, 문화 등 다양한 환경이 발달적 변화를 위해 더욱 중요하다고 본다.

발달에 영향을 끼치는 중요한 환경적 요인은 무엇이고 어떠한 과정을 통해 영유아발달에 영향을 끼치는가에 관해서는 많은 연구가 진행되어 왔다. 인간은 사회적 존재이기 때문에 출생 이후부터 사회와 역사적 맥락에서 발달한다. 영아에게 있어서 가장 즉각적인 맥락은 대부분 가정이지만, 가정도 끊임없이 변화하고 있는 이웃이나 사회의 영향을 받는다. 발달의 유사점과 차이점을 이해하기 위해서는 개인이 타고난 유전적 특성뿐만 아니라 가족, 이웃, 사회경제적 지위, 민족, 문화 등과 같이 개인이 처한 환경적 요소에도 주목해야 한다. 또한 역사적 맥락의 영향뿐만 아니라 환경적 요인들이 특정 시기에 대부분의 아동에게 미치는 영향과 소수의 아동에게만 미치는 영향도 파악해야 한다.

영유아의 발달에 가장 강력하고 폭넓게 영향을 미치는 환경적 요인은 가족과 가정환경이다. 가족과 가정환경은 영유아에게 놀이할 환경과 사물을 탐색할 수 있는 물리적 환경을 제공한다. 뿐만 아니라 가족은 특별한 사람과의 결속을 만들어 준다. 어린 시기에 부모나 형제와 맺은 애착관계의 질은 앞으로 만날 친구와 이웃, 학교, 배우자 등 모든 평생에 걸친 인간관계를 위한 모델이 되어 준다. 가족 안에서 영유아는 언어를 배우고 다양한 기능을 습득하며 도덕적 가치와 그 사회의 문화를 습득한다. 행복하고 따뜻한 인간들 간의 결속과 관계망은 평생에 걸쳐 심리적 건강을 예언해 준다. 현대 연구자들은 가족이야말로 인간관계에서 가장 중요한 상호의존적 관계를 경험하게 해 주는 생태학적 체계라고 본다(Bronfenbrenner, 1979/1992; Bronfenbrenner & Morris, 1998).

가족은 시기와 장소에 따라 다른 의미를 가질 수 있다. 서구 산업사회에서 우세한 가족 형태는 두 세대의 부모와 자녀로 구성된 핵가족이다(Hareven, 1985). 아시아나 라틴 아메리카와 같은 사회에서는 조부모, 숙부, 숙모, 사촌 등의 다세대 친족들로 구성된 확대가족이 전통적인 가족 형태지만, 개발도상국가에서 이러한 확대가족은 산업화와 도시화로 인해 점차 감소하고 있다. 확대가족은 강한 지원 체계를 제공하고 사회적인 역할도 유동적이어서 성인이 생산을 공동으로 하고 자녀가 더 어린 동생을 돌보는 책임을 지기도 한다. 반면, 핵가족 중심의 사회에서는 가족의 교육과 양육 기능이 약화되어 이를 점차 사회에서 분담하는 방향으로 변화되고 있다. 더욱이 최근 미혼모 가족이나 이혼 가족, 한부모 가족의 증가로 인하여 한쪽 부모의 역할이 결핍되어 이들 가정의 자녀 양육에 어려움이 나타나기도 한다. 이러한 가족의 변화로 인하여 영유아 양육과 보호를 위한 친족의 지원 및 대리양육기관의 지원이 사회적으로 절실히 요구되고 있어 국가적 차원에서 복지정책의 주요 내용으로 영유아 보육이 부각되고 있다.

사회경제적 지위(socioeconomic status: SES)는 수입과 교육, 직업 등 몇 가지 요소로 구성되는데, 영유아의 발달 과정과 발달적 성취에 직 · 간접적으로 관련된다. 일반적으로 사회경제적 지위는 발달 결과에 직접 영향을 주기보다는 아동이 생활하고 있는 가정과 이웃의 질적 수준뿐만 아니라 영양 상태, 의학적 처치를 받는 수준, 학교생활의 질 등을 통해 간접적으로 영향을 미친다. 하류층의 아동은 중류층 이상의 아동보다 정서적 문제나 행동 문제를 나타내는 경향이 더 높고, 인지 능력이나 학업성취도 상대적으로 더 낮은 경향이 있다(Brooks-Gunn & Duncan, 1997). 빈곤은 부모의 정서적 상태와 부모 역할 수행, 가정환경을 통해 간접적으로 영향을 미칠 수 있는데, 부모들이 빈곤에서 벗어나기 위해 끊임없이 일을 하는 과정은 부모 역할을 수행할 시간과 에너지마저 고갈시킬 수 있다.

사회경제적 지위는 가족의 거주지 선택에도 영향을 미친다. 아동의 발달에 미치는 이웃의 영향은 이웃의 수입과 계층이 가장 설명력 있는 요인인데, 이는 공동체의 사회적 기반을 형성하는 성인의 교육 수준과 직업이 아동에게 성취에 대한 모델을 제공할 수 있기 때문이다(Leventhal & Brooks-Gunn, 2000). 아동의 정상적인 발달을 위협하는 위험 요인은 실업자가 많고 효과적인 사회적 지원 없이 생활하는 빈곤한 이웃들이 사는 지역에 거주하는 것이다(Black & Krishnakumar, 1998).

문화와 인종은 거시적인 영역에서 영유아의 발달에 간접적으로 영향을 미치는 요인이다. 문화는 관습, 전통, 신념, 가치, 언어, 도구나 예술작품 등의 물리적 산물, 부모로부터 자녀에게 전수된 학습행동을 포함하는 사회나 집단의 모든 생활방식을 의미한다.

문화는 계속 변화하며 다른 문화와 교류하기도 한다. 오늘날 마이클 잭슨이나 브리트니 스피어스 같은 미국인의 음악이 전 세계적으로 유명해진 것이나 유럽인이 아메리카 대륙으로 이주하여 인디언으로부터 옥수수 재배를 배운 것, 동남아에서 유행하는 한류열풍 등을 예로 들 수 있다.

문화에는 그 사회에서 특정한 집단이 형성하고 있는 다양한 하위문화가 있다. 민족집단(ethnic group)은 동질적인 정체성과 태도, 신념, 가치를 가진 인종, 종교, 언어, 국적이 같은 사람들로 구성된다. 미국과 같은 다민족사회에서 이주민이나 소수인종 집단들은 주류 문화의 언어와 관습을 학습함으로써 주류문화에 적응하는 동시에 자신의 고유한 문화적 관습과 가치를 보존하려 하지만, 소수민족 아동은 고유한 민족집단의 문화와 주류 문화 사이에서 적응에 어려움을 겪기도 한다. 우리나라도 최근 외국인 노동자의 이주와 국제결혼으로 인해 다문화가족집단이 증가하고 있다. 이러한 다문화가족집단은 각기 독특한 역사와 문화를 가지며 다양한 하위문화를 형성하고 있어서 이들을 한국의 주류문화에 어떻게 적응시키느냐가 사회적 문제로 부각되고 있다.

영유아의 발달에서 역사적 맥락은 시간과 장소에 따른 특정한 경험이 개인의 발달에 다르게 영향을 미칠 수 있음을 보여 준다. 엘더(Elder, 1974)는 경제적 위기가 인간의 발달에 미치는 영향을 연구하였다. 그 결과, 1930년대 미국의 대공황기에 사춘기를 경험한 사람들은 경제적 자원의 부족으로 인해 정서적 · 인지적 발달에 문제가 많았으며, 이 시기에 성인기에 이른 사람들은 실업으로 인해 정서적 좌절감이 높았고, 이것이 가족이나 어린 자녀에게 부정적인 영향을 미쳤다. 또한 대공황기에 태어난 유아들은 정서적으로나 경제적으로 열악한 가정환경에서 성장하여 아동기에 낮은 자존감과 학업성취도를 보였다(Elder, 1998, 재인용, pp. 939-991). 우리나라는 1997년 IMF 경제위기가 닥쳤을 때, 성인의 실업이 증가하고 가정이 붕괴되는 경우가 많았으며 이로 인해 아동의 학업성취나 사회적 · 정서적 발달에도 부정적인 영향을 미친다는 내용이 여러 언론매체에 보도되었다. 이처럼 특정한 역사적 맥락은 영유아기, 아동기나 청소년기, 성인기의 발달에 영향을 미치는 중요한 환경적 요인으로 오늘날 발달 연구의 일부로 다루어지고 있다.

3) 유전과 환경 간의 상호작용

실제로 인간의 행동이나 특질이 오로지 유전 혹은 환경의 영향만을 받는 경우는 거의 없다. 많은 경우 같은 부모 밑에서 같은 유전자와 같은 환경을 공유한 형제들도 각자 독특한 특성을 가지고 있다. 또한 어떤 아이들은 가족이나 주변 환경에 의해 더 많이 영향을 받는가 하면 어떤 아이들은 불리한 상황에서도 거의 영향을 받지 않고 잘 자라기도 한다.

행동유전학자들을 위시한 대부분의 현대 학자는 유전과 환경이 모두 발달의 여러 측면에 영향을 준다는 데 동의하면서 각각의 상대적 영향력을 밝혀 보려 했지만 특히 지능이나 성격과 같이 복합적인 특성들에 대해서는 구체적인 영향력을 밝히지 못하고 있다. 아직까지 유전과 환경이 개인차를 만드는 데 각각 어느 정도 기여하는가에 초점을 두고 연구하는 학자도 있다. 하지만 최근에는 대부분 유전과 환경을 분리시켜 생각할 수 없으므로 오히려 유전과 환경이 어떻게 상호작용하는지를 알아내야 할 것이라고 주장한다.

어떻게 유전과 환경이 상호작용하는지에 대한 설명에는 크게 세 가지 입장이 있다. 먼저 반응 범위(reaction range)라는 개념으로 설명할 수 있다(Gottesman, 1963). 즉, 사람마다 유전적으로 타고난 환경에 대한 독특한 반응의 범위가 있다는 것이다. 타고난 반응의 범위는 다양한 환경에 대한 반응성을 제한해 주므로 똑같이 환경의 질적 수준에 변화를 주어도 나타나는 발달적 변화는 다를 수 있다는 것이다(Wahlsten, 1994).

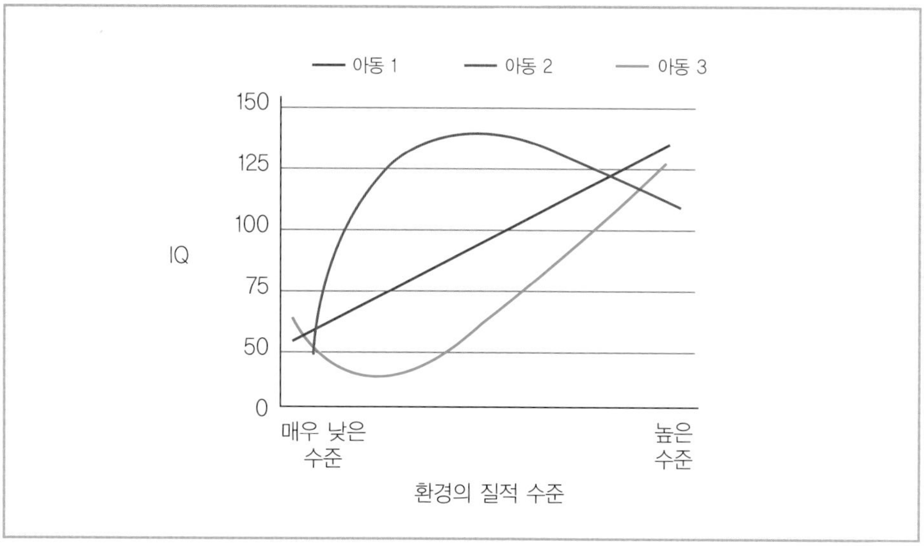

[그림 1-4] 환경의 질 변화에 따른 세 아동의 인지 반응 범위(RR)

출처: Berk, L. E. (2013). *Child development* (9th ed.), p. 121.

[그림 1-4]는 환경의 자극수준이 변화함에 따라 각 아동의 지능지수가 개인의 유전적 소양에 따라 다르게 영향을 받을 수 있음을 보여 준다. 아동 2는 환경의 질이 좋아짐에 따라 지능지수도 꾸준히 좋아지지만, 아동 1은 갑자기 향상되다가 다시 곧 떨어지고, 아동 3은 환경의 수준이 어느 정도 좋아진 후부터 지능지수가 향상된다. 우리는 여기서 두 가지 점에 주목할 필요가 있다. 첫째, 같은 환경 변화라고 할지라도 개인의 유전적 소양에 따라 반응이 다르다는 점이다. [그림 1-4]에서 보면, 세 아동 모두 불리한 환경에서는 낮은 지능 수준을 보였다. 그러나 아동 1은 환경의 질적 수준이 중간 정도가 되었을 때 가장 높은 지능지수를 보인 반면, 아동 2와 아동 3은 환경의 수준이 매우 좋아졌을 때에야 더 높은 지능지수를 보였다. 둘째, 타고난 유전적 소양과 환경이 달라도 같은 결과를 보일 수 있다는 점이다. 아동 1은 계속해서 나쁜 환경에 놓여도 평균적 지능(100점)을 보였을 것이다. 그러나 아동 2와 아동 3은 환경이 좋아진 후에야 평균 수준이 될 수 있었다. 이처럼 반응 범위 개념으로 환경과 유전의 상호작용 영향을 설명한다.

또 다른 입장으로 경로화(canalization) 개념의 해석이 있다. 즉, 유전이 어떤 특성의 발달을 한두 가지 결과로 억제시키는 경향이 있다는 것이다. 유전적으로 계획된 성장 설계를 그대로 따라가게 하는 특정 행동이 있으며, 아주 강력한 환경적 영향을 받지 않는 한 그 경로를 바꿀 수 없다는 설명이다(Waddington, 1957). 예를 들어, 영아기 지각, 운동발달은 일정한 순서대로 발달해 가도록 강하게 경로화되어 있어 웬만한 조건이 아니면 그 순서가 바뀌지 않는다. 그런가 하면 지능이나 성격은 덜 경로화되어 있어 쉽게 환경의 변화에 따라 달라진다. 이처럼 유전에 의해 제한되는 행동들을 살펴보면 인간의 생존을 위해 아주 유리하게 경로화되어 있음을 알 수 있다.

세 번째로 유전과 환경의 상관성 개념으로 해석해 볼 수 있다. 일부 연구자에 의하면(Plomin, 1994; Scarr & McCartney, 1983) 유전과 환경은 서로 상관이 있어서 유전인자가 어떤 환경에 노출될지에 영향을 준다는 것이다. 어렸을 때는 더 수동적으로 영향을 받지만 나이가 들면서 점차 자신의 유전에 맞는 환경을 선택하게 된다. 예를 들어, 운동을 잘하는 부모는 자녀가 어려서부터 운동할 기회를 많이 제공해 주고 따라서 그 자녀들은 부모로부터 물려받은 운동신경과 함께 운동하기에 좋은 환경을 제공받게 되므로 유전과 환경의 두 가지 이유로 운동을 잘할 수 있게 된다.

아동이 좀 더 자라면 다른 사람으로부터 자신의 유전에 맞는 반응을 적극적으로 이끌어 낸다. 적극적이고 사교적인 유아는 조용하고 소극적인 유아에 비해 사회적 자극을 더 많이 받는다. 그러므로 일란성 쌍생아의 경우 부모가 매우 유사하게 대해 줄 수밖에 없고 따라서 유사한 발달 결과를 얻게 된다고 해석할 수 있다. 이와 같은 유전과 환경의 상관성은 나이가 들면서 점점 더 뚜렷해져서 아동 스스로 자기에게 맞는 환경적 상황을 적극적으로 찾게 된다. 그러나 이러한 유전과 환경의 상관성은 일방적 관계가 아닌 양방적 관계로서 아동의 행동과 경험이 그들의 유전적 표현을 바꾸기도 한다(Gottlieb, 1998). 부모로부터 물려받은 유전자의 결합 형태는 유전자형(genotype)이라고 하고 겉으로 직접 드러나는 유전적 특성은 표현형(phenotype)이라고 하는데, 표현형은 유전자형과 환경, 두 요인 모두의 영향을 받은 결과로 나타난다(Berk, 2005). 유전인자에는 발달을 결정하는 기본 프로그램이 들어 있는데 이것이 표현형과 발달의 한계를 결정한다. 그러므로 환경의 영향은 타고난 유전적 잠재력의 범위 내에서 역할을 하며, 동일한 유전적 가능성을 가지고 태어났어도 환경에 따라 그 가능성이 표현되는 정도가 다를 수 있다.

최근 신경과학자들은 환경에서 얻은 정보가 뇌의 조직화를 돕고, 학습을 통해 시냅스의 추가와 수정이 이루어지며, 경험이 두뇌의 구조를 바꿀 수 있고 특정 경험은 두뇌에 특정 효과를 미칠 수 있다고 주장하고 있다(Committee on developments in the Science of Learning & Committee on Learning Research and Education Practice, 2000/2008, pp. 187-205). 따라서 생래적인 일반 인지적 요인이나 학습을 위한 기본 잠재력을 정의하는 '순수 지능(pure intelligence)'은 유전에 의해 크게 결정될 수 있지만, 개인이 처한 환경은 개인이 지능을 사용하는 방식에 영향을 주기 때문에 인지발달에 있어서 유전뿐만 아니라 환경의 영향도 간과할 수 없다.

동일한 유전적 가능성을 가지고 태어났어도 환경에 따라 그 가능성이 표현되는 정도는 다를 수 있다. 하지만 탄력성을 가지고 태어난 영아는 열악한 환경에 처하더라도 이를 극복하여 잘 발달할 수 있고, 취약한 특질을 가지고 태어났더라도 좋은 환경을 제공받으면 잘 발달할 수 있게 된다는 것이다.

최근에 영유아기 발달 과정에서 경험과 환경의 조건에 따라 창의성, 뇌 발달, 자기조절력, 수행 기능, 자아 개념 등이 어떻게 발달적 변화를 초래하는지에 대한 관심이 증가하고 있다. 그러므로 모든 영유아는 어떤 이유에서건 발달에 불리한 환경 조건에 처해지지 않도록 보호되어야 하며, 유전적 잠재력을 최대한 발휘할 수 있는 최적의 환경 조건을 제공받아야 한다.

5. 발달 연구의 주요 쟁점

발달 연구자들은 발달의 과정에서 나타나는 눈에 띄는 변화가 어떻게 해서 일어나게 되는지, 그리고 어떠한 과정을 통해 어떻게 전개되는지 등을 설명하고자 한다. 발달을 이해하는 중요한 논쟁점 중에서 발달의 과정을 연속적이라고 보는 관점과 불연속적이라고 보는 관점, 발달 과정의 경로가 단일한 경로인가 또는 다양한 경로인가에 대한 입장, 초기 경험의 중요성, 초기 발달의 예측 가능성 등에 관한 견해에 대해 살펴보자.

1) 연속성과 불연속성

그동안 발달의 과정이 연속적인 형태로 진행되는가 혹은 불연속적인 형태로 진행되는가에 대한 논쟁은 끊임없이 제기되어 왔으며, 그러한 주장은 발달의 개념과 본질에 대한 입장에 따라 달라져 왔다. 발달의 과정을 연속적인 변화의 과정으로 보는 입장에서는 발달을 연속적인 양적 변화의 과정으로 본다. 발달은 이전 경험 위에 새로운 사건이나 변화가 질서정연하게 덧붙여지는 과정이므로(Rutter, 1987), 영아와 유아가 세상에 대해 반응하는 방식은 성인과 다를 바 없고 다만 양이나 복합성 정도에서 차이가 있을 뿐이라는 것이다. 즉, 영아나 유아는 행동과 능력 면에서 방식은 성인과 같지만, 경험의 부족으로 기술과 정확도에서 성인보다 덜 성숙하다는 것이다. 이 입장에서는 걷기에 필요한 기술은 기어 다닐 때 사용하던 기술과 유사한 형태지만 좀 더 정교한 기술들을 조금씩 점진적으로 누적시켜 얻은 기술이라고 본다. 인지 개념도 유사한 경험을 여러 차례 반복하면서 자연스럽게 점진적으로 하나씩 학습해 간다고 본다. 그러므로 발달 과정에서의 변화는 종류가 아니라 정도의 변화를 의미한다.

반면에 발달의 과정이 불연속적이라고 보는 입장에서는 발달을 질적으로 다른 종류로의 변화로 보고 그 과정을 단계(stage)로 구분 짓는다. 피아제(Piaget)와 같은 인지심리학자들은 인간의 사고가 일련의 단계를 거치면서 불연속적으로 변화한다고 설명하면서 영아기의 사고와 유아기의 사고는 질적으로 다른 특성을 가진다고 본다. 이들은 아동과 성인은 세상에 대해 이해하는 방식과 세상에 대해 반응하는 방식에서 완전히 다른 특성을 보인다고 주장한다. 이 입장에서는 발달이 각 단계마다 사고, 감정, 행동 등에서 특징적인 질적 변화를 이루는 불연속적인 과정이며 발달은 점진적이고 직선적인 변화가 아니라 계단이나 고리 있는 곡선처럼 어느 순간 재구조화되거나 급진적인 변화를 이루는 불연속적인 것이라고 본다([그림 1-5] 참조).

그동안 많은 이론가가 발달의 연속성 또는 불연속성에 대한 기본 가정을 가지고 나름대로 이론들을 펼쳐 왔다. 그러나 과연 모든 발달이 완벽하게 질서정연한 단계를 거쳐 이루어질까? 대부분의 학자는 인간의 발달은 연속적으로만 변화하거나 불연속적으로만 변화한다는 양자택일적 입장으로 설명할 수 없다고 생각한다. 어떤 발달은 양적이며 누적적으로 변화되기도 하지만 어떤 발달의 변화는 확실히 질적으로 종류가 다른 불연속성을 보이기도 한다. 그런가 하면 장기간의 발달 과정에서 보면 질적

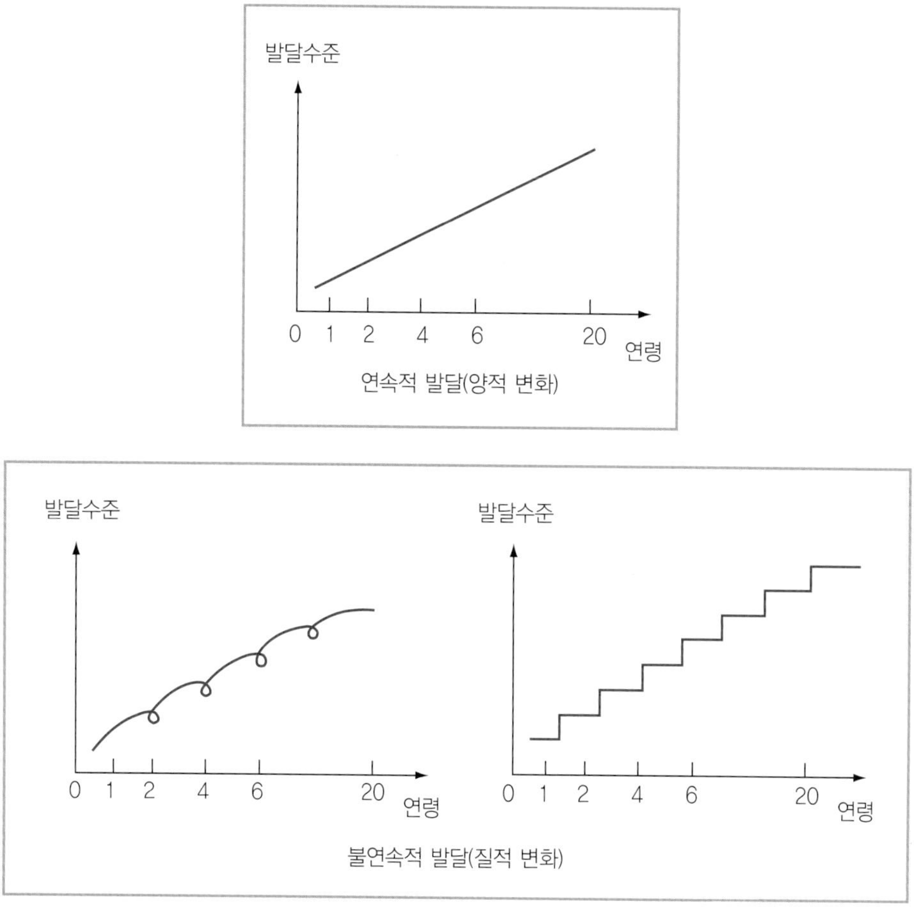

[그림 1-5] 연속적 발달과 불연속적 발달

출처: 이영, 김온기 외(2015). 유아발달, p. 29.

으로 다른 몇 개의 단계로 구분할 수 있지만 한 단계 내에서 단기간으로 보면 연속적으로 변화하는 경우도 있다. 이처럼 학자들은 발달 과정에 대한 관점에 따라 연속성을 가정하기도 하고 불연속성을 가정하기도 하면서 많은 논쟁을 해 오고 있지만, 발달의 연속성 여부는 어떤 발달적 변화 과정에 관심을 가지는가에 따라 적절히 이해해야 할 것이다.

2) 발달적 변화의 경로

발달의 과정에 대한 또 다른 논쟁점 중 하나는 발달의 과정이 한 가지 경로를 따라가느냐 혹은 다양한 경로를 거치며 변화하느냐에 대한 입장이다. 단계 이론가들은 모든 인간은 어디에 살든지 같은 발달적 계열을 거칠 것이라고 가정한다. 아프리카에서 살고 있는 아동과 아시아에서 살고 있는 아동이 모두 같은 발달단계를 거칠 것으로 보는 것이다. 뿐만 아니라 유아기에 보이는 논리적 사고의 수준이 유아가 사용하는 언어나 상상 놀이에 반영된다고 가정한다. 또한 유아기에 언어와 놀이로 표상되는 사고와 아동기의 논리적 · 체계적 사고, 청소년기의 추상적 사고 등을 이끄는 공통된 영향 요인들이 있다고 본다. 따라서 인지발달단계 이론가들은 그 공통된 영향 요인이 무엇인지를 찾아내고자 한다.

그런가 하면 많은 학자는 이러한 가정에서 어긋나는 사례들을 종종 보고한다. 특히 완전히 다른 문화적 맥락에서 성장하는 아동은 개인과 환경 간의 독특한 상호작용을 거쳐 다른 변화의 경로를 만들어 내기도 한다는 것이다. 예를 들면, 다른 사람에게 쉽게 다가가는 사교적인 유아와 낯선 사람을 만나면 불안감을 느끼는 수줍은 유아는 서로 전혀 다른 경로로 발달하는 경우가 많다(Rubin & Coplan, 1998). 서구적인 대도시 환경에서 사는 유아와 완전히 고립된 산골에 사는 유아는 가족이나 지역사회에서 접촉하게 되는 경험이 완전히 다르다. 이렇게 완전히 다른 상황들은 유아의 인지 능력, 사회적 기술, 자기와 타인에 대한 감정 등 여러 측면의 발달 경로를 다르게 만들 수 있다(Shweder, Goodnow, Hatano, LeVine, Markus, & Miller, 2006).

현대에 이르러 많은 연구자가 발달 경로를 조정해 주는 다층적이고 복합적인 맥락들에 관해 밝혀내고 있다. 예를 들면, 내재된 유전과 생물학적 기초도 그러한 복합적인 맥락 중에 한 측면이고 가정환경, 어린이집, 유치원, 지역사회, 사회적 가치관, 역사적 시기 등과 같은 환경적 맥락도 발달 경로를 다양하게 만들어 주는 맥락이다. 특히 문화에 관

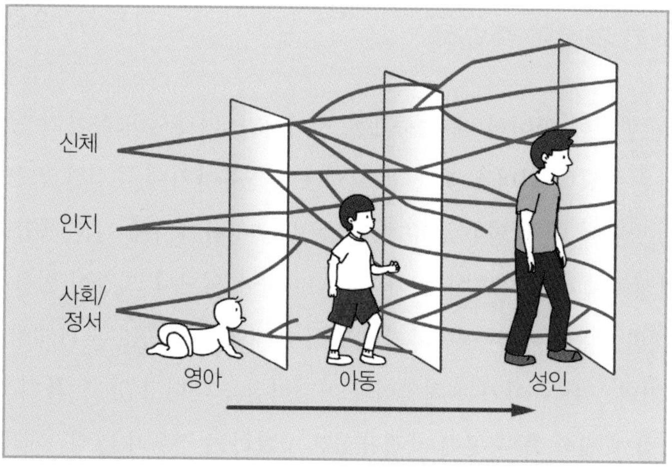

[그림 1-6] 발달에 관한 역동적 체계 관점
출처: Berk, L. E. (2012). *Infants and children* (5th ed.), p. 30.

심을 갖는 연구자들이 많아지면서 문화적 맥락에 따른 발달 경로의 다양성에 대해 더욱 관심이 높아지고 있다.

최근에는 발달 과정이 단계적으로든 혹은 연속적으로든 하나의 경로를 따르는 것이 아니고 다양한 방향으로 가지를 쳐서 섬유의 망(web)처럼 경로를 만들어 간다고 보는 이론이 있다(Fischer & Bidell, 1998; Wachs, 2000). [그림 1-6]에서 보는 바와 같이 발달의 여러 영역이 각각 경로를 유지할 수도 있고 다르게 경로를 취할 수도 있다. 세로로 된 창문을 통해 보면 가지들이 상호 연결된 순간을 볼 수 있는데, 그때를 발달 변화의 순간으로 볼 수 있다는 것이다. 역동적 체계이론에서는 인간의 보편적인 유전적 소양과 물리적 · 사회적 세계에서 보이는 기본적 규칙성이 발달의 보편적 기초 경로를 만들어 주고 그밖에 생물학적 기초나 생활환경에 따라 특정 능력에서 개인차를 만들어 낸다고 한다. 그러므로 새로운 기술을 숙달하는 데 있어 같은 기술도 개인마다 독특한 방식으로 배울 수 있다. 또한 같은 아동도 실생활을 통해서 다양한 상황을 경험하며 배우는 기술마다 그 성숙도에 차이를 보일 수 있는 것이다. 나이가 들면서 발달 경로 망(web)은 점점 더 가지를 치게 되고, 기술은 더 많아지고 복잡해지며 효율성이 높아진다. 발달 과정을 설명하는 이러한 역동적 체계 관점은 생물학, 물리학, 정보처리이론, 발달적 진화이론, 생태체계적 이론 등 다양한 학문 분야의 영향을 받아 발전된 이론으로서, 아직은 초기 단계에 있으나 많은 연구가 진행되고 있다.

3) 영유아기 경험의 중요성

영유아기는 발달에 있어서 매우 중요한 시기이며, 따라서 영유아기 동안 경험하는 모든 일이 매우 중요한 의미를 갖는다. 그렇다면 영유아기에 극심한 빈곤가정에서 자란 경우 이후 발달에 어떤 영향을 주게 될 것인가? 영유아기에 기본 생활 습관이나 학습 습관을 형성하지 못한 영유아는 이후 학교생활에 얼마나 지장이 있을까? 초기 경험의 중요성에 대한 많은 의문은 영유아기 발달의 이해에 매우 중요한 과제이다.

최근에는 거의 모든 유아가 유치원이나 어린이집을 다니고 있고, 특히 하루 종일 또래 친구들과 함께 집이 아닌 곳에서 집단으로 생활하는 경우가 많다. 이러한 영유아기의 경험은 그 영향이 장기적이고 심각할까?

발달하는 과정에서 특정 사건이나 경험의 유무가 발달에 절대적인 영향을 끼쳐 그 시기를 놓치면 영구적으로 결함을 초래할 수 있다는 발달의 결정적 시기 또는 민감기 가설이 있다. 예를 들면, 임산부가 임신 기간 중 특정 시기에 약물이나 질병, 방사선 등에 노출될 경우, 태아가 이상 증상을 나타내기도 한다. 이처럼 태내 발달에서 민감기에 대한 증거는 비교적 명백하다. 또한 생애 초기에 안구 근육에 문제가 생겨 한 가지 물체에 두 눈의 초점을 맞추지 못하면 두 눈의 깊이 지각에 필요한 두뇌 기제가 발달되지 않을 수 있다(Bushnell & Boudreau, 1993). 그러므로 안구 근육이 발달하는 생애 초기는 시지각 발달에 있어서 민감한 시기라고 볼 수 있다. 그런가 하면 2세부터 사춘기 이전이 언어발달에서 민감기라고 주장하는 렌버그(Lenneberg)와 같은 학자도 있다(Papalia, Gross, & Feldman, 2003, p. 20). 그러므로 이 시기에 적절한 경험을 하지 못하면 언어를 제대로 습득하지 못한다는 것이다. 이처럼 발달 과정에서 특정 시기에 반드시 발달해야 하는 내용이 있고, 그 부분의 발달에 반드시 필요한 환경과 경험이 있다는 가설을 전제로 영유아기 경험의 중요성이 강조된다.

그러나 결정적 시기라는 개념에 대해 학자들은 초기의 극단적 결핍 경험이 발달 과정에서 손상을 야기할 수도 있지만, 인간은 놀라운 탄력성이 있어서 가끔은 극심한 환경으로부터 받은 손상이 회복되기도 한다고 본다. 특히 인지발달이나 심리사회적 발달 영역에서는 가소성이나 수정 가능성이 다른 발달 영역에 비해 더 크기 때문에 아직까지 결정적 시기에 대한 논쟁은 계속되고 있다. 그러므로 결정적 시기라는 용어보다는 민감기라는 용어를 더 많이 사용하는 추세이다.

발달에 있어서 영유아기 경험은 매우 중요하고 그 영향은 매우 크다. 하지만 그 효과는 경험의 본질과 기간, 그리고 시기 등과 같은 여러 요소에 달려 있으며 환경과 상황을 개선시킴으로써 초기 경험의 효과를 바꿀 수도 있다고 본다.

4) 영유아기 발달의 미래 예측 가능성

영유아기 발달을 이해함에 있어서 또 다른 관심사는 영유아기에 보여 주는 행동과 발달이 이후의 발달적 특성을 얼마나 예측해 줄 것인가 하는 점이다. 영유아기에 화를 잘 내는 아동은 성인이 되어도 화를 잘 낼까? 유아기에 평균 이상의 지능을 보였던 유아는 이후 아동기나 청소년기에도 평균 이상의 지능을 가질까? 유아기에는 보이지 않던 특성들이 아동기에 나타나는 경우는 없을까? 이러한 질문은 영유아발달에 대한 이해를 좀 더 깊이 있게 이끌어 준다. 많은 연구자가 수년간 한 개인의 발달을 추적해 보았으나 영유아기의 발달이 이후에도 일관된 특성으로 존재할 것이라는 견해와 반드시 그렇지는 않다는 견해가 공존한다. 예측했던 대로 발달한 사람보다 그렇지 않은 사람이 더 많았으며, 살아가면서 생활환경에 큰 변화를 경험하는 경우도 많았다.

그러나 한 아동이 살아가는 생활환경이 크게 변화하지 않고 유사한 경우 영유아기의 발달과 경험은 이후에도 지속될 수 있을 것이다. 그러므로 모든 영유아기 발달 특성과 경험이 미래 행동을 예측한다고 단정 지을 수는 없지만 대부분의 경우 영유아기 발달이 이후 발달을 예측할 수 있을 정도로 미래의 발달에 중요한 영향을 준다는 점은 부인할 수 없다. 따라서 우리는 영유아기 발달에 관해 이해함으로써 미래에 출현될 가능성이 있는 바람직하지 않은 행동이나 특성을 사전에 예방할 수도 있고 바람직한 특성을 미리 발견해 내어 더욱 긍정적으로 발전시켜 나가도록 적시에 도움을 줄 수도 있는 것이다.

6. 영유아발달의 연구 동향과 전망

인간의 영유아기는 많은 동물의 종들 중에서 가장 길지만, 오랫동안 인간은 영유아기에 아무것도 할 수 없는 존재라고 생각했기 때문에 연구자들의 관심을 끌지 못하였다. 그러다가 인간이 동물의 하나로서 환경에 적응하며 변화해 간다는 진화론과 영유아기에 인간이 환경에 더 잘 적응하도록 교육할 수 있다는 교육가능성론이 대두되면서 조금씩 영유아의 성숙 정도와 학습가능성 여부를 살펴보기 위한 연구들이 시작되었다(Kagan, 1987, p. 1150).

최근 들어 영유아의 발달을 좀 더 실증적으로 이해하고자 하는 연구들이 급증하고 있다. 여기서는 영유아발달 연구 경향에 대하여 역사적으로 조망해 본 후 미래 연구 과제를 전망해 보고자 한다.

1) 영유아발달 연구의 역사

영아를 대상으로 하는 초기 연구는 주로 정상적인 영아의 행동을 조사하고, 규준적인 발달 유형을 밝히며, 신뢰할 만한 측정 도구를 개발하는 것에 관심을 가지고 실시되었다(예: Gesell, 1928). 그러나 이와 같은 초기 영아 연구는 1930년대 말부터 감소하기 시작하여 1950년대 중반까지 비교적 침체된 상태에 머물러 있다가 새로운 이론적 영향과 기계 문명의 발달로 새로운 관찰 방법이 개발되고, 행동의 수량화와 자료 분석 방법이 더욱 정교해짐에 따라 다시 활기를 띠기 시작하였다. 1960년대부터 개발되기 시작한 새로운 연구방법으로 인해 영아는 신생아 때부터 비록 감각 수준이기는 하지만 많은 정보를 식별하여 반응할 수 있다는 사실이 밝혀졌다. 그리고 영아는 우리가 생각하는 것보다 훨씬 더 많은 능력을 가지고 있음이 증명되었다.

이러한 연구결과들은 영아에 대해 일종의 경외감까지 갖게 하였다. 그에 따라 많은 연구자들은 영아들이 무엇을 할 수 있으며, 무엇을 배울 수 있는지에 대해 관심을 기울이면서 보다 섬세하고 정교한 영아들의 능력을 증명하고자 시도하였다. 이러한 시대적 사조를 호로비츠(Horowitz, 1992)는 "경이로움의 과학(Gee whiz science)"이라고 언급하기도 하였다. 그 당시 영아의 능력에 대한 대표적인 출판물로는 『유능한 영아들(The competent infant)』(Stone, Smith, & Murphy, 1973)이 있었으며 그 밖에도 영아에 대한 다양한 평가 도구와 수많은 전문 잡지가 출판되었다.

한편, 같은 시대에 인간의 학습과정에 대한 관심에서 출발한 학자들은 인간의 행동과 발달적 변화가 성숙에 의존하는지 혹은 환경에 의존하는지에 대한 이론적 쟁점의 '근거 제공'을 위해 영아를 대상으로 하는 연구를 실시하였다. 예를 들면, 정서적 반응의 조건화를 증명하기 위한 실험연구(Watson & Rayner, 1920)가 등장하였고, 그보다 조금 앞서 색깔 지각이나 색깔 선호와 같은 기본 지각 능력에 대한 연구들(Valentine, 1913, 1914)이 실시되었다. 성숙론자들은 다양한 환경적 차이에도 불구하고 개별 아동의 초기 행동이 독립적으로 발달함을 증명하고자 하였고, 행동주의자들은 그러한 행동적 발달이 대부분 조건화 원리의 적용에 기인된다는 주장을 확증하고자 하였다. 이러한 일련의 움직임들로 인해 영아 연구는 양적으로 크게 발전하였고, 그 결과 영아의 특정 행동과 그러한 행동을 유발하는 조건에 대해서도 상당히 많은 것을 알게 되었다. 예를 들어, 1960년부터 1970년까지 메릴 팔머 연구소(Merrill-Palmer Institute)는 해마다 영아 연구학회(Infant Conferences)를 주최하고, 학회에서 발표된 연구를 메릴 팔머 학회지(「Merrill-Palmer Quarterly」)에 게재하였다. 당시에 발표되었던 연구주제들은 현재까지도 영아 연구의 주요 주제로 연구되고 있다. 그 중에서도 특히 벌린(Berlyne, 1958)의 연구와 판츠(Fantz, 1958)의 연구는 영아의 시각적 정보처리 능력을 증명함으로써 이 분야에서 선구자적 역할을 하였고, 시설 아동의 사회적 반응성에 대한 라인골드(Rheingold, 1956)의 연구와 초기 조건화에 대해 실험한 립시트(Lipsitt, 1964)의 연구도 대표적이다.

그 후 프로이트(Freud) 심리학이 세계적으로 크게 반향을 얻으면서 많은 부모가 자녀들의 정서적 어려움을 다루기 위해 전문가를 찾아 도움을 구했고, 아동이 무슨 능력을 가지는가에 대한 관심보다는 왜 아동이 이러한 문제를 갖게 되었는가에 더 많은 관심을 갖게 되었다. 정신분석적 관점에 입각한 성격발달이론에 관심이 집중되었고, 이에 따라 아동의 심리적 문제를 이해하는 데 아동의 어린 시절 경험, 특히 어머니와의 관계에 관심이 기울여졌다. 어머니와의 관계는 보울비(Bowlby)의 애착이론과 에인즈워스(Ainsworth)의 연구로 더욱 강조되었고, 그에 따라 어머니의 사랑과 어머니와 자녀 간의 관계에 의한 영향을 경험적으로 증명하려는 연구가 영유아 연구의 주류를 이루게 되었다. 또한 피아제(Piaget)를 위시한 인지이론가들이 등장하면서 영유아기는 성격발달 측면에서만이 아니라 인지발달을 위해서도 매우 중요하고 독특한 시기임이 강조되었다. 이에 따라 피아제의 인지발달단계이론을 증명하려는 연구가 많이 등장하였고, 동시에 '부모와 자녀간의 관계'를 양적인 차원이 아니라 질적인 차원에서 연구하려는 경향도 크게 늘어났다.

1970년대 이후부터 현재까지 영유아에 대한 연구는 꾸준히 증가하면서 영아의 행동과 발달에 대한 연구는 거의 모든 간행물에서 큰 비중을 차지하고 있다. 특히 판츠(Fantz)가 새로운 영아 연구방법을 개발하면서 언어 사용이 어려운 영유아의 정신과정을 보다 객관적으로 유추해 낼 수 있는 가능성이 시사되었다. 그에 따라 인지이론가들은 영유아의 기억, 주의력, 개념 형성 과정, 상징 능력 등 거의 모든 영역에 대해 관심을 가지고 영유아를 대상으로 연구하고 있다.

더욱이 최근 신경생리학의 발달로 영아의 생리적 특성과 뇌의 활동을 측정할 수 있는 다양한 기계와 방법이 개발되면서 영유아에 대한 기존의 모든 발달이론들도 영유아의 능력을 살펴보는 데 재도전할 수 있게 되었다. 또한 사회적으로 출산 후 문제를 가지고 태어날지도 모르는 고위험 영아를 조기에 발견하여 치료해야 한다는 인식이 확대되면서 영아의 능력과 결함을 조기에 진단하는 도구를 개발하기 위한 연구의 필요성이 강조되고 있다.

최근 10년간 영아기 연구에서 가장 많은 관심을 받고 다루어진 연구주제들은 감각과 지각 과정, 자율적 생리 기능, 학습과 기억, 언어 획득 과정, 사회적 지식과 사회성 발달, 사회적 상호작용에서의 정서의 역할, 위험 부담률이 높은 영아, 기질과 애착에서의 개인차 및 심리교육학적 보상프로그램의 개발과 효과 등에 대한 것들이다. 영유아 연구 분야는 과거 어느 때보다 빠른 양적 확장이 이루어지고 있으며 동시에 그 내용과 쟁점, 방법론에 있어서도 매우 다양한 양상으로 변화될 전망이다.

2) 영유아발달 연구의 전망

영유아를 대상으로 하는 연구에서 앞으로 중요하게 다루어져야 할 연구 분야와 방향에 대해 종합해 보면 다음과 같다.

(1) 영유아발달에 관한 기초 연구뿐만 아니라 다양한 현장에서 적용할 수 있는 정책 연구에 대해 보다 많은 관심을 기울여야 할 것이다

사회적으로 불리한 상황에 처할 수 있는 영유아가 성장하면서 발달적인 문제를 일으킬 소지가 있다고 판단되면 그러한 문제들을 미리 찾아내어 사전에 예방하고, 영유아가 가지고 있는 발달적 잠재력을 최대한 발휘할 수 있는 환경을 보장해 주는 것이 사회적 책임이라는 인식이 점차 팽배해지고 있다. 이에 따라 영유아 연구자들은 응용 연구에 더욱 박차를 가할 것이고, 나아가 사회정책적 시사점을 제시해 줄 수 있는 연구들을 보다 많이 수행하게 될 것이다.

(2) 위험 요인을 가진 영유아와 비정상적인 영유아에 대한 연구가 더 많이 필요하게 될 것이다

영유아는 환경과 능동적으로 상호작용한다는 것이 이미 증명되었지만 환경이 영유아에게 영향을 끼치는 과정에서 어떻게 기여하는지는 아직도 논란의 여지가 많다. 따라서 매우 위험한 상황에 처해 있는 영유아나 비정상적인 영유아에 대한 연구는 앞으로 중요하게 간주되어야 할 것이다.

특히 태내기의 약물중독, 알코올중독과 같은 위험한 상황에서 태어난 신생아와 부모의 열악한 사회경제적 여건이나 부모의 무지와 무관심 등으로 인하여 다양한 형태의 정신적 · 육체적 · 성적 학대나 방임의 위험에 처해 있는 영아가 증가하고 있다. 따라서 이로 인한 위험 부담의 본질과 영향에 대한 연구와 영아 자신의 발달적 잠재력을 최대한 발휘할 수 있도록 도와주는 효율적인 중재 프로그램에 대한 연구도 계속 중요한 연구 과제로 다루어질 것이다.

(3) 발달적 문제를 진단할 수 있는 적절한 도구를 개발하는 것이 시급한 과제다

조기 중재 프로그램이나 맞춤형 지원 프로그램과 같은 응용 연구에서 가장 중요한 것은 조기에 발달적 문제를 진단할 수 있는 적절한 도구를 개발하는 것이다. 오랜 기간 동안 영아 연구자들은 발달지체아의 조기발견, 특히 지적 발달지체아의 조기발견을 위한 연구에 몰두해 왔다(Wilson, 1985). 최근에는 인지 기능 중 영아의 재인기억이나 새로움에 대한 반응을 통해 이후의 지적 발달을 규명하는 선별 절차를 발견하고자 노력하였다(Fagan, Singer, Montie, & Shepherd, 1986; Rose, Feldman, Wallace, & McCarton, 1989). 다른 한편으로는 영아에 대한 부정적인 태도라든지 불리한 모자간의 상호작용과 같이 조기중재를 필요로 하는 위험한 환경을 선별해 내는 연구에 관심을 기울여 왔다(Blaseo, 2001; Korner, 1987; Lyons-Ruth, Connell, Zoll, & Stahl, 1987; Pianta, Egeland, & Hyatt, 1986).

그동안에는 발달에 영향을 미치는 구체적인 물리적 환경(Wachs, 1989), 양질의 가정양육(Bradley, Caldwell, Rock, & Ramey, 1989), 양질의 보육시설(Phyillips, 1987) 등 영아발달에 영향을 미치는 다양한 환경에 대해 연구되어 왔다. 앞으로는 이러한 환경을 선별할 수 있는 도구들을 통해 미래에 상당한 위험 상황에 처할 수 있는 가정이나 부모를 조기에 선별함으로써 영아들의 건강이나 복지에 영향을 미칠 수 있는 환경을 지원해 주고, 그 효과를 증명할 수 있는 경험적 연구가 더 필요할 것이다.

(4) 영유아의 정서발달과 정서의 역할에 대한 연구가 더 관심을 받게 될 것이다

영아 연구 분야에서 두드러지게 나타나는 변화 중 하나가 영아기의 정서발달에 대한 관심의 재발견(Parke, 1992)이다. 사회적 미소, 낯가림, 높이 공포 등과 같은 주제는 1960년대에 많은 관심을 가지고 연구되었던 주제(Gibson & Walk, 1960; Spitz, 1950)였으나 그 당시의 정서 연구들은 정서발달이나 정서의 역할 자체에 대한 관심이었다기보다는 지각발달이나 인지 과정의 지표로서 정서에 대해 연구하였다.

그러나 1980년대 이후부터 영유아기의 정서 인식과 정서적 표현의 발달적 기원과 사회적 상호작용에서의 정서의 역할에 대한 관심이 증가하기 시작하였다. 그리하여 에크만과 프리선(Ekman & Friesen, 1978), 이자드(Izard, 1982) 등의 연구결과에 따라 표정의 인식은 적어도 어느 정도 유전적인 특성을 지니는 보편적인 현상이고, 정서 표현은 사회적 행동을 조절하는 기능이 있다는 것이 밝혀졌다(Camras, 1977). 특히 정서의 사회적 조절 효과는 '사회적 참조(social referencing)' 개념으로 많이 증명되었다(Campos & Stenberg, 1981; Striano, Tomasello, & Rochat, 2001).

뿐만 아니라 많은 연구에서 영아는 시각 벼랑이나 새로운 놀이감, 낯선 성인 등과 같은 애매하거나 위험한 상황에 처했을 때 그 환경 안에 있는 중요한 사람의 정서적 정보를 추구하거나 이용하려는 경향이 있다는 것이 밝혀졌다(Parke, 1992, pp. 2-3). 그러므로 미래의 영유아 연구에서는 여전히 정서발달의 여러 측면에 대해 보다 많은 관심을 가지게 될 것이며, 특히 사회적 행동을 조절하는 정서의 역할에 대해 계속 관심을 기울일 것이다.

(5) 영유아의 인지 과정의 본질과 발달에 관한 연구도 새롭게 부각되고 있는 연구주제다

지금까지는 주로 생후 첫 6개월 이내의 인지 능력을 규명하는 것과 그 측정 과정에 관심이 집중되고 있다. 특히 시각적 주의행동(visual attentional behavior)이나 정보처리 행동에 대한 측정이 가장 많이 연구되어 왔다. 그 밖에도 영아 초기에 출현하는 중요한 인지 능력으로 초기 기억력(Cutts & Ceci, 1988), 감각 양식 간 전이(Rose & Ruff, 1987), 사건 순서의 예측(Canfield & Haith, 1991), 시각적 지각의 추상화와 범주화 능력(Roberts, 1988; Younger & Gotlieb, 1988)에 대한 연구도 많이 이루어지고 있으나 영아기에 출현하는 다양한 인지 능력에 대한 연구가 더 많아질 전망이다.

(6) 영유아의 행동조직화에 대한 관심이 더욱 증가할 것이다

영유아의 마음이론(Harnis, Rosnay, & Pons, 2005; Ruffman, Slade, Deirtt, & Crowe, 2006), 정서 이해와 조절(Bretherton & Oppenheim, 2003; Cabrera, Linver, & Brooks-Gunn,

2007; Emde, Wolf, & Oppenheim, 2003; Oppenheim, Nir, Emde, & Warren, 1997; Wingert & Brant, 2005), 의도적 행동통제(Spinrad, Eisenberg, & Gaeartner, 2007) 등과 같은 수행 기능과 관련된 변인들에 대한 관심이 증가하고 있다.

(7) 앞으로의 연구는 이론적 쟁점을 보다 더 추구하는 방향에서 이루어질 것이다

영유아 연구는 양적 발전에 비해 이론적 진전은 비교적 미진하였다고 볼 수 있다. 그러나 두뇌나 생리학적 기능을 직접 관찰할 수 있는 새로운 기술이 개발된다면 영유아 연구는 더욱 활발하게 이루어질 수 있을 것이다.

(8) 영유아에 대한 연구들은 발달적 연속성이라는 문제에 대한 새로운 틀을 요구하게 될 것이다

새로운 틀에서는 인지적 영역이나 정서적 영역에서의 행동과 같이 특정 현상에서의 연속성에 초점을 두는 것이 아니라 행동의 획득을 좌우하는 과정에서의 연속성 여부에 초점을 두게 될 것이다. 행동에서의 연속성과 불연속성이 아니라 과정에서의 연속성과 불연속성을 이해하려면 훨씬 더 정교한 연구문제를 구성해야 할 것이다. 그에 따라 발달 연구에서 오랜 관심을 받아온 초기 경험의 중요성이라든가 발달에서의 결정적 시기를 다루는 연구도 최근에는 같은 발달적 결과라 할지라도 고정된 발달 궤도보다는 그 결과에 도달하는 과정의 발달 궤도에 보다 많은 관심을 기울이고 있다.

예컨대, 생후 초기의 불리한 경험을 이후에 극복한 아동과 그러한 극복 과정에 관심을 갖고 발달에서의 '탄력성(resilience)'과 '유연성(plasticity)'을 밝히고자 노력할 것이다(Cocking, 1986; Horowitz, 1992; Osofsky & Eberhart-Wright, 1992).

(9) 패널 연구를 포함한 보다 많은 종단적 연구가 절실히 요구된다

그동안 발달 과정 중 어느 한 시점에 대해서만 집중적으로 연구한 경우는 많았으나 그 현상을 발달적으로 추적한 연구는 많지 않았다. 미국에서는 1991년부터 영아를 대상으로 미국 아동보건발달연구소(NICHD)에서 영유아 보육 및 발달 연구(Study of early child care and youth development, SECCYD, 2005)가 수행되었으며, 최근 우리나라에서도 육아정책연구소에서 아동패널 모형(신나리, 이정원, 김문정, 김영원, 조복희, 홍세희 외, 2007)이 개발된 이후 2008년부터 그 해에 출생한 영아들을 대상으로 패널 연구가 시작되어 종단 연구가 실시되고 있고, 아동과 청소년을 대상으로 한 패널 연구도 실시되고 있다. 이러한 종단적 연구는 노력과 비용이 많이 드는 힘든 작업이지만 반드시 수행되어야 할 연구다.

이렇듯 영유아 연구 분야는 과거 어느 때보다 더 빠른 양적 확장이 이루어지고 있으며, 동시에 그 내용과 쟁점, 방법론도 매우 다양한 양상으로 변화될 전망이다.

참/고/문/헌

신나리, 이정원, 김문정, 김영원, 조복희, 홍세희, 이기재(2007). 한국아동패널: 예비조사 보고서. 서울: 육아정책연구소.

이영, 이미란, 홍희영, 한성희, 민성혜, 박신진, 유영미, 신혜원, 민현숙, 정지나, 문영경(2015). 영아발달. 서울: 학지사.

이영, 김온기, 조성연, 이혜경, 이선원, 이정림, 나유미, 김상림, 나종혜(2015). 유아발달. 서울: 학지사.

이영, 이정희, 김온기, 이미란, 조성연, 이정림, 유영미, 이재선, 신혜원, 나종혜, 김수연, 정지나(2009). 영유아발달. 서울: 학지사.

Bakwin, H. (1971a). Car sickness in twins. *Developmental Medicine and Child Neurology, 13*(3), 310-312.

Bakwin, H. (1971b). Nail biting in twins. *Developmental Medicine and Child Neurology, 13*(3), 304-307.

Bakwin, H. (1971c). Enuresis in twins. *American Journal of Diseases of Children, 121*(3), 222-225.

Bakwin, H., & Davidson, M. (1971). Constipation in twins. *American Journal of Diseases of Children, 121*(2), 179-181.

Berk, L. E. (2005). *Infants and children: Prenatal through middle childhood* (5th ed.). Boston, MA: Pearson.

Berk, L. E. (2012). *Infants and children: Prenatal through middle childhood* (7th ed.). Boston, MA: Pearson.

Berk, L. E. (2013). *Child development* (9th ed.). Boston, MA: Pearson.

Berlyne, D. E. (1958). The influence of complexity and novelty in visual figures on orienting responses. *Journal of Experimental Psychology, 55*(3), 289-396.

Black, M. M., & Krishnakumar, A. (1998). Children in low-income, urban settings: Interventions to promote mental health and well-being. *American Psychologist, 53*(6), 635-646.

Blaseo, P. M. (2001). *Early intervention services and their families.* Boston, MA: Allyn and Bacon.

Bradley, R. H., Caldwell, B. M., Rock, S. L., & Ramey, C. T. (1989). Home environment and cognitive development in the first 3years of life: A collaborative study involving six sites and three ethnic groups in North America. *Developmental Psychology, 25*, 217-235.

Bretherton, I., & Oppenheim, D. (2003). The MacArthur story stem battery: Development, directions for administration, reliability, validity, and reflections about meaning. In R. N. Emde, D. P. Wolf, & D. Oppenheim (Eds.), *Revealing the inner worlds of young children: The MacArthur story stem battery and parent-child narratives* (pp. 55-80). New York: Oxford University Press.

Bronfenbrenner, U. (1992). 인간발달생태학[*The ecology of human development: Experiments by nature and design*]. 이영 역. 서울: 교육과학사. (원저는 1979년에 출판).

Bronfenbrenner, U., & Morris, P. A. (1998). The ecology of developmental processes. In W. Damon & R. M. Lerner (Eds.), *Handbook of child psychology* (5th ed., Vol. 1, pp. 993-1028). New York: Wiley.

Brooks-Gunn, J., & Duncan, G. J. (1997). The effects of poverty on children. *The Future of Children*, 7(2), 55-71.

Bushnell, E. W., & Boudreau, J. P. (1993). Motor development and the mind: The potential role of motor abilities as a determinant of aspects of perceptual development. *Child Development, 64*(4), 1005-1021.

Cabrera, N., Linver, M. R., & Brooks-Gunn, J. (2007). New directions in measuring young children' s emotional development. *Infant Mental Health Journal, 28*(6), 559-563.

Campos, J. J., & Stenberg, C. R. (1981). Perception, appraisal and emotion: The onset of social referencing. In M. E. Lamb & L. R. Sherrod (Eds.), *Infant social cognition: Empirical and theoretical considerations* (pp. 273-314). Hillsdale, NJ: Erlbaum Associates.

Camras, L. A. (1977). Facial expressions used by children in a conflict situation, *Child Development, 48*, 1431-1435.

Canfield, R. L., & Haith, M. M. (1991). Young infants' visual expectations for symmetric and asymmetric stimulus sequences. *Developmental Psychology, 27*, 198-208.

Cocking, R. R. (1986). Issues of early experience in developmental plasticity in cognitive development. *Journal of Applied Developmental Psychology, 7*, 95-165.

Committee on Developments in the Science of Learning, & Committee on Learning Research and Educational Practice. (2008). 학습과학: 뇌, 마음, 경험 그리고 교육[*How people learn: Brain, mind, experience, and school*]. 신종호, 박종효, 최지영, 김민성 공역. 서울: 학지사. (원저는 2000년에 출판).

Cutts, K., & Ceci, S. J. (1988, August). Memory for cheerios or cheerio memory? Long-term retension in young children. Paper presented at the 96th Annual Convention of the American Psychological Association, Atlanta, GA.

Ekman, P., & Friesen, W. V. (1978). *Facial action coding system (FACS): A technique for the measurement of facial action.* Palo Alto, CA: Consulting Psychologists Press.

Elder, G. H., Jr. (1974). *Children of the great depression: Social change in life experience.* Chicago, IL: University of Chicago Press.

Elder, G. H., Jr. (1998). The life course and human development. In W. Damon (Editor-in-Chief) & R. M. Lerner (Vol. Ed.), *Handbook of child psychology* (5th ed., Vol. 1, pp. 939-991). New York: Wiley.

Emde, R. N., Wolf, D. P., & Oppenheim, D. (2003). *Revealing the inner worlds of young children: The MacArthur story stem battery and parent-child narratives.* New York: Oxford University Press.

Fantz, R. L. (1958). Pattern vision in young infants. *Psychological Record, 8*, 43-49.

Fischer, K. W., & Bidell, T. R. (1998). Dynamic development of psychological structures in action and thought. In W. Damon and R. M. Lerner (Eds.), *Handbook of children psychology* (5th ed., Vol. 1, pp. 467-561). New York: John Wiley & Sons.

Fulghum, R. (2009). 내가 정말 알아야 할 모든 것은 유치원에서 배웠다[*All I really need to know I learned in kindergarten*]. 최정인 역. 서울: 랜덤하우스코리아. (원저는 1988년에 출판).

Gesell, A. (1928). *Infancy and human growth.* New York: Macmillan.

Gibbons, A. (1998). Comparative genetics. *Science, 281*(5328), 1432-1434.

Gibson, E. J., & Walk, R. (1960). The visual cliff. *Scientific American, 202*, 64-71.

Gottesman, I. I. (1963). Genetic aspects of intelligent behavior. In N. Ellis (Ed.), *Handbook of mental deficiency: Psychological theory and research* (pp. 253-296). New York: McGraw-Hill.

Gottlieb, G. (1998). Normally occurring environmental and behavioral influences on gene activity: From central dogma to probabilistic epigenesis. *Psychological Review, 105*(4), 792-802.

Hareven, T. (1985). Historical changes in the family and the life course: Implications for child development. *Monographs of the Society for Research in Child Development, 50*(4/5), 8-23.

Harnis, P. L., Rosnay, M. D., & Pons, F. (2005). Language and children' s understanding of mental states. *Current Directions in Psychological Science, 14*(2), 69-73.

Horowitz, F. D. (1992). The risk-environment interaction and developmental outcome: A theoretical perspective. In C. W. Greenbaum & J. G. Auerbach (Eds.), *Longitudinal studies of children and psychological risk: Cross-national perspectives.* Norwood, NJ: Ablex.

Izard, C. E. (1982). *Measuring emotions in infants and children.* New York: Cambridge University Press.

Kagan, J. (1987). Perspectives on infancy. In J. D. Osofsky (Ed.), *Handbook of infant development* (pp. 1150-1198). New York: John Wiley & Sons.

Korner, A. F. (1987). Prevention intervention with high-risk newborns: Theoretical, conceptual, and methodological perspectives. In J. D. Osofsky (Ed.), *Handbook of infant development* (2nd ed., pp. 1006-1057). New York: John Wiley & Sons.

Leventhal, T., & Brooks-Gunn, J. (2000). The neighborhoods they live in: The effects of neighborhood residence on child and adolescent outcomes. *Psychological Bulletin, 126*(2), 309-337.

Lipsitt, L. P. (1964). Learning in the first year of life. In L. P. Lipsitt & C. C. Spiker (Eds.), *Advances in child development and behavior* (Vol. 1). New York: Academic Press.

Lyons-Ruth, K., Connell, D., Zoll, D., & Stahl, J. (1987). Infants at social risk: Relationships among infant maltreatment, maternal behavior, and infant attachment behavior. *Developmental Psychology, 23*, 223-232.

Morrison, J. R., & Stewart, M. A. (1973). The psychiatric status of the legal families of adopted hyperactive children. *Archives of General Psychiatry, 28*(6), 888-891.

NICHD Early Child Care Research Network (2005). *Child care and child development: Results from the NICHD study of early child care and youth development.* New York: Guilford Press.

Oppenheim, D., Nir, A., Emde, R. N., & Warren, S. L. (1997). Emotion regulation in mother-child narrative co-construction: Associations with children' s narratives and adaptation. *Developmental Psychology, 33*, 284-294.

Osofsky, J. D., & Eberhart-Wright, A. (1992). Risk and protective factors for parents and infants. In G. J. Suci & S. S. Robertson (Eds.), *Future directions in infant development research*, (pp. 29-35.) New York: Springer-Verlag.

Papalia, D. E., Gross, D., & Feldman, R. D. (2003). *Childhood development: A topical approach.* New York: McGraw-Hill.

Papalia, D. E., & Olds, S. W. (1988). 영 · 유아발달[*A child's world: Infancy through adolescence* (3rd ed.)]. 이영, 조연순 공역. 서울: 양서원. (원저는 1982년에 출판).

Parke, R. D. (1992). Social development in infancy: Looking backward, looking forward. In G. J. Suci & S. S. Robertson (Eds.), *Future directions in infant development research* (pp. 1-24). New York: Springer-Verlag.

Phillips, D. (1987). *Quality in child care: What does research tell us?* Washington, DC: National Association for the Education of Young Children.

Pianta, R., Egeland, B., & Hyatt, A. (1986). Maternal relationship history as an indicator of developmental risk. *American Journal of Orthopsychiatry, 56*, 385-398.

Plomin, R. (1994). *Genetics and experience: The interplay between nature and nurture.* Thousand Oaks, CA: Sage.

Rheingold, H. L. (1956). The modification of social responsiveness in institutional babies. *Monographs of the Society for Research in Child Development*, 1-48.

Roberts, K. (1988). Retrieval of a basic-level category in prelinguistic infants. *Developmental Psychology, 24*, 21-27.

Rose, S. A., & Ruff, H. A. (1987). Cross-modal abilities in human infants. In J. D. Osofsky (Ed.), *Handbook of infant development* (2nd ed., pp. 318-362). New York: Wiley.

Rose, S. A., Feldman, J. F., Wallace, I. F., & McCarton, C. M. (1989). Infant visual attention: Relation to birth status and developmental outcome during the first five years. *Developmental Psychology, 25*, 560-576.

Rubin, K. H., & Coplan, R. J. (1998). Social and nonsocial play in childhood: An individual differences perspective. In O. N. Saracho & B. Spodek (Eds.), *Multiple perspectives on play in early childhood education* (pp. 144-170). Albany, New York: State University of New York Press.

Ruffman, T., Slade, L., Deirtt, K., & Crowe, E. (2006). What mothers say and what they do: The relation between parenting theory of mind, language and cooperation. *British Journal of Developmental Psychology, 24*(1), 105-124.

Rutter, M. (1987). Psychosocial resilience and protective mechanisms. *American Journal of Orthopsychiatry, 57*(3), 316-331.

Scarr, S., & McCartney, K. (1983). How people make their own environments: A theory of genotype → environment effects. *Child Development, 54*(2), 424-435.

Shweder, R. A., Goodnow, J. J., Hatano, G., LeVine, R. A., Markus, H. R., & Miller, P. J. (2006). The cultural psychology of development: One mind, many mentalities. In W. Damon & R. M. Lerner (Eds.), *Handbook of child psychology* (6th ed., Vol. 1, pp. 716-792). Hoboken, NJ: Wiley & Sons.

Spinrad, T. L., Eisenberg, N., & Gaeartner, B. M. (2007). Measures of effortful regulation for young children. *Infant Mental Health Journal, 28*(6), 606-626.

Spitz, R. A. (1950). Anxiety in infancy: A study of its manifestation in the first year of life. *International Journal of Psychoanalysis, 31*, 138-143.

Stone, L. J., Smith, H. T., & Murphy, L. B. (Eds.). (1973). *The competent infant: Research and commentary.* New York: Basic Books.

Striano, T., Tomasello, M., & Rochat, P. (2001). Social and object support for early symbolic play. *Developmental Science, 4*, 442-455.

Thomas, A., Chess, S., & Birch, H. G. (1968). *Temperament and behavior disorders in children.* New York: New York University Press.

Valentine, C. W. (1913). The aesthetic appreciation of musical intervals among school children and adults. *British Journal of Psychology, 6*(2), 190–216.

Valentine, C. W. (1914). The colour perception and colour preferences of an infant during its fourth and eighth months. *British Journal of Psychology, 6*(3), 363–386.

Wachs, T. D. (1989). The nature of the physical micro environment: An expanded classification system. *Merrill-Palmer Quarterly, 35*, 399–420.

Wachs, T. D. (2000). *Necessary but not sufficient: The respective roles of single and multiple influences on individual development.* Washington, DC: American Psychological Association.

Waddington, C. H. (1957). *The strategy of the genes.* London: Allen & Unwin.

Wahlsten, D. (1994). The intelligence of heritability. *Canadian Psychology, 35*(3), 244–260.

Watson, J. B., & Rayner, R. (1920). Conditioned emotional reactions. *Journal of Experimental Psychology, 3*(1), 1–14.

Willerman, L. (1973). Activity level and hyperactivity in twins. *Child Development, 44*(2), 288–293.

Wilson, R. (1985). Risk and resilience in early mental development. *Developmental Psychology, 21*, 795–805.

Wingert, P., & Brant, M. (2005). Reading your baby' s mind. *Newsweek, 146*(7), 32–39.

Younger, B., & Gotlieb, S. (1988). Development of categorization skills: Changes in the nature or structure of infant form categories. *Developmental Psychology, 24*, 611–619.

02 chapter

발달이론

1. 생물학적 관점
2. 정신분석적 관점
3. 학습이론적 관점
4. 인지이론적 관점
5. 생태학적 관점

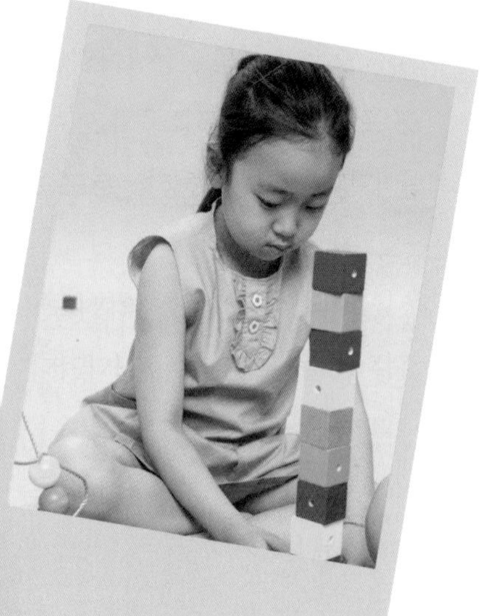

학습개요

영유아발달을 과학적 · 체계적으로 이해하기 위해서는 영유아가 어떻게 성장, 성숙하는지에 대해 설명해 주는 이론들을 살펴보는 것이 중요하다. 발달이론은 영유아가 자라면서 어떤 변화를 경험하며, 그런 변화는 왜, 어떻게 나타나는지에 대해 설명해 준다. 발달의 기초가 되는 변화의 양상과 변화 과정을 이해하기 위해 연구자들은 여러 이론을 고안해 냈다. 영유아발달은 복잡하고 다양한 현상이므로 어떤 하나의 이론만으로 영유아발달의 모든 현상을 설명할 수는 없다. 발달이론들은 영유아발달의 이슈에 대해 각기 다른 입장을 견지할 뿐만 아니라 영유아발달의 각기 다른 측면에 초점을 맞추어 설명한다. 각각의 이론들은 영유아발달에 대한 문제를 해결하는 데 중요한 역할을 한다. 그러므로 발달이론들은 서로 상반되기보다는 상호보완적이라고 할 수 있다. 다양한 발달이론을 통해 영유아발달이라는 복잡하고 다양한 현상을 좀 더 잘 이해할 수 있다. 이에 이 장에서는 영유아발달을 설명해 주는 발달에 대한 주요 이론들을 생물학적 관점, 정신분석적 관점, 학습이론적 관점, 인지이론적 관점 및 생태학적 관점에서 살펴보고자 한다.

chapter 02

발달이론

1. 생물학적 관점

생물학적 관점에 따르면 신체 · 운동발달과 마찬가지로 인지발달과 성격 발달도 생물학적 계획에 따라 진행된다고 본다. 이런 관점을 취하고 있는 이론으로는 초기 생물학적 이론들 중 하나인 게젤의 성숙이론과 진화적 관점에서 발달을 이해하는 동물행동학이론, 보울비의 애착이론을 들 수 있다.

1) 게젤의 성숙이론

게젤(Gesell, 1880~1961)은 심리학자, 교육자, 의사, 정책입안자로 활동했는데, 예일대학교의 아동발달 클리닉에서 아동 관찰 및 부모와의 인터뷰를 통해 영유아기 및 아동기의 운동 능력 성취, 사회적 행동, 성격특성에 대한 세부적인 규준 정보를 만들었다. 게젤은 발달검사를 통해 발달에 대한 유용한 지침을 제공하고 발달지체가 나타나는 영아를 가려내기 위한 변별 검사의 기초를 다졌으며, 대중에게 아동중심접근법의 과학적인 육아를 소개하였다.

게젤의 성숙이론은 생물학에서 많은 영향을 받았다. 그는 남성과 여성의 신체적 형태를 생물학적 과정과 분리할 수 없듯이 행동이나 정신 활동도 생물학적 과정과 분리할 수 없다고 생각하였다. 게젤은 진화론, 비교심리학, 발생학(embryology), 신경심리학, 인류학을 포괄하는 독립된 분야가 발달과학이라고 생각했다. 그리고 그는 이런 관점을 유지하며 영유아 및 아동을 설명했다(Parke, Ornstein, Riesler, & Zahn-Waxler, 1994/2004).

게젤의 기본 관점은 모든 유기체는 성장하는 데 있어 이미 유전적으로 성장의 방향이 결정되어 있는 성장 모형(growth matrix)을 가지고 있다는 것이다. 게젤은 이처럼 유전자가 발달 과정을 방향 짓는 기제를 성숙(maturation)이라고 명명하였다. 성숙은 환경의 역할과는 구별되는데, 환경적 요인들은 발달을 도울 뿐 발달의 방향을 바꾸거나 촉진하거나 하는 역할을 하지 않는다. 즉, 태내 발달에 있어서 태아가 모체로부터 받는 산소의 양, 체온 같은 내적 환경 요인들은 적절한 성장을 유지시켜 주기는 하지만 태아의 발달 구조와 행동 유형을 순서적으로 전개하는 데 직접적인 역할을 하는 것은 성숙 기제이다. 게젤의 주장에 의하면 영아의 신체발달뿐 아니라 언어발달, 인지발달이나 행동은 이미 결정된 발달 시간 예정표에 따라 자발적으로 출현된다.

아동들은 모두 같은 순서를 거쳐 발달하지만 발달하는 속도에서 차이가 난다. 게젤의 견해에 의하면, 성장속도에서의 개인차도 주로 내적 유전기제에 의해 통제된다. 출생 후의 발달에 있어서 성숙은 외적 환경의 영향과 명백히 구별되며, 특히 교육이나 연습의 효과와는 대조된다. 즉, 아동의 신경계가 충분히 성숙해져 준비가 완료된 후에야 비로소 앉고, 걷고, 말하게 되고, 어떤 순간에 이르면 아동은 자신의 내적 충동에 의해 과제를 쉽게 숙달하기 시작한다. 게젤은 일란성 쌍생아를 대상으로 한 명에게는 발달 스케줄 상 계단 오르기를 학습할 시기보다 일찍 계단 오르기 훈련을 실시하고, 다른 한 명에게는 계단 오르기를 학습할 만큼 성숙했을 때 훈련을 시작하였다. 한 명에게만 훈련을 시키던 기간에는 훈련받은 쌍생아가 계단 오르기를 잘하는 것 같았으나 다른 쌍생아가 성숙하여 훈련을 시작하자 두 영아 간의 차이는 없어졌다. 즉, 생물학적으로 성숙되기 전에 이루어지는 조기 훈련은 궁극적으로 발달에 거의 영향을 미치지 못한다는 사실을 통해 성숙의 중요성을 강조한 것이다.

게젤은 관찰을 통해 발달 방향, 상호 교류, 기능적 비대칭, 자기규제의 발달 원리들을 제시하고 있다(Crain, 1980/2004, pp. 39-48).

발달 방향의 원리는 발달이 정해진 방식에 따라 특수한 순서로 진행되도록 성숙의 지시를 받아 일정한 방향으로, 즉 머리에서 발 방향으로, 중심에서 말초로 이루어지며, 이 방향은 미리 계획된 유전적 기제의 기능이라는 것이다.

상호 교류의 원리는 두 눈, 두 손, 두 다리 등 인간의 양측이 점차 효과적으로 체제화되어 가는 과정을 말한다. 즉, 영아가 처음에는 한 손을 사용하다 다음에는 두 손을 함께, 그런 후에는 다른 한 손을, 그리고 다시 두 손을 함께 쓰게 되며, 결국 어느 한 손을 더 우세하게 사용할 때까지 이 과정을 계속하는데, 이렇게 선호가 이리저리 바뀌는 속성을 섞어 짜기에 비유하여 상호 교류라는 용어를 사용한 것이다.

게젤은 신생아의 경직성 목 반사를 통해 인간이 세계를 정면에서가 아니라 약간 비스듬한 위치에서 접하게 될 때 가장 효과적으로 기능한다는 것을 관찰한 후 측면에서 대처하는 이러한 경향성을 기능적 비대칭의 원리라고 하였는데, 이 원리가 오른손잡이, 왼손잡이뿐 아니라 오른쪽과 왼쪽 중 어느 눈을 주로 사용하는가 하는 우세안과도 관련이 있다고 보았다.

또한 게젤은 일련의 신생아 연구에서 부모가 수유와 수면 등의 생리적 리듬을 부모가 정한 스케줄이 아니라 영아의 요구대로 따랐더니 유동성이 있기는 하였어도 영아 스스로 점차 수유 시간을 줄이고 더 오랫동안 깨어 있음을 발견하였다. 자기규제에 대한 기제는 영아가 자신의 능력에 맞지 않게 너무 일찍 많은 것을 가르치려는 시도에 대해 영아의 내부에서 스스로 저항하도록 작용하여 자신의 수준에 맞게 성장을 이끌어 갈 수 있게 한다.

게젤의 성숙이론은 아동 자신의 속도에 적합한 발달을 이루기 위해서는 아동중심의 양육 환경을 제공하는 것이 중요하며, 영아에게 무엇을 가르치기 위해서는 영아가 성숙할 때까지 기다려야 한다는 '학습준비도' 개념의 기초가 되었다(정옥분, 2004, p. 58).

2) 동물행동학 이론

동물행동학 이론은 다윈(Darwin)의 진화론에 근거하여 동물과 인간의 행동을 연구하며, 동물의 한 종으로서의 인간 발달에 있어서 생물학적 역할을 강조한다. 그리하여 인간행동은 특정 맥락에서 발생하고, 적응적인 가치나 생존을 위한 가치를 가짐으로써 여러 문화권에서 공통적으로 나타나는 종 특유의(species-specific) 행동, 예를 들면, 아기의 울음, 미소 같은 행동은 생물학적으로 프로그램 되어 있고, 종의 생존가능성을 높이기 위해 진화되어 온 것이라고 주장한다. 즉, 모든 종의 개체 발달은 그 종의 진화과정에 내재되어 있는 생물학적 역사와 환경적인 조건의 영향을 받는다는 것이다.

동물행동학의 기본 연구방법은 자연스러운 환경에서 대상의 행동을 관찰하고, 관찰된 행동을 세부적으로 기술하고 분류하는 것으로서 현대 발달심리학연구에서 관찰법이 활용되도록 하는 데 영향을 미쳤다. 또한 현대의 동물행동학자들은 다양한 문화권의 아동발달 연구를 통해서 인간행동의 많은 부분이 생물학적으로 이미 결정되어 있지만, 다른 한편으로는 환경적 경험에 의해 수정될 수도 있음을 주장하고 있다. 즉, 아동은 생물학적 뿌리에만 얽매여 있는 존재가 아니라 환경으로부터의 투입(input)과 학습에 대해 열려 있는 존재라고 보고 있다(Hetherington, Parke, Gauvain, & Locke, 2006, p. 21).

동물행동학의 대표적인 학자로는 동물의 행동을 연구한 로렌츠(Lorenz)와 이 이론을 인간의 발달, 특히 영아와 어머니 간의 애착관계에 적용하여 연구한 보울비(Bowlby)를 들 수 있다.

(1) 로렌츠의 각인이론

행동을 유발시키는 특정 자극에 대해 나타내는 동물의 반응인 행동은 생래적이거나 선천적인 경우가 많다. 흔히 본능이라고 알려져 있는 사회적 행동을 유발시키는 자극에 대한 반응은 생의 초기 민감기에 획득되는 경우가 많다. 로렌츠(Lorenz, 1903~1989)는 환경 속의 특정 자극이 종 특유의 행동을 유발한다는 것을 밝혀냈는데, 그중 대표적인 현상으로 각인(imprinting)을 들 수 있다. 각인이란 어린 동물이 생후 초기의 특정한 시기 동안 어떤 대상에 노출되면 그 대상에게 애착되는 것이다. 로렌츠는 오리의 부화 과정을 관찰함으로써 이러한 각인 현상을 규명하였다. 즉, 그는 오리 알을 두 집단으로 나누어 한 집단의 알들은 어미 오리가 부화하고, 다른 집단의 알들은 로렌츠가 부화시켰다. 그 결과, 로렌츠가 부화시킨 새끼 오리들은 그를 어미 따르듯 따라다녔다. 즉, 새끼 오리가 로렌츠에게 각인된 것이다. 로렌츠는 각인 현상이 출생 후 일정한 기간 내의 결정적 시기(critical period)에만 일어나며, 각인된 행동은 이후 생애 동안 지속된다는 것을 밝혔다(Crain, 1980/2004, p. 70). 이것은 어린 동물이 어떤 대상에게 결정적 시기 이전이나 이후에 노출되면 각인은 형성되지 않는다는 것을 의미한다.

(2) 보울비의 애착이론

보울비(Bowlby, 1907~1990)는 제2차 세계대전 후 고아원에서 성장한 아동들이 타인과 친밀하고 지속적인 관계를 형성하지 못할 뿐만 아니라 여러 가지 정서적 문제가 있음을 발견하고 이의 원인을 밝히고자 노력하였다. 이러한 현상에 대해 보울비는 이 아동들이 생의 초기에 어머니나 주양육자와 확고한 애착을 형성할 기회가 없었기 때문에 이후에 타인들과 친밀한 관계를 형성하지 못하는 것으로 해석하였다. 또한 정상적인 가정에서 성장했지만 병원에 입원하여 수 주 동안 어머니와 격리를 경험한 아동들도 이와 유사한 징후를 보임을 알게 되었다. 보울비는 많은 아동을 관찰한 결과 이들의 발달을 이해하기 위해서는 어머니와 아동 간의 관계에 대한 이해가 필요함을 인식하였고, 이를 위해 동물행동학 이론을 토대로 정신분석이론, 진화론, 체계이론, 인지발달이론 등을 적용하여 인간관계, 특히 영유아와 어머니의 애착관계를 설명하였다.

보울비의 애착이론은 생애 초기에 이루어지는 영아-양육자 관계의 발달뿐만 아니라 전 생애에 걸쳐 이루어지는 인간관계의 발달을 이해하는 방식에 대한 획기적인 전환점을 제공하였다. 특히 보울비는 인간의 행동을 행동체계(behavioral systems)라는 동물행동학 개념을 적용하여 인간관계를 설명함으로써 인간관계의 발달과 기능에 대한 이해를 새롭게 해 주었다.

동물행동학에 따르면 애착이란 애착체계(attachment system)에 의해 조절되는 관찰 가능한 행동들을 포함하는 지속적인 관계로 정의된다. 애착체계는 인간 유기체의 성공적인 생존과 생식을 위해 진화해 온 수많은 행동체계들 중 하나이다(George & Solomon, 1999). 애착행동의 목표는 실제 혹은 지각된 스트레스나 위험에 반응하여 애착대상이나 어머니에게 가까이 다가감으로써 보호를 구하는 것으로 맥락과 연령에 따라 실제 애착행동은 다를지라도 전 생애에 걸쳐 똑같이 유지된다.

보울비는 영유아의 애착행동체계가 부모의 호혜적인 양육체계(caregiving system)에 의해 보완된다고 설명하였다. 영유아의 애착체계와 같이 어머니의 양육체계도 영유아를 보호하려는 적응적인 기능을 갖는다(George & Solomon, 1999; Solomon & George, 1996). 즉, 영유아가 돌봄(care)을 구하고 유지하려는 본능적인 경향성을 갖고 태어나듯이, 부모는 자녀를 보호하고 양육하려는 본능적인 경향성을 갖는다.

애착과 보호적인 양육이 통합된 체계는 위험으로부터 영유아를 안전하게 보호하기 위해 스스로 조절해 나가는 한 쌍의 체계(a dyadic system)로 기능한다. 즉, 영유아는 자신이 처한 상황이 위험하거나 두렵거나 스트레스를 준다고 지각하면, 애착체계가 활성화되어 울거나 어머니에게 팔을 뻗어 신호를 보낸다. 영유아의 이러한 언어적 · 비언어적 신호는 어머니의 양육체계를 활성화시켜 어머니는 영유아에게 가까이 가거나, 이름을 불러 주거나, 미소를 짓거나, 안아 주는 행동으로 영유아에게 자신이 보호받고 있다는 것을 확신시켜 준다. 이때 영유아가 애착대상(어머니 혹은 주 양육자)으로부터 심리적 또는 신체적으로 만족할 만한 반응을 얻으면 긴장이나 두려움이 사라져 애착체계가 종결되고, 어머니의 양육체계도 영유아가 안심하고 만족스러워하면 종결된다. 이처럼 영유아의 애착체계와 부모의 양육체계는 한 쌍의 체계로 기능하여 영유아는 스스로 자신을 보호하는 데 필요한 기술을 발달시키고, 부모는 자녀를 위험으로부터 안전하게 보호하게 된다. 이와 같이 보울비는 호혜적인 애착발달을 강조하였다. 즉, 영유아나 양육자 어느 한쪽만으로 되는 것이 아니라 영유아와 양육자가 한 쌍이 되어 서로 유대관계를 형성하게 된다는 것이다(Cassidy, 1999, pp. 9-11). 이런 관점에서 볼 때 애착은 영유아나 부모 그 어느 한쪽의 행동만을 말하는 것이 아니라 하나의 관계이며, 결국 영유아와 부모 간의 애착관계에 기여하는 두 가지 구성요소 중 한 가지 요소임을 알 수 있다. 보울비의 애착 연구는 인간의 애착관계의 발달 과정과 애착관계의 질에 대한 활발한 연구를 촉진시켰다.

2. 정신분석적 관점

정신분석적 관점은 영아발달을 설명하는 데 있어 가장 오래된 과학적 관점으로, 프로이트의 정신분석 연구에서 시작되었다. 정신분석이론에 의하면, 인간은 무의식적인 본능의 지배를 받는 수동적 존재이며, 인간의 행동은 단지 표면상 나타나는 특성일 뿐이다. 그러므로 정신분석이론에서는 아동발달을 제대로 이해하기 위해서는 내적인 정신세계를 알아야 한다고 본다. 정신분석이론은 부모와의 초기 경험이 아동발달에 지대한 영향을 미친다고 가정한다.

1) 프로이트의 심리성적이론

프로이트(Freud, 1856~1939)는 체코슬로바키아의 모라비아에서 태어나 일생의 대부분을 비엔나에서 보냈고, 유태계였기에 제2차 세계대전 중 나치의 박해를 피해 런던으로 이주하여 말년을 보냈다. 그는 신경계통을 전공한 의사였는데, 정신병 환자를 진료하면서 정신분석학에 대한 생각을 발전시켰다.

프로이트의 정신분석이론은 인간의 성격 발달에 일차적 관심을 두고 있다. 프로이트는 정서적 · 감정적 측면을 강조하여 모든 행동에는 원인이 있으며, 그 원인은 무의식에서 찾을 수 있다고 하였다. 그는 정신을 빙산에 비유하여 의식(consciousness), 전의식(preconsciousness)과 무의식(unconsciousness)으로 구성되어 있다고 보았다. 의식은 개인이 어느 순간에 인식하고 있는 감각, 지각, 경험, 기억 등의 모든 것을 의미한다. 그러나 프로이트는 각 개인이 인식할 수 있는 것은 정신 생활의 극히 작은 부분에 지나지 않는다고 보았다. 전의식은 즉시 인식되지는 않지만 조금만 노력하면 인식할 수 있는 영역이다. 무의식은 욕구나 본능이 깊게 자리하고 있는 영역으로서 인식할 수 없고 직접 확인할 수도 없는 접근 불가능한 창고에 해당한다. 이러한 세 가지 층은 구분되거나 절대적 범주로 볼 수 없으며 정도의 범주로 보아야 하지만, 개인의 사고와 감정의 대부분은 의식 외부에 존재한다(권중돈, 김동배, 2005, p. 223 재인용).

한편, 프로이트는 성격은 원초아(id), 자아(ego), 초자아(superego)의 세 구조를 가지고 있다고 보았다. 원초아는 본능으로 이루어졌고 개인의 정신적 에너지의 원천적 저장고이다. 프로이트의 관점에서 원초아는 전적으로 무의식에 속해 있는데, 무의식은 현실과 연결되어 있지 않다. 유아가 현실의 요구와 압박을 경험하면서 현실의 요구를 다루는 성격의 새로운 부분인 자아가 발달한다. 자아는 결정을 내리는데 논리를 사용하기 때문에 성격의 행정부라고 불린다. 원초아와 자아는 도덕성을 가지고 있지 않기 때문에 무엇이 옳고 그른지 고려하지 않는다. 초자아는 성격의 도덕적인 부분이며, 무엇이 옳고 그른지를 결정한다. 초자아는 우리가 흔히 양심이라고 부르는 것과 자아이상으로 구성된다.

프로이트에 의하면, 인간은 다섯 단계의 심리성적 발달단계를 거치며, 발달의 각 단계에서 신체의 다른 부분보다 특정한 부분에서 쾌감을 경험한다. 성격은 구강기, 항문기, 남근기를 거치며 초기 쾌감의 원천과 현실의 요구 사이에서 어떻게 갈등을 해결하느냐에 따라 결정된다. 갈등이 해결되지 않을 때 개인은 발달의 특정 단계에 고착될 수 있다. 고착은 개인의 욕구가 충족되지 않거나 지나치게 충족되어 초기 발달단계에 머무를 때 나타난다. 예를 들어, 부모가 너무 일찍 수유를 중단하거나, 너무 엄격하게 배변훈련을 시키거나, 자위행위를 처벌하는 등의 양육행동을 할 경우에 과거 발달단계로 돌아가고자 함으로써 고착이 나타난다.

프로이트가 제시한 인간의 심리성적 발달단계를 단계별로 설명하면 다음과 같다(Crain, 1980/2004, pp. 206-223).

(1) 구강기

구강기(oral stage)는 출생에서 만 1세 정도까지이다. 이 시기에 영아의 쾌감은 입 주변에 집중되어 있어서 영아는 씹고, 빨고, 깨물고, 삼키고, 입술로 장난하면서 만족과 기쁨을 얻고 긴장을 감소시킨다. 이 단계에서 영아의 구강기적 욕구가 덜 충족되거나 혹은 지나치게 충족되면 집착현상이 나타남으로써 행동이 고착된다. 그리하여 성인이 되었을 때 과식이나 과음, 과도한 흡연, 수다, 신랄한 비평, 빈정거림 등의 구강기적 성격이 나타난다.

(2) 항문기

항문기(anal stage)는 만 1세에서 3세까지로 배변 훈련이 이루어지는 시기다. 이 시기의 영아는 배설물을 참고 보유하거나 배출하는 것에서 쾌감을 얻는다. 항문기 동안 적절한 배변 훈련이 이루어지지 않으면 고착되어 항문기적 성격을 지니게 된다. 즉, 배설을 참아 근육수축쾌감에 고착하게 되면 청결이나 질서에 강박적 욕구를 보이거나 인색한 수전노와 같은 강박적인 항문기적 성격으로 나타난다. 반면, 배설하고 난 뒤의 근육이완쾌감에 고착하게 되면 지저분하고 낭비벽이 심한 폭발적인 항문기적 성격이 나타난다.

(3) 남근기

남근기(phallic stage)는 만 3세에서 5세까지로, 이 시기의 유아는 성기를 만지고 자극함으로써 만족과 기쁨을 얻는다. 이 단계에서 남아는 오이디푸스 콤플렉스(Oedipus Complex)를, 여아는 엘렉트라 콤플렉스(Electra Complex)를 경험한다. 오이디푸스 콤플렉스는 남아가 어머니에게 성적인 애정을 가지고 접근하려는 욕망으로서 어머니에게 성적 애착을 느끼고 아버지를 애정의 경쟁자로 생각하여 적대감을 갖게 되는 감정이다. 그러나 아버지는 아동에 비해 신체적으로 월등하기 때문에 남아는 아버지가 자신의 근친상간 욕구를 벌하고 제일 중요한 부분인 성기를 없앨 것이라는 거세불안(castration anxiety)을 상상하게 된다. 남아는 아버지에 대한 적대감과 어머니에 대한 성적 욕망 사이에서 느끼는 심리적 갈등을 동성의 부모, 즉 아버지와 동일시하는 것으로 해결한다. 그러므로 남아는 아버지의 가치체계나 행동 등 남성적인 역할을 내면화하는 과정에서 양심과 자아이상을 발달시킴으로써 초자아를 형성하게 된다. 한편, 여아도 아버지에 대해 성적인 애착을 갖게 되고 어머니에 대해 거부감을 갖는 엘렉트라 콤플렉스를 경험한다. 이 시기의 여아는 남근이 없기 때문에 남근을 갖고 싶어 하는 감정, 즉 남근선망(penis envy)을 지니며, 동성의 어머니를 동일시함으로써 심리적 갈등을 해결한다. 만일 오이디푸스 콤플렉스가 동성 부모와의 동일시를 통해 잘 해결되지 않는다면 갈등이 무의식 속에 남아서 과시적이고 공격적인 남근기적 성격의 소유자가 되거나 동성연애자가 되기도 한다.

(4) 잠복기

잠복기(latent stage)는 만 6세부터 사춘기가 시작되기 전인 12세경까지로 초등학교 시기에 해당한다. 잠복기는 성적 욕구가 억압되어 있는 비교적 평온한 시기로서 부모와의 동일시가 강력해지고 그로 인해 초자아가 발달한다. 이 시기에 아동은 학교교육을 통해 지식을 배우고, 사회생활에 필요한 여러 가지 기술을 습득하며, 동성 친구와 강한 사회적 유대를 형성한다.

(5) 생식기

생식기(genital stage)는 만 13세에서 19세 정도까지로 이 시기의 청소년은 사춘기에 들어서면서 신체적으로 성기능이 성숙해져 성적인 재각성을 하게 된다. 이성을 거부하고 동성 또래와 어울려 다니던 잠복기와 달리 생식기의 청소년은 이성에 대해 관심을 갖고 건전한 애정을 발전시킨다. 청소년의 이성에 대한 성적 욕구는 독서, 운동, 봉사활동 등을 통해 승화시킬 수 있지만, 만일 이 시기의 청소년들이 그들의 성적 에너지를 잘 처리하지 못하면 비행으로 표출되기도 한다. 이 시기까지 고착 현상을 보이지 않고 원만하게 발달한 사람은 이타적이고 성숙한 성격의 소유자가 됨으로써 성인으로서 독립적인 기능을 할 수 있다. 만일 남근기를 원만하게 거치지 못한 경우에는 생식기에서 생기는 성적 에너지를 적절하게 처리하지 못하여 이성과 원만하지 못한 관계를 갖거나 성숙한 사랑을 하기 힘들고, 권위에 대해 반항하는 경향을 나타낸다.

2) 에릭슨의 심리사회적이론

에릭슨(Erikson, 1902~1994)은 프로이트의 정신분석학적 개념에 기초해 자신만의 독특한 발달이론을 제시했는데, 프로이트의 이론과는 달리 사회적·문화적 환경이 영유아의 발달에 지대한 영향을 미친다고 보았다. 에릭슨은 어떤 심리적 현상이라도 반드시 생물학적·행동적·경험적·사회적 요인들이 상호작용하여 나타나는 것이라고 보았다. 특히 에릭슨은 사회적 힘이 성격발달에 미치는 영향을 강조하였기 때문에 프로이트의 심리성적(psychosexual) 이론과 비교하여 에릭슨의 이론은 심리사회적

(psychosocial) 이론이라고 불린다. 또한 에릭슨의 심리사회적 이론은 인간의 전 생애에 걸친 발달과 변화가능성의 강조, 병리적인 것보다는 정상적이고 건강한 측면의 강조, 자아정체감 확립의 중요성, 문화적 · 역사적 요인과 성격 구조의 관련성을 중시하였다 (Maier, 1969, pp. 17-19).

에릭슨의 이론에 의하면, 인간은 일생 동안 8단계의 발달 과정을 거치며, 각 발달단계마다 해결해야 하는 심리사회적 위기(psychosocial crisis)가 있다. 그러한 위기는 새로운 경험을 위한 기회를 제공해 주고, 자기 자신과 세계에 대한 관점의 변화를 요구함으로써 그 결과, 성격은 계속해서 새롭게 성장하거나 방해를 받게 된다. 에릭슨은 각 발달단계의 위기 해결책은 문화에 따라 다르고, 위기의 결과에 따라 성격이 달라질 뿐만 아니라, 특정 단계의 심리사회적 위기 해결은 이전 단계의 성패와 직결된다고 보았다. 만약 성장 과정에서 발생하는 심리사회적 위기를 만족스럽게 해결하게 되면 긍정적 자아특질이 강화되고 건전한 발달이 이루어지지만, 갈등이 지속되거나 위기를 잘 해결하지 못하면 자아 발달은 손상을 받아 부정적인 자아 특질이 강화된다. 예를 들어, 청소년기에 자아정체감을 해결하지 못한 성인은 계속 정체감 문제를 갖게 된다.

에릭슨이 제시한 인간의 심리사회적 발달단계를 단계별로 설명하면 다음과 같다 (Erikson, 1963, pp. 247-269).

(1) 1단계: 기본적 신뢰감 대 불신감

1단계(basic trust vs. mistrust)는 출생에서 1세까지를 말하며 프로이트의 구강기에 해당한다. 이 단계에서 영아의 목표는 기본적인 신뢰감을 형성하는 것이다. 에릭슨(1968)은 신뢰감이란 자기 자신을 신뢰할 가치가 있는 존재로 인식함은 물론 다른 사람에 대해서도 본질적으로 신뢰감을 형성하는 것이라고 정의하였다. 어머니는 영아가 처음 만나는 가장 중요한 존재로서 음식이나 애정을 통해 영아의 욕구를 만족시켜 준다. 그러나 어머니가 일관성이 없거나 거부적인 태도를 보인다면 어머니는 영아에게 기쁨의 원천이 아닌 좌절의 근원이 됨으로써 영아는 불신감을 갖게 된다. 이러한 일련의 과정은 발달단계의 전 과정 동안 지속될 수 있다.

(2) 2단계: 자율성 대 수치심과 회의감

2단계(autonomy vs. shame and doubt)는 프로이트의 항문기에 해당하는 만 1세에서 3세까지의 시기로서 영아는 신체 근육이 성숙해지고 다른 사람들과 충분히 의사소통을 할 수 있게 된다. 이 시기에 영아는 다른 사람에게 완전히 의존하기보다는 무엇인가를 혼자 하려고 한다. 이러한 독립심과 힘에 대한 욕구로 영아는 종종 어른들과 부딪힌다. 에릭슨은 이 기간 동안의 배변 훈련과 관련된 심리사회적 위기를 잘 해결하지 못하면 매우 강박적인 어른으로 성장할 수 있기 때문에 부모가 너무 엄격하게 배변 훈련을 시키지 않도록 경고하였다. 부모는 영아가 자율성을 발달시킬 수 있도록 환경을 자유롭게 탐색하고 스스로 무엇인가를 할 수 있는 선택의 자유를 보장해 주고, 필요한 경우에는 자녀를 이끌어 주어야 한다. 그러나 부모가 인내심 없이 영아 대신 일을 처리하거나 영아가 할 수 없는 것을 스스로 해야 한다고 지나치게 요구하는 등의 엄격하고 무서운 양육 태도를 보이는 경우에 영아는 무능력과 무력감을 형성하게 되어 이로 인해 자신의 능력에 대해 수치심과 회의감을 발달시키게 된다.

(3) 3단계: 주도성 대 죄책감

프로이트의 남근기에 상응하는 만 3~6세 사이의 유아는 언어 능력과 운동 기능이 성숙하면서 매우 주도적으로 사회적 · 물리적 환경을 탐색하기 시작한다. 그러나 유아가 주도하는 행동은 때로는 사회에 바람직하지 않은 행동이어서 부모로부터 제재를 받을 수도 있다. 이 단계(initiative vs. guilt)에서 에릭슨은 유아가 성적 관심보다는 놀이와 자신이 선택한 활동에 더 많은 관심을 가지고 있다고 주장함으로써 전통적인 정신분석적 사고와는 다른 관점을 제시하였다. 그리하여 에릭슨은 이 시기에 유아가 놀이나 탐색행동을 시도할 때 성공하는지, 실패하는지, 그리고 유아의 주도적 행동에 부모가 어떻게 반응하는지에 따라 심리사회적 위기의 극복 여부가 달려 있다고 보았다. 부모가 유아 스스로 환경을 탐색하고 행동할 수 있도록 격려해 주면 유아는 주도성을 형성하게 된다. 그러나 부모가 유아 스스로 할 수 있는 기회를 주지 않고 심하게 꾸지람을 하게 되면 유아는 이 시기는 물론 그 이후에도 자신의 행동에 대해 죄의식을 갖게 된다.

(4) 4단계: 근면성 대 열등감

이 단계(industry vs. inferiority)는 프로이트의 잠복기에 해당하는 시기로 이 시기의 아동이 성취해야 할 주요 과업은 학교에 입학하여 인지적 기술과 사회적 기술을 숙달하는 것이다. 그에 따라 이 시기의 아동에게는 점차 교사와 친구들이 중요해지고 부모의 영향력은 줄어든다. 아동이 기술을 쌓고 의미 있는 일을 성취하기 위해 다양한 활동에 열정적으로 참여하고 성공적으로 완수하면 아동은 근면성을 형성하게 된다. 그러나 실패할 경우에는 부정적 자아상과 부적절하다는 느낌을 가지게 되어 이로 인해 미래의 학습에 부정적인 영향을 미치게 된다. 때로는 실패를 경험하지 않더라도 자신의 기준이나 부모, 교사, 형제자매의 기준에 미치지 못할 때 자신에 대해 열등감을 가질 수도 있다.

(5) 5단계: 정체감 대 정체감 혼미

이 단계(identity vs. identity confusion)는 청소년기로서 내가 누구인가에 대한 질문이 매우 중요하게 대두된다. 이 문제에 답하기 위해 청소년들은 부모보다는 친구들과 더 많이 상호작용을 한다. 에릭슨은 이 단계의 청소년들은 급격한 신체적 변화와 앞으로 자신이 어떤 교육을 받고 어떤 직업을 가질 것인지를 결정해야 한다는 압박감을 경험하며 이제까지 가지고 있던 심리적 정체감을 재규정해야 하는데, 만일 이런 고민과 갈등에 대한 해답을 얻지 못하는 경우에는 정체감의 혼미가 일어난다고 주장하였다. 에릭슨은 이 단계에서의 심리사회적 위기의 해결이 성인기의 성격에 가장 중요한 의미를 지닌다고 생각하여 발달단계 중에서도 특히 아동기와 성인기 사이의 전환이 일어나는 청소년기의 발달을 중요시하였다. 에릭슨(1968)에 따르면 정체감은 연속적이고 잠정적인 동일시를 형성할 수 있도록 사회적 지지가 허용되는 정도에 따라 달라진다. 자신의 개성에 대한 강한 인식을 갖고 사회로부터 인정을 받은 청소년은 자신에 대한 확고한 정체감을 형성하여 건전한 성인으로 성장한다. 하지만 정체감의 위기를 성공적으로 극복하지 못한 청소년은 생의 후반부에 부정적이며, 타인을 잔인하게 취급하고, 영웅에 대해 무조건적으로 동일시하거나 충성을 다하는 미성숙한 특성을 지니게 된다.

(6) 6단계: 친밀성 대 고립감

이 단계(intimacy vs. isolation)에서는 중요한 관계의 범위가 친구나 애인으로까지 확대되어 사랑이 이 단계에서 나타나는 새로운 자아특질이 되지만(Erikson, 1968), 개인이 친밀한 관계를 성공적으로 형성하지 못하면 배타성을 나타낸다(Newman & Newman, 1987). 이 시기의 젊은이들은 친구나 직장 동료들과 새로운 신뢰감 및 친밀한 관계 혹은 경쟁적 관계를 맺거나 이성과의 성적인 관계를 맺을 준비가 되어 있다. 진정한 친밀감은 합리적인 자아정체감이 형성되었을 때 가능하다. 이 단계에서 젊은이가 친밀감을 추구하지 않거나 계속 실패할 경우에는 고립되고 자신을 소외시키지만, 이전 시기에서 자아정체감을 확립한 젊은이는 자신의 삶을 함께 나눌 사람을 찾게 된다.

(7) 7단계: 생산성 대 침체성

생산성은 다음 세대를 기르고 이끌어 주는 데 대한 관심을 의미한다. 전형적으로 자녀를 키우면서 생산성을 발달시키지만, 다음 세대에 대한 지도나 다른 형태의 생산성과 창의성을 통해서도 성공적으로 발달시킬 수 있다. 이 단계(generativity vs. self-stagnation)에서도 사람들은 계속 성장해야 하는데, 만약 그렇지 못하면 침체되고 대인관계의 부족을 느끼게 되며, 자기 자신에 대한 몰두와 탐닉에 빠져 중년기의 위기, 즉 절망과 인생의 무의미함을 느끼게 된다.

(8) 8단계: 자아통합감 대 절망감

에릭슨의 심리사회적 발달단계의 마지막 단계(integrity vs. despair)에서는 자신의 삶을 돌아보면서 마지막 정체감 위기에 직면한다. 성공적으로 인생을 살아온 노인은 이제까지의 업적, 실패, 궁극적인 한계를 수용하고, 자신의 삶에 대한 책임이 자신에게 있음을 깨달으며, 다가올 죽음을 긍정적으로 받아들임으로써 자아의 통합감을 느끼지만, 반대로 자신이 살아온 삶을 후회하는 경우에는 절망하게 된다.

3. 학습이론적 관점

학습이론(learning theory)은 인간 행동이 대부분 학습되거나 학습에 의해 수정되며, 발달은 점진적이고 연속적인 과정이라는 것을 기본 전제로 한다. 행동주의이론으로 불리기도 하는 학습이론은 영아발달을 이해할 때 무의식적 동기나 인지적 사고 과정에 초점을 두기보다는 직접 관찰과 측정이 가능한 외현행동에 초점을 둔다(Hetherington, Parke, Gauvain, & Locke, 2006, p. 13). 특정 행동은 선행하는 사건, 즉 선행 요인(antecedents)과 뒤이어 일어나는 사건, 즉 결과(consequences)에 의해 일어난다고 본다(Chance, 1993/1996, pp. 35-39).

학습이론은 20세기 초 러시아의 파블로프(Pavlov)와 미국의 손다이크(Thorndike)의 실험에서 발달하였다. 학습이론은 고전적 조건화, 조작적 조건화, 인지적 사회학습이라는 세 가지 접근방법으로 분류한다. 고전적 조건화(classical conditioning)는 인간이 환경적 자극에 수동적으로 반응하여 형성되는 행동, 즉 반응적 행동(respondent behavior)을 설명하려는 접근방법이다. 조작적 조건화(operant conditioning)는 인간이 환경적 자극에 능동적으로 반응하여 나타내는 행동, 즉 조작적 행동(operant behavior) 을 설명하기 위한 접근방법이다. 인지적 사회학습은 반두라(Bandura)의 사회학습이론(social learning theory)으로 대표되는데, 인간의 행동에 영향을 미치는 인지적 요인의 역할을 설명하려는 접근방법이다.

1) 고전적 조건형성이론

러시아의 생리학자인 파블로프(1849~1936)는 소화생리연구를 위해 개의 타액 분비에 관한 일련의 실험을 하던 중 반응행동이 조건화되는 것을 발견하였다. 개에게 음식물을 주면 개는 자동적으로 침을 분비하는데, 이때 개가 분비한 침은 어떤 학습도 포함되지 않은 무조건 반응(unconditional response: UR)이며, 이런 반응을 야기한 음식물은 무조건 자극(unconditional stimulus: US)이다. 자연 상태에서 개는 음식물과 같은 무조건 자극이 아닌 종소리와 같은 중성자극을 받고 침을 흘리지 않는다. 그러나 무조건 자극인 음식물과 함께 종소리와 같은 중성자극(neutral stimulus)을 반복적으로 연합시켜 제공하면 개는 음식물이 제공되지 않더라도 종소리만 들어도 침을 흘리는 조건형성이 된다. 이때 종소리인 중성자극은 조건자극(conditional stimulus: CS)이 되고, 침을 흘리는 반응은 조건반응(conditional response: CR)이 된다.

파블로프의 실험에서처럼 생리적인 침의 분비와 전혀 관계가 없는 중성자극인 종소리에 침을 흘리도록 조건형성된 개는 조건자극의 종소리와 유사한 종소리에도 침을 흘리는 반응을 나타낸다. 이처럼 처음의 자극과 유사한 다른 자극에 대해서도 동일한 반응을 나타내는 현상을 자극일반화(stimulus generalization)라고 한다. 파블로프의 고전적 조건형성원리를 인간의 행동에 적용한 연구자는 왓슨(Watson)이다. 왓슨의 연구에서 앨버트(Albert)라는 유아는 처음 흰쥐를 보았을 때는 접근해서 만질 만큼 흰쥐에 대해 공포반응을 전혀 나타내지 않았다. 그러나 쇠막대를 세게 치면서 흰쥐를 보여 주자 놀라는 반응을 보였고, 이 실험이 반복되면서 흰쥐에 대한 공포반응을 학습한 앨버트는 흰쥐뿐만 아니라 흰색 털 코트, 흰 털실, 흰 수염에까지 공포반응을 일반화시켰다.

한편, 음식물을 특정한 종소리를 들려준 후에만 제공하고 다른 종소리를 들려줄 때는 제공하지 않는다면 개는 음식물이 제공되는 특정한 종소리에만 침을 흘리고 다른 종소리에는 침을 흘리지 않게 된다. 즉, 개는 특정한 종소리와 다른 종소리의 두 자극을 변별(discrimination)하게 된다. 또한 일단 획득된 조건반응일지라도 추후 실험에서 특정한 종소리를 들려준 후에 음식물을 규칙적으로 생략하면 이에 반응하는 침의 양은 점차 줄어 조건자극(특정한 종소리)이 주어져도 더 이상 침이 분비되지 않는데, 이를 소거(extinction)라고 한다. 뿐만 아니라 소거 절차가 이루어진 후에 음식물을 주지 않고 다시 특정한 종소리만 반복하여 들려주었을 때 소거되었던 조건반응, 즉 특정한 종소리에 침을 흘리는 반응이 다시 나타나는데 이를 조건반응의 자발적 회복(spontaneous recovery)이라고 한다. 이때 반응의 강도는 이전의 절반 정도밖에 되지 않지만 자발적 회복을 통해 학습된 행동은 영원히 소멸되지 않는다는 것을 시사한다(신명희, 박명순, 권영심, 강소연, 1998, p. 148).

또한 생활하면서 나타나는 연상학습(associational learning)도 고전적 조건형성으로 설명될 수 있다. 특정한 상징이 정서적 반응 또는 대상과 짝지어질 때 그 상징은 새로운 의미를 갖게 되며, 특정한 대상에 대한 공포 혹은 고통의 연상은 그 대상을 체계적으로 회피하게 한다. 예를 들어, 물에 빠져 곤란한 지경을 경험하여 물에 대해 공포반응을 형성했다면, 일생 동안 물을 무서워하여 물에 들어가거나 물놀이 하는 것을 회피하게 한다.

2) 조작적 조건형성이론

조작적 조건형성이론을 체계화한 스키너(1905~1990)는 자극에 의해 인출되는 반응적 행동(respondent behavior)과 자극에 의해 인출되는 것이 아니라 유기체에 의해 자발적으로 나타나는 조작적 행동(operant behavior)을 구분하였다. 스키너는 대부분의 인간 행동이 단순한 반사나 조건화된 반응으로 이루어지지 않는 경우가 많으며, 인간이 성장하면서 고전적 조건반응보다 조작적 조건반응행동을 더 많이 한다는 점에 관심을 둠으로써 고전적 조건형성의 원리는 학습된 행동의 일부분만을 설명한다고 보았다. 스키너는 조작적 조건형성의 원리를 이용하여 인간 행동을 수정할 수 있는 다양한 행동 기법을 개발하고, 이를 임상에 적용하였다.

조작적 조건반응은 어떤 행동의 결과가 보상을 받으면, 즉 강화되면 그 행동을 다시 반복하지만, 그 행동의 결과가 고통스럽거나 도움이 되지 않는다면 그 행동을 더 이상 반복하지 않는다는 것을 말한다. 다시 말해 조작적 조건형성은 다른 모든 조건이 동일하다면 강화된 행동은 반복되지만, 강화 받지 못하거나 처벌 받은 행동은 반복되지 않거나 소거되는 경향을 의미한다. 따라서 조작적 조건형성은 고전적 조건형성과 달리 유기체가 원하는 결과를 얻기 위해 실행하는 자발적 반응이다. 조작적 조건형성은 인간이 스스로 환경을 조작해 변화시킴으로써 행동의 결과를 만들어 간다고 보기 때문에 인간을 고전적 조건형성에서처럼 수동적 존재가 아닌 능동적 존재로 간주한다.

스키너는 반응을 유도하는 구체적인 자극을 설정하는 것보다 반응가능성을 증가시키거나 감소시키는 요소에 초점을 두는 것이 행동의 기능적 법칙을 수립하는 데 더 적절하기 때문에 가장 중요한 것이 유기체의 반응률이라고 보았다. 그는 특정 행동에 뒤따르는 결과 중에서 행동재현의 가능성을 높여 주는 강화(reinforcement)와 그 가능성을 낮추는 벌(punishment)이 유기체의 반응률에 영향을 미친다고 보았다.

강화에는 정적강화(positive reinforcement)와 부적강화(negative reinforcement) 두 가지가 있다. 정적강화는 어떤 행동 후에 긍정적이고 유쾌한 자극이 제공되어 그 행동이 다시 일어날 확률을 증가시키는 것이고, 부적강화는 어떤 행동을 한 후에 싫은 대상이나 자극을 제거하여 그 행동을 다시 할 수 있는 확률이 증가하는 것을 의미한다. 즉, 정적강화는 자극을 제공함으로써, 부적강화는 자극을 철회함으로써 반응가능성을 증가시킨다. 벌은 원하지 않는 행동을 감소시키고자 할 때 주는 것으로, 혐오적 자극을 제공하는 벌과 긍정적 자극을 박탈하는 벌, 두 종류가 있다. 스키너는 부적강화는 바람직한 행동의 발생률을 높이는 데 목적을 두지만, 벌은 바람직하지 못한 행동을 억제하는 데 목적이 있다고 하여 부적강화와 벌을 구별하였으며(Evans, 1968, p. 33), 일반적으로 강화가 벌보다 더 효과적이라고 주장하였다(Skinner, 1953, p. 184). 왜냐하면 벌은 새로운 것을 가르치기보다는 이미 확립된 반응을 억제하고, 화나게 하거나 분노하게 하는 바람직하지 못한 결과를 낳을 수 있기 때문이다. 따라서 스키너는 정적강화를 통해 바람직한 행동을 조건화하는 것이 가장 좋은 행동통제 방법이라고 주장하였다. 또한 학습된 행동을 계속 유지하기 위해 얼마나 자주 강화를 주어야 하는지에 대해 스키너는 가끔씩 강화를 받는 행동이 매번 강화를 받는 행동보다 소거되는 데 더 오랜 시간이 걸린다는 사실을 밝혀내고 이를 부분 강화 효과(partial reinforcement effect)로 설명하였다. 초기 단계에서 어떤 행동을 시작하게 하고 강화시키기에는 연속적 강화가 좋은 방법이지만 소거와 벌의 영향을 더 받기 쉬워 학습된 행동을 유지시키기에는 미흡하다. 그러므로 바람직한 행동이 습관화되어 고정된 후에는 간헐적 강화가 연속적 강화보다 학습된 행동을 소멸시키지 않고 유지시키는 데 더 효과적이다(Bijou & Baer, 1961, p. 62).

3) 사회학습이론

조작적 조건형성이론에서는 직접적인 강화나 벌 없이는 어떤 학습도 일어나지 않는다고 가정한다. 그러나 행동은 직접적인 조건화가 아닌 관찰이나 모방을 통해서도 학습될 수 있다. 예를 들면, 형이 어른에게 공손하게 인사하여 칭찬받는 모습을 보고 동생도 어른에게 인사를 잘하게 된다든지, 혹은 형이 TV를 보다 미처 숙제를 못해서 엄마에게 벌 받는 모습을 본 후에 동생은 스스로 TV를 끄고 책을 읽는 행동을 하는 것 등이다. 이처럼 많은 경우에 인간은 다른 사람의 행동을 관찰하고 대리경험을 함으로써 행동을 학습할 수 있다. 이러한 현상을 관찰학습(observational learning)이라고 하며, 모방학습, 사회학습, 대리학습, 모델링학습, 대리적 조건화에 의한 학습 등 다양하게 불린다. 관찰학습은 인간이 단순한 환경자극에 대해 반응함으로써 어떤 행동을 학습하는 것이 아니라 타인의 행동을 관찰함으로써 학습한다는 것이다.

인간은 단순히 타인의 행동을 관찰하여 기계적으로 모방만 하지는 않는다. 인간은 상이한 모델 및 사례들을 선택하고 그것을 종합해서 새로운 행동을 만들어 내기도 한다(Bandura, 1974, p. 864). 이러한 관점에서 반두라(1925~)는 인간의 성격과 행동은 외적인 환경자극과 인간의 내적인 사건과의 상호작용을 통해 결정된다고 주장함으로써 '상호결정론' 모델을 제시하였다. 반두라의 인간발달에 대한 기본 가정을 도식화하면 [그림 2-1]과 같다.

관찰학습은 학습에 있어서의 인지과정의 중요성을 강조한다. 그에 따라 반두라는

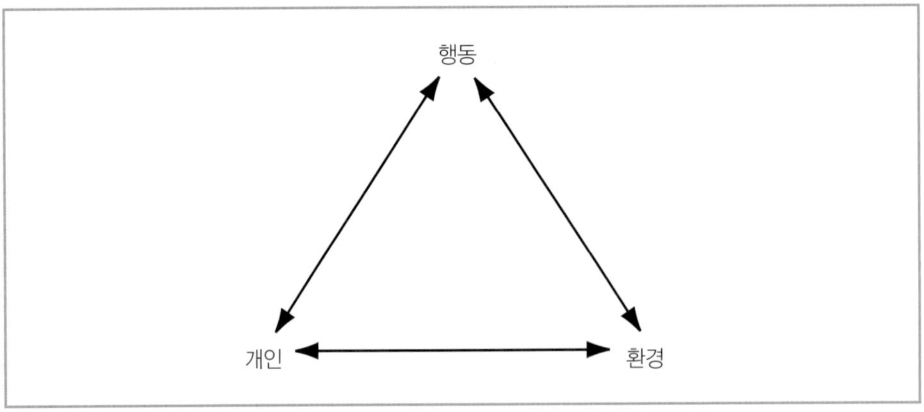

[그림 2-1] 반두라의 상호결정론 모델

관찰학습을 주의집중단계, 파지단계, 운동재생단계, 동기화단계의 네 개의 단계를 가진 과정으로 설명하였다(Bandura, 1974, pp. 22-29).

첫째, 주의집중단계(attentional process)로 관찰을 통해 학습이 이루어지기 위해서는 무엇보다 먼저 모델에게 관심을 집중해야 한다. 주의집중 정도는 모델자극과 관찰자가 지니고 있는 특성에 따라 결정된다. 모델자극이 성, 연령 등에서 자신과 비슷할 때, 또는 매력적이고 존경받고 지위가 높고 유능할 때 주의집중을 보다 많이 받을 수 있다.

둘째, 파지단계(retention process)로 관찰에서 얻은 정보를 사용하기 위해서는 그것을 언어적 방법이나 심상을 통해 머릿속에 기억해 두어야 한다. 일단 인지적으로 정보를 저장해 두면 관찰학습이 일어난 후 오랜 시간이 경과해도 이를 이용할 수 있다. 연령이 높은 아동일수록 심상보다는 언어적 방법을 더 많이 사용하는데, 이는 심상적 부호보다 언어적 부호로 정보를 저장해 두는 것이 더 효과적이기 때문이다.

셋째, 운동재생단계(motor reproduction process)로 관찰을 통해 기억해 두었던 많은 정보를 직접 행동으로 표현해 보는 것이 필요하다. 아무리 많은 정보를 기억했다 할지라도 그것을 모두 자연스럽게 행동으로 옮기는 것은 어려울 수도 있다. 관찰한 행동을 재생하기 위해서는 많은 연습이 필요하다. 뿐만 아니라 자신의 행동을 관찰하고, 자신의 행동과 기억하고 있는 모델의 행동을 비교하면서 계속 자신의 행동을 수정해야 한다. 이런 과정을 반복함으로써 관찰했던 모델의 행동과 일치되게 자신의 행동을 교정한다.

넷째, 동기화단계(motivational process)로 모델의 행동을 관찰하고 기억하여 능숙하게 수행할 수 있는 능력을 가지고 있다 할지라도 그 행동이 바람직하지 못하다면 행동으로 수행되지 않는다. 즉, 행동의 결과가 학습을 유발하는 것이 아니고 행동의 수행을 동기화시킨다. 일반적으로 관찰학습된 행동에 대해 정적강화가 주어지면 빠르게 행동으로 전환되고, 이는 주의집중 과정이나 파지 과정에도 영향을 미친다. 뿐만 아니라 타인이 정적강화를 받는 행동을 관찰하기만 해도 그 행동에 주의를 기울여 적극적으로 파지하고 나중에 행동으로 수행되도록 동기화된다. 즉, 대리적으로 강화되어 자신의 행동도 비슷한 결과를 가져올 것이라고 생각한다. 강화가 없어도 관찰학습이 가능하지만, 강화는 학습된 행동을 증가시키는 데 결정적인 역할을 한다.

4. 인지이론적 관점

인지는 지식, 의식, 사고, 상상, 추론, 문제해결, 개념화, 분류, 상징, 지각, 학습 등의 정신적인 과정을 포괄하므로 인간의 심리적 발달 과정을 이해하는 데 매우 중요하다. 정신분석이론이 인간의 성격발달에 관심을 가졌다면, 인지발달이론은 아동의 사고발달 과정에 초점을 둔다. 즉, 인지발달이론은 어떤 개념에 대해 한 개인이 어떻게 알게 되고 생각하게 되는지 그리고 무엇을 느끼고 행동하는지에 초점을 두기 때문에 인간의 잠재력과 행동을 이해하고 이를 변화시키는 데 필수불가결한 이론적 기반이 된다.

인지발달이론에서는 인간이란 유전적 요인에 의해 결정되는 존재가 아니며, 환경의 영향을 받기는 하지만 이러한 환경적 자극을 능동적으로 중재하고 구성할 수 있는 능력이 있으며, 지속적으로 성장·발달할 수 있는 잠재력을 지닌 존재로 본다.

이 절에서는 인지 기능의 다양한 발달수준을 개념적으로 설명한 피아제(Piaget)의 인지발달이론과 비고츠키(Vygotsky)의 사회문화적 인지이론, 그리고 정보처리이론에 대해 살펴보고자 한다.

1) 피아제의 인지발달이론

피아제(Piaget, 1896~1980)는 인간이 어떻게 환경과 상호작용을 하여 지식을 구성하는지에 대해 연구하였다. 피아제에 의하면, 정신적 성숙은 이전에는 존재하지 않았던 새로운 정신 능력을 습득하는 것이며, 지적인 능력은 개인이 주어진 환경에 효과적으로 적응할 수 있는 능력을 의미한다. 즉, 인지발달은 지적인 능력이 환경과의 상호작용을 통해 변화해 가는 양상을 이해함으로써 이루어지는 것이라고 할 수 있다. 피아제는 생물학에서 유기체가 환경에 적응하기 위해 그 구조를 발전시켜 가는 것에 주목하고 이를 인간의 정신에 적용시켜 인간이 환경의 요구에 따라 **인지 구조**(cognitive structure)를 끊임없이 재구성해 나간다고 주장하였다.

피아제는 그러한 인지구조를 설명하기 위해 **도식**(scheme)이란 용어를 사용하였다. 도식은 사고 또는 행동의 구조로서 한 유기체가 주변 세계를 이해하고 생각하는 심리적 구조의 틀, 즉 이해의 틀이다. 도식은 유기체가 환경과 끊임없이 접촉하면서 얻는 행동과 경험을 통한 조직화와 적응의 과정을 통해 형성된다. 모든 유기체는 태어나면서부터 조직과 적응이라는 두 가지의 근본적인 경향성을 가지고 있다(신명희 외, 1998, p. 46). 조직화(organization)는 유기체가 일관성 있는 체계를 형성하도록 통합하는 기능이다. 예를 들면, 아기들은 물건을 잡는 것과 시각 초점을 맞추는 것의 두 가지의 독립적 행동 도식을 가지고 있다. 어느 정도 발달이 이루어지면 아기는 두 가지의 행동 도식을 조직하여 물건을 보면서 잡는 높은 수준의 도식을 갖게 된다.

한편, 인간은 선천적 반사 능력과 점차 환경에 효율적으로 적응할 수 있는 능력을 가지고 태어나는데, 이런 능력 중 기본적인 능력이 동화와 조절이다. 동화(assimilation)란 인간이 환경에서 주는 자극을 이해하고, 그 자극을 자신이 이미 가지고 있는 도식이나 인지구조 속으로 받아들이는 인지 과정이다. 조절(accommodation)이란 자신이 가진 기존의 도식이나 구조가 새로운 대상을 동화하는 데 적합하지 않을 때, 그 새로운 대상에 맞도록 이미 가지고 있는 도식이나 구조를 바꾸는 것이다. 동화와 조절은 한 과정의 두 가지 측면으로서 상호보완적이며 거의 동시에 작용하는데, 인간은 이 두 기능을 통해 환경에 적응해 나가면서 발달한다. 예를 들면, 빠는 동작은 신생아의 선천적 반사 기능이다. 처음에 신생아는 빨기 기능에만 맞추어 엄마 젖이나 우유병을 빠는데, 이를 동화라고 한다. 그러나 동시에 신생아는 입술을 젖꼭지에 보다 더 정확히 맞추어 가며 빨기를 함으로써 빨기 반사를 조절한다. 이와 같이 동화와 조절은 사람이 환경에 적응하는 과정에서 끊임없이 작용하는데, 이를 통해 인간은 선천적으로 가지고 태어난 반사 능력을 점점 분화시키고 수정하며 통합하여 마침내 성인의 지적 활동에서 볼 수 있는 고도의 논리적 구조를 가지게 된다.

적응(adaptation)은 동화와 조절을 통해 균형이 이루어진 평형 상태(equilibrium)이다. 정상적인 성장은 동화와 조절에 의해 생긴 긴장의 해소 과정을 통하여 이루어진다. 긴장이란 새로운 상황에 대한 과거의 반응 양식과 새로운 문제에 적응하기 위한 새로운 반응 양식 사이에 인지적 갈등이 생긴 불평형 상태(disequilibrium)를 의미한다. 아동은 평형 상태를 이루기 위해 새로운 행동을 자신의 기존 구조에 적응시키거나(동화) 혹은 새로운 인지구조를 발달시키고(조절), 이를 통해 이전보다 더 높은 수준의 평형을 이루게 된다. 그러므로 인지발달은 평형과 불평형의 상태가 지속적으로 일어나는 과정에서 이루어진다.

피아제에 따르면, 인지발달은 질적으로 다른 몇 개의 단계를 거쳐서 이루어진다. 피아제가 제시한 발달단계는 불변적인 순서로 진행되기 때문에 환경이나 유전의 영향에 관계없이 일정하지만, 각 단계를 거쳐 가는 개인의 연령에는 차이가 있다. 피아제가 제시한 인지발달단계를 살펴보면 다음과 같다(Crain, 1980/2004, pp. 129-157; Hetherington, Parke, Gauvain, & Locke, 2006, pp. 323-341).

(1) 감각운동기

감각운동기(sensorimotor stage)는 출생 순간부터 약 만 2세까지의 기간으로서 이 기간에 영아는 주로 자신의 감각기관과 운동행동 사이의 관계를 발견한다. 처음에는 자신과 환경에 대한 의식이 없지만, 성장하면서 대상과 자기를 구별할 수 있게 되고, 물체를 잡고 목표물을 향해 움직이며, 소리와 행동을 모방할 수 있게 된다. 영아는 출생 당시 몇 가지 기본적인 반사만 가지고 태어나지만 외계의 사물을 인지하고 대응하기 위해 이해의 틀인 도식을 발달시킨다. 형성된 도식에 의해 영아는 환경을 조절하고 보다 적절하게 자신의 행동을 통제할 수 있게 된다.

감각운동기의 영아는 자신이 직접 다루는 사물이 아닌 경우에 그 사물은 존재하지 않는 것으로 인식한다. 어떤 대상이 눈앞에서 사라진다고 할지라도 그 대상이 계속 존재하고 있다는 사실을 인식하는 대상영속성(object permanence) 개념은 생후 1년 정도 되어야 획득된다. 따라서 이 시기의 영아는 가지고 놀던 장난감이 시야에서 사라지면 그 장난감은 영원히 사라진 것으로 생각하고 찾으려 하지 않는다.

피아제는 감각운동기를 독립적이면서도 상호 관련되는 여섯 개의 하위 단계들로 구분하였는데, 각 세부 단계의 특성은 영아기 발달에서 살펴볼 예정이다.

(2) 전조작기

전조작기(preoperational stage)는 생후 만 2세경부터 약 만 6~7세까지의 시기다. 직접적인 지각을 통해서만 주위를 이해하고 학습할 수 있는 영아와 달리 이 시기의 유아는 사물에 대한 사고 능력에서 큰 발전을 보인다. 전조작기의 유아는 아직 논리성은 결여되어 있지만, 모방과 상상, 상징을 통해 눈에 보이지 않는 사물이나 행동을 표상한다. 그러나 세상에 대한 지식은 아직까지 자신의 지각과 밀접하게 관련되어 있으며, 정보의 전환을 이해하는 정신적 조작 능력도 부족하다. 조작(operation)이란 정보의 전환을 이해하는 정신 능력이다. 피아제가 전조작기라고 표현한 데서 알 수 있듯이 이 시기의 유아는 아주 단순한 수준에서만 정신적 조작을 할 수 있으며, 논리적 추론(logical reasoning)보다는 비논리적 추론(illogical reasoning)을 한다. 이 시기에 있는 유아의 사고의 한계는 사물이나 상황을 단지 한 가지 차원이나 세부 사항에만 초점을 두고 다른 중요한 특성들을 무시하는 중심화(centralization)나 직관적 사고(intuitive thinking), 자아중심성(egocentrism)의 특징으로 설명된다.

자아중심성이란 이기적이라는 뜻이 아니라 타인의 생각, 관점, 지각 등이 자신과 동일하다고 생각하여 다른 사람의 입장에서 생각하지 못하는 것이다. 예를 들어, 자동차를 좋아하는 세 살짜리 유아가 엄마의 생일에 아빠가 엄마에게 선물을 건네자 자신이 제일 좋아하는 모형 자동차를 가져와 의기양양하게 엄마에게 선물이라며 내미는 것은 자신이 가장 좋아하는 것을 엄마도 자신과 같이 좋아할 것이라고 생각하기 때문이다. 이 시기 유아들이 대화하는 것을 들어 보면 다른 친구들이 듣든지 말든지 자기가 하고 싶은 말을 반복하는 자아중심적 언어를 사용하고 있는 것을 종종 목격할 수 있다.

전조작기 유아가 가지고 있는 직관적 사고는 대상의 현저한 지각적 특성에 의존하여 그 대상의 특성을 파악하는 사고 특성으로서 보존개념(conservation)실험을 통해 잘 나타난다. 예를 들면, 이 시기의 유아는 똑같은 양의 주스를 다른 크기의 컵에 부으면 컵의 모양에 따라 주스의 양도 달라진다고 생각한다. 다시 처음의 컵에 부으면 똑같은 양이라고 설명을 해도 직접 처음의 컵에 다시 부을 때까지 양이 같다는 것을 이해하지 못한다.

(3) 구체적 조작기

구체적 조작기(concrete operational stage)는 약 만 6~7세에 시작하여 11~12세 정도까지 지속된다. 구체적 조작기의 아동은 논리적 조작이 가능하고, 사물들 간의 관계성을 이해할 수 있으며, 보존개념을 획득한다. 보존개념이란 수, 길이, 넓이, 부피 등을 차례나 형태를 바꾸어 여러 가지 다른 방법으로 제시한다 할지라도 그것이 변하지 않는다는 것을 아는 능력이다. 또한 구체적 조작기의 아동은 사물들 간의 관계성을 고려할 수 있기 때문에 사물을 분류할 수도 있고, 순서대로 나열할 수도 있다. 그러나 이 시기의 아동은 구체적 사물과 관련되어 있는 문제는 잘 해결할 수 있지만, 추상적 개념에 대한 가설을 만들어 내는 데는 아직 미숙하다. 예를 들어, '모든 새는 다리가 네 개인데, 내가 새를 두 마리 가지고 있다면 새의 다리는 모두 몇 개일까?' 라고 묻는다면, 실제 경험과 다른 이 질문에 대해 아동은 당황하여 정확한 답을 말할 수 없으며, 가설 자체를 받아들이지도 못한다. 즉, 구체적 조작기 아동의 논리적 조작은 개인적인 경험과 밀접하게 관련되어 있어서 대상과 상황이 자신에게 친숙한 경우에만 가능하다.

(4) 형식적 조작기

만 12세 이후부터 성인기까지 지속되는 발달단계를 피아제는 형식적 조작기(formal operational stage)라 하였다. 형식적 조작기에 이른 청소년은 구체적이고 실제적인 상황을 넘어 추상적 사고를 할 수 있기 때문에 자료를 조작하여 과학적으로 추리하며, 가설을 세우고 체계적으로 검증할 수 있다. 가장 중요한 형식적 조작 능력은 조합적 사고로서 하나의 문제를 해결하기 위해 모든 가능한 해결책을 논리적으로 검토할 수 있다. 만일 아동에게 다섯 개의 시험관에 들어 있는 무색무취의 액체를 보여 주고 이 다섯 가지 액체를 조합하여 노란색의 혼합액을 만들어 보라고 하면 구체적 조작기의 아동은 시행착오를 거쳐 해결하지만, 형식적 조작기의 청소년은 체계적인 방법을 통해 해결한다. 즉, 한 번에 두 시험관의 액체를 논리적인 순서로 혼합하고, 그 후에는 3개, 다음에는 4개, 그다음에는 5개를 조합시키는 등의 방법을 사용하여 문제를 해결한다.

2) 비고츠키의 사회문화적 인지이론

러시아의 심리학자인 비고츠키(Vygotsky, 1896~1934)는 인지발달의 근원을 사회적인 환경에서 찾았다. 그는 아동이 자신의 주위에 있는 다른 사람들로부터 많은 지식이나 개념을 배우는 것에 주목하여 아동은 사회적인 관계 속에서 개념이나 사실, 태도, 기술 등을 발달시킨다고 주장하였다. 사회적인 환경은 문화를 포함하는 것이기 때문에 비고츠키의 발달이론은 사회문화적인 영향력을 중요시한다. 즉, 개인의 인지발달은 한 문화권 내의 사람들과의 상호작용을 통해 이루어지며, 그에 따라 개인의 심리적인 과정인 개념, 태도, 전략, 기술 등이 형성된다. 그리하여 외부 상황이 개인에게 내면화(internalization)되면서 학습은 타자 주도적(other-regulated) 학습에서 자기 주도적(self-regulated) 학습으로 전환된다.

비고츠키는 사회적인 상호작용이 학습자 개인에게 내면화되는 과정에서 두 가지 발달수준, 즉 아동이 성인의 도움 없이 스스로 문제를 해결할 수 있는 현재의 발달수준과 도움을 받아서 문제를 해결할 수 있는 잠재적 발달수준을 구분하였다. 그리고 이 두 수준의 사이를 근접발달영역(Zone of Proximal Development: ZPD)이라 하였다. 비고츠키는 현재의 발달수준이 같더라도 다른 사람의 도움을 받아 어려운 문제를 해결할 수 있는 근접발달영역은 개인에 따라 다를 수 있다는 것을 강조하였다.

비고츠키의 관점에 의하면 수업은 발달에 선행하는 것이 바람직하다. 즉, 수업은 근접발달영역에 작용하여 아동의 잠재적인 능력을 깨우치도록 하는 것이므로 교사는 아동의 인지발달을 이끌기 위해서는 아동의 근접발달영역을 찾아내야 한다. 비고츠키는 학생들이 혼자 공부하는 것은 아동의 인지발달을 촉진시키기 어렵기 때문에 아동의 능력을 최대한 개발하기 위해서는 아동에게 높은 수준의 복잡한 내용을 보다 체계적으로 가르칠 수 있는 학교교육이 중요하다고 보았다. 그 분야의 전문가나 성인이 아동에게 더 복잡한 기능을 숙달할 수 있도록 도움을 주는 과정을 비고츠키는 발판 또는 비계설정(scaffolding)이란 개념으로 설명하였다.

비계설정은 아동이나 초보자들이 과업을 성취하거나 자신의 능력에 미치지 못하는 목표를 성취할 수 있도록 도와주는 것이다. 즉, 비계설정이란 처음에는 아동이 할 수 없는 문제해결의 요소들을 성인이 '통제' 하다가 차츰 그 문제에 아동이 집중하도록 하고, 결국에는 자신의 능력 안에서 그러한 과제들을 스스로 해결할 수 있도록 도움의 수준을 변화시키는 것이다. 대화는 근접발달영역에서 중요한 비계설정 도구이다(Tappan, 1998). 아동과 유능한 지원자 간의 대화가 이루어질 때 아동은 보다 체계적이고 논리적이며 이성적으로 변화한다.

비고츠키는 언어가 아동의 사고발달에 필수적이라고 보았다. 아동은 문제를 해결하거나 중요한 목표를 달성하고자 할 때 혼잣말(private speech)을 하는 경향이 있는데, 아동은 혼잣말을 마음속으로 하는 성인과 달리 밖으로 소리를 내어 한다. 시간이 지나면서 큰 소리로 하던 혼잣말은 속삭임으로 변하고 다시 내적 언어(inner speech)로 변한다. 언어가 사고발달에 유익한 것은 사회적 상호작용의 매개 역할을 하기 때문이다(정옥분, 2004, p. 57). 직접적인 지시를 하든 일상적 대화를 하든, 타인과의 언어적 상호작용은 아동의 현재 이해 수준을 확장시킨다. 피아제는 아동의 혼잣말이 미성숙하고 자기중심적인 것이라고 본 반면, 비고츠키는 혼잣말이 아동의 사고발달에 중요한 도구가 되며, 혼잣말을 많이 하는 아동이 그렇지 않은 아동보다 사회적 능력이 뛰어나다고 주장하였다.

근접발달영역에서의 사회적 상호작용을 통해 얻어지는 사회적인 지식은 개인적인 지식이 되고, 개인적인 지식은 점차 증가되고 복잡해진다. 궁극적으로 발달은 한 개인이 속한 공동체 안에서 성공적으로 기능할 수 있는 것이다(신명희 외, 1998, p. 62).

3) 정보처리이론

정보처리이론은 인간의 인지 과정에 관심을 갖고 인간발달 과정에서 인간의 내재적인 정신 작용의 변화를 발달의 주요 과제로 삼는다. 그리하여 외부에서 제시되는 정보를 표상하고, 조직하며, 기억 과정을 통해 저장하고, 시간의 흐름에 따라 저장된 정보를 전환하며, 정보를 효율적으로 인출하는 일련의 정보처리 과정과 관련하여 인지발달을 설명한다.

특히 정보처리이론은 인간의 인지 과정을 컴퓨터의 정보처리 과정과 비교하여 연구한다. 정보처리이론에서는 컴퓨터와 인간의 사고 과정은 둘 다 논리와 규칙을 사용한다는 점에서 유사하다고 봄으로써, 컴퓨터의 하드웨어에 해당하는 인간의 뇌와 신경계 및 컴퓨터의 소프트웨어에 해당하는 특정 문제해결을 위한 계획이나 책략을 구성요소로 삼고 있다(Flavell, 1971). 이러한 구성요소는 부호화(encoding), 저장(storage), 인출(retrieval)이라는 세 가지 기본 과정의 기초가 된다. 부호화는 정보가 필요할 때 기억해낼 수 있도록 다양한 방법을 사용하여 기록하는 과정이고, 저장은 정보를 기억 속에 넣어 두는 과정이며, 인출은 필요할 때 저장된 정보를 꺼내는 과정이다.

[그림 2-2]는 정보처리체계의 모델을 보여 준다. 감각기관을 통해 외부환경으로부터 정보를 받아들이면 이 정보는 감각등록기(sensory register), 단기기억 또는 작업기억(short-term or working memory), 장기기억(long-term memory)이라는 일련의 조직화된 처리 단위를 거치게 된다. 먼저, 정보를 매우 짧은 시간 동안 저장하는 감각기억은 감각정보가 인지체계에 처음 등록되는 곳이라는 의미에서 감각등록기라고 한다. 시각기억의 경우

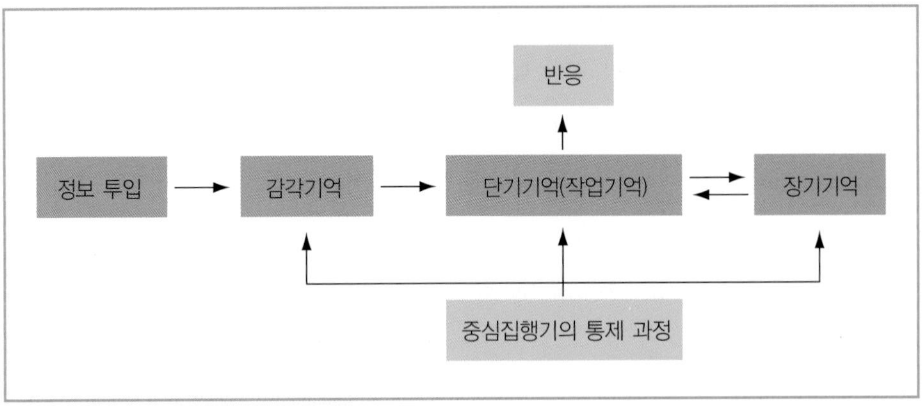

[그림 2-2] 정보처리체계 모델

정보는 1초 이내, 청각기억의 경우는 2초 정도까지 유지된다. 다음 단계는 매우 제한적인 용량을 가진 단기기억(작업기억)으로서, 감각기억에 등록된 정보 가운데 주의집중을 받은 일부 정보가 단기기억으로 전이된다. 즉, 여러 번 반복해서 외우거나 좀 더 친숙한 범주로 조직화하는 전략으로 조작을 받은 정보는 단기기억에 계속 유지되거나 장기기억으로 전이되지만, 그렇지 않은 정보는 새로 단기기억에 유입되는 다른 정보에 의해 치환된다. 이러한 단기기억(작업기억)의 복잡한 활동은 중앙집행기(central executive)에 의해 통제된다. 즉, 중앙집행기는 체계에 이미 유입된 정보를 조정하고, 어떤 정보에 주의를 집중할 것인지, 언제 정보를 인출할 것인지를 결정하고, 문제해결, 이해, 탐색과 비교 등의 과정을 통제한다. 셋째, 장기기억은 용량이 거의 무한대로서, 단기기억의 정보 가운데 정신 조작을 받은 정보가 전이되어 저장되고 이후에 다시 인출된다.

새로운 기술이 발달해 감에 따라 컴퓨터의 구조와 프로그램이 점점 복잡해지듯이 인간의 인지 과정도 아동에서 성인으로 성장하는 동안 점점 더 복잡해진다. 예를 들면, 여덟 살 아동이 열 개의 단어를 외울 수 있을 때, 열네 살 아동은 스무 개의 단어를 외울 수 있다. 이것은 열네 살 아동의 뇌와 신경계가 여덟 살 아동에 비해 더 성숙해 있기 때문인 것으로 해석할 수 있는데, 이것은 하드웨어의 차이에서 비롯된 것이다. 또한 이러한 차이는 아동기에 갖지 못하는 기억 책략을 청년기에 와서 갖는 것으로 해석할 수 있는데, 이것은 소프트웨어의 차이에서 비롯된 것이다(Kail, 1992; Santrock, 1981; 정옥분, 2004, p. 53 재인용).

정보처리이론에 따르면, 아동은 발달하면서 점진적으로 정보처리 능력이 발달하는데, 이는 아동으로 하여금 점점 더 복잡한 지식과 기술을 습득하게 한다(Chen & Siegler, 2000). 정보처리이론에서의 발달에 대한 연구는 아동이 어떻게 정보를 기억하고 조직하는지와 성인과 아동 간의 인지 능력의 차이를 설명할 수 있는 요인들을 밝히는 데 관심을 둔다. 최근 정보처리이론의 관점에서 발달을 탐구하는 연구자들은 피아제의 인지발달이론을 인정하면서 그 이론을 보다 확장시켜 나가고 있다. 그리하여 피아제의 인지발달이론과 달리 정보처리이론의 관점에서는 인간이 단계적 변화를 거쳐 발달한다는 것으로 설명하지 않고, 발달을 보다 더 연속적인 것으로 본다. 이러한 연구자들로는 정보처리 용량을 중시하는 케이스(Case)나 파스쿠알 레온(Pascual-Leone) 등의 신피아제학파(neo-Piagetian)와 정보처리 전략을 학습 과정에 적용시키고자 하는 시글러(Siegler)를 들 수 있다(신명희 외, 1998, p. 63).

5. 생태학적 관점

브론펜브레너(Bronfenbrenner, 1917~2005)는 비고츠키와 레빈(Lewin)의 영향을 받아 인간발달의 역동성은 생활과 분리된 실험실 연구를 기반으로 이뤄 온 기존의 전통적인 접근방법으로는 이해할 수 없다는 문제를 인식하고 대안으로 사회적 · 역사적 맥락에서 발달을 이해하려는 생태학적 접근을 주창하였다.

브론펜브레너는 인간발달이란 "인간이 자신의 환경을 지각하고 다루는 방식에서의 지속적인 변화"라고 정의하면서 세 가지 기본 전제를 제시하였다(Bronfenbrenner, 1979/1992). 첫째, 발달하는 개인은 단순히 환경의 영향을 받는 백지 상태가 아니라 환경을 재구성하면서 성장하는 역동적인 실체다. 둘째, 환경도 상호조절 과정을 거쳐 영향력을 발휘하기 때문에 개인과 환경 간의 상호작용은 상호 호혜성의 특징을 지닌다. 셋째, 생태학적 환경의 개념은 개인이 직접 참여하는 장면에만 국한되는 것이 아니라, 개인이 직접 참여하는 장면들 간의 상호연결과 개인이 속해 있지 않은 외부 환경에서 받는 영향까지도 포함한다. 브론펜브레너를 비롯해 생태학적 관점의 인간발달 연구자들은 인간이 생활하고 성장해 가며 환경을 극복하고 적응하며, 무엇보다 환경을 창조해 나가는 능력을 지니고 있다고 강조함으로써 인간의 적응성, 유능성 등을 부각시키고 있다.

생태학적 관점은 개인이 경험하거나 개인과 직 · 간접으로 연결되어 있는 환경적 상황이 인간에게 미치는 영향을 중시한다. 인간발달은 진공 속에서 일어나는 것이 아니기 때문에 환경은 개인의 행동에 영향을 주고, 개인의 행동은 환경에 영향을 주는 개인-환경 간의 상호교류가 지속되는 측면에 주목한다. 따라서 영아의 발달은 이들을 둘러싼 여러 물리적 · 사회적 환경층 간의 상호작용 과정으로 볼 수 있다.

브론펜브레너는 개인의 생태학적 환경이 미시체계, 중간체계, 외체계, 거시체계, 그리고 시간체계로 구성되며, 이 체계들은 한 구조가 다음 구조 속에 끼워지게 되어 있는 '러시아 인형세트' 같은 일련의 겹구조(Bronfenbrenner, 1979/1992, p. 22)라고 보고 각 사회적 환경들 간의 상호연계성에 대해 설명하였다. 생태학이론에 따르면 아동을 중심으로 아동과 가까이 있는 체계일수록 아동에게 직접적이고 큰 영향을 미친다. 뿐만 아니라 외부에 있는 체계는 그 안에 있는 체계에 영향을 미치고, 모든 체계들은 상호작용하면서 영향을 미친다([그림 2-3] 참조).

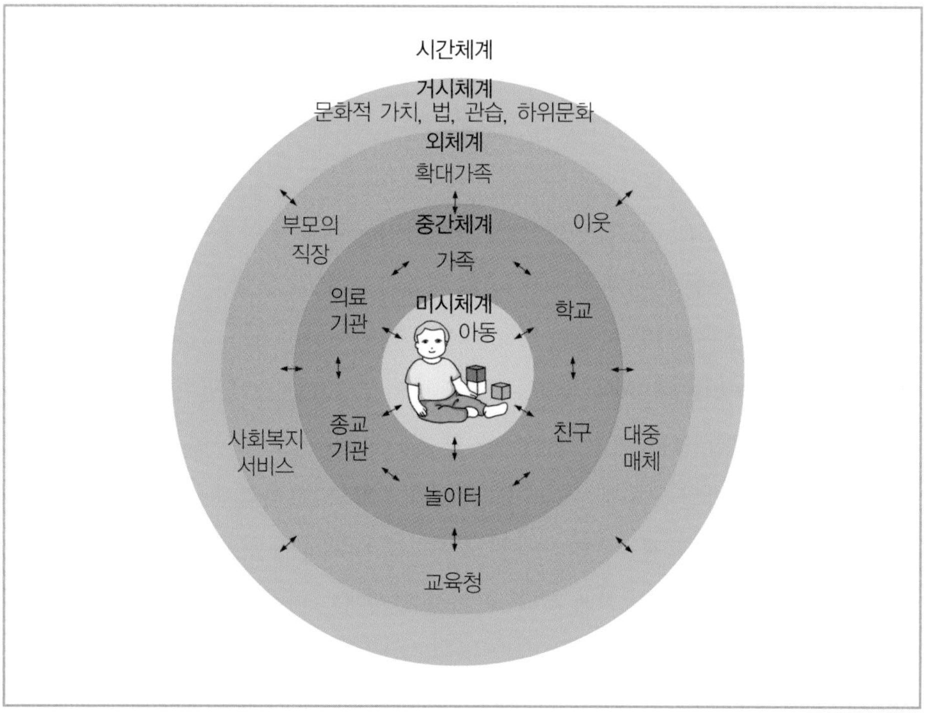

[그림 2-3] 브론펜브레너의 생태학적 체계 모델

출처: Hetherington, Parke, Gaurain, & Locke (2006). *Child psychology: A contemporary viewpoing* (6th ed.), p. 18.

첫째, 미시체계(microsystem)는 가족, 학교, 친구, 이웃들과 같이 개인에게 직접적인 영향을 미치는 환경으로서, 아동이 살고 있는 집의 크기, 집 주위의 놀이터 시설물, 학교도서관의 장서 규모와 같은 물리적 특성도 포함한다. 이들은 부모의 교육수준, 교사의 정치적 신념, 또래집단의 사회경제적 지위 등 아동발달과 관련되는 특성을 지닌다. 미시체계는 아동이 성장하면서 변화한다. 즉, 어릴 때는 가족이 가장 중요하지만 청소년기는 또래집단이 오히려 더 큰 영향을 미칠 수 있다.

둘째, 중간체계(mesosystem)는 미시체계들 간의 상호관계로서 미시체계들로 구성되며, 발달하는 개인이 적극적으로 참여하는 둘 이상의 미시체계 간의 상호작용으로 이루어진다. 예를 들면, 부모와 교사와의 관계, 형제관계, 친구관계, 이웃과의 관계 등을 들 수 있다. 일반적으로 이 체계들 간의 관계가 밀접할수록 아동의 발달은 순조롭게 이루어진다. 개인은 각 미시체계와 관련되어 각각의 역할을 수행하는데, 미시체계 간의 연결이 제대로 이루어지지 못하면 어려움을 겪게 된다. 예를 들어, 미시체계 간의 역할기대가 다를 때 개인은 부적응 문제가 발생할 수 있다. 따라서 특별한 보살핌이 필요한 어린 아동이나 환자, 노인 등 취약한 사람들에게는 중간체계의 원활한 연결이 특히 중요하다. 예를 들면, 학교에서의 왕따 아동과 같은 소외 현상은 중간체계와 관련이 있다. 소외 현상은 아동의 생활에 있어 다양한 부분, 즉 가족, 학교, 또래집단 간의 상호연결이 파괴되었음을 반영한다.

셋째, 외체계(exosystem)는 아동이 직접 참여하지는 않으나 아동에게 영향을 미치는 환경으로서, 어린 아동의 경우 부모의 직장, 형제가 속해 있는 학급, 부모의 친구들, 교육청 등을 예로 들 수 있다. 아동의 발달은 아동이 참여하지 않는 외체계 환경에 의해서도 자주 영향을 받는다. 예를 들면, 부모 직장의 근무조건은 맞벌이 부부의 자녀 발달에 큰 영향을 미칠 수 있다. 학교 정책을 결정하는 교육청도 아동에게 중요한 의미를 갖는 외체계이다. 만일 교육청이 특수한 목적의 중학교(예: 과학 중학교, 외국어 중학교, 영재학교)를 설립하기로 결정하면 초등학교 저학년 때부터 아동은 그러한 중학교 입학에 유리한 교육 방법에 매달리게 된다. 이처럼 외체계는 미시체계와 중간체계의 질에 상당한 영향을 미친다.

넷째, 거시체계(macrosystem)는 개인이 속한 문화나 하위 문화로 개인에게 간접적인 영향을 미치는 교육적 · 사회적 · 경제적 · 법적 · 종교적 체계이다. 미시체계, 중간체계, 외체계의 구조와 본질이 동일한 문화권 혹은 하위문화권 내에서는 가정, 학교, 직장과 같은 환경이 여러 가지로 유사하지만, 문화권이나 하위문화권이 다를 경우 이런 환경은 상이하다. 예를 들어, 우리나라의 어린이집, 초등학교 교실, 놀이터, 행정 관청 등은 어디서나 외관이나 기능 면에서 유사하지만 미국에 있는 동일 시설과 비교해 보면 뚜렷하게 차이가 난다. 또 가정과 학교 간의 관계와 같은 중간체계도 양국 간에 뚜렷한 차이가 있다. 뿐만 아니라 각 사회 내에서도 사회계층에 따라 가정, 학교, 이웃, 직장과의 관계가 서로 다르다. 따라서 거시체계는 미시체계, 중간체계, 외체계라는 환경에 포괄적으로 영향을 미친다. 어릴 때는 미시체계만이 중요한 사회환경이지만 성장하면서 외체계와 거시체계가 점점 더 인간에게 중요한 영향을 미치게 된다.

다섯째, 앞의 네 체계는 시간이 지나면서 변화한다. 전쟁, 자연재해, IMF 외환위기 같은 역사적 사건으로 인해 미시체계와 외체계의 변화를 가져오기 때문이다. 시간체계(chronosystem)는 이러한 영향으로 인한 변화에 근거한 개념으로, 전 생애에 걸쳐 시간의 흐름에 따라 일어나는 변화와 사회역사적 환경을 포함한다. 즉, 어떤 시대에 출생해서 성장하였는가에 따라 아동은 자신의 발달과 삶에 큰 영향을 받는다. 예를 들어, 조선시대에 태어난 여아와 현대에 태어난 여아는 발달 속도와 생활방식 등에 큰 차이가 있다.

이와 같이 생태학이론은 인간발달을 이해하기 위해 다양한 환경적 요인과 관련하여 살펴볼 것을 요구한다. 최근 브론펜브레너(1995)는 그의 이론에 생물학적 영향을 첨가함으로써 이제 그의 이론은 생물생태학이론으로도 지칭되고 있지만, 인간발달에 대한 생물학적 기여에 대해서는 거의 언급을 하지 않아 그의 이론은 여전히 생태학적 · 환경적 영향이 우세하다고 할 수 있다(정옥분, 2004, p. 97).

참/고/문/헌

곽금주, 김연수(2014). **영아발달**. 서울: 학지사.

권중돈, 김동배(2005). **인간행동과 사회환경**. 서울: 학지사.

신명희, 박명순, 권영심, 강소연(1998). **교육심리학의 이해**. 서울: 학지사.

우남희(1997). 신피아제 이론. 조복희 편, **아동발달의 이해**(pp. 28-43). 서울: 교육과학사.

정옥분(2004). **발달심리학: 전생애 인간발달**. 서울: 학지사.

조복희(1999). **아동발달**. 서울: 교육과학사.

Bandura, A. (1974). *Aggression: A social learning analysis*. Englewood Cliffs, NJ: Prentice-Hall.

Bandura, A. (1977). Self-efficacy: Toward a unifying theory of behavior change. *Psychological Review, 84*, 191-215.

Bijou, S. W., & Baer, D. M. (1961). *Child development* (Vol. 1). Englewood Cliffs, NJ: Prentice Hall.

Bowlby, J. (1969/1982). *Attachment and loss: Attachment* (Vol. 1). New York: Basic Books.

Bronfenbrenner, U. (1992). **인간발달생태학**[*The ecology of human development: Experiments by nature and design*]. 이영 역. 서울: 교육과학사. (원저는 1979년에 출판).

Bronfenbrenner, U. (1995). The bioecological model from a life course perspective. In P. Moen, G. H. Elder, & K. Luscher (Eds.), *Examining lives in context*. Washington, DC: American Psychological Association.

Cassidy, J. (1999). The nature of the child' s ties. In J. Cassidy & P. R. Shaver (Eds.), *Handbook of attachment: Theory, research, and clinical application* (pp. 3-20). New York: Guilford Press.

Chance, P. (1996). **학습과 행동**[*Learning and behavior*]. 김기석 역. 서울: 교육과학사. (원저는

1993년에 출판).

Chen, Z., & Siegler, R. S. (2000). Intellectual development in childhood. In R. J. Sternberg (Ed.), *Handbook of intelligence*. New York: Cambridge University Press.

Crain, W. C. (2004). 발달의 이론[*Theories of development: Concepts and applications*]. 서봉연 역. 서울: 중앙적성출판사. (원저는 1980년에 출판).

Erikson, E. H. (1963). *Childhood and society* (2nd ed.). New York: Norton.

Erikson, E. H. (1968). *Identity youth and crisis*. New York: Norton.

Evans, R. (1968). *B. F. Skinner: The man and his ideas*. New York: Dutton.

Flavell, J. H. (1971). Stage-related properties of cognitive development. *Cognitive Psychology, 2*, 421-453.

Flavell, J. H. (1985). *Cognitive development*. Englewood Cliffs, NJ: Prentice Hall.

Flavell, J. H., Miller, P. H., & Miller, S. A. (1993). *Cognitive development* (3rd ed.). Englewood Cliffs, NJ: Prentice Hall.

Garbarino, J. (1982). Sociocultural risk: Dangers to competence. In C. Kopp & J. Krakow (Eds.), *Child development in a social context* (pp. 630-685). Reading, MA: Addison-Wesley.

George, C., & Solomon, J. (1999). Attachment and caregiving: The caregiving behavioral system. In J. Cassidy & P. R. Shaver (Eds.), *Handbook of attachment: Theory, research, and clinical applications* (pp. 649-670). New York: Guilford Press.

Hetherington, E. M., Parke, R. D., Gauvain, M., & Locke, V. O. (2006). *Child psychology: A contemporary viewpoint* (6th ed.). New York: McGraw-Hill.

Hjelle, L. A., & Ziegler, D. J. (1976). *Personality Theories*. London: McGraw-Hill.

Kail, R. V. (1992). Processing speed, speech rate, and memory. *Developmental Psychology, 28*, 899-904.

Kail, R. V. (2002). *Children*. New York: Prentice Hall.

Klahr, D. (1992). Information-processing approaches to cognitive development. In M. H. Bornstein & M. E. Lamb (Eds.), *Developmental psychology: An advanced textbook* (3rd ed., pp. 273-335). Hillsdale, NJ: Erlbaum.

Maier, H. (1969). *Three theories of child development: The contributions of Erik H. Erikson, Jean Piaget, Robert R. Sears, and their applications*. New York: Harper & Row.

Martin, G., & Pear, J. (1983). *Behavior modification: What it is and how to do it*. Upper Saddle River, NJ: Prentice-Hall.

Miller, P. H. (1983). *Theories of developmental psychology*. San Francisco, CA: W. H. Freeman & Co.

Newman, B., & Newman, P. R. (1987). *Development through life: A psychosocial approach*. Chicago, IL: Dorsey Press.

Parke, R. D., Ornstein, P. A., Riesler, J. J., & Zahn-Waxler, C. (2004). 발달심리학 거장들의 핵심이론 연구[*A century of developmental psychology*]. 이민희, 정태연 공역. 서울: 학지사. (원

저는 1994년에 출판).

Pervin, L. A. (1975). *Personality: Theory, assessment and research* (2nd ed.). New York: John Wiley & Sons.

Rachlin, H. (1970). *Introduction to modern behaviorism*. San Francisco, CA: W. H. Freeman & Co.

Santrock, J. W. (1981). *Adolescence: An introduction*. Dubuque, IA: Wm. C. Brown.

Shaffer, D. R. (1999). *Developmental psychology: Childhood and adolescence* (5th ed.). Pacific Grove, CA: Brooks/Cole.

Shaffer, D. R. (2000). *Social & personality development* (4th ed.). Belmont, CA: Wadworth.

Siegler, R. S. (1996). *Emerging minds: The process of change in children' s thinking*. New York: Oxford University Press.

Skinner, B. F. (1953). *Science and human behavior*. New York: Macmillan.

Solomon, J., & George, C. (1996). Defining the caregiving system: Toward a theory of caregiving. *Infant Mental Health Journal, 17*, 183-197.

Tappan, M. B. (1998). sociocultural psychology and caring psychology: Exploring Vygotsky' s hidden curriculum. *Educational Psychologist, 33*, 23-33.

Thompson, R. A. (2006). The development of the person: Social understanding, relationships, conscience, self. In N. Eisenberg (Ed.), *Handbook of child psychology: Vol. 3. Social, emotinal, and personality development* (6th ed., pp. 24-98). Hoboken, NJ: Wiley.

03

chapter

영유아발달의 연구방법

1. 영유아발달 연구의 이해와 목적
2. 자료 수집 방법
3. 연구설계
4. 영유아발달 연구의 접근방법
5. 영유아발달 연구에서의 윤리적 문제

학습개요

연구자는 영유아발달을 이해하기 위해 과학적 접근방법에 따라 관련 변인을 통제하여 연구를 수행함으로써 그 결과를 기술하고 설명해야 한다. 그에 따라 과학적 연구는 연구문제나 가설의 설정과 검증, 구체적이고 실증적 자료에 기초한 결과 분석 및 그에 따른 결론의 도출이라는 일련의 추론 과정을 거친다. 이와 더불어 영유아를 대상으로 연구할 경우에 연구자는 연구대상인 영유아의 안전과 복지를 최우선으로 고려하여 영유아에게 심리적 · 신체적 위해가 없도록 최소한의 위험 수준 이하로 연구를 계획하고 실시해야만 한다. 따라서 이 장에서는 영유아발달 연구의 이해와 목적, 영유아발달 연구를 위한 자료 수집 방법, 연구설계, 영유아발달 연구의 접근방법 및 영유아발달 연구에서의 윤리적 문제 등에 대해 살펴보고자 한다.

chapter 03 영유아발달의 연구방법

1. 영유아발달 연구의 이해와 목적

1) 과학적 연구의 이해

연구란 새로운 지식을 발견하거나 탐구하는 과정이나 방법 혹은 체계적인 방법을 통해 일반화할 수 있는 지식을 도출하는 것이다. 이러한 연구는 의문이나 호기심 혹은 문제의식 등에서 출발하며, 이에 대한 해답을 찾기 위해 과학적 절차라는 특별한 접근방법을 사용한다(이은해, 이미리, 박소연, 2006, p. 12). 그러므로 연구자는 과학적 절차에 따라 무한한 주제로 광범위하게 연구할 수 있지만 대개 관심 있는 특정 주제나 분야에 초점을 두고 관련 문제를 해결하고자 한다. 영유아발달 연구도 다양한 주제에 대해 체계적이고 경험적인 접근방법을 통해 해답을 찾으려 하므로 과학적 연구의 특성을 지닌다. 과학적 연구는 일반적으로 따라야 할 원리와 체계적 절차가 있으며, 누적된 경험적 증거가 필요하다. 또한, 과학적 연구는 과학적으로 얻어진 지식이 원칙적으로 '좋다' 혹은 '나쁘다'와 같은 도덕적 평가의 대상이 될 수 없고, 산출된 결과에 대해 비판적이며, 연구방법이나 연구결과를 공개해야 한다(이은해, 이미리, 박소연, 2006, pp. 12-13).

2) 영유아발달 연구의 목적

영유아발달 연구는 영유아발달을 '기술'하고 '설명'하는 것뿐만 아니라 발달 과정을 '예측'하고 '통제'함으로써 실제 현실에 '응용'하고자 하는 데 목적이 있다.

(1) 기술

영유아발달을 연구하는 일차적 목표는 특정 연령에서 보편적으로 나타나는 행동이나 현상을 있는 그대로 기술하는 것이다. 즉, 태내기 태아의 발달 과정, 영아의 신체 능력 발달, 유아의 어휘 증가 및 언어 표현 등의 발달적 변화가 어떻게 이루어지는지 등에 대해 관찰이나 면접 혹은 검사 등을 활용한 과학적 연구를 통해 그 결과를 기술하는 것이다. 이러한 기술을 통해 평균적인 연령별 발달수준을 알 수 있으며, 이를 기초로 특정 영유아의 발달수준에 대한 상대적인 평가 및 개인차를 이해할 수도 있다.

(2) 설명

영유아발달을 연구하는 두 번째 목표는 영유아가 나타내는 행동이나 현상에 대한 결정 요인 혹은 선행 조건을 밝혀 설명하는 것이다. 즉, 영유아는 왜 특정 행동을 나타내고, 이를 반복하는지, 어떻게 그런 행동을 하게 되는지 등에 대해 설명하는 것이다. 특정 행동에 대한 설명은 발달에서의 개인차를 규명하는 데 매우 중요하다. 영유아는 연령에 따라 보편적인 행동 특성을 나타내지만 영유아 간의 그런 행동 특성은 개인차가 크다. 예를 들어, 어떤 영유아는 또래에 비해 어휘력이 풍부하지만, 다른 영유아는 그에 비해 어휘력이 떨어질 수 있다. 또한, 한 영유아가 또래에 비해 어휘력은 풍부하지만 신체 능력은 뒤질 수 있다. 이처럼 영유아 개인 내에서 혹은 영유아 집단에서 영유아가 나타내는 특정 행동은 개인차가 있다. 따라서 영유아의 이러한 개인차가 왜, 어떤 형태로 나타나는지를 설명할 수 있다면 영유아를 보다 더 효과적으로 양육하고 지도하는 방법을 모색할 수 있을 것이다.

(3) 예측과 통제

영유아발달을 연구하는 세 번째 목표는 기존의 여러 가지 정보를 통해 이후 영유아가 나타낼 수 있는 다양한 행동을 예측하고, 이에 결정적으로 영향을 미칠 수 있는 부정적 요인을 제거하여 영유아의 행동을 통제하는 것이다. 즉, 영유아발달 연구는 예측과 통제를 통해 영유아발달에 부정적 영향을 미치는 요인을 사전에 제거함으로써 긍정적 효과를 초래하는 요인을 강화하여 영유아의 바람직한 발달을 도모하고자 한다. 그러므로 연구자는 영유아발달 연구에서의 적절한 예측과 통제를 위해 제반 조건에 대한 충분하고 정확한 지식을 지녀야만 한다. 왜냐하면 영유아발달 연구에서의 예측과 통제는 특정 행동에 대한 선행조건이나 원인에 대한 충분한 지식이 있을 때만 가능하기 때문이다.

(4) 응용

영유아발달을 연구하는 궁극적인 목적은 영유아의 삶의 질을 향상시키는 데 있다. 영유아의 어떤 행동 특성을 결정하는 중요한 요인에 대한 연구결과가 누적된다면 영유아발달과 복지를 위한 정책이나 실제에 적용할 수 있다. 이는 영유아기가 인간의 삶에 있어 가장 중요한 시기라는 연구결과가 누적됨에 따라 오늘날 모든 계층의 영유아가 충분한 돌봄을 받을 수 있도록 국가 차원의 지원 정책을 마련하여 실시하는 것을 예로 들 수 있다. 따라서 영유아발달에 관한 과학적 지식은 유아교육 및 보육, 아동복지 등과 관련한 정책 입안뿐만 아니라 다양한 계층의 부모를 대상으로 한 부모교육프로그램, 어려움에 처한 아동과 가족을 위한 중재프로그램 등을 개발하는 데 기초적이고 중요한 역할을 한다.

2. 자료 수집 방법

연구의 목적이나 내용을 결정하면 연구자는 관련 자료를 수집하기 위한 구체적인 실행 방안을 모색하고 결정해야만 한다. 영유아 연구를 위한 자료 수집 방법으로는 관찰법, 면접법, 질문지법, 검사법 등이 있다.

1) 관찰법

관찰법(observation)은 영유아 대상의 연구방법 중 가장 오랜 역사를 지녔으며 영유아의 행동을 연구하는 데 있어 영유아의 특성상 가장 적절한 연구방법이다. 영유아는 자신의 생각이나 감정을 언어로 표현하기 어려울 뿐만 아니라 새로운 상황에서 자료 수집을 할 때 스트레스를 받을 수 있어 타당한 결과를 얻기 어려운 경우가 많다. 따라서 관찰법은 주변 상황이나 연구자로 인한 영향을 비교적 적게 받기 때문에 영유아를 대상으로 연구할 경우에 가장 타당한 연구방법이라고 할 수 있다(Goodwin & Driscoll, 1980, p. 111).

관찰법은 관찰 상황에 따라 자연관찰(naturalistic observation)과 구조화된 관찰(structured observation)로 구분한다. 자연관찰은 있는 그대로의 자연스러운 상황에서 연구자가 관심을 가지고 있는 영유아의 행동을 일상적 상황에서 직접 관찰한다. 반면, 구조화된 관찰은 연구 목적에 따라 관찰하려는 상황을 구조화하여 영유아의 행동을 관찰하는 것으로서 환경에 기인하지 않는 행동에서의 개인차를 보다 명확하게 알 수 있다.

관찰법은 주의집중이나 의사소통에 어려움이 있는 영유아를 대상으로 연구하는 데 유용한 방법이지만 몇 가지 단점도 있다. 첫째, 관찰자가 현장에 있음으로써 행동의 위장이나 변화가 있을 수 있고, 둘째, 관찰자의 편견이 개입될 수 있으며, 셋째, 외현적으로 나타난 행동 이면의 사고나 감정을 알 수 없다. 그리하여 비디오, 각종 의료장비 등과 같은 기계의 사용과 다양한 연구방법을 병행하여 관찰을 실시함으로써 연구자는 보다 객관적이고 공정하게 영유아의 행동을 연구할 수 있다.

2) 질문지법

질문지법(questionnaire)은 질문지라는 도구를 이용하여 연구대상에게 직접 응답하게 함으로써 정보를 수집하는 방법이다. 이 방법은 개인의 사고, 능력, 태도, 신념이나 과거 행동에 관한 정보를 얻고자 할 때 가장 효과적이지만 문해 능력이 미숙한 영유아가 사용하기에는 어려움이 있다. 그러므로 질문지법을 이용하여 유아교육이나 보육 현장에서 영유아에 대한 다양한 측면을 이해하고자 할 때는 주로 부모나 교사로부터 정보를 얻는다. 질문지를 통해 영유아의 연령, 형제관계, 부모의 연령과 직업, 가정의 경제적 수준 등의 사회인구학적 요인을 포함하여 영유아의 기질, 행동특성, 건강 상태 등의 발달적 요인 및 이와 관련된 부모의 양육행동과 양육 신념, 결혼 만족도 등의 가족 관련 요인, 교사 효능감, 교사 신념 등의 유아교육 및 보육 관련 요인과 같은 다양한 환경 요인을 파악할 수 있다.

3) 면접법

면접법(interview)은 유아의 태도나 의견을 알아보는 데 적합한 방법으로서, 이에는 구조화 면접(structured interview)과 임상적 면접(clinical interview) 혹은 비구조화 면접(unstructured interview)이 있다. 구조화 면접은 표준화 면접(standardized interview)이라고도 하는데, 면접의 내용과 순서를 미리 일관성 있게 준비하여 실시하는 면접법이다. 이는 면접 시 언어 구성에서 오는 오류를 방지할 수 있고, 초보 면접자도 실시하기에 용이하다. 반면, 임상적 면접 혹은 비구조화 면접은 진단이나 치료 등을 목적으로 유아에 대한 보다 심층적인 정보를 얻고자 할 때 사용하는 면접법이다. 이는 훈련된 면접자가 융통성 있게 면접을 진행하여 유아가 가지고 있는 내면의 정보를 알아내는 데 유용하다(조성연 외, 2008, p. 168). 이러한 면접법을 활용하면 평상시 놀이 활동에 소극적으로 참여하는 유아에게 "너는 어떤 놀이가 가장 재미있니?" "너는 그 놀이가 왜 재미있니?" 등과 같이 물어봄으로써 유아가 보다 적극적으로 놀이 활동에 참여할 수 있도록 도와줄 수 있다.

면접법은 관찰법이나 질문지법으로 파악하기 어려운 유아의 생각과 의지 등과 같은 내면적인 심리 상태를 파악하는 데 유용하다. 그러나 면접법을 통해 보다 신뢰성 있는 내용을 수집하기 위해서는 무엇보다 먼저 면접자와 피면접자 간에 친밀감(rapport)을 형성해야만 한다. 이를 위해 유아를 대상으로 면접할 때 연구자는 면접을 하기 전에 유아와 게임이나 간단한 놀이를 하여 서로에게 익숙해지도록 하거나, 면접 상황 자체를 게임식으로 진행하기도 한다.

4) 검사법

검사법은 영유아의 능력, 기술, 지식 등을 측정하기 위해 사용하는 방법이다. 현재 우리나라에는 다양한 검사도구가 표준화되어 시판되고 있다. 즉, 한국판 유아발달검사(Korean Child Development Inventory: K-CDI), 한국판 카우프만 아동용 지능검사(Korean Kaufman Assessment Battery for Children-II: KABC-II), 한국판 유아용 웩슬러 지능검사(Korean-Wechsler Preschool & Primary Scale of Intelligence: K-WPPSI), 그림 어휘력검사(Peabody Picture Vocabulary Test: PPVT), 유아 종합창의성검사(Korean-Comprehensive Creativity Test for Young Children: K-CCTYC), 한국판 아동용 회화통각검사(Korean-

Children Apperception Test: K-CAT)와 같은 다양한 표준화된 지능검사, 성격검사, 창의성검사 등이 있다.

대부분의 표준화된 검사는 규준이 있어 개별 영유아를 같은 연령의 다른 영유아와 비교할 수 있기 때문에 연구자는 연구대상 영유아의 상대적 수준을 알 수 있다. 그러나 표준화된 검사라 해도 신뢰도나 타당도가 높지 않거나 편포된 표집 등의 문제가 있을 수 있기 때문에 그러한 도구를 이용하여 수집한 자료는 신중하게 해석해야만 한다.

최근에는 영유아의 심장박동률, 맥박, 뇌파 등과 같은 생리학적 반응을 측정하여 검사에 의한 연구방법이 갖는 주관성을 보완하려는 노력을 시도하고 있다. 그러나 생리학적 검사도 영유아의 피로나 자신감 등으로 연구결과에 영향을 미칠 수 있다. 따라서 영유아를 대상으로 연구하여 보다 타당한 결과를 얻기 위해서는 여러 가지 검사와 자료 수집 방법을 함께 사용하는 것이 바람직하다.

3. 연구설계

연구설계는 과학적 탐색을 위해 연구자가 연구문제를 선정하고, 연구대상을 표집하여 자료를 수집하고 해석하는 일련의 계획이다. 영유아의 행동을 연구하는 데 사용하는 기본적인 연구설계 방법에는 사례연구, 상관연구, 실험연구 등이 있다.

1) 사례연구

사례연구는 한 사례나 한 명의 연구대상을 다각적인 측면에서 깊이 있게 연구하는 방법이다. 정신분석이론은 연구대상이 말한 것을 주의 깊게 관찰하여 해석하는 임상사례연구를 이론으로 발전시켰다. 사례연구는 전기나 자서전, 다큐멘터리 기록물 등을 작성하는 데도 사용된다. 사례연구는 19세기 초 프랑스의 아베롱(Aveyron) 지역에서 발견한 12세의 야생소년 빅터(Victor)에게 말을 가르치고자 집중적인 언어 훈련을 시켰던 이타드(Itard) 박사의 경우를 예로 들 수 있다.

사례연구의 장점은, 첫째, 연구대상에 대한 유용하고 깊이 있는 정보를 제공해 주고, 둘째, 행동의 근원을 탐색하고 문제에 대한 처치를 시험해 볼 수 있으며, 셋째, 연구하면서 발생하는 의문에 대해 융통성 있게 탐색할 수 있다는 것이다. 그러나 사례연구는 특정 사례의 경험에만 국한되기 때문에 연구결과를 일반화하는 것이 어렵고, 관찰의 객관성이 결여될 위험도 있으며, 결론을 검증할 방법이 없다는 등의 단점도 있다. 예를 들어, 빅터의 경우 심하게 박탈된 환경이 그의 언어 결핍을 야기했다는 결론은 합리적이지만, 빅터가 제대로 양육을 받았더라면 정상적인 발달을 보였을지는 알 수 없다.

2) 상관연구

상관연구는 변인 혹은 사건 간의 관련성을 발견하기 위한 연구방법이다. 상관은 정적 혹은 부적 방향과 그 정도로 나타낸다. 예를 들어, 폭력적인 TV 프로그램 시청과 유아의 공격성 간에 정적 상관이 있다면, 이는 유아가 폭력적인 TV 프로그램을 많이 볼수록 상대방을 때리고 차는 등의 공격적인 행동을 더 많이 보인다는 것을 의미한다.

상관연구는 변인 간의 통계적 관련성을 분석하는 통계방법인 상관관계분석을 통해 산출한 상관계수로 해석한다. 상관계수는 완전 부적 상관인 -1.0에서 완전 정적 상관인 +1.0의 범위를 지닌다. 부호에 관계없이 상관계수가 클수록 변인 간의 관계가 강하며, 상관계수가 0이라는 것은 변인 간에 아무런 관계가 없다는 것을 의미한다.

상관연구는 변인 간의 관계 정도를 예측할 수는 있으나 변인 간의 원인과 결과는 파악할 수 없다. 즉, 변인 간의 관계에서 어떤 변인이 원인인지 알 수 없으며, 관련 변인 외에 제3의 변인이 개입하여 상관관계가 나타난 것인지에 대해서도 확실히 단정 지을 수 없다.

3) 실험연구

실험연구는 변인 간의 인과관계를 추론할 수 있는 연구설계로서 연구자가 독립변인을 조작하여 그 영향인 종속변인에 대해 알아보는 연구다. 이때 독립변인은 원인이 되고, 종속변인은 결과가 된다. 일례로, 5세 유아를 대상으로 '친구를 괴롭혀 벌 받는 장면이 담긴 비디오를 본 유아는 친구를 괴롭히는 행동을 더 적게 나타낼 것이다.'라는 가설을 검증하고자 실험집단과 통제집단을 선정하여 연구한다고 가정해 보자. 연구자는 친구를 괴롭히는 행동인 종속변인에 영향을 미칠 수 있는 유아의 건강, 성격 등과 같은 가외변인 혹은 외재변인의 영향을 최대한 통제함으로써 실험집단과 통제집단을 동질화시키고자 연구대상으로 선정된 5세 유아를 두 집단에 무선 배정한 후 실험집단에만 비디오를 보여 준다. 그 결과, 비디오를 본 실험집단의 유아가 비디오를 보지 않은 통제집단의 유아보다 종속변인인 친구를 괴롭히는 행동을 더 적게 나타냈다면, 이는 독립변인인 비디오 시청의 실험처치 효과 때문이라고 해석할 수 있다.

4. 영유아발달 연구의 접근방법

연구의 접근방법은 연구자가 연구를 실시하는 기본 방식이다. 이는 연구 추론방식에 따라 귀납적 접근방법과 연역적 접근방법, 연구를 설계할 때의 시간 차원에 따라 종단적 접근방법과 횡단적 접근방법, 자료 수집과 분석 방법에 따라 질적 접근방법과 양적 접근방법 등과 같이 다양한 유형으로 분류한다. 여기서는 시간 차원에 따라 종단적 접근방법과 횡단적 접근방법 및 이를 효율적으로 변화시킨 단기 종단적 접근방법에 대해 살펴보고자 한다(이영 외, 2009, pp. 90-93; 조성연 외, 2010, pp. 133-137).

1) 종단적 접근방법

종단적 접근방법(longitudinal approach)은 어떤 한 시점에서 한 연령집단의 연구대상을 표집한 후 오랜 시간 동안 반복적으로 관찰하고 측정하여 자료를 수집함으로써 연령이 증가함에 따른 발달 과정을 살펴보는 연구방법이다. 예를 들어, 2007년에 태어난 영아 100명을 무선표집하여 이들이 10세가 되는 2017년까지 10년 동안 계속 추적하여 연구하는 것이다.

종단적 접근방법은 발달 과정에 대한 개인 간의 차이와 개인 내적인 변화에 대한 전반적인 정보를 보다 정확하게 제공해 줄 수 있어 인간의 발달적 변화를 이해하는 데 유용하다. 그러나 종단적 접근방법은 오랜 시간 동안 연구를 진행하기 때문에 시간과 노력, 비용이 많이 들고, 시간이 지남에 따라 처음 연구에 참여했던 다수의 연구대상이 탈락할 수 있으며, 그로 인한 연구결과의 편파성을 배제하기도 어렵다. 또한, 이 접근방법은 연구대상을 편파적으로 선정하면 연구결과를 일반화하기도 어려울 뿐만 아니라 오랜 시간 동안 연구대상에게 동일한 검사도구를 반복하여 실시하면 학습 효과와 기억으로 인한 효과 및 피로감이 나타날 수 있어 그로 인해 연구결과를 일반화하는 데도 어려움이 있을 수 있다. 대표적인 종단적 접근방법에 의한 연구로는 36년간 계속되었던 미국의 버클리 성장연구(Berkeley Growth Study), 30년간 지속되었던 펠즈 연구소(Fels Research Institute)의 종단연구가 있다. 우리나라에서는 한국행동과학연구소에서 지난 1975년부터 아동의 전인적인 발달을 위한 종단연구가 진행된 바 있으며, 현재 다수의 기관에서 종단연구를 진행하고 있다.

2) 횡단적 접근방법

횡단적 접근방법(cross-sectional approach)은 한 시점에서 여러 연령집단을 동시에 표집하여 자료를 수집함으로써 연령집단 간의 차이를 비교하여 연령 간의 발달적 특징을 전반적이고 개략적으로 살펴보는 연구방법이다. 예를 들면, 2017년의 한 시점에서 0세부터 9세까지의 아동을 연령당 100명씩 총 1,000명을 표집하여 자료를 수집하는 것이다.

횡단적 접근방법은 빠른 시간 내에 여러 연령층의 연구대상을 표집하여 연구하기 때문에 시간과 노력, 비용이 적게 들어 경제적일 뿐만 아니라 빠른 시간 내에 연구결과를 산출할 수도 있다. 또한, 이 접근방법은 연구대상의 탈락률이 낮고, 표본 선정에 따른 편파성 문제도 일정 부분 해소할 수 있으며, 동일한 역사적 · 문화적 상황에서 연구대상을 표집하기 때문에 동일한 조건에서 자료를 수집할 수도 있다. 그러나 이 접근방법은 다양한 지역이나 여러 특성을 지닌 연구대상을 표집하게 되면 가외변인을 통제하기 어렵다. 그리고 이 접근방법은 연령별로 서로 다른 연구대상을 표집하여 연구하기 때문에 엄밀한 의미에서의 발달적 변화에 대한 정보를 제공하기에 무리가 있으며, 연령집단별 비교에도 어려움이 있다. 이로 인해 이 접근방법은 인과관계를 규명하는 것이 어렵다. 이러한 단점에도 불구하고 횡단적 접근방법은 연구 수행의 효율성과 실제적 이점으로 연구자들이 많이 활용한다.

3) 단기 종단적 접근방법

단기 종단적 접근방법(short-term longitudinal approach)은 샤이(Schaie, 1965)가 종단적 접근방법과 횡단적 접근방법의 장점과 단점을 고려하여 연구를 보다 효율적으로 수행할 수 있도록 절충한 연구방법으로서 동시대집단(cohort) 연구이기도 하다. 동시대집단이란 같은 해에 태어난 집단을 의미하기도 하고, 같은 시대를 사는 집단을 의미하기도 한다. 2017년에 대학을 졸업한 사람이나 5 · 18 민주화 항쟁 시기를 함께 경험한 집단 등이 그 예다. 단기 종단적 접근방법의 예를 들면, 2013년에 1~5세를 각각 100명씩 총 500명을 표집하여 동일한 연구대상으로 2017년까지 매년 연구를 수행하는 것이다. 그리하면 2013년에 1세였던 영아는 2017년에는 5세가 되고, 5세였던 유아는 9세가 되어 2013~2017년의 5년 기간 동안 9년 기간의 종단적 연구 효과를 얻을 수 있다.

단기 종단적 접근방법은 초기 연구대상을 표집할 때 시간이 지남에 따라 연령집단이 중복될 것을 고려하여 선정하고 해마다 반복 측정한다. 그러므로 이 방법은 종단적 접근방법의 연구 기간을 단축하여 짧은 시간 동안 다양한 연령층에 대한 발달적 특성과 변화 양상 및 집단 간 차이를 비교할 수 있고, 비록 짧은 기간이지만 집단 내의 차이도 비교할 수 있다. 또한, 이 접근방법은 종단적 접근방법에 비해 시간과 노력, 비용이 적게 들고, 연구대상의 탈락율도 낮으며, 연구대상을 표집할 때 생길 수 있는 편파성도 줄일 수 있고, 동시에 동시대집단의 효과도 알 수 있다. 그러나 횡단적 접근방법에 비해 시간과 노력, 비용이 많이 든다.

이상의 세 가지 접근방법을 그림으로 예시하면 [그림 3-1]과 같다.

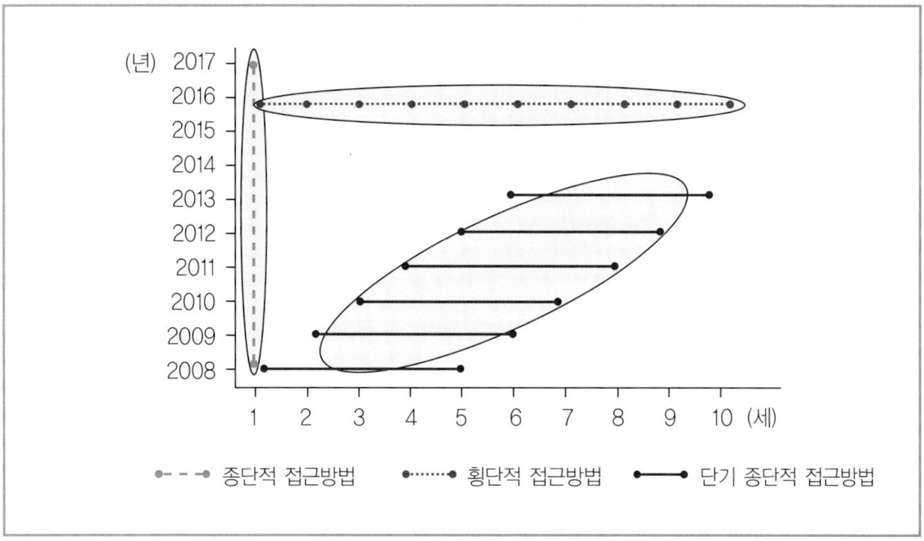

[그림 3-1] 종단적 접근방법, 횡단적 접근방법, 단기 종단적 접근방법
출처: 조성연 외(2008). 아동관찰 및 행동연구, p. 71.

5. 영유아발달 연구에서의 윤리적 문제

영유아를 대상으로 다양한 연구방법을 적용하여 산출한 연구결과는 영유아에 대한 이해를 도모함으로써 인류 사회에 기여한다. 비록 산출한 연구결과가 인류 사회에 없어서는 안 될 매우 중요한 것이라 할지라도 연구자가 지식을 탐구하고 진리를 추구함에 있어서는 반드시 지켜야 할 윤리와 규범이 있다. 연구자는 자신의 전문성뿐만 아니라 그 연구에 참여하는 연구대상에 대해서도 책임을 져야 한다. 연구자는 연구와 관련한 여러 가지 윤리적 문제, 즉 심신의 위해, 사생활 침해나 비밀 보장, 사회적 책임, 연구대상과 현상에 대한 편견, 개인적 이득을 위해 연구결과를 다른 용도나 목적으로 사용하는 것과 같은 연구에서의 진실성 문제를 고려해야만 한다. 특히 연구대상이 영유아인 경우에는 영유아 스스로 연구에 참여하는 것을 선택할 수 없기 때문에 연구자는 영유아의 인권이나 복지 등에 대한 문제를 무엇보다 우선적으로 고려해야 한다. 캐번(Cavan, 1977)은 연구에 대한 윤리를 타인의 권리에 대해 원리 원칙을 따르는 것이라고 정의하였고, 이는 윤리적인 한계 내에서 진리를 추구할 것인지의 여부를 선택하는 것으로 보았다. 여기서는 연구윤리와 관련하여 연구대상의 권리와 복지 및 연구의 진실성에 대해 살펴봄으로써 연구에서의 윤리적 문제를 생각해 보고자 한다. 이 절은 『유아발달』(이영 외, 2015, pp. 80-86)의 내용을 수정하여 제시하였다.

1) 연구대상의 권리와 복지

연구자는 연구를 진행하는 각 단계마다 연구의 잠재적인 윤리적 문제에 당면할 수 있다. 연구자가 이러한 문제를 현명하게 극복하는 것은 연구자로서 수행해야 할 역할 중 하나다. 우리나라는 2004년 1월 29일 「생명윤리 및 안전에 관한 법률」을 제정하였다. 당시 이 법은 생명과학 기술에서 생명윤리 및 안전을 확보하여 인간의 존엄과 가치를 침해하거나 인체에 위해를 주는 것을 방지하고, 생명과학 기술이 인간의 질병 예방 및 치료 등을 위하여 개발 · 이용될 수 있는 여건의 조성을 목적으로 제정되었다. 이후 이 법은 2012년 2월 1일에 인간을 대상으로 하는 모든 연구에 적용하는 것으로 전부 개정되어 2013년 2월 2일부터 발효되었다. 이 법에 따르면, 연구자가 6인 이상인 기관은 기관생명윤리위원회(Institutional Review Board: IRB)를 설치하여 보건복지부 산하의 질병

관리본부에 등록해야 하고, 인간을 대상으로 하는 모든 연구는 IRB에서 사전 심의를 받도록 명문화하였다. 「생명윤리 및 안전에 관한 법률」에 의하면 인간을 대상으로 하는 연구란 사람을 대상으로 물리적으로 개입하는 연구, 의사소통, 대인 접촉 등의 상호작용을 통하여 수행하는 연구, 개인을 식별할 수 있는 정보를 이용하는 연구(제2조)로 명문화되어 있다.

인간 대상 연구에서 윤리적 문제가 본격적으로 대두된 것은 제2차 세계대전 후 독일의 나치가 자행한 비윤리적 인체 실험이 밝혀지면서부터고(한국아동권리학회 편, 2005, p. 28), 연구에서의 윤리적 문제가 활발히 논의되기 시작한 것은 1960년대 중반부터라고 할 수 있다(이은해, 이미리, 박소연, 2006, p. 35).

인간을 대상으로 하는 연구에서의 연구대상을 보호하기 위한 제도적 장치인 IRB의 설립 근간은 대표적으로 뉘른베르크 강령(Nuremberg Code, 1947), 헬싱키 선언(Declaration of Helsinki, 1962), 벨몬트 보고서(Belmont Report, 1979) 등을 들 수 있다. 뉘른베르크 강령은 의학 실험을 할 때 반드시 충족해야만 하는 것으로 피험자는 자발적으로 충분한 정보에 따라 동의해야 하고, 과학적으로 자격을 갖춘 사람만이 실험을 실시해야 하며, 연구자는 피험자에게 불필요한 신체적 · 정신적 고통과 위해가 없도록 실험을 해야 한다는 것 등을 명시하였다. 헬싱키 선언은 뉘른베르크 강령의 영향으로 제18차 세계의사협회(World Medical Assembly) 총회에서 채택되었다. 이 선언은 건강한 피험자를 대상으로 하는 실험에서 지켜야 할 윤리적 원칙을 환자를 대상으로 하는 실험에서도 반드시 준수해야 한다는 점을 명시하였다. 이를 위해 헬싱키 선언은 연구자가 연구할 때 피험자에게 충분한 정보를 주고 그에 따라 피험자의 동의를 받아야 한다는 점을 강조하였는데 이는 향후 인간 대상 연구의 일반적인 윤리 원칙이 되었다. 벨몬트 보고서는 미국 정부의 매독 연구에서 비롯된 것으로써 인간을 대상으로 하는 연구에서 연구대상을 보호하기 위한 윤리 원칙과 지침을 제시하였다. 특히 이 보고서는 가장 피해를 받기 쉬운 아동, 지적장애인 등과 같은 사회적 약자를 인체 실험으로부터 보호해야 한다는 점을 강조하면서 인간 존중(respect for human), 선행(beneficence), 정의(justice)의 세 가지 원칙을 기본적인 윤리 기준으로 제시하였다. 이 외에도 인간을 대상으로 하는 연구에서의 윤리적 측면을 강화하기 위해 1991년 세계보건기구(WHO)와 세계의학회(The Council for International Organizations of Medical Sciences: CIOMS)가 공동으로 인간을 포함하여 생의학 연구를 위한 세계윤리지침을 제정 · 공포하였다. 특히 세계의학회에서는 영유아 연구에서의 주의할 점에 대한 가이드라인을 제시하였다. 즉, 영유아를 대상으로 연구할 경우에는 연구 목적이 영유아의 보건에 필요한 사항과 관련된 지식을 얻기 위한 것이어야 하며, 반드시 부모나 법정대리인의 허락을 받아야만 하고, 영유아의 능력 범위 내에서 영유아의 승낙을 받아야 하고, 영유아가 연구에 참여하거나 계속 참여하기를 거부한다면 영유아의 의견을 존중해야만 한다는 점을 제시하였다.

영유아발달 연구 시 연구자는 성인을 대상으로 할 때와 다른 측면에서의 윤리적 문제를 고려해야만 한다. 영유아는 스스로 연구에 참여하기보다는 법정대리인이나 보호자의 동의에 의해 연구에 참여하기 때문에 연구에 참여하고 있다는 사실에 대한 인지도가 매우 낮고, 때로 참여하는 연구로 인해 심리적인 영향을 받을 수도 있다. 이와 관련하여 헐리와 언더우드(Hurley & Underwood, 2002), 루냔(Runyan, 2000) 등은 연구대상이 12세 정도가 되어야 연구를 대략적으로 이해하고 스스로 연구 참여 여부를 결정할 수 있다고 보았다. 그러므로 연구자는 영유아를 대상으로 연구할 경우 윤리적 문제를 심각하게 고려해야만 한다. 이와 관련하여 포스터(Foster, 1995)는 영유아 대상의 연구는 다음과 같은 세 가지 윤리적인 문제에 답할 수 있어야 한다고 주장하였다. 첫째, 연구가 중요한 연구문제를 제기하고 그 연구문제를 해결할 수 있는가? 둘째, 연구 과정에서 연구대상인 영유아에게 일어날 수 있는 위험의 정도가 허용할 만한 수준인가? 셋째, 연구대상인 영유아로부터 자율적으로 동의를 획득함으로써 연구대상인 영유아의 권리를 존중하고 있는가?(한국아동권리학회 편, 2005, p. 22 재인용)이다.

이런 점에서 기관생명윤리위원회가 심의할 때 주로 역점을 두는 내용은 다음과 같다(한국연구재단, 2011, p. 76).

- 연구계획서에 대한 윤리적 · 과학적 타당성이 충분히 제시되어 있는가?
- 연구대상에 대한 위험성이 최소화되어 있는가?
- 연구대상이 얻을 수 있는 예상 이익과 비교하여 조금이라도 위험성이 있다면 연구대상이 감수해야 할 위험이 합리적인가? 그리고 그 실험 결과를 통해 얻을 수 있는 지식에 중요성이 있는가?
- 연구대상의 선별은 공정한가?
- 연구대상과 법정대리인에게 실험에 대해 충분히 알린 후 동의를 받았는가?
- 연구대상에게 실험에 대해 자세한 설명을 듣고 이해하였다는 동의서를 받았는가?
- 연구대상의 개인정보를 보호하고 데이터의 비밀을 보장하기 위한 적절한 계획이 있는가?

미국의 아동발달연구회(Society for Research in Child Development: SRCD, 2000)는 영유아 연구를 위한 16개 윤리기준을 제시하였다. 16개 윤리기준을 요약하면 다음과 같다.

첫째, 영유아에게 신체적·심리적으로 피해를 줄 수 있는 연구절차를 사용해서는 안 된다. 연구 진행 중 영유아의 복지를 위협할 수 있는 경우에는 부모나 보호자, 현장의 전문가와 상의해야 한다.

둘째, 영유아에게 연구 참여에 대한 동의를 구하기 전에 연구에 참여함으로써 영향을 받을 수 있는 모든 측면을 알려 주어야 하고, 연구 도중 언제든지 그만 둘 수 있는 자유를 보장해 주어야 한다. 또한, 영유아뿐만 아니라 부모, 보호자나 법정대리인 혹은 연구 도중 상호작용할 수 있는 교사 등에게도 연구 참여에 대한 서면 동의를 받고, 각자의 책임 한계에 대해서도 분명하게 동의를 받아야 한다. 연구대상은 어떤 상황에서도 충분한 정보에 따라 동의해야 한다.

셋째, 연구 참여에 대해 적절한 보상을 해 주어야 하나 과하지 않아야 한다.

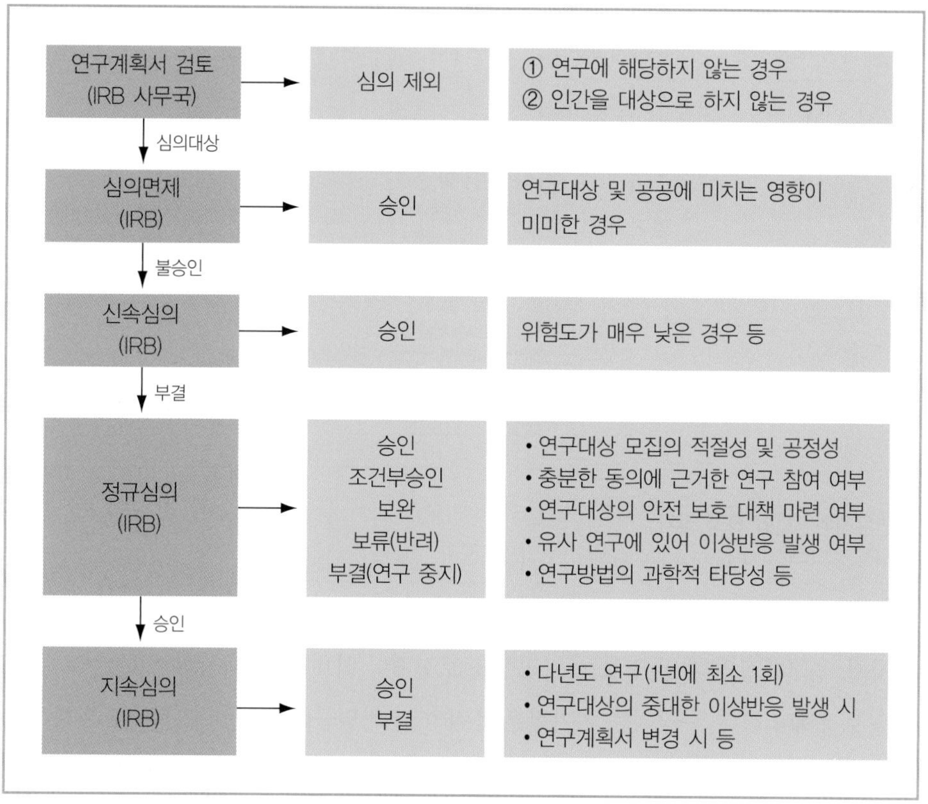

[그림 3-2] 기관생명윤리위원회의 심의 절차(예시)
출처: 보건복지부, 질병관리본부(2013). 생명윤리: 생명윤리법 관련 기관 관리안내, p. 49.

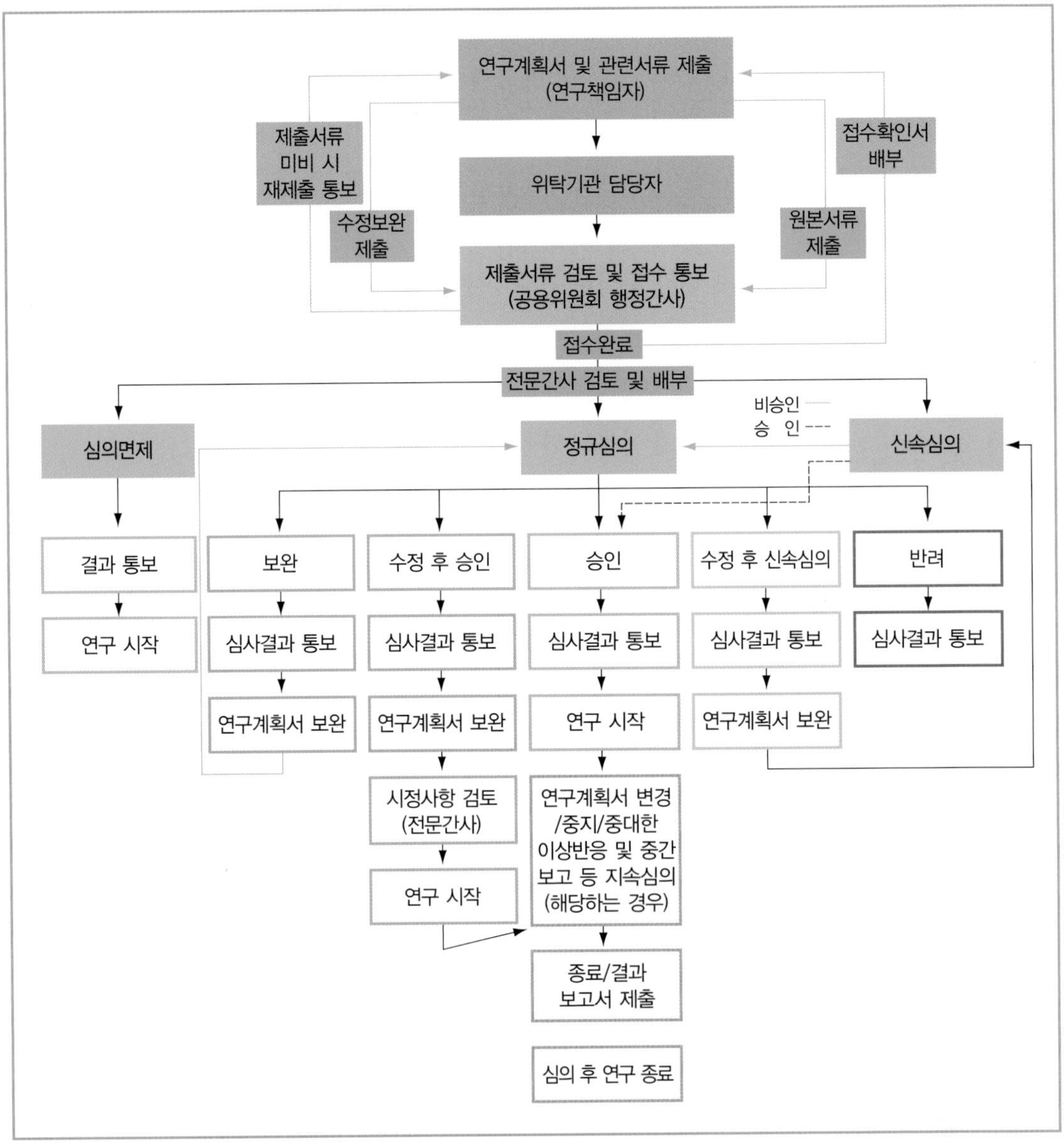

[그림 3-3] 기관생명윤리위원회의 심의 절차
출처: 기관생명윤리위원회 정보포털 (http://www.irb.or.kr).

넷째, 연구대상의 개인 정보는 익명성을 보장해야 하며, 연구대상의 모든 정보는 비밀을 보장해야 한다. 연구자는 허가받은 목적 이외에 연구대상이 제공한 정보의 사용을 금해야 하고, 연구 종료 후 연구대상에게 이해할 수 있는 용어로 연구결과를 알려 주어야 한다. 또한, 연구자는 연구대상에게 부담이 되지 않도록 사회적 · 정치적 · 인간적 함의에 대해 충분히 이해함으로써 연구결과를 제시할 때 세심한 주의를 기울여야 한다.

2) 연구의 진실성

인간을 대상으로 하는 연구가 윤리적으로 자리매김하기 위해서는 연구부정행위가 발생하지 않도록 주의를 기울이면서 연구의 진실성을 확보하는 것이 중요하다. 연구윤리는 연구의 계획 · 수행 · 보고 등과 같은 연구의 전 과정에서 책임 있는 태도로 바람직한 연구를 추진하기 위해 연구자가 지켜야 할 윤리적 원칙이다. 이는 연구부정행위가 발생한 원인을 진단하거나 이를 예방하기 위한 대책을 마련하는 과정에서 더욱 뚜렷하게 드러난다. 연구부정행위의 해악은 단지 연구자 개인의 양심을 위반하는 것에 그치는 것이 아니라 동료 연구자의 시간과 노력을 소모시켜 해당 분야의 연구 발전을 심각하게 저해하고, 해당 분야의 연구 활동에 대한 지원을 위축시키는 결과를 유발할 수 있다. 뿐만 아니라 일반인과 사회 전체에까지 심각한 피해를 야기할 수도 있다(교육과학기술부, 한국연구재단, 2011, p. 12). 따라서 연구윤리는 연구절차의 규범인 동시에 연구를 수행하는 연구자의 행위규범이라고도 할 수 있다(서이종, 2013, p. 3).

진실성이 결여된 연구를 통해서는 진리에 도달할 수 없고 인류 사회의 발전에도 기여할 수 없다. 진리를 추구하는 연구자라면 누구나 객관적으로 연구를 진행해야 하며 스스로 연구윤리를 엄격히 준수해야만 한다. 만일 연구자 스스로 윤리적인 딜레마가 생기면 다른 연구자나 전문가에게 자문을 구하는 것이 연구자로서의 올바른 자세다.

연구의 진실성을 확보하기 위해 교육부에서는 「학술진흥법」에 근거하여 교육부훈령 제153호로 「연구윤리 확보를 위한 지침」(2015. 11. 3.)을 마련하여 연구부정행위의 범위를 제시하였다. 이 지침에 의하면 연구자는 연구에 전념하고, 연구윤리를 준수하여 연구부정행위를 예방하기 위해 노력하여야 하며, 연구부정행위로 위조, 변조, 표절, 부당한 저자 표시, 부당한 중복게재, 연구부정행위에 대한 조사 방해 행위 등을 제시하였다.

- **위조** 존재하지 않는 연구 원자료 또는 연구자료, 연구결과 등을 허위로 만들거나 기록 또는 보고하는 행위
- **변조** 연구 재료 · 장비 · 과정 등을 인위적으로 조작하거나 연구 원자료 또는 연구자료를 임의로 변형 · 삭제함으로써 연구 내용 또는 결과를 왜곡하는 행위
- **표절** 일반적 지식이 아닌 타인의 독창적인 아이디어 또는 창작물을 적절한 출처 표시 없이 활용함으로써, 제3자에게 자신의 창작물인 것처럼 인식하게 하는 행위

- **부당한 저자 표시** 연구 내용 또는 결과에 대해 공헌하거나 기여한 사람에게 정당한 이유 없이 논문 저자 자격을 부여하지 않거나, 공헌 또는 기여를 하지 않은 자에게 감사 표시나 예우 등을 이유로 논문 저자 자격을 부여하는 행위
- **부당한 중복게재** 연구자가 자신의 이전 연구결과와 동일 또는 실질적으로 유사한 저작물을 출처 표시 없이 게재한 후, 연구비를 수령하거나 별도의 연구 업적으로 인정받는 경우 등 부당한 이익을 얻는 행위
- **연구부정행위에 대한 조사 방해 행위** 본인 또는 타인의 연구부정행위에 대한 조사를 고의로 방해하거나 제보자에게 위해를 가하는 행위
- 그 밖에 각 학문분야에서 통상적으로 용인되는 범위를 심각하게 벗어나는 행위

미국의 아동발달연구회(SRCD, 2000)는 연구자의 위법행위, 즉 자료의 누락, 잘못된 분석, 표절, 왜곡된 제시 등에 대해 강력한 지도력을 행사할 수 있으며, 위법이라고 밝혀진 회원에 대해서는 제명 결정을 내릴 수 있다.

참/고/문/헌

교육부(2015). 연구윤리 확보를 위한 지침. 서울: 교육부.

교육인적자원부 보도자료(2007. 4. 26.). 연구부정행위 근절, 학계 원로가 나섰다: 대학 및 학회에 연구윤리 지침 마련, 교육과정 개발 권고. 서울: 교육인적자원부.

교육과학기술부, 한국연구재단(2011). 연구윤리의 이해와 실천. 대전: 한국연구재단.

보건복지부, 질병관리본부(2013). 생명윤리: 생명윤리법 관련 기관 관리안내. 서울: 보건복지부, 질병관리본부.

서이종(2013). 학문 특성별 연구윤리 가이드라인 제정을 위한 기본 방향 탐구. 2013년 연구윤리 포럼: 연구윤리 정착을 위한 '연구윤리 가이드라인'의 기본 방향, 3-16.

이영, 이정희, 김온기, 이미란, 조성연, 이정림, 유영미, 이재선, 신혜원, 나종혜, 김수연, 정지나(2009). 영유아발달. 서울: 학지사.

이영, 김온기, 조성연, 이혜경, 이선원, 이정림, 나유미, 김상림, 나종혜(2015). 유아발달. 서울: 학지사.

이은해, 이미리, 박소연(2006). 아동 연구방법의 이해. 서울: 학지사.

조성연, 이정희, 천희영, 심미경, 황혜정, 나종혜(2010). 아동발달. 서울: 신정.

조성연, 이정희, 황혜정, 나종혜, 양성은(2008). 아동관찰 및 행동연구. 서울: 신정.

최석란, 조성연, 김선영(2007). 학술논문작성과 출판. 서울: 학지사.

한국아동권리학회 편(2005). 아동권리보호와 연구윤리. 서울: 학지사.

한국연구재단(2011). 연구윤리의 이해와 실천. 서울: 교육과학기술부.

Cavan, S. (1977). Review of J. D. Douglas's 'Investigative social review: Individual and team field research'. *The American Journal of Sociology, 83*(3), 809-811.

Goodwin, W. R., & Driscoll, L. A. (1980). *Handbook for measurement and evaluation in early childhood education.* San Francisco: Jossey-Bass.

Hurley, J., & Underwood, M. (2002). Children's understanding of their research rights before and after debriefing: Informed consent, confidentiality and stopping participation. *Child Development, 73*(1), 132-143.

Runyan, D. K. (2000). The ethical, legal, and methodological implication of directly asking children about abuse. *Journal of Interpersonal Violence, 15*(7), 675-681.

Schaie, K. W. (1965). A general model for the study of developmental problems. *Psychological Bulletin, 64,* 92-107.

Society for Research in Child Development. (2000). *Directory of members 1999-2000.* Ann Arbor, MI: SRCD.

기관생명윤리위원회 정보포털 http://www.irb.or.kr

04

chapter

태내기

1. 태내 발달단계
2. 태내 발달에 영향을 주는 요인

학습개요

태내기는 정자와 난자가 만나 수정된 후 출산하기까지의 38주간이다. 이 시기는 일생 중 가장 빠르게 성장 · 발달하며, 신체 각 기관과 구조가 형성되는 결정적 시기이다. 최근 임산부와 그를 둘러싼 여러 환경적 요인들이 직 · 간접적으로 태아의 성장과 발달에 영향을 주고 있다는 연구결과가 많이 보고되면서 태내 환경의 중요성이 더욱 강조되고 있다. 이 장에서는 태내기의 발달 과정과 태내 발달 이상, 태내 발달에 영향을 주는 요인들에 대해서 살펴보고자 한다.

chapter 04 태내기

1. 태내 발달단계

여성은 출생 시 이미 약 20만 개의 미성숙한 난자를 가지고 태어난다. 미성숙한 난자는 사춘기 이후 성숙해지면서 양쪽 난소에서 한 달에 1개씩 번갈아 나온다. 배출된 난자는 난관을 통해 자궁으로 내려오는데, 자궁까지 도달하여 생존하는 시간은 약 24시간 정도다. 남성의 정자는 올챙이 모양을 하고 있고, 1회에 수억 개가 나오며 사정된 정자는 약 2~3일간 생존한다.

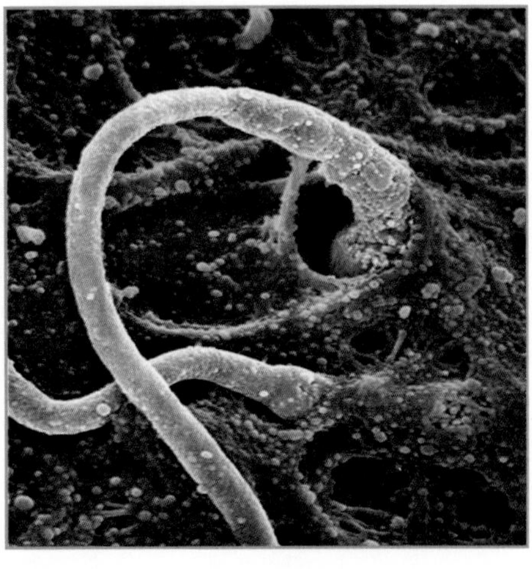

[그림 4-1] 정자와 난자의 수정 순간
출처: Berk, L. E. (2013). *Child development* (9th ed.), p. 89.

난자가 자궁으로 내려오는 도중 정자를 만나 수정이 되는 경우 임신이라고 하고 수정되지 못하고 자궁으로 내려와 파괴되어 배출되는 경우 이런 현상을 월경이라 한다. 수정의 경우 남녀의 성관계를 통해 자궁 내에서 난자와 정자가 결합하여 수정되는 자연수정과 인위적으로 남성의 정액을 채취하여 여성의 생식기 안에 기계적인 방법으로 수정하는 인공수정이 있다. 또 난자를 몸 밖으로 꺼내어 시험관에서 정자와 인공수정시킨 후 다시 여성의 자궁으로 옮겨 발육한 아기를 시험관 아기라 한다.

태내기는 수정부터 분만까지 평균 266일, 즉 38주의 기간으로 발아기, 배아기, 태아기의 세 단계로 나눈다.

1) 발아기

수정 후 2주까지로 발생기, 배란기, 배종기, 정착기라고도 한다. 발아기(germinal stage)는 난소의 난자가 질로 들어온 정자와 만나 수정된 후 착상하기까지다. 수정란(접합자: zygote)은 수정 직후부터 계속 세포분열하여 포배낭(배반포: blastocyst)을 형성하는데, 가시모양 섬모가 자궁벽의 혈관을 뚫고 들어가 자궁벽에 부착하면 발아기는 끝이 난다. 이후 포배낭의 바깥 부분은 태반으로, 안쪽 부분은 태아와 양막으로 분화된다. 특히 태반은 태아의 복벽과 연결되어 있는 탯줄을 통해 모체로부터 산소와 영양분을 태아에게로 전해 주고 태아의 분비물을 모체의 혈액을 통해 바깥으로 내보내 주며, 동시에 태아에게 들어오는 혈류를 여과시켜 준다. 태아를 둘러싸고 있는 양막은 투명 액체인 양수로 채워져 있어 항상 일정한 온도를 유지시켜 주며, 또 외부로부터의 충격을 막아 태아를 보호해 준다.

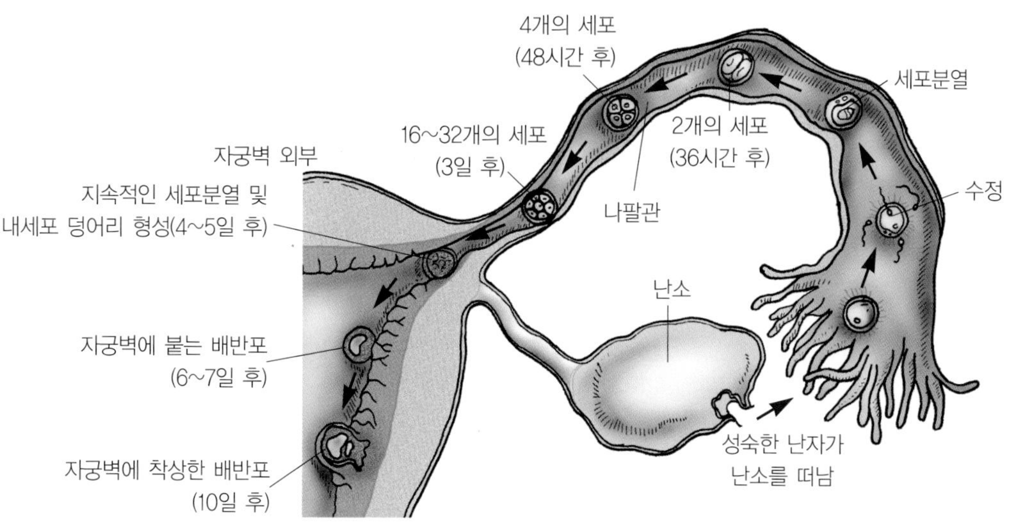

[그림 4-2] 수정과 착상
출처: 이영 외(2015). 영아발달, p. 101.

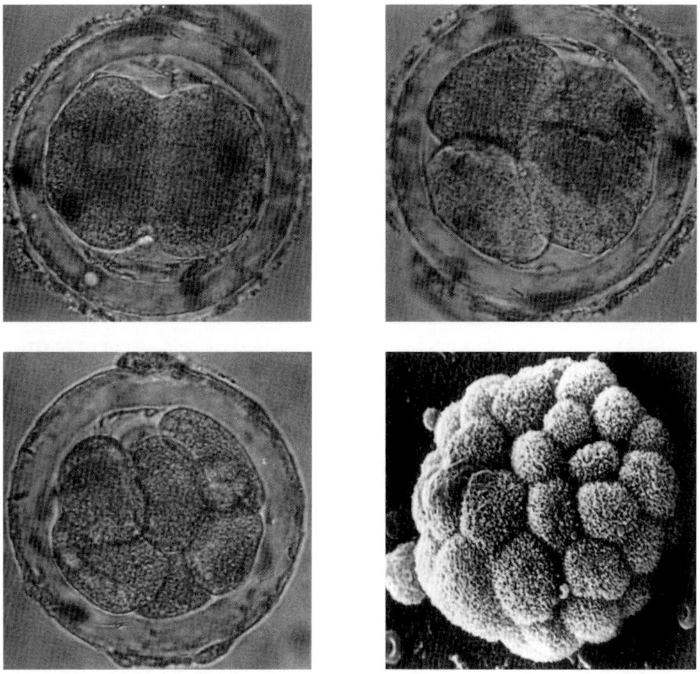

[그림 4-3] 수정란의 세포분열과 포배낭(배반포)의 모습
출처: 이영 외(2015). 영아발달, p. 102.

TIP 자연유산과 자궁 외 임신

1. 수정되었다고 해서 발아기의 모든 수정란이 착상되는 것은 아니다. 수정란의 58% 정도는 착상되지 못하고 자연유산 되는데, 이러한 변화를 대부분의 여성이 느끼지 못하고 지나간다(조성연 외, 2005, p. 71).
2. 수정란이 자궁에 착상하지 못하고 나팔관 등의 다른 부분에 자리를 잡는 경우 이것을 자궁 외 임신이라고 한다.

2) 배아기

배아기(embryonic stage)는 인간으로서 필요한 대부분의 주요기관과 신경계통이 분화되고 형성되는 시기로 임신 약 3주부터 8주 사이를 말한다. 배아기는 일생 중 가장 성장

속도가 빠른 시기로 자궁벽에 착상한 배아가 외배엽(ectoderm), 중배엽(mesoderm), 내배엽(endoderm)으로 분화되어 신체의 주요기관 및 신경조직을 형성한다.

배아는 머리 쪽 부분부터 먼저 발달하여 머리가 전체 배아 길이의 반을 차지한다. 임신 3주경에는 심장과 중추신경계가 형성되고, 임신 4~5주경에 눈, 중뇌, 소뇌, 연수, 소화기관, 팔, 다리가, 임신 6주경에 내부 생식기, 치아, 귀가 생긴다. 임신 7주에 구개, 임신 8주에 뇌, 간, 신장, 외부 생식기가 생겨나기 시작한다. 배아기 말이 되면 얼굴 모습, 외부 생식기, 손가락, 발가락을 구별할 수 있게 된다.

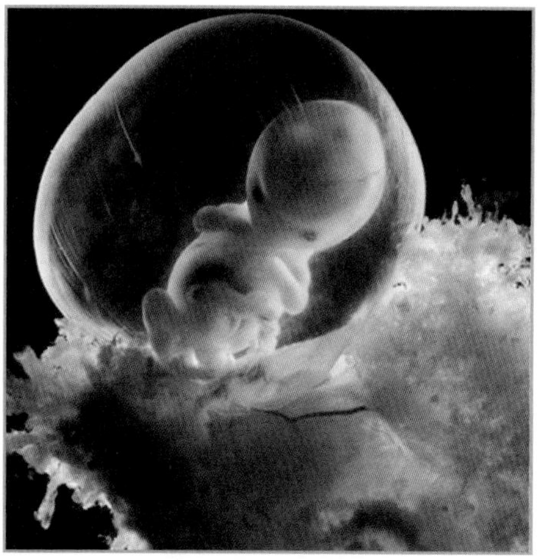

[그림 4-4] 수정 후 7주 된 배아의 모습
출처: Berk, L. E. (2013). *Child development* (9th ed.), p. 91.

따라서 배아기 말이면 배아가 사지결손, 시각장애, 구순구개열 등의 유전적 결함을 지녔는지 알 수 있다. 심각한 유전적 결함을 가진 배아는 자연유산 되는 경우가 많다. 반면, 정상적으로 자란 배아는 신장 약 3~4cm, 체중 약 14g 정도로 성장한다.

TIP **외배엽, 중배엽, 내배엽의 발달**

- 외배엽: 피부의 표피, 손톱, 발톱, 머리카락, 신경계, 감각기관, 뇌, 척수, 치아 등으로 발달
- 중배엽: 피부의 진피, 근육, 골격, 순환계, 배설기관 등으로 발달
- 내배엽: 소화기관, 기관지, 허파, 내장, 간, 갑상선 등의 신체 내부기관으로 발달

3) 태아기

태아기(fetal stage)는 임신 9주부터 출생할 때까지의 기간으로 이때의 유기체를 태아(fetus)라 한다. 이 시기 동안 인간으로서 필요한 모든 기관이 만들어지고 기능 또한 획득된다. 태아는 반사운동을 하는데, 임신 11주경에는 빛이나 자극이 오면 피하는 도피반응이나 입을 벌리고 삼키고 빠는 생존반응을 보인다. 태아의 움직임을 태동이라 하며 임산부는 이런 태아의 움직임을 느낄 수 있다. 태아의 움직임은 모체의 정서상태와

분기	사진	주	신장과 체중	주요 사건
제1기	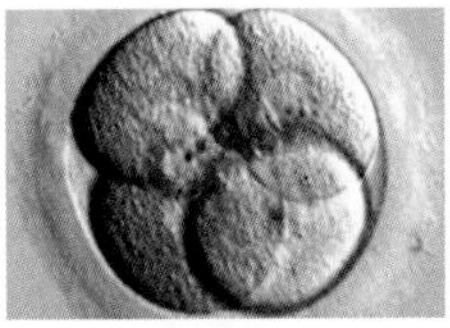 접합자	1		• 단일 세포 접합자가 증식하여 배반포를 형성한다.
		2		• 배반포가 자궁 내막으로 파고든다. • 발달 중인 유기체에 영양을 공급하고 보호하는 기관들(양막, 융모막, 난황주머니, 태반, 탯줄)이 형성되기 시작한다.
	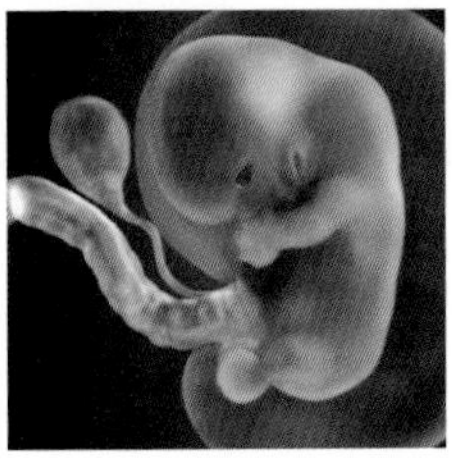 배아	3~4	6mm	• 원초적인 뇌와 척추가 나타난다. • 심장, 근육, 갈비뼈, 등뼈, 소화기계통이 발달하기 시작한다.
		5~8	2.5cm, 4g	• 많은 외적 신체구조(얼굴, 팔, 다리, 발가락, 손가락)와 내적 기관이 형성된다. • 신경계의 기본 단위인 뉴런이 놀라울 정도로 빠르게 생겨난다. • 촉각이 발달하기 시작하고 태아가 움직일 수 있다.
	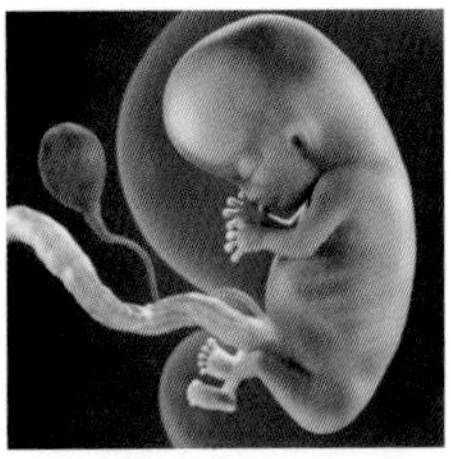 태아	9~12	7.6cm, 28g	• 신체 크기가 빠르게 증가하기 시작한다. • 신경계, 기관, 근육이 조직되고 연결되며 새로운 운동 능력(차기, 엄지손가락 빨기, 입 열기, 호흡)이 나타난다. • 외적 성기가 충분히 형성되고 태아의 성이 분명히 드러난다.
제2기	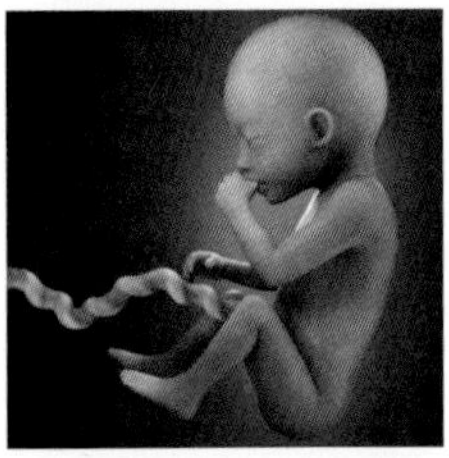	13~24	30cm, 820g	• 태아가 빠르게 자란다. • 이 시기 중반쯤에 어머니는 태아의 움직임을 느낀다. • 태지와 배내 솜털이 피부를 양수 속에서 트지 않게 해준다. • 뇌의 뉴런은 24주에 나타난다. • 태아의 눈은 빛에 민감해지고 소리에 반응한다.
제3기		25~38	50cm, 3,400g	• 태아가 이 시기에 태어나도 생존 가능하다. • 신체 크기가 커진다. • 폐가 성숙한다. • 빠른 두뇌 발달로 감각과 행동 능력이 확대된다. • 이 시기 중반쯤 피하지방층이 생성된다. • 질병으로부터 보호받기 위해 어머니의 항체가 태아에게 전달된다. • 많은 태아가 분만을 위해 위해서 아래로 자세를 바꾼다.

[그림 4-5] 태내 발달의 이정표
출처: Berk, L. E. (2013). *Child development* (9th ed.), p. 90.

관련이 깊다. 즉, 모체가 스트레스나 기타 여러 요인으로 공포, 불안, 슬픔과 같은 부정적인 정서를 느끼는 경우 태아의 움직임이 활발해지기도 하고 느려지기도 한다. 또 임신 5개월 정도에 태반이 형성되는데 태아는 탯줄로 연결된 태반을 통해 산소와 영양분을 공급받기 때문에 그 이전에는 유산의 위험이 크다. 임신 7개월경에 태아는 웃고 숨쉬고, 삼키고, 소화하는 기능이 가능해지며, 8개월에는 체온 조절을 돕는 피하지방층이 생기기 시작한다. 임신 9개월 말에 심장박동수가 증가하고, 내부 기관들이 출생 후의 환경에 적응할 수 있도록 성장한다.

임신 210일(30주) 이후 태어난 아기는 미숙아 보육기(incubator)에서 생존할 수 있다. 임신 22주 이전에 유산하거나 사산되는 태아가 전체 태아 중 약 5%에 해당한다. 출생 직전 태아의 신장은 보통 50cm 정도이고, 체중은 3~4kg 정도이다.

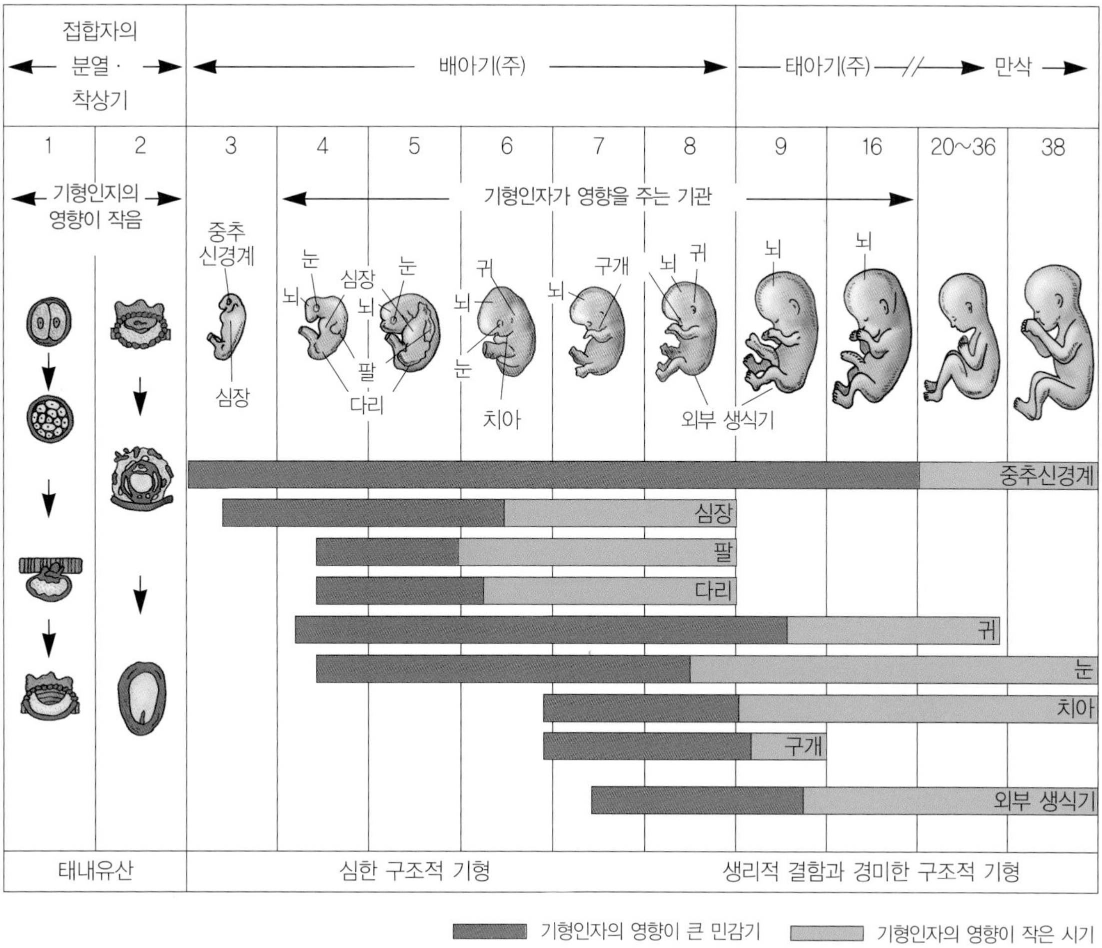

●●●
[그림 4-6] 태내 발달의 결정적 시기
출처: Berk, L. E. (2013). *Child development* (9th ed.), p. 95.

2. 태내 발달에 영향을 주는 요인

일반적으로 태아에게 이상이 생기면 출산 전에 유산하거나 출산 시 사산되는 경우가 많다. 그러나 때로는 결함을 가진 채 출생하는 경우도 있는데, 최근에는 환경오염이나 산모의 초산 연령이 높아지는 고령화 현상 등으로 인해 기형이나 장애를 가진 아기의 출산율이 증가하고 있다.

태아발달의 이상을 가져오는 요인을 크게 염색체와 유전인자의 이상인 유전적 요인에 의한 것과 환경적 요인에 의한 것으로 나누어 볼 수 있는데, 유전적 이상은 부모가 가지고 있는 단일 유전인자에 있는 유전병에 의해 나타나는 이상과 염색체 이상에 의해 나타나는 경우로 다시 나눌 수 있다.

1) 유전적 이상

(1) 단일 유전인자에 의한 유전병

부모로부터 어떤 유전적 손상을 가진 한 개의 유전인자를 물려받아 나타나는 이상으로 멘델적 이상(Mendelian disorder)이라고도 한다. 가장 대표적인 유전인자 이상에는 각 부모로부터 물려받은 열성인자의 결과로 나타나는 페닐케톤뇨증(Phenylketonuria: PKU), 타이삭스병(Tay-Sachs disease), 적혈구성 빈혈(sickle-cell anemia), 백색증(Albinism), 낭포성 섬유증(Cystic Fibrosis), 혈우병(hemophilia) 등이 있다. 반면에 우성인자의 유전으로 만들어지는 이상에는 헌팅턴병(Huntington's disease, Huntington's chorea)이 있다.

① 헌팅턴병

헌팅턴병은 4번 염색체의 우성인자에 의한 유전병으로 아동기, 사춘기, 성인기까지는 아무런 이상 소견을 보이지 않다가 중년기인 40세 이후 발병한다. 주 증상은 점진적인 신경계의 퇴화로 신경세포가 파괴되면서 근육경련, 우울증, 성격 변화를 보인다. 또 팔다리를 흐느적거리며 걷기 때문에 마치 춤을 추는 것처럼 보이기도 한다. 이런 증상이 나타날 때면 그들은 이미 결혼하여 자녀를 두고, 그들이 낳은 아기들 중 50% 정도가 이 병에 걸린다(DeHart et al., 2004, p. 99).

② 페닐케톤뇨증

페닐케톤뇨증은 열성인자에 의한 유전병 중 가장 보편적인 것으로 신생아 8,000명당 1명꼴로 발생한다. 페닐케톤뇨증은 아미노산의 하나인 페닐알라닌을 티로신으로 분해하지 못하여 그 독성이 신경조직에 축적되어 중추신경계에 심각한 손상을 가져오는 것이다. 지적 지체와 운동장애를 가져오는데 최근 생후 1개월 이내의 초기 진단으로 발견할 수 있게 되었고, 페닐알라닌의 섭취를 제한하는 식이요법을 통해 지적장애를 피할 수 있게 되었다(Berk, 2013, p. 78).

③ 타이삭스병

타이삭스병도 열성유전자에 의해 나타나는 유전병으로 유럽계 유대인에게서 많이 나타나는데, 가족성 치매(amaurotic family idiocy)라고도 한다. 신생아 3,000명당 1명이 이 병에 걸리는 것으로 나타났다. 이 병은 뇌세포의 지방을 분해하는 효소의 결핍으로 중추신경계에 문제가 생겨 발작을 일으키는데, 출생 직후에는 정상으로 보이나 생후 6개월부터 증세가 나타난다. 시력과 청력이 떨어져 맹인, 농인이 되고, 지적 지체 및 전신 쇠약 증세도 보인다. 일반적으로 학령 전기 동안 사망한다(Kail, 2002, p. 63).

④ 시클세포 빈혈증

적혈구 이상으로 생겨나는데, 조상이 주로 서부 아프리카와 지중해 지역 사람에게 잘 나타난다. 일반적으로 적혈구는 원반 모양인데 시클세포 빈혈의 경우 적혈구가 낫과 비슷한 모양을 하고 있다. 적혈구 속의 비정상적인 헤모글로빈으로 인해 적혈구 모

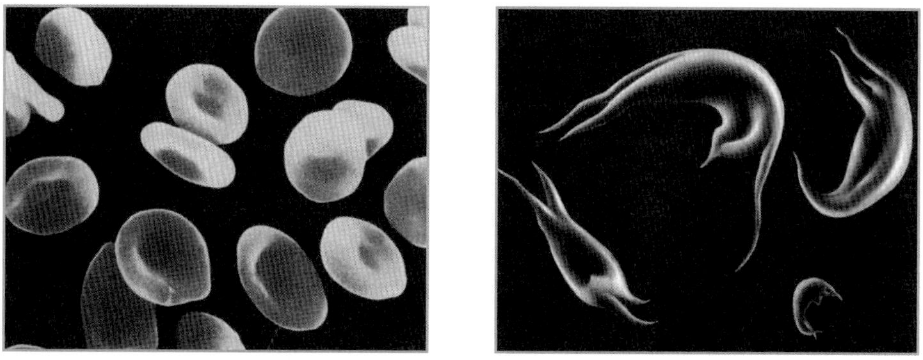

[그림 4-7] 정상적인 적혈구(왼쪽)와 시클세포 빈혈에 걸린 적혈구(오른쪽)의 모습
출처: Feldman (1988), p. 54; 유효순 외(2013). 영아발달, 재인용.

양이 변화된 것이다. 이 변형된 세포는 수명이 짧아 시클세포 빈혈증을 지닌 아동은 적혈구 수가 부족해져서 몸속에 산소가 제대로 운반되지 못해 심장병, 신장병 등으로 죽게 된다(Kail, 2002, p. 55).

⑤ 백색증

백색증은 신생아 1~2만 명 중 1명꼴로 발생하는데, 피부의 멜라닌 색소가 부족한 병으로 시각 이상을 가져온다. 특히 빛에 극도로 민감한 증상을 보인다(Kail, 2002, p. 63).

⑥ 낭포성 섬유증

낭포성 섬유증은 아프리카계 및 아시아계 아메리카인에게는 잘 나타나지 않고 유럽계 아메리카인의 신생아 2,500명 중 1명꼴로 발생한다. 점액, 침, 땀을 생산하는 선에 이상이 생겨 점액 분비가 너무 많아 폐, 간, 췌장 등에 쌓임으로써 호흡기 순환의 이상과 탈수 증상을 가져온다(Kail, 2002, p. 63).

⑦ 혈우병

정상적으로 혈액이 응고되지 않는 유전병인 혈우병은 남아에게 나타나는데, 남아 4,000~7,000명 중 1명꼴로 발생하며 임신 중 진단이 가능하다(조성연 외, 2005, p. 182).

(2) 염색체 이상

인간은 수정되는 순간 23쌍의 염색체를 가지는데, 22쌍이 상염색체이고 1쌍이 성염색체로 남녀의 성을 결정짓는다. XX이면 여자, XY이면 남자가 된다. 염색체 이상은 성염색체의 이상과 상염색체의 이상으로 나누어 볼 수 있다.

1 성염색체 이상

성염색체 이상이란 성염색체가 많거나 적은 경우에 생기는 이상으로 터너 증후군(Turner's Syndrome), 클라인펠터 증후군(Klinefelter's Syndrome), 초웅 증후군, 트리플 X 증후군(Triple X Syndrome) 등이 있다(DeHart et al., 2004, pp. 99-100; Kail, 2002, pp. 64-65).

① 터너 증후군(XO)

울리히 터너 증후군이라고도 한다. 이는 여자에게 나타나는 이상이며 XX 염색체 중

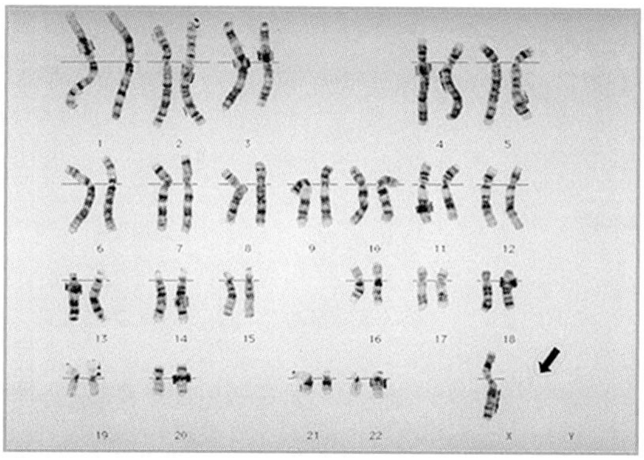

[그림 4-8] 터너 증후군의 염색체
출처: http://medgen.genetics.utah.edu/

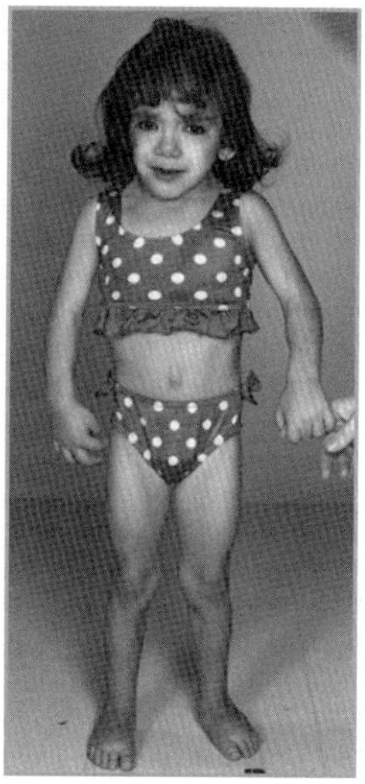

[그림 4-9] 터너 증후군 아동
출처: http://medgen.genetics.utah.edu/

X 염색체 하나가 없는 XO로 전체 염색체 수가 45개다. 터너 증후군의 여성은 지능은 정상이나 신체적으로 이상이 있다. 성인 키가 140cm로 키가 작고 살이 쪘으며, 목이 짧아 얼굴과 어깨가 붙어 있다. 또 얼굴은 삼각형 모양이고 손가락이 짧다. 심장과 신장에 이상이 있으며, 잘 흥분하지 않고 성격이 다정하다. 또 대부분의 터너 증후군 여성은 여성으로서의 생식 기능을 제대로 하지 못하며, 2차 성징이 잘 나타나지 않아 소녀와 같은 모습을 하고 있다. 그러나 드물게 임신을 하는 경우도 있다. 터너 증후군에 걸린 경우 이차 성징의 발달을 도와주는 호르몬 치료를 하면 거의 정상 수준에 도달할 수 있다. 터너 증후군의 발생 비율은 여아 2,500~8,000명당 1명꼴이다.

② 클라인펠터 증후군(XXY)

남성에게 나타나는 이상으로 전형적인 클라인펠터 증후군은 XY에 X염색체가 하나 더 붙어 염색체 수가 47개다. 발생 비율은 남아 500~1,000명에 1명 정도로 남자이기는 하나 남성적 특징이 약하다. 이 증후군의 남성은 고환이 작고 미성숙하여 생식 능력이 없다. 또 키가 크고 마른 체격이며 유방이 발달해 있다. 성격은 내성적이며 정서적으로 불안정하고 여성에 대한 관심이 적다. 언어 능력이 떨어지며 클라인펠터 증후군 중 약 25% 정도가 지적장애다. 클라인펠터 증후군도 2차 성징의 발달을 도와주는 호르몬 치료를 하면 어느 정도는 남성적 특징을 지니게 되지만 불임은 치료되지 않는다.

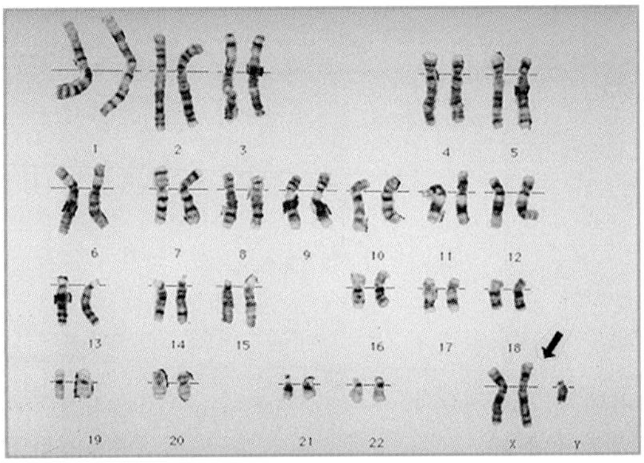

●●●
[그림 4-10] 클라인펠터 증후군의 염색체
출처: http://medgen.genetics.utah.edu/

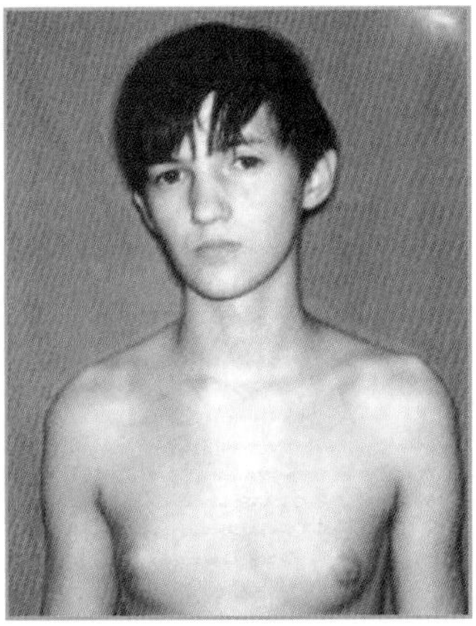

●●●
[그림 4-11] 클라인펠터 증후군 남성
출처: https://geneticdisease2.wikispaces.com/

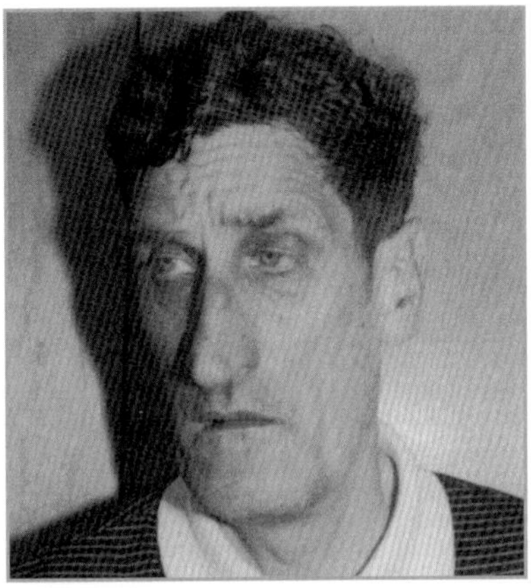

●●●
[그림 4-12] 초웅 증후군 남성
출처: 정옥분(2002). 아동발달의 이해, p. 162.

③ 초웅(超雄) 증후군(XYY)

Y염색체가 하나 더 많아 47개의 염색체를 가지고 있다. 남아 1,000명당 1명 정도로 발생하는데, 클라인펠터 증후군과는 반대로 남성적 특징이 강한 것이 특징이며, 임신이 가능하다. 보통 남자에 비해 키가 크고, 치아도 크고 심한 여드름이 특징이며 때로 골격기형과 지적장애 현상을 보이기도 한다. Y염색체가 하나 더 있는 경우 공격적이어서 범죄를 저지르는 가능성이 높은 것으로 여겨 왔으나, 염색체 이상이 곧바로 행동이상으로 연계되는 것으로 보기는 어렵다(조성연 외, 2014. p. 204).

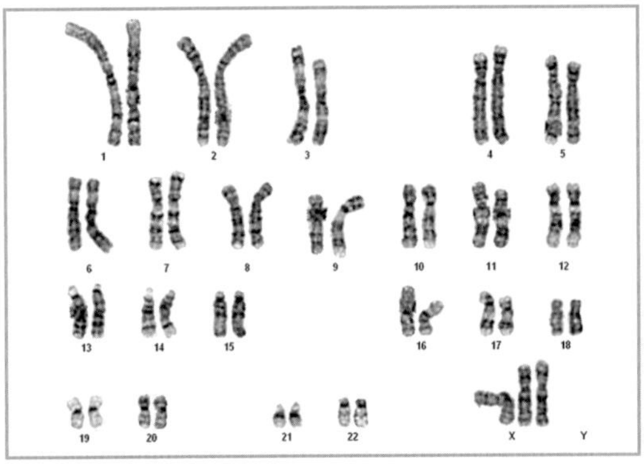

●●●
[그림 4-13] 트리플 X 증후군의 염색체
출처: http://medgen.genetics.utah.edu/

④ 트리플 X 증후군(XXX)

초자(超雌) 증후군이라고도 한다. 여성에게 나타나는 이상으로 여성 500~1,200명당 1명 정도 발생한다. 영아기 때부터 결함이 나타나기 시작하며, 보통 여성에 비해 키가 큰 것을 제외하고 다른 신체적 · 성적 발달에 문제가 없다. 단지 언어적 측면에 다소 결함을 보인다.

2 상염색체 이상

상염색체(autosome) 이상은 성염색체를 제외한 나머지 22쌍의 염색체 중에 문제가 있어 나타나는 이상이다. 상염색체 이상에는 다운 증후군(Down's Syndrome), 에드워드 증후군(Edward's Syndrome), 파타우 증후군(Patau's Syndrome), 묘성 증후군(Cri-du-chat Syndrome) 등이 있다.

① 다운 증후군

1866년 다운(Landon Down)에 의해 발견되었는데, 발견자의 이름을 따서 다운 증후군이라 명명하였다. 가장 보편적인 다운 증후군은 21번째 염색체의 이상으로 21번째 염색체가 하나 더 있어(trisomy-21) 총 염색체 수가 47개다. 다운 증후군은 출생 후 2년 이내에 결함이 나타나기 시작한다. 지능지수는 40~70으로 지적장애 현상을 보이고, 신체적 특징으로는 눈꼬리가 올라가고, 코가 낮고, 목이 굵고 짧으며, 턱과 귀가 작다. 머리는 둥글고 납작하고, 혀는 두껍고 갈라져 있다. 손은 뭉뚝하고 짧다. 이런 얼굴 모양이 동양인의 모습과 비슷하다고 하여 몽고리즘(mongolism)이라고도 하였다. 또 다운 증후군 아동은 다정하고 유쾌

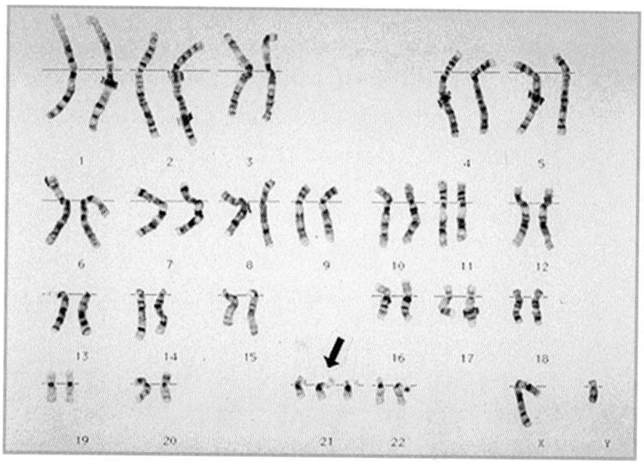

[그림 4-14] 다운 증후군의 염색체
출처: http://medgen.genetics.utah.edu/

[그림 4-15] 다운 증후군 아동
출처: DeHart, G. B., Sroufe, L. A., & Cooper, R. G. (2004). *Child development, its nature and course* (5th ed.), p. 100.

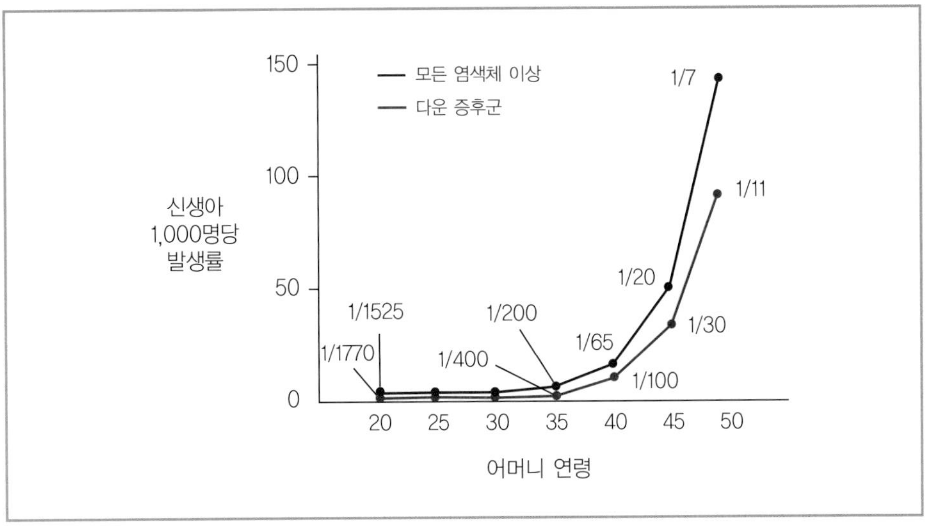

[그림 4-16] 어머니 연령에 따른 다운 증후군과 모든 염색체 이상의 위험
출처: Berk, L. E. (2013). *Child development* (9th ed.), p. 82.

한 성질을 가지고 있다. 다운 증후군 아동은 병에 대한 저항력이 약하고 심장질환 등의 호흡기 질환에 쉽게 걸려 오래 살지 못한다. 다운 증후군의 원인으로는 산모의 연령을 들 수 있는데, 산모의 나이가 많을수록 다운 증후군에 걸리는 빈도가 높다. 스타인버그와 메이어(Steinberg & Meyer, 1995)의 연구에 따르면, 보통 800명 중 한 명의 아동이 다운 증후군에 걸리는데, 산모의 연령에 따른 다운 증후군의 출산율을 살펴보면 산모가 20대 후반일 경우 1,000명 중 1명이던 것이, 40대 초반의 경우 50명당 1명으로 증가한다고 한다(Kail, 2002, p. 65). 최근 아버지의 연령도 다운 증후군의 중요 요인으로 나타나고 있는데, 아버지의 연령이 40세 이상일 경우 상염색체의 돌연변이로 인해 위험을 가져올 수 있다고 한다(Cunningham, MacDonald, & Grant, 1989, p. 571).

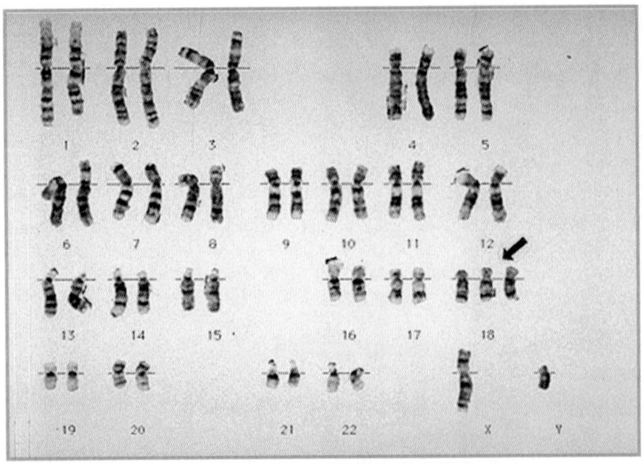

[그림 4-17] 에드워드 증후군의 염색체
출처: http://medgen.genetics.utah.edu/

② 에드워드 증후군

18번 염색체가 3개일 때 나타나는데, 신생아 3,000~7,000명당 1명꼴로 나타나며, 남아가 여아보다 4배나 더 많이 이 증후군에 걸린다. 아동의 모습은 머리가 작은 소두증과 굽은 손

가락, 발의 기형, 두개골 안면기형, 지적장애, 심장질환 등을 나타낸다. 에드워드 증후군에 걸린 아기는 출산 전후 사망률이 매우 높은데, 생후 6개월경이면 90%의 아기가 사망한다.

③ 파타우 증후군

13번 염색체가 3개 있는 것으로 신생아 6,000명 중 1명 정도가 이 증후군을 보인다. 아동의 모습은 뇌가 없는 무뇌증, 좁은 이마, 입술구개파열, 다지증, 합지증, 심장기형, 시각장애, 지적장애를 보이며 생후 1년까지 살아남을 확률이 5% 정도로 출생 1년 이내에 거의 사망한다.

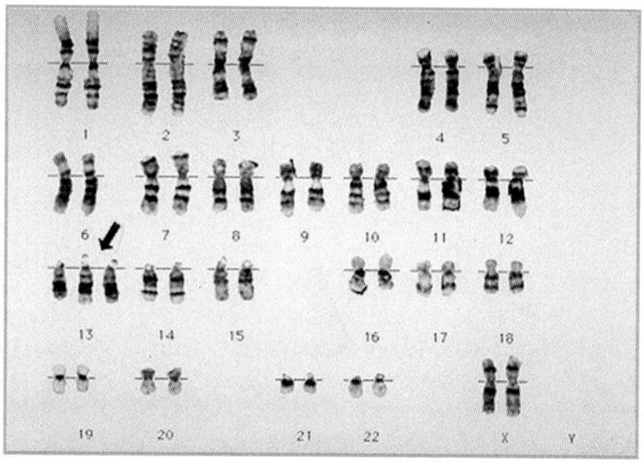

[그림 4-18] 파타우 증후군 염색체
출처: http://medgen.genetics.utah.edu/

④ 묘성 증후군(고양이 울음 증후군)

5번 염색체 기형으로 염색체의 짧은 부분이 없다. 신생아 3~5만 명 중 1명이 묘성 증후군을 보인다. 묘성 증후군이라 하는 것은 아기의 소리가 마치 고양이 울음소리 같기 때문이다. 이 증후군의 특징으로 소두증, 신경근육의 손상, 지적장애, 작은 키, 작은 턱, 낮은 귀 등의 외모적 이상을 들 수 있다. 묘성 증후군에 걸린 대부분 아기는 태아 때 사망한다(조성연 외, 2014, p. 207; http://www.encyber.com).

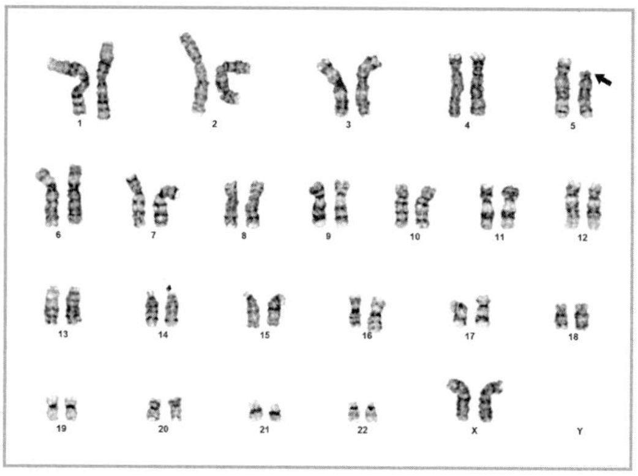

[그림 4-19] 묘성 증후군의 염색체
출처: https://catalog.coriell.org/0/

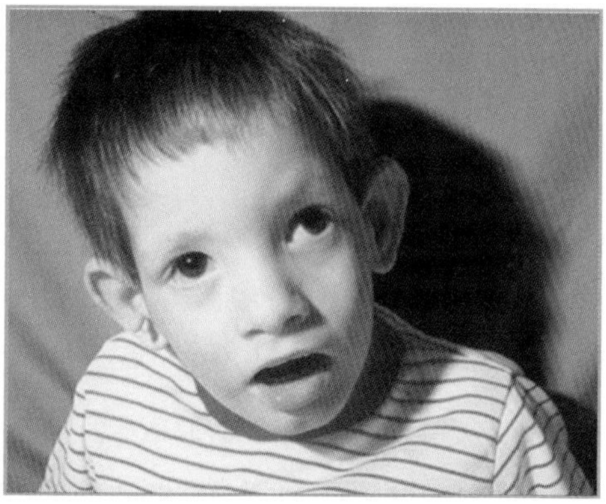

[그림 4-20] 묘성 증후군 아동
출처: http://rmqns5726.tistory.com/208

2) 환경요인에 의한 이상

동양에서는 태교의 중요성을 통해 태내 환경이 태아에게 얼마나 중요한지를 오래전부터 설명해 왔다. 이런 태교, 즉 태내 환경의 중요성은 최근 들어 서양의 여러 학자의 연구를 통해서도 과학적으로 밝혀지고 있다. 태내 발달에 영향을 주는 환경요인을 살펴보면 다음과 같다.

(1) 산모의 연령

일반적으로 첫아기를 출산하는 임산부의 나이는 20세 이상인데, 최근 30~34세에 첫아기를 출산하는 여성이 많아지고 있다. 그러나 35세를 넘어 첫아기를 출산하는 노산의 경우 여성의 자궁 기능이나 난소의 상태가 좋지 않아 유산을 하거나 유전적 결함을 가진 기형아를 출산할 가능성이 크다. 특히 산모의 연령이 35세 이상인 경우 그 이전보다 다운 증후군을 지닌 아기를 출산할 확률이 3배 이상 높은 것으로 나타났다. 또한 샌트록(Santrock, 1994)은 임신 확률에서도 20대 여성은 임신 확률이 75%라면, 35세가 지나면 54%로 임신 가능성이 낮아진다고 보고하였다(조성연, 2006, p. 136).

모체의 나이가 많아도 문제가 되지만 반대로 너무 어려도 문제가 된다. 아직 생식기관이 충분히 성숙되지 못한 10대가 임신을 하는 경우 미숙아를 낳을 가능성이 크고 모체와 아기의 사망률이 높다(DeHart et al., 2004, p. 107).

최근 들어 아버지 연령이 높을수록 유전적 결함을 보일 확률이 크다는 연구결과를 볼 때 아버지의 연령 또한 태아의 성장과 발달에 영향을 주는 한 가지 요인이 됨을 알 수 있다(정옥분, 2013; Merewood, 1998).

(2) 산모의 영양

태아는 성장 · 발달에 필요한 영양분을 모체가 섭취하는 음식으로 충당하기 때문에 임산부의 영양 상태는 태아발달에 결정적이다. 임산부의 균형 잡히지 않은 식사나 영양실조는 태아의 성장 · 발달에 부정적인 영향을 미친다. 임산부가 다이어트를 하거나 영양섭취가 지나치게 부족한 경우 유산, 사산의 가능성이 높으며, 출생 시 저체중, 중추신경계의 이상, 뇌 발달의 문제, 신체적 성숙 이상이나 기형의 가능성 또한 높다(Korones, 1981; Pillitter, 1981).

임산부의 전체적 영양 상태도 중요하나 특정 영양소의 결핍이 태아의 성장 · 발달에 영향을 미치는 경우도 있다. 단백질, 비타민, 무기질은 태아의 성장 · 발달에 필수적인 영양소인데, 단백질이 부족하면 태아의 골격이나 내장기관의 발육을 저해하고, 태아의 지능을 저하시키며, 태어난 후 학습수행에 장애를 가져온다. 비타민 B 중 엽산 부족은 신경계의 이상을 가져오고 무뇌증을 일으킬 가능성이 있으며(Shaw et al., 1995), 철분 결핍은 자율신경계의 손상을 가져온다(송명자, 1997, p. 61).

(3) 산모의 정서상태

산모의 정서상태에 따라 자율신경계통이 작동하여 아세틸콜린이나 에피네프린을 혈액 속에 분비하고 이것은 또 아드레날린을 분비시켜 여러 분비선을 자극한다. 분비된 화학물질, 호르몬 등은 태반을 통해서 태아의 순환계에 영향을 주기 때문에 산모가 계속 불안하거나 흥분하면 태아에게 제공되어야 할 산소 유입이 적어져 태아의 심장박동수가 증가하고 움직임이 활발해진다(Monk et al., 2000). 또 산모가 스트레스를 많이 받으면 면역체계가 약해져 쉽게 질병에 걸리고, 산모의 질병은 태아에게 영향을 미칠 수 있다(Cohen & Williamson, 1991).

TIP 건강한 태아를 위한 산모의 역할

1. 산모는 태아의 발달을 위해 임신 전보다 10~20% 정도의 열량을 더 섭취해야 한다.
2. 임신 전 정상 몸무게를 가진 산모는 11~16kg의 체중이 증가하는 것이 바람직하고, 임신 전 몸무게가 과체중인 경우는 7kg 정도 증가하는 것이 바람직하다(Institute of Medicine, 1990).
3. 임신 후반기는 뇌 성장이 가장 빠르게 이루어지는 시기로 이 시기의 영양 부족은 치유가 힘들기 때문에 균형 잡힌 충분한 영양섭취가 필요하다.
4. 임신 초기의 스트레스가 더 많은 해를 가져오므로 가능한 한 스트레스 없이 정신적 · 육체적으로 안정을 취해야 한다.

(4) 산모의 질병

임산부가 바이러스에 의한 병에 걸리면 양막이 병원체의 침입을 완전하게 막아 주지 못하기 때문에 태아가 위태롭다.

① 풍진(rubella, German measles)

독일식 홍역이라고도 하는데, 임신 초기에 풍진에 걸리면 그 영향은 치명적이다. 아기는 시각장애 혹은 청각장애를 갖게 되거나, 심장장애, 백내장 또는 지적장애의 확률이 매우 높다. 임신 4~5주에 산모가 풍진에 걸리면 아기의 60% 정도, 8주에는 25%, 12주에는 8%가 이상을 보인다(DeHart et al., 2004, p. 105; Kail, 2002, p. 86).

② 후천성 면역 결핍증(acquired immune deficiency syndrome: AIDS)

산모가 인간의 면역기능을 파괴하는 면역결핍바이러스(human immunodeficiency virus: HIV)에 걸리면 아기는 태반을 통해, 혹은 분만 시 어머니의 혈액에 접촉되어 감염되거나 어머니의 모유 수유에 의해 감염된다. HIV는 약 11년 이상의 잠복기를 가지고 있어 산모가 자신이 HIV 환자라는 사실을 모르고 임신을 하는 경우가 있다. HIV에 감염된 아동의 사망률은 매우 높아 감염 아동의 80%가 사망하며, 계속되는 심각한 감염으로 인해 정상적으로 성장하지 못한다. 예를 들면, 신경계 이상으로 뇌 발달에 문제가 생기면 운동 능력과 인지발달에 지체 현상을 보인다(조성연 외, 2014, p. 21; DeHart et al., 2004, pp. 105-106).

③ 매독(syphilis)

매독은 균의 잠복기간이 길어 감염 여부를 금방 알기 어렵다. 산모가 성적 접촉을 통해 매독에 걸린 경우 매독균이 태반을 통해 태아에게 전달될 수 있는데, 임신 3개월 전후가 결정적 시기(김경희, 1999, p. 185)로 임신 초기 감염된 태아는 간, 폐, 췌장, 비장 등의 내장기관에 손상을 입고 대뇌손상으로 지적장애, 청각 이상이 생긴다. 또 뼈와 치아 등에도 염증이 생기며, 심한 경우 태아가 사망할 수도 있다. 한편, 출산 시 태아가 산도를 지나면서 매독균에 감염된 경우에는 소뇌증, 소안구증, 간과 비장의 비대, 지적장애 현상을 보인다(조성연 외, 2014, p. 219; Kail, 2002, p. 86).

④ 당뇨(diabets)

산모가 임신 전부터 당뇨를 앓는 경우도 있고, 임신을 하고 나서 당뇨에 걸리는 경우도 있다. 후자의 경우를 임신성 당뇨라고 한다. 임신성 당뇨에 걸리는 경우는 100명당 3명 정도로 출산 후에도 당뇨병이 지속되는 확률이 약 50%이다. 당뇨는 산모 자신뿐만 아니라 태아에게도 영향을 주는데, 우선 산모에게 미치는 영향을 보면 4kg 이상의 과

체중아로 인해 조기 분만하거나 난산으로 제왕절개 수술을 하게 된다. 또 양수과다증으로 산모가 호흡곤란을 겪거나, 임신 중 케토산이 증가되고, 고혈당으로 인해 비뇨생식기 감염의 발생이 잦아진다.

태아에게 있어 산모의 당뇨는 유산 및 선천적 기형을 초래한다. 즉, 태아의 중추신경계, 심장 및 순환계, 사지 등이 형성되는 임신 첫 6주 동안의 혈당 관리가 불량할 경우 선천성 기형이 될 위험이 높다. 임신 중기에는 산모의 에너지 대사 이상으로 태아의 지능발달에 문제를 가져올 확률이 높아지고, 임산 후기에는 태아의 대사장애로 인하여 성장하면서 비만이나 당뇨병이 발생할 가능성이 높아진다. 또 당뇨가 잘 관리되지 않으면 초기 유산율이 당뇨에 걸리지 않은 산모에 비해 3배나 높다(조복희, 2006, p. 111; 조성연 외, 2014, p. 218, http://www.encyber.com).

TIP **태아에게 영향을 미치는 임신 중 질병에 대한 정보**

1. 임신 전에 풍진 예방접종을 하면 풍진으로부터 오는 이상을 피할 수 있다.
2. 매독균에 감염된 태아는 출산 이전에 대부분 유산되거나 사산된다. 그러나 산모가 매독 감염을 조기 발견하여 페니실린 치료를 받으면 태아에게 영향을 주지 않을 수도 있다.
3. 임신성 당뇨를 의심해 보아야 할 사람의 조건
   ① 가족 중에 당뇨인 사람이 있는 경우
   ② 이전 출산 시 4kg 이상인 아기를 분만한 경험이 있는 경우
   ③ 뚜렷한 이유 없이 사산, 조산, 유산한 경우
   ④ 양수과다증이 있는 경우
   ⑤ 산모의 나이가 많은 경우
   ⑥ 산모의 체중이 80kg 이상인 경우
4. 기생충 감염: 산모가 개나 고양이, 토끼 등과 같은 가축에게 있는 톡소플라머스(toxopolasmosis)라는 기생충에 감염되면 보통 가벼운 설사를 하는 경우도 있으나, 임신 3개월 이전에 감염된 경우 태아가 유산 · 사산되기도 하고, 결정적 시기인 임신 4~5개월에 감염되면 망막염, 수두증, 지적장애가 되기도 한다(김경희, 1999, p. 86).

(5) 약물

모체가 복용하는 약물은 거의 예외 없이 태반을 통해 태아에게 그대로 전달되어 치명적인 영향을 미칠 수 있다. 특히 임신 2~10주에 복용한 약물은 기형아 발생률을 높인다. 대표적인 약물로 탈리도미드, 호르몬제, 코카인, 헤로인 등을 들 수 있다.

[그림 4-21] 탈리도미드 복용으로 인한 기형아
출처: Shaffer, D. R., & Kipp, K. (2007). *Developmental psychology: Childhood and adolescence* (5th ed.), p. 130.

① 탈리도미드(thalidomide)

1960년대 유럽과 캐나다에서 수면제, 진정제로 많이 팔린 탈리도미드를 임신 후 처음 2개월간 복용한 산모는 다양한 모습의 기형아를 낳았다. 임신 초기 3주간 이 약을 복용한 산모는 귀가 없는 아기를 많이 낳았고, 초기 4주간 복용한 산모는 다리가 없거나 기형인 아기를 많이 낳았다. 그러나 태아의 신체기관이 형성된 이후 이 약을 복용했을 경우 사지나 귀의 손상이 거의 없었다. 즉, 탈리도미드는 특히 사지발달 이상, 귀 부분 이상을 가져오는데, 약의 복용 시기와 기간에 따라 기형의 모습이 다르다. 이 사실을 통해 약물이 영향을 미치는 결정적 시기가 있음을 알게 되었다(DeHart et al., 2004, p. 104).

② 호르몬제

임신 중 산모가 여성호르몬이나 남성호르몬을 섭취한 경우 태아는 결함을 가지고 태어난다. 임신 중 안드로젠(androgens)을 복용한 산모의 딸들은 남성적 생식기가 발달하였다. 그러나 가장 많은 문제를 가져온 호르몬은 1940년대부터 1960년대까지 산모들이 유산을 예방하기 위해 복용한 디에틸스틸베스트롤(diethylstilbestol: DES)이다. DES는 합성여성호르몬제로 이 호르몬을 복용한 경우 산모가 낳은 딸은 처음에는 정상적인 모습을 보였으나 사춘기에 들어 경부암과 질암에 걸리는 경우가 많았고, 자궁의 기형률도 매우 높았다. DES를 복용한 산모가 낳은 아들은 성기가 비정상적이고, 고환암에 더 많이 걸리는 것으로 나타났다(DeHart et al., 2004, p. 104; Shaffer, 1999, p. 122).

③ 코카인

미국의 경우 금지된 약물 중 산모가 가장 많이 복용한 약물은 코카인이다. 산모가 복용한 코카인은 저체중, 소두증과 같이 태아의 신체발달에 치명적인 영향을 미치며 유산될 확률 또한 높다(Church et al., 1998). 산모의 코카인 중독이 신생아 중독으로 이어질 수 있는데, 성마름, 긴장 등의 증상을 보인다(Chiriboga, 1998). 영아기 후반에도 양육자와의 상호작용 동안 각성조절의 어려움 및 운동발달과 인지기능에 부정적 영향을 보인다(Jacobson & Jacobson, 2000). 코카인의 장기적 영향에 대해서도 연구가 진행 중인데, 아직 명확하지는 않지만 몇몇 연구결과, 아동기 초기와 중기까지 계속해서 인지, 주의집중, 언어, 사회적 관계 등의 문제를 보인다고 한다(Richardson, 1998).

산모가 헤로인에 중독된 경우 그 영향은 태아의 출생 시부터 분명히 나타난다. 신생아는 호흡곤란, 구토, 불안감, 경련과 같은 중독자들의 전형적인 증상을 보이고, 헤로인 중독 산모의 아기는 저체중이며 머리둘레가 보통 아기보다 작고, 유아기에는 소리, 접촉, 자세변화 등에 과민반응을 보인다. 이런 과민성이 학습장애, 부모와의 관계 형성에 어려움을 가져온다. 아동기에 가서도 과잉활동성과 인지·언어발달의 지체 현상을 보인다(DeHart et al., 2004, p. 105; Kail, 2002, p. 87).

TIP 약물의 복용

태아는 산모가 복용하는 여러 약물에 영향을 받기 때문에 약물은 의사와 반드시 상의한 뒤 복용해야 한다.

1. 산모가 아스피린을 복용할 경우, 저체중아를 출산하거나 출산 후 운동발달 미숙, 지적 수준 및 주의집중력의 저하를 보이고, 출산 전 태아의 순환계 이상 및 유산의 원인이 되기도 한다(Stoppard, 2002, p. 119).
2. 혈압강하제 역시 태아에게 전달되는 산소의 양을 감소시키고, 피임약은 염색체의 이상을 초래하고, 여아의 남성화 경향과 주요 기관의 결함을 야기하며, 심장 이상을 일으키기도 한다(조성연 외, 2005, pp. 187-188; Kail, 2002, p. 87).
3. 산모가 하루에 커피를 3잔 이상 마시는 경우 유산 가능성이 크고, 신생아는 저체중, 미숙아, 근육감소, 성마름, 구토 등의 증상을 보인다(조성연 외, 2005, p. 188; Kail, 2002, p. 87).

(6) 산모의 음주

음주로 인한 영향을 살펴보면, 알코올에 노출된 신생아 중 1%는 신경계통의 이상 현상을 가지고 태어나는데, 출생 시 손상의 정도는 임신 중 어머니가 섭취한 알코올 양과 관계가 있다(Sampson et al., 2000). 임신 초기부터 매일, 한 번에 5잔 이상을 마시는 어머니의 아기는 신경계의 이상을 보이고 임신 후반기 어머니의 심한 알코올 섭취는 아기의 신체적 성장에 치명적인 지체를 가져온다. 특히 심한 알코올 중독 증세를 보이는 어머니의 아기 3명 중 2명이 태아 알코올 증후군(fetal alcohol syndrome: FAS)을 가지고 태어나는데, 코가 낮고, 눈과 눈 사이의 간격이 넓고, 윗입술이 얇으며 지적장애, 불안증, 과잉행동 증후군과 같은 중추신경계의 이상을 보인다(Mattson & Riley, 1998). 유아기 때가 되면 또래에 비해 체격이 작고 마르며, 성인이 되어서는 얼굴의 기형은 조금 덜해지나 여전히 지적장애 현상과 심리적 · 사회적 행동장애를 보인다(Kelly, Day, & Streissguth, 2000; Steinhausen & Spohr, 1998).

산모가 섭취한 알코올의 양이 많지 않더라도 산모의 알코올 섭취는 아기에게 문제를 가져다준다. 영아기에는 불안증과 정보처리 속도의 문제를, 학령 전기에는 낮은 지능지수, 운동기능 장애 등의 문제를 보이고, 아동 중기에는 수학과 읽기에서 문제를, 성인기에는 니코틴 · 알코올 · 약물 중독의 위험을 보인다(Jacobson & Jacobson, 2000; Streissguth et al., 2000; Yates et al., 1998).

(7) 산모의 흡연

흡연은 담배의 주성분인 니코틴에 의해 문제가 야기된다. 산모가 담배를 피우면 니코틴이 태반을 비정상적으로 발달시켜 영양 공급을 차단하고 혈액 내 일산화탄소를 증가시켜 적혈구 세포들이 산도를 줄여 중추신경계를 손상시키는 등 많은 문제를 가져온다(조성연, 2006, p. 145). 흡연하는 산모의 아기는 비흡연 산모의 아기보다 체중이 적게 나가며, 미숙한 상태로 태어나는 경우가 많다. 산모가 담배를 많이 피울수록 위험은 더 커진다(Rush & Callahan, 1989; Wang et al., 1997). 적어도 하루에 10개비 이상의 담배를 피우는 산모의 아기는 이후 언어발달, 인지능력, 읽기능력, 주의집중력 부족 등의 문제를 가져온다(Cornelius et al., 1995; Fried, Watinson, & Gray, 1998; Mick et al., 2002; Wakschlag & Hans, 2002). 또 하루에 9개비 이하의 담배를 피우는 산모의 아기에게서 영아돌연사 증후군(요람사, sudden infant death syndrome: SIDS)이 일어날 가능성이 산모가 비흡연자인 경우보다 1.6~2.5배 정도 높고, 10개비 이상일 경우 4배 이상 더 높다(조성연 외, 2014, p. 214).

최근 간접흡연이 직접흡연보다 위험하다는 결과가 보고되고 있다. 따라서 아버지의 흡연으로 인한 어머니의 간접흡연은 태아의 성장 · 발달에 부정적 영향을 미칠 수 있다. 이런 예로 독일에서 실시된 연구결과, 흡연하는 아버지의 아기가 비흡연 아버지의 아기보다 저체중이고, 신생아 사망률도 높았다(Barney, 1981/1983, p. 81). 또 남성이 흡연하는 경우 비흡연 남성에 비해 정자 수가 20% 정도 감소할 뿐만 아니라 흡연하는 아버지의 자녀는 비흡연 아버지의 자녀에 비해 뇌수종, 안면마비 등의 결함이 생길 확률이 배로 증가하고 뇌암, 임파종, 백혈병에 걸릴 확률도 20%나 증가한다(이영 외, 2009, p. 121).

TIP **영아돌연사 증후군(sudden infant death syndrome: SIDS) 또는 요람사(crib death)**

1980년대 들어서 발견된 것으로 특별한 이유 없이 아기들이 잠을 자다가 갑자기 죽었을 때 내리는 진단이다. 이 증후군은 생후 1~4개월 사이에 가장 많이 발생하며 대부분 밤 10시에서 오전 10시 사이에 발생한다. 원인으로 정확히 알려진 것은 없으나 주요 원인으로 해부학적 결함, 특히 뇌 결함과 발육지연을 꼽는다. 이런 영아가 엎드려 자거나 이산화탄소를 마실 경우, 너무 덥거나 담배연기를 마실 경우 또는 자는 도중에 일시적으로 혈압이 떨어지는 등의 상황이 생길 때 사망한다. 또 조산하거나 부모가 흡연자일 경우, 20세 이하 산모가 초산한 경우, 이 증후군으로 사망한 형제가 있는 경우 이 증후군에 걸릴 확률이 높은 것으로 나타났다. 이 증후군의 위험을 낮추기 위해서는 평소에 아기를 똑바로 눕히고, 임신 중 흡연을 금하며, 아기 주변에 담배 연기가 없도록 해야 한다.

(8) 환경오염물질, 환경호르몬(endocrine disruptor)

산업화된 사회에 살면서 인간은 그들이 먹는 음식, 마시는 음료, 숨 쉬는 공기 중에 들어 있는 독소에 의해 영향을 받는데, 산업 쓰레기에서 나오는 화학물질이 가장 흔한 **환경오염물질**이다. 그러나 임신 중 치명적인 손상을 일으키는 물질의 양이 어느 정도인지는 밝혀지지 않은 상태다.

환경오염물질은 생물체에서 정상적으로 생성 · 분비된 물질이 아니라, 인간의 산업활동을 통해서 만들어진 화학물질로, 즉 인간의 호르몬과 유사하게 작용하여 인체에 유해한 영향을 미치는 가짜 호르몬으로서 생물체에 흡수되어 내분비계의 정상적인 기능을 방해하거나 혼란케 한다. 현재 환경호르몬으로 추정되는 물질로는 각종 산업용 화학물질, 살충제, 농약, 유기중금속류, 다이옥신류, 합성에스트로겐류(DES), 방사능 등이 있다(http://www.encyber.com).

먼저, 중금속물질인 수은이 축적된 물고기를 먹은 산모가 낳은 아기는 지적장애, 뇌성마비, 경련, 감각이상, 성장지연을 나타내는 미나마타병(Minamata disease)에 걸렸고, 페인트에 많이 들어 있는 납 성분에 의해서도 저체중, 지적장애, 다양한 신체적 결함을 보였다(Kail, 2002, p. 88). 또 전기트랜스(변압기)나 페인트에 많이 사용되는 화학물질인 폴리염화비페닐(polychlorinated biphenyls: PCB)이 산업폐수를 통해 물속으로 스며들어가 몸속에 축적된 물고기를 먹은 산모의 아기들을 조사한 결과, 폴리염화비페닐에 많이 노출된 유아일수록 기억력과 언어 능력이 떨어졌다(Kail, 2002, pp. 88-89).

제2차 세계대전 때 일본 히로시마에 투하된 원자폭탄의 피해에서 밝혀진 것처럼 방사능 또한 유전인자의 변화를 가져와 신체적 기형과 지적장애아들을 태어나게 하였다. 1986년 체르노빌 원전 방사선 누출 사고 후 인근 지역에서 많은 다운 증후군이나 사지가 없는 기형아가 태어났다. 방사능의 양이나 노출된 시기에 따라 태아의 상태도 달라지는데, 임신 중 X선 촬영을 하는 경우에는 방사선에 의해 태아의 중추신경계가 손상될 수 있고 또 소두증, 기형, 시각장애, 지적장애, 백혈병의 증상을 보이거나 성장이 지연되기도 하고 유산 · 조산되기도 한다(Kail, 2002, p. 88).

TIP 환경호르몬의 습격

1996년 3월 미국에서 『잃어버린 미래(Our Stolen Future)』라는 책이 출판되면서 환경오염물질에 대해 세계적으로 관심을 가지게 되었다. 이 환경오염을 유발하는 화학물질의 정식 명칭은 내분비계 교란 물질 또는 내분비계 장애 물질이다. 일본에서는 1997년 환경호르몬이라고 명명하였다.

환경호르몬은 소량으로 생태계 및 인간의 생식기능 이상 및 저하, 성장 지연, 면역기능 저하, 기형, 암 등의 위해를 가져오는 것으로 나타났다. 2006년 SBS에서 방영된 〈환경호르몬의 습격〉에서는 우리나라에서 8세 여아가 초경을 하거나 유방의 발육속도가 빨라지는 현상 등을 보여 주었는데, 이것이 단순히 영양 상태가 좋아져서가 아니라 환경호르몬의 영향에 의한 것일 가능성이 더 크다는 것이다.

TIP 방사선 노출의 결정적 시기

방사선 노출의 결정적 시기는 임신 8~15주로 태아에게 치명적인 영향을 준다. 다이옥신은 소각장에서 피복전선이나 페인트 성분이 들어 있는 물질을 태울 때 발생하는 대표적인 환경호르몬이다. 다이옥신은 가장 강력한 발암물질로서 폐암, 간암, 임파선암, 혈액암, 유방암, 고환암, 전립선암 등 암 발생률을 높이며, 고환 크기의 감소, 자궁내막증, 정자 수 감소, 남성호르몬 감소 등의 불임 및 생식기장애와 발달장애도 가져온다. 또 면역계 손상으로 여러 전염성 질환에 잘 걸릴 수도 있고, 호르몬의 조절기능에 손상을 일으킬 수도 있다. 그 외에 간 및 신장의 파손, 당뇨 및 갑상선 질환, 피부병, 기형아, 유전자 이상, 성격 이상, 정서불안 등을 가져올 수 있다.

TIP 환경호르몬의 오염을 막는 생활 수칙

1. 농약을 사용하지 않은 유기 농산물을 먹자.
2. 일회용 용기, 플라스틱 용기, 깡통에 들어 있는 인스턴트식품을 먹지 말자.
3. 염화비닐제품(PVC)과 치아발육기, 우유병, 어린이용 장난감에서 환경호르몬과 발암성 프탈산에스테르가 나오므로 어린이용품을 선택할 때 주의하자.
4. 플라스틱 용기에 뜨겁고 기름기가 있는 음식을 담으면 환경호르몬 물질이 나올 수 있으므로 플라스틱 용기 대신 내열유리나 도자기류를 사용하자.
5. 농촌에서는 살충제나 제초제 사용을 줄이고, 일반 가정에서는 모기나 벌레를 줄이는 살충제 사용을 되도록 자제하자.
6. 쓰레기, 특히 플라스틱을 태우면 환경호르몬 물질인 다이옥신이 나오므로 가능한 한 쓰레기 배출을 줄이고 분리수거하여 재활용하자.
7. 빨래나 그릇을 씻는 세제에는 계면활성제가 들어 있는데, 화학계면활성제가 대표적인 환경호르몬인 만큼 되도록 친환경 세제를 사용하여 환경호르몬 방출을 줄이자.

(9) 임신 중 출혈

임신을 하면 정상적으로 발생하는 소량의 출혈도 있으며, 여러 이유로 다양한 출혈이 있을 수 있다. 먼저, 임신 초기 정상적인 착상 과정에서 소량의 출혈이 일시적으로 일어나는 경우에는 문제가 되지 않는다. 그러나 질이나 자궁경부의 염증에 의한 출혈, 혹은 자궁 외 임신, 유산, 임신성 융모성 질환의 비정상적 임신에 의한 출혈인 경우 산부인과 전문의의 치료를 받아야 한다. 임신 중기의 출혈은 꽉 닫혀 있어야 할 자궁경부가 열리면서 출혈이 있는 경우로, 전문의의 진료가 필요하다. 특히 임신 후기의 출혈은 산모와 태아의 생명을 위협하는 질병과 관련이 있는 경우가 많은데, 주로 전치태반, 태반조기박리 등은 서둘러 치료를 받아야 한다(대한산부인과학회, 2007). 임신 초기 출혈이 있던 산모는 그렇지 않은 산모에 비해 미숙아를 낳을 확률이 높았으며, 장기적으로 출혈을 하는 경우에는 태아의 생명이 위험하다.

(10) Rh- 산모의 임신

Rh-의 산모가 Rh+ 아기를 임신을 하는 경우 임신 28~32주와 출산 후 72시간 이내에 Rh 면역 글로불린을 주사하면 Rh+ 인자의 항체 생성을 막을 수 있다. Rh-의 산모가 Rh+의 아기를 갖게 되면 모체의 혈액이 Rh+에 대항하는 항체를 만들어 이것이 태아의 혈액 속에 들어가 적혈구를 파괴하고 산소 보급을 방해하여 태아를 위험하게 한다. 첫째 아기의 경우에는 모체가 아직 항체를 형성하지 않았기 때문에 출산에 문제가 없으나 둘째 아기부터는 유산, 사산되거나 출산하더라도 뇌 손상, 황달 등이 나타난다(조성연 외, 2014. p. 221).

(11) 출산 간격

잦은 분만으로 출산 간격이 짧으면 기형아, 미숙아 출산율이 높고 출산합병증에 걸릴 위험이 크다. 출산 후 다시 좋은 자궁 환경이 만들어지기까지 3~5년이 필요하므로 터울이 2년 미만인 경우 미숙아, 저체중아를 낳을 가능성이 훨씬 높다.

TIP 태아의 이상 진단검사

태아가 건강한지, 유전적으로 결함은 없는지를 알아보는 태아이상 진단검사 방법으로 크게 양수검사(amniocentesis), 융모검사(chorionic villus sampling: CVB), 초음파검사(ultrasound) 세 가지가 있다. 초음파검사는 음파를 자궁에 투사하여 태아의 크기, 위치, 쌍생아 여부, 머리의 비정상적인 발달과 같은 전반적인 신체 기형을 알아내는 방법으로, 헤어드라이어 크기의 기구로 산모의 복부를 문지르면 모니터에 태아의 모습이 나타난다. 일반적으로 초음파검사는 임신 4주 또는 5주 정도에 시작한다.

유전적 이상이 의심스러울 때는 양수검사와 융모검사를 한다. 양수검사는 가느다란 바늘로 태아를 둘러싸고 있는 자궁 안의 양수를 추출하여 유전인자의 이상을 알아보는 방법이다. 임신 16주에 실시하는데, 초음파로 태아의 위치를 확인한 후 조심스럽게 자궁 속으로 바늘을 찔러 양수를 추출해내는 방법이다. 결과를 알아내기 위해서는 3~4주의 기간이 소요된다.

융모검사는 임신 8~12주에 실시하는 검사로 태반의 한 부분인 융모막에서 작은 융모세포를 떼어 내어 유전적 결함을 알아보는 방법이다. 작은 튜브를 질을 지나 자궁에 이르게 하거나 복벽을 통해 삽입하여 태반에서 세포를 떼어 낸다. 결과를 며칠 안에 알 수 있는 장점이 있지만 양수검사보다 유산 확률이 높다는 단점도 있다.

출처: DeHart, G. B., Sroufe, L. A., & Cooper, R. G. (2004). *Child development*, p. 108; Kail, V. R. (2002). *Children*, pp. 92-93.

참/고/문/헌

김경희(1999). 발달심리학. 서울: 학문사.
대한산부인과학회(2007). 산과학. 서울: 군자출판사.
송명자(1997). 발달심리학. 서울: 학지사.
유효순, 원혜경, 김정희(2013). 영아발달. 서울: 창지사.
이영, 이미란, 홍희영, 한성희, 민성혜, 박신진, 유영미, 신혜원, 민현숙, 정지나, 문영경(2015). 영아발달. 서울: 학지사.
이영, 이정희, 김온기, 이미란, 조성연, 이정림, 유영미, 이재선, 신혜원, 나종혜, 김수연, 정지나(2009). 영유아발달. 서울: 학지사.

정옥분(2002). 아동발달의 이해. 서울: 학지사.

정옥분(2013). 아동발달의 이해(개정판). 서울: 학지사.

조복희(2006). 아동발달. 경기: 교육과학사.

조성연(2006). 예비부모교육. 서울: 학지사.

조성연, 이정희, 천희영, 심미경, 황혜정, 나종혜(2005). 아동발달의 이해. 서울: 신정.

조성연, 이정희, 천희영, 심미경, 황혜정, 최혜영, 전효정(2014). 영아발달. 서울: 신정.

Balachandran, N. T., Khim, S. C., & Suan, K. B. (2010). *Bilingual express biology form 5.* Bahasa: Penerbitan Pelangi Sdn. Bhd.

Barney, T. R. (1983). 태아는 알고 있다: 최신의학이 밝혀낸 신비스런 胎內生活[*The secret life of the unborn child*]. 윤호중 역. 서울: 홍익사. (원저는 1981년에 출판).

Berk, L. E. (2009). *Child Development* (8th ed.). Upper Saddle River, NJ: Pearson Education.

Berk, L. E. (2013). *Child Development* (9th ed.). Upper Saddle River, NJ: Pearson Education.

Chiriboga, C. A. (1998). Neurological correlates of fetal cocaine exposure. *Annals of the New York Academy of Sciences, 846*, 109-125.

Church, M. W., Crossland, W. J., Homes, P. A., Overbeck, G. W., & Tilak, J. P. (1998). Effects of prenatal cocaine on hearing, vision, growth, and behavior. *Annals of the New York Academy of Sciences, 846*, 12-28.

Cohen, S., & Williamson, G. M. (1991). Stress and infectious disease in humans. *Psychological Bulletin, 109*, 5-24.

Cornelius, M., Taylor, P., Geva, D., & Day, N. (1995). Prenatal tobacco exposure and marijuana use among adolescents: Effects on offspring gestational age, growth, and morphology. *Pediatrics, 95*, 738-743.

Cunningham, F. G., MacDonald, P. C., & Grant, N. F. (1989). *Williams obstetrics.* London: Prentice-Hall International.

DeHart, G. B., Sroufe, L. A., & Cooper, R. G. (2004). *Child development, its nature and course* (5th ed.). New York: McGraw-Hill.

Fried, P. A., Watkinson, B., & Gray, R. (1998). Differential effects on cognitive functioning in 9- to 12-year-olds prenatally exposed to cigarettes and marijuana. *Neurotoxicology and Teratology, 20*, 293-306.

Jacobson, S. W., & Jacobson, J. L. (2000). Teratogenic insult and neurobehavioral function in infancy and childhood. In C. Nelson (Ed.), *Minnesota Symposia on Child Psychology* (Vol. 31, pp. 61-112). Mahwah, NJ: Erlbaum.

Kail, V. R. (2002). *Children.* Upper Saddle River, NJ: Prentice Hall.

Kelly, S. J., Day, N., & Streissguth, A. P. (2000). Effects of prenatal alcohol exposure on social behavior in humans and other species. *Neurotoxicology and teratology, 22*, 143-149.

Korones, S. B. (1981). *High-risk new born infants.* St. Louis, MS: Mosby.

Mattson, S. N., & Riley, E. P. (1998). A review of the neurobehavioral deficits in children with fetal alcohol syndrome or prenatal exposure to alcohol. *Alcohol Clinical and Experimental Research, 22*, 279–294.

Merewood, A. (1998). Sperm under siege: More than we ever guessed, having a healthy baby may depend on dad. In K. L. Freiberg (Ed.), *Human development, a life span approach* (26th ed., pp. 37–41). Boston, MA: Jones and Bartlett.

Mick, E., Biederman, J., Faraone, S. V., Sayer, J., & Kleinman, S. (2002). Case–control study of attention–deficit hyperactivity disorder and maternal smoking, alcohol use, and drug use during pregnancy. *Journal of the American Academy of Child and Adolescent Psychiatry, 41*, 378–385.

Monk, C., Fifer, W. P., Myers, M. M., Sloan, R. P., Trien, L., & Hurtado, A. (2000) Maternal stress responses and anxiety during pregnancy: Effects on fetal heart rate. *Developmental Psychology, 36*, 67–77.

Papalia, D. E., Olds, S. W., & Feidman, R. D. (2009). *Human Development* (11th ed.). New York: McCraw–Hill.

Pillitter, A. (1981). *Materal-newborn nursing: Care of the growing family.* Boston, MA: Little, Brown.

Richardson, G. A. (1998). Prenatal cocaine exposure: A longitudinal study of development. *Annals of the New York Academy of Sciences, 846*, 144–152.

Rosenblith, J. F., & Slims–Knight, J. (1985). *In the beginning: Development in the first two years.* Pacific Grove, CA: Brooks/Cole.

Rush, D., & Callahan, K. R. (1989). Exposure to passive cigarette smoking and child development: A critical review. *Annals of the New York Academy of Sciences, 562*, 74–100.

Sampson, P. D., Streissguth, A. P., Bookstein, F. L., & Barr, H. M. (2000). On categorizations in analyses of alcohol teratogenesis. *Environmental Health Perspectives, 108* (Suppl, 3), 421–428.

Santrock, J. W. (1994). *Life span development.* Dubuque, IA: Brown & Benchmark.

Shaffer, D. R. (1999). *Developmental psychology: Childhood and adolescence* (5th ed.). Pacific Grove, CA: Brooks/Cole.

Shaffer, D. R., & Kipp, K. (2007). *Developmental psychology: Childhood & adolescence* (7th ed.). Belmont, CA: Thomson Learning.

Shaw, G. M., Schaffer, D., Velie, E., M., Morland, K., & Harris, J. A. (1995). Periconceptional vitamin use, dietary folate, and the occurrence of neural tube defects. *Epidemiology, 6*, 219–226.

Shiwach, R. (1994). Psycopathology in Huntington' s disease patients. *Acta Psychiatrica Scandinavica, 90*, 241–246.

Steinberg, C., & Meyer, R. (1995). *Childhood.* New York: McGraw-Hill.

Steinhausen, H. C., & Spohr, H. L. (1998). Longterm outcome of children with fetal alcohol syndrome: Psychopathology, behavior, and intelligence. *Alcohol Clinical and Experimental Research, 22,* 334-338.

Stoppard, M. (2002). *New Pregnancy and birth book.* London: Dorling Kindersley.

Streissguth, A. P., & O' Malley, K. (2000). Neuropsychiatric implication and long-term consequences of fetal alcohol spectrum disorder. *Seminars in Clinical Neuropsychiatry, 5,* 177-190.

Wakschlag, L. S., & Hans, S. L. (2002). Maternal smoking during pregnancy and conduct problems in high-risk youth: A developmental framework. *Development and Psychopathology, 14,* 351-369.

Wang, X., Tager, I. B., Van Vunakis, H., Speizer, F. E., & Hanrahan, J. P. (1997). Maternal smoking during pregnancy, urine continine concentrations, and birth outcomes: A prospective cohort study. *International Journal of Epidemiology, 26,* 978-988.

Yates, W. R., Cadoret, R. J., Troughton, E. P., Stewart, M., & Giunta, T. S. (1998). Effect of fetal alcohol exposure on adult symptoms of nicotine, alcohol, and drug dependence. *Alcohol Clinical and Experimental Research, 22,* 914-920.

http://www.encyber.com

http://catalog.coriell.org/o/

http://geneticdisedse2.wikispaces.com/

http://medgen.genetics.utah.edu/

http://rmqns5726.tistory.com/208

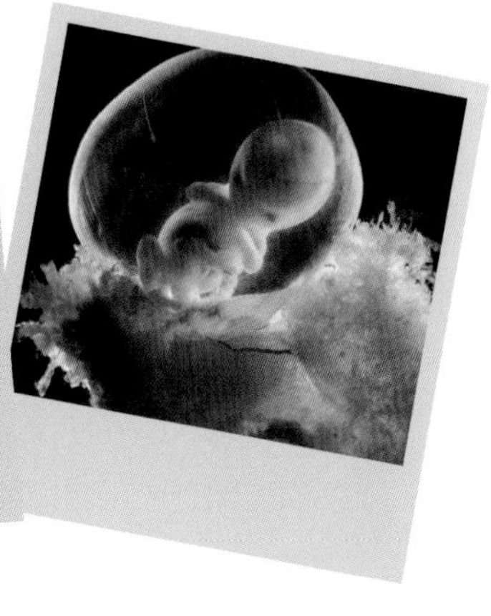

05

chapter

출산과 신생아기

1. 출산
2. 신생아기

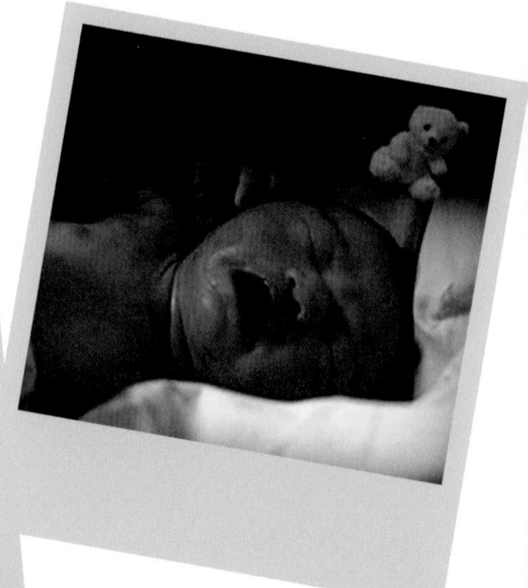

학습개요

아기가 태어나서 약 1개월까지로 정의되는 신생아기는 갓 태어난 아기에게나 새로운 구성원을 맞이한 가족 모두에게 적응시간이라고 볼 수 있다. 선천적인 반사 기능을 바탕으로 자신의 주변 상황에 생리적으로 적응하는 신생아는 아직 모든 면에서 연약한 존재이므로 양육자의 세심한 관심이 필요하다. 이 장에서는 아기의 출산 과정을 간단히 알아보고 출산 이후 신생아의 일반적인 발달 특징에 대하여 알아보고자 한다.

chapter 05 출산과 신생아기

1. 출산

1) 출산 징후

출산이 가까워졌음을 알려 주는 징후는 여러 가지가 있으나 임신 말기 일반적으로 나타나는 징후와 출산이 임박했음을 알려 주는 출산 시작 증세 두 가지로 나누어 볼 수 있다.

(1) 임신 말기 징후

임신기가 끝나 가고 출산이 가까워 오면 가진통, 태아 하강, 빈뇨 등의 징후가 나타난다. 가진통은 출산이 가까워 오면서 실제 진통과 유사한 진통을 느끼는 것으로서 약하고 비정기적인 자궁수축을 동반한다. 이러한 가진통은 일시적으로 나타났다가 저절로 사라지는 것이 일반적이나, 실제 진통으로 이어지는 경우도 있으므로 가진통이 자주 있다면 진찰을 받는 것이 좋다. 또한 임신 말기 임산부는 아기가 복부 아래쪽으로 내려오는 것을 느낄 수 있는데, 이를 태아하강이라고 한다. 이 밖의 임신 말기 징후로 커진 태아가 방광을 눌러 자주 변의를 느끼는 빈뇨가 있다.

(2) 출산 시작 증세

구체적으로 출산의 시작을 알아차리는 상황은 개별적으로 각각 다르지만 일반적으로 이슬, 진통, 파수 등의 증상이 나타나면 출산 과정이 시작되고 있음을 알 수 있다.

이슬은 모체의 자궁 경부가 벌어짐에 따라 아기를 감싸고 있는 양막의 일부가 자궁벽에서 분리되면서 생기는 혈액이 섞인 끈적끈적한 점액 성분의 분비물을 말한다. 이슬이 나타나는 것을 '이슬이 비친다.' 라고 표현하는데, 이슬이 비친 후 수 시간 내에 출산이 시작되기도 하지만 수일 후에나 실제 진통이 시작될 때도 있다. 또한 아예 이슬이 보이지 않는 경우도 있다.

진통은 가장 일반적으로 알려진 출산 시작 증세로서 태아를 밖으로 밀어내기 위해 자궁의 수축 활동이 시작될 때 발생한다. 대부분의 경우 약하고 불규칙하게 시작하여 출산이 가까워질수록 강하고 주기적으로 진행되다가 출산이 완료될 때까지 계속된다. 보통 진통의 지속시간과 진통과 진통 사이의 시간 간격에 따라 출산 과정의 진행 상태를 알 수 있다. 일반적으로 진통이 5~7분 사이가 되면 본격적인 출산이 시작된다고 볼 수 있다. 처음 아기를 낳는 초산부와 출산 경험이 있는 경산부는 진통의 지속 속도와 출산의 진행 과정에서 차이가 있을 수 있다.

파수는 자궁의 입구가 열리면서 양막이 파열되어 양수가 나오는 것으로 맑은 액체가 흘러나오는 현상을 말한다. 파수가 되었다는 것은 아기를 보호하는 양막과 양수의 기능이 없어진다는 것을 뜻하므로 파수 직후 분만이 이루어지는 것이 일반적이다. 파수 이후 시간이 경과되면 태아가 세균에 감염될 위험이 있으므로 만약 파수가 일어난다면 빨리 병원에 가서 출산을 대비하는 것이 바람직하다.

2) 출산 과정

아기의 출산은 개구기, 만출기, 후산기의 세 단계를 거쳐 이루어진다.

(1) 개구기

개구기는 본격적인 진통이 시작되는 순간부터 자궁 입구가 약 10~12cm 정도로 열릴 때까지의 시기를 뜻한다. 아기가 통과할 수 있을 만큼 자궁 입구가 열리기까지 활발한 자궁수축이 규칙적으로 일어나야 하기 때문에 진통이 점점 강하고 빈번해지는 시기이다. 따라서 진통 중에 있는 산모가 긴장을 풀고 몸을 편하게 이완시킬 수 있도록 주변에서 도와주는 것이 중요하다. 이때 소요되는 시간은 임산부에 따라 개인차가 매우 크지만 일반적으로 초산부는 평균 12.5시간, 경산부는 평균 7.3시간이 걸린다(조성연 외, 2014, p. 225).

개구기는 자궁이 열리는 과정에 따라 전기(early phase), 중기(active phase), 후기(transition phase)로 나누어진다. 전기는 전체 개구기 중 가장 오랜 시간이 걸리는 기간으로 규칙적인 진통이 시작되고 자궁 입구가 2.5~3.0cm 정도 열릴 때까지의 시기이다. 임산부는 약 5~10분 간격으로 30초 정도 지속되는 진통을 느끼며 크게 고통스럽지는 않다. 중기는 자궁 입구가 2.5~3.0cm에서 8~9cm까지 열리는 본격적인 변화가 나타나는 시기이다. 진통은 2~5분 간격으로 45초에서 1분 정도 지속되어 임산부의 고통이 심해진다. 후기는 자궁 입구가 8~9cm 열린 상태에서 10cm까지 완전히 열리는 시기다. 이 시기는 진통이 거의 지속적으로 매우 강하게 오기 때문에 임산부의 고통이 가장 심해지는 시기로, 지속 시간은 비교적 짧아 초산부는 30~60분 정도, 경산부는 20~30분 이내이다(박성연, 도현심, 2000, p. 99; 조성연, 2005, p. 208).

(2) 만출기

만출기는 분만기라고도 하는데, 태아가 완전히 열린 자궁 입구와 산도를 통해 밖으로 나오는 시기이다. 아기는 산도를 통과하기 위하여, 산모는 아기를 밖으로 밀어내기 위하여 함께 노력해야 하는 시기로 자궁 입구가 완전히 열리고 파수가 되며 출산이 일어난다. 자궁수축 간격도 짧아져서 진통이 거의 쉬지 않고 일어나는데, 초산인 경우에는 약 50~80분, 경산인 경우에는 20~30분 정도 걸린다.

대부분의 태아는 임신 말기 머리를 밑으로 하고 자리를 잡은 상태에서 양수와 함께 먼저 머리부터 어깨, 허리, 다리 순으로 나오지만 전체의 약 3%는 거꾸로 발부터 먼저 나온다(조성연 외, 2014, p. 226). 좁은 산도를 통하여 나오는 동안 태아는 태반으로부터 산소 공급을 일시적으로 받지 못하고 극도의 압력을 받는다. 그러나 이러한 과정을 견디면서 분비되는 아드레날린, 부신피질 호르몬 등의 물질이 신생아기에 생리적인 안정을 빨리 찾을 수 있도록 돕는다(정옥분, 2002, p. 206; Field, 1997, p. 34).

(3) 후산기

후산기는 아기가 태어난 후 산모의 자궁벽에 붙어 있는 태반과 탯줄이 밖으로 나오는 단계이다. 총 소요 시간은 10~20분 정도로 이 시기는 태반박리기와 태반만출기로 나뉜다(조성연, 2005, p. 209). 태반박리기는 태아 출산 후 자궁이 원래 크기로 돌아가고자 수축을 하면서 태반이 자궁벽에서 떨어지는 시기다. 아기를 낳을 때와 마찬가지로 자

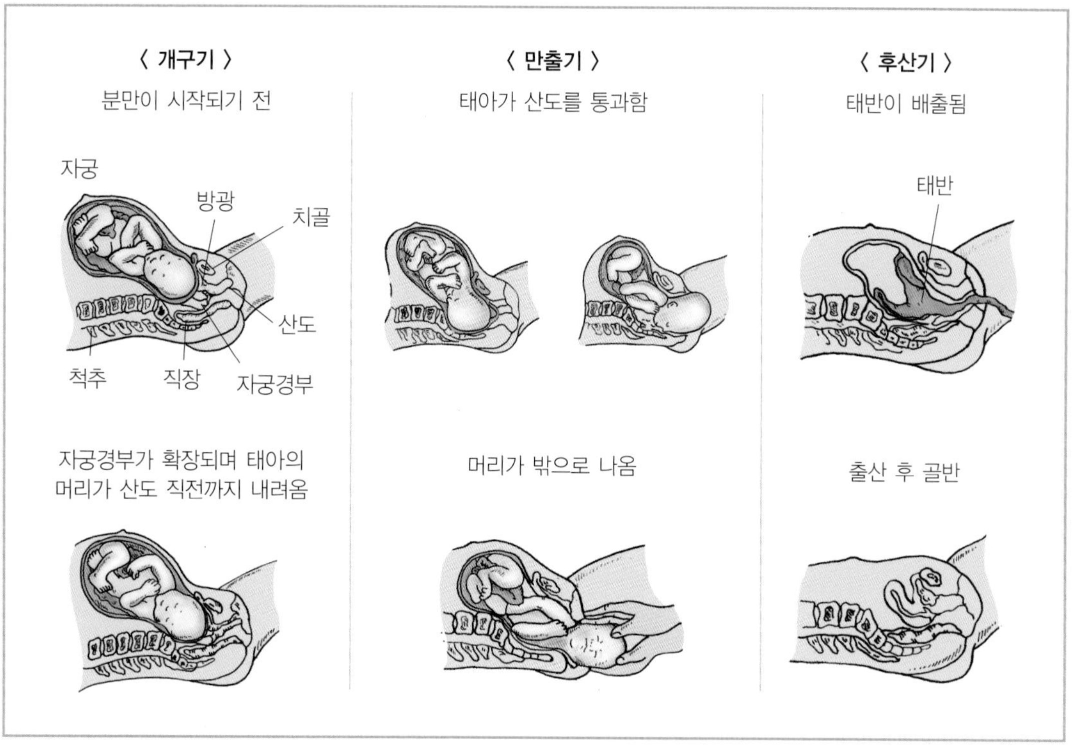

[그림 5-1] 출산의 단계
출처: Shaffer, D. R., & Kipp, K. (2007). *Developmental psychology: Childhood & Adolescence* (7th ed.), p. 143.

궁이 수축하면서 산모는 진통을 경험하는데, 이를 '훗배앓이' 라고 하며 이러한 증상은 출산 과정이 완전히 끝난 이후에도 자궁이 기존의 크기로 줄어들 때까지 6주 정도 계속된다(정옥분, 2002, p. 207).

태반만출기는 자궁에서 분리된 태반을 밖으로 배출하는 시기로, 대부분 자연스럽게 태반이 나오지만 간혹 태반의 일부가 자궁에 남아 자궁벽에 유착되거나 세균감염을 일으키기도 한다. 이런 경우 모체가 위험할 수 있으므로 자궁 내에 남아 있는 물질이 없도록 출산을 마무리하는 과정이 매우 중요하다.

3) 출산 방법

문화와 민족에 따라 전통적으로 전해져 내려오는 여러 가지 다양한 방법으로 출산이 이루어지다가 현대 의학이 발달하면서 출산은 병원에서 이루어지는 일률적인 의료 행위가 되었다. 그러나 최근에는 출산하는 장소와 가족의 참여, 약물의 사용 여부 등 산모와 가족이 결정하는 부분이 늘고 있다.

먼저 출산 장소가 전형적인 병원 분위기를 탈피하여 보다 가정적인 분위기로 바뀌는 추세이다. 우리나라는 아직 대부분의 임산부가 병원에서 아기를 분만하나, 유럽은 건강하다고 판단된 임산부들이 조산원의 도움을 받으며 가정에서 분만하는 사례도 보고되고 있다(박성연, 도현심, 2000, p. 101). 또한 예전에 분만실 밖에서 초조하게 대기하던 아버지와는 달리 최근에는 아버지가 가족분만실에서 진통 과정을 함께하고 아기의 탯줄을 끊는 등 출산 과정에 적극적으로 참여하고 있다. 이 밖에도 출산 시 어머니의 고통을 줄이기 위하여 약물을 사용할지 여부도 산모와 가족이 선택할 수 있는 방법 중 하나가 되었다.

다음으로 여러 가지 출산 방법을 산모에게 의학적 문제가 없을 때와 약간의 의학적 문제가 있을 때로 구분하여 알아보겠다.

(1) 의학적 문제가 없을 때

임신 기간 동안 별다른 문제가 없고 아기와 산모가 건강하다고 판단되면 자연스럽게 어머니와 아기의 노력으로 출산 과정을 겪는다. 임신 38~42주 사이에 의학적 개입 없이 어머니의 산도와 질을 통해 태아를 낳는 방법을 자연분만이라고 한다. 자연분만은 어머니와 아기의 심리적 유대감이 강해지고, 분만 후 즉시 모유 수유를 할 수 있는 좋은 점이 있다.

한편, 현대 의학에서 침대에 누워 아기를 분만하는 일반적인 자연분만이 힘을 중력 방향으로 줄 수 없고 혈압을 떨어뜨려 태아에게 산소와 혈액 공급량을 줄이게 되며, 허리통증을 더하여 분만하는 데 더 많은 시간이 걸리게 한다는 주장이 나오면서 (Stoppard, 2002, 조성연 외, 2014 재인용) 다음과 같은 여러 형태의 새로운 분만 방법도 소개되고 있다.

① 약물을 이용한 무통분만

출산 동안 약물을 이용하여 산모의 고통을 줄이는 방법이다. 출산 시 사용되는 약물로는 개구기 동안 산모의 통증을 줄여 주기 위해 사용되는 진통제, 산모의 불안을 줄이기 위해 사용되는 진정제 그리고 개구기 후반이나 만출기 동안 고통을 차단하기 위해 전신 또는 국부적으로 사용되는 마취제가 있다(박성연, 도현심, 2000, p. 101). 약물은 주로 투약, 주사, 흡입 등의 방법으로 모체에 전달된다.

세계 최초의 무통분만은 약물에 의한 마취법으로 1940년대 초기까지도 많이 실시되었다(조성연 외, 2014, p. 229). 그러나 산모에게 투여된 약물이 태아의 혈액 속으로 들어가 신생아기 행동에 부정적인 영향을 미친다는 연구결과(Murray, Dolby, Nation, & Thomas, 1981)가 보고됨에 따라 현재는 직접적인 마취법은 잘 사용하지 않는다. 대신 산모의 척추를 감싸고 있는 경막 외강에 소량의 약제를 주사로 투입하여 하반신의 감각신경만 마취시키는 경막 외 마취 방법이 많이 사용되고 있다. 이 방법은 산모의 의식은 그대로 유지되면서 근육이완이 잘되는 장점이 있어 심장이 약하거나 폐에 이상이 있을 때 혹은 질환을 앓고 있는 임산부에게 권장되고 있다.

② 라마즈 분만

라마즈 분만법(Lamaze birth)은 파블로프의 고전적 조건화 이론에 토대를 두고 프랑스의 의사인 페르낭 라마즈(Fernand Lamaze)가 1970년대에 개발한 분만법으로, 분만 전에 연상법, 이완법, 호흡법을 훈련하여 산모의 긴장을 줄여서 출산 시 진통을 완화시키고 출산 진행을 빠르게 하는 방법이다. 라마즈 분만을 하려면 반드시 4~5주 선행 교육이 필요한데, 주로 임신 7~8개월 때 시작하며 남편이 파트너로 분만 훈련에 참가하여 아내의 근육을 이완시켜 주거나 호흡 수를 체크하는 등 코치 역할을 수행해야 한다.

라마즈 분만법은 출산이라는 어려운 과정을 산모와 아버지의 공동 노력으로 극복함으로써 부모 됨을 함께 준비하고 부부간 정서적 유대를 돈독하게 하는 장점을 강조한다.

③ 르봐이예 분만

르봐이예 분만법(Leboyer birth)은 프랑스 산부인과 의사 프레더릭 르봐이예(Frederik Leboyer)가 『폭력 없는 탄생(Pour une naissance sans violence)』이라는 저서를 통해 1976년 처음 소개한 분만 방법이다. 르봐이예는 9천여 명에 달하는 신생아를 받아내면서 울부짖는 아기들의 모습을 보고, 산모의 고통뿐만 아니라 산도를 통해 밖으로 나오는 태아의 고통에 대해서도 관심을 가져야 한다고 주장하였다. 르봐이예는 병원의 출산 과정에서 아기는 밝은 조명 아래 차가운 의료기구로 둘러싸인 분만실에서 태어나 의학적 조치를 받는 동안 출산외상(birth trauma)을 경험한다고 하였다. 따라서 태속과 비슷한 어두운 조명이 비추는 따뜻하고 조용한 방에서 출산을 하고 갓 태어난 아기가 어머니의 배 위에서 어머니의 심장박동을 들으면서 세상에 적응할 때까지 기다려 준 후 탯줄을 자르는 방법으로 출산을 진행할 것을 제안하였다.

한편, 신생아의 감각기관이 출산외상이 생길 정도로 민감하지 않고, 오히려 어두운 불빛 때문에 의료진이 분만 시 발생하는 위험에 민감하게 대처하지 못할 수 있다는 점에서 르봐이예 분만법을 비판하는 입장도 있다(Cohn, 1975).

④ 수중분만

수중분만(waterbirth)은 임산부가 양수와 비슷한 조건의 물속에서 아기를 출산하는 방법으로 프랑스의 산부인과 의사인 마이클 오던트(Michel Odent)가 1970년대부터 실시하였다(조성연 외, 2014, p. 229). 수중분만은 산모가 누운 자세가 아닌 앉은 자세로 분만을 할 수 있어서 중력의 힘을 이용할 수 있다는 점, 따뜻한 물속에서 근육을 충분히 이완할 수 있고, 남편 등 가족과 함께 분만함으로써 심리적인 안정감을 느낄 수 있다는 장점이 있다. 하지만 물속 환경에서 산모와 신생아의 감염 가능성이 높고 분만 후에 나오는 출혈량을 판별하기 어렵다는 단점도 있다.

(2) 의학적 문제가 있을 때

① 제왕절개분만

제왕절개분만은 의학적으로 자연분만이 불가능하다고 판단될 때 산모의 복부와 자궁을 절개하는 수술을 통하여 분만하는 방법이다. 로마의 황제 줄리어스 시저가 이 방법에 의해 태어났기 때문에 제왕절개(Caesarean section)라는 이름이 붙었다.

제왕절개분만은 임산부와 태아가 위험에 처한 경우 의학적 개입을 통해 산모와 아기의 생명을 구할 수 있다는 점에서 매우 유익한 방법이지만 정상 분만에 비해 여러 가지 단점이 있다. 첫째, 수술 자체에서 야기되는 마취, 감염, 합병증, 후유증 등의 문제가 태아와 산모에게 위험 요인이 될 수 있다. 둘째, 수술 이후 산모의 회복이 자연분만을 한 산모에 비하여 현저히 느릴 뿐 아니라 이는 산모와 신생아 초기 관계 형성 및 모유 수유에까지 부정적인 영향을 미칠 수 있다. 셋째, 제왕절개분만으로 태어난 아기는 자궁수축과 좁은 산도를 통과하는 동안 진행되는 생리적인 과정을 겪을 기회가 없었으므로 오히려 출산 이후 적응이 정상 분만 아기에 비하여 어려울 수 있다. 따라서 의학적으로 반드시 필요한 경우가 아니라면 제왕절개분만을 자제할 것이 권장된다.

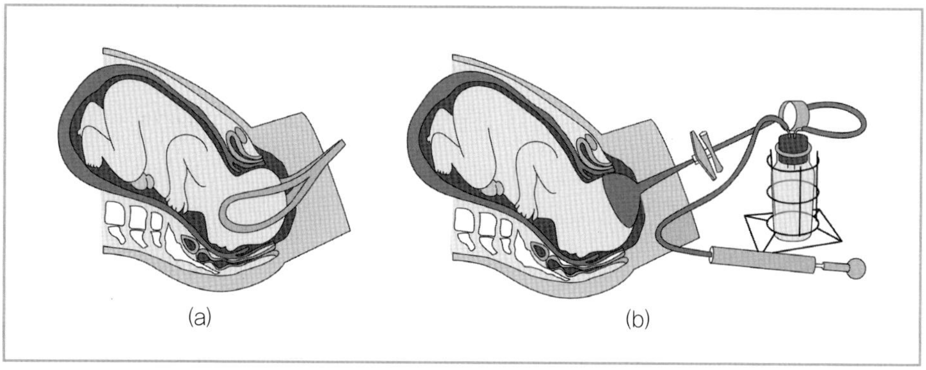

[그림 5-2] 겸자분만
출처: 이영 외(2015). 영아발달, p. 122.

② 겸자분만

겸자분만은 출산 과정 중 만출기가 너무 길어져서 아기의 머리가 산도의 압박을 오래 받아 뇌손상의 우려가 있거나 산모가 힘을 주어서는 안 되는 질환을 가진 상태에서 실시하는 의학적 처치로, 가위처럼 생긴 겸자를 이용해 태아의 머리를 잡아 끌어내는 행위이다. 겸자분만을 통해 태어난 아기들은 간혹 생후 2~3일 정도 머리나 얼굴 부분에 겸자분만의 흔적이 나타날 수 있으나 시간이 지나면 저절로 사라진다.

4) 출산 과정에서의 문제

(1) 출산 과정의 문제

난산은 태아가 산도를 통과하는 과정에서 구조적 또는 기능적 이상이 생겨 분만이 순조롭게 진행되지 않는 경우(정옥분, 2002)로, 난산의 원인은 개별적인 상황에 따라 매우 다양하지만 일반적으로 전치태반, 태반조기박리, 조기파수, 자궁파열 등이 있다.

전치태반은 태반이 태아보다 자궁 입구 가까이에 위치하여 자궁 입구를 막고 있는 것으로 정상분만이 어렵기 때문에 제왕절개를 해야 한다. 태반조기박리는 미처 아기가 태어나기도 전에 태반이 자궁벽에서 떨어지는 것으로 곧바로 출산을 유도하지 못하면 자궁에 많은 출혈이 있어서 태아사망률도 높고 산모에게 치명적이다. 조기파수는 비교적 많이 발생하는 상황으로 출산이 진행되기 이전에 양막이 터져 양수가 일찍 나오는 현상이다. 이 상황에서도 곧바로 출산이 일어나지 않으면 태아가 감염되거나 질식사할 위험이 있다. 자궁파열은 출산 과정 중 자궁수축을 견디지 못하고 자궁이 파열되는 경우로 태아사망률이 높고 산모는 출혈이 심하므로 서둘러 수술하지 않으면 생명이 위험하다. 주로 이전에 제왕절개 등 자궁을 절개하는 수술을 경험했거나, 자궁벽에 난 상처가 잘 아물지 않았거나, 아기가 머리를 가로로 하고 누워 있는 자세로 태어나려고 할 때 자궁파열이 일어날 수 있다.

(2) 출산 직후의 문제: 산소결핍

정상적 출산 과정을 거쳐 태어난 아기들은 출산 직후 스스로 호흡하는 방법을 터득한다. 그러나 모체를 통한 산소공급이 중단된 후 아기가 스스로 호흡하지 못하거나 혹은 출산 중 탯줄이 꼬여서 산소공급이 원활하지 못한 경우를 산소결핍이라고 한다. 비(Bee, 1997)는 약 20%의 아기들이 출산 중 어느 정도의 산소결핍을 경험하지만 이를 쉽게 극복할 수 있다고 하였다. 예컨대, 가벼운 산소결핍증을 경험한 유아는 3세까지는 운동발달이나 지적 발달이 평균 이하이지만, 정상아와의 차이가 점점 적어져서 7세가 되면 거의 차이가 없었다(Corah, Anthony, Painter, Stern, & Thurston, 1965; 정옥분에서 재인용, 2002). 그러나 산소결핍 상태가 너무 오래 경과되어 많은 신경세포가 손상되면 영구적인 뇌손상이나 사망 등 심각한 결과를 초래할 수 있다.

TIP **뇌손상을 입은 5~6세 아동의 공간 기능**

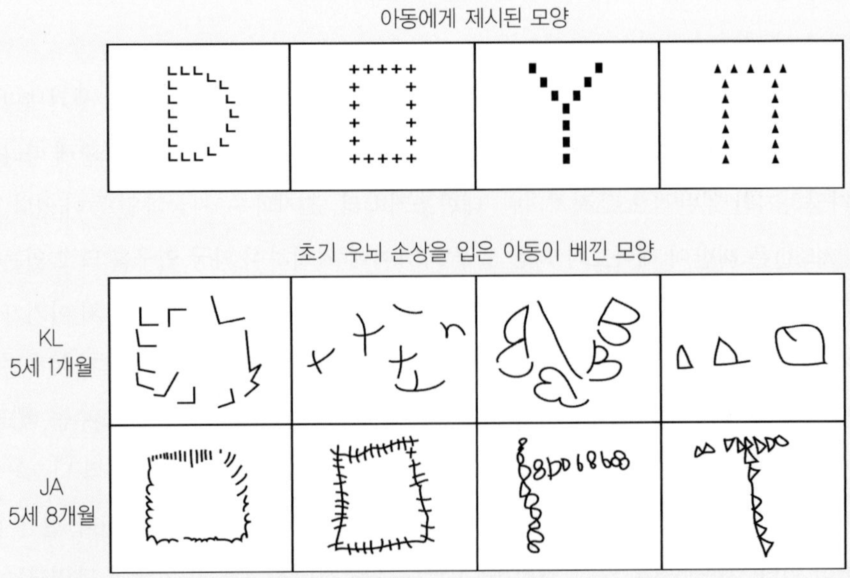

초기 좌뇌 손상을 입은 아동이 베낀 모양

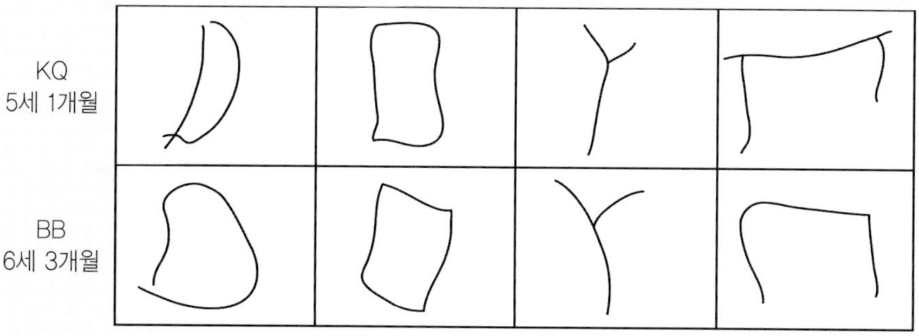

출처: Berk, L. E. (2005b). *Infants and children* (5th ed.), p. 173.

초기 뇌손상은 언어 기술보다 공간 기술에 더 큰 손상을 미치는 것으로 나타났다. 연구자들이 아동에게 디자인을 베껴 보라고 했을 때, 우뇌에 손상을 입은 아동은 전체 모양 그리기를 어려워하였다. 그러나 좌뇌에 손상을 입은 아동은 기본 모양은 따라 그리지만 세부 묘사를 빠뜨렸다. 이러한 증상은 학령기 동안 점차 나아지지만 공간감각 과정의 문제는 지속적으로 존재한다.

(3) 조산과 미숙아

조산은 임신 기간을 미처 채우지 못하고 아기가 태어나는 것으로 일반적으로 임신 28주에서 37주 사이에 아기가 태어나는 경우를 말한다. 조산인 경우에는 대체로 아기의 체중이 2.5kg 미만인 미숙아이다. 임신 40주를 다 채운 신생아도 2.5kg 미만이면 미숙아로 간주한다. 임신 기간이 28주 이하이거나 신생아의 무게가 1.5kg 미만인 경우 신생아의 생존 가능성이 낮은 편이다. 조산이나 미숙아의 출산은 대체로 산모의 영양부족이나 흡연, 음주, 약물 복용, 생식기관 미숙 등의 원인으로 발생하므로 정기적인 검진과 식사 및 체중 조절, 과로나 무리를 피하는 임신기의 건강 관리를 통하여 예방할 수 있다.

조산의 가장 큰 문제는 신체적 성숙이 이루어지기 전에 세상에 태어난 미숙아들에게 호흡장애 증후군(respiratory distress syndrome)과 뇌출혈(brain hemorrhage)이 나타난다는 것이다(정옥분, 2002). 호흡장애 증후군은 신체에서 폐를 보호해 주는 물질을 생성하지 못해 호흡이 불규칙하거나 정지되는 현상을 말하는데, 이와 같은 문제를 해결하기 위해 미숙아를 출생 직후 곧바로 보육기(incubator)에 넣어 스스로 원활하게 호흡할 수 있을 때까지 온도와 산소량을 조절한 환경에서 보호한다.

대부분의 미숙아는 성장하면서 정상아보다 발달이 느리지만 궁극적으로 정상 발달이 이루어진다. 단, 초기 문제의 심각성에 따라 느린 심장박동, 환경 자극에의 예민함, 잔병치레, 언어 및 운동발달 지체, 학습장애를 보일 수도 있다. 또한 출산 직후 보육기에 들어가서 생후 초기 시간을 어머니와 떨어져 지내 어머니와의 애착 형성에 어려움이 있는 경우도 있다. 그러나 출산 후 적절한 환경적 중재로 조산의 장기적 후유증을 극복할 수 있다.

그 밖에 출산과 관련된 문제로 예정일을 2주 이상 지나도 출산징후가 없는 만산, 양수가 너무 많아져서 문제가 되는 양수과다증 등이 있다.

2. 신생아기

신생아기는 일반적으로 출생 후 약 한 달간으로 정의한다(Bee, 1997). 약 4주에 걸친 신생아기는 인간의 전 인생을 놓고 볼 때 매우 짧은 기간이지만 매우 특별한 전환의 시기이다. 신생아는 출생의 순간부터 스스로 호흡하고, 영양분을 섭취해야 하며, 소리, 빛, 움직임, 추위 등의 자극을 느끼고 이에 적응해야만 한다. 태내 환경과 태내 밖의 환경은 엄청난 차이가 있기 때문에 신생아가 주변 환경의 변화에 잘 적응할 수 있도록 양육자의 특별한 관심이 필요하다(박성연, 도현심, 2002, p. 104).

1) 신생아의 신체적 특징

(1) 신장과 체중

우리나라에서 태어나는 신생아의 평균 키는 남아 50.1cm, 여아가 49.4cm이고 평균 체중은 남아 3.4kg, 여아 3.3kg으로 남아가 여아에 비해 약간 큰 편이다(보건복지부, 2007). 신생아의 신체 크기는 부모의 체격, 인종, 성, 어머니의 영양 및 건강 상태 등의 요인과 관계가 있는데, 일반적으로 남아가 여아보다 키가 좀 더 크고 체중도 더 나가는 경향이 있고, 첫째아이가 둘째나 셋째보다 출생 시 체중이 더 적게 나가는 경향이 있다(조연순, 이영, 1997, p. 148).

대부분의 신생아는 생후 2~3일경부터 체중이 감소하기 시작하여 생후 일주일이나 열흘까지 출생 시 체중의 약 5~10% 감소하는 경향이 있다. 이는 출생 후 폐로 호흡을 시작하면서 신생아의 폐와 몸 표면에서 수분이 증발하고 대변이나 소변으로 수분이 빠져나가는 한편, 먹는 양이 적기 때문이다. 초기에 젖을 잘 빨지 못하여 영양섭취량이 적은 신생아는 저장지방을 소비하여 열량원으로 사용하기 때문에 체중이 줄기도 한다. 그러나 신생아가 젖을 잘 먹으면 체중이 다시 늘기 시작하여 대개 출생 후 약 일주일 안에 출생 시 체중이 되고 이후부터 빠른 속도로 체중이 증가한다.

생후 3~5일경쯤 생리적 체중감소에 따라 신생아는 38~39℃ 또는 그 이상으로 발열하기도 하는데, 이것을 탈수열이라고 한다. 탈수열의 원인은 적은 포유량으로 인해 수분섭취량이 적은데 체표면이나 폐로부터의 수분 증발과 소변과 대변의 배설 등으로 체내 수분손실이 계속되기 때문이다. 또한 신생아의 체온 조절 기능이 충분히 발달되지 않은 데에도 원인이 있다. 신생아의 탈수열은 수분을 공급하면 즉시 회복된다(이경희, 2000, p. 149).

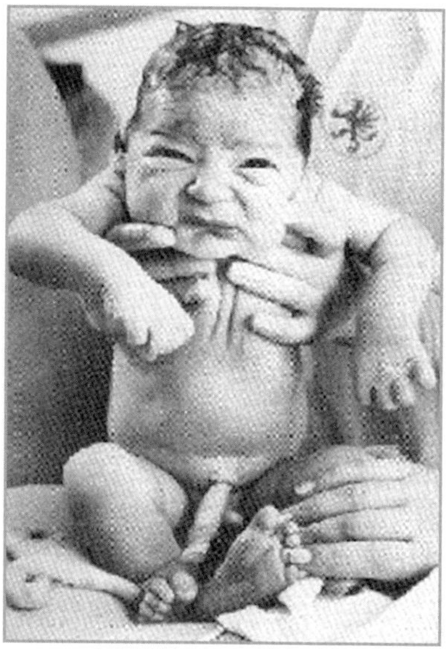

[그림 5-3] 신생아의 모습

(2) 머리와 가슴둘레

출생 시 아기의 머리는 몸 전체 길이의 1/4 정도이다. 신생아의 평균 머리 둘레는 약 33cm, 가슴둘레는 32cm 정도로 머리둘레가 가슴둘레보다 큰 편이다. 특히 신생아의 가슴 모양은 원통형이어서 앞뒤와 좌우의 폭이 거의 비슷하다. 또한 신생아가 어머니의 골반과 산도를 통과하는 동안 연골로 된 코가 눌려 납작해지거나 머리 모양이

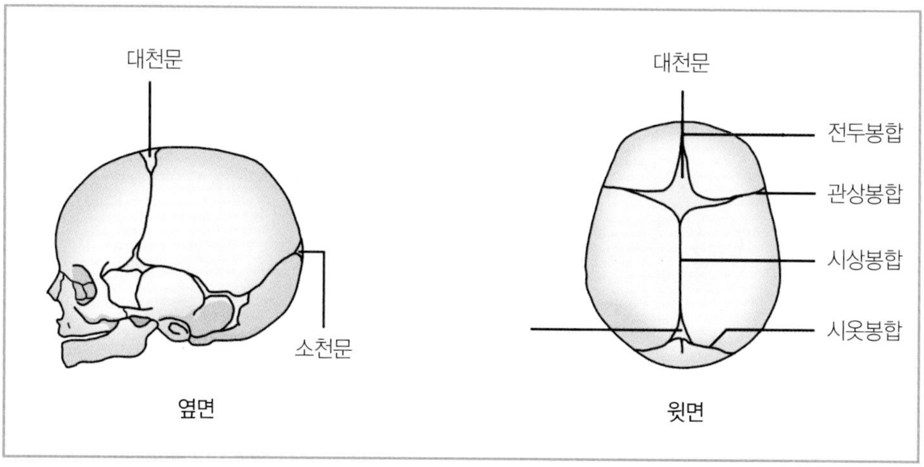

[그림 5-4] 대천문과 소천문

출처: 이영 외(2015). 영아발달, p. 133.

한쪽으로 일그러지는 경우도 있다. 이렇게 눌린 코와 일그러진 머리 모양은 생후 며칠 안에 점차 정상으로 돌아온다. 신생아의 머리 모양이 일시적으로나마 일그러질 수 있는 것은 아직 뼈가 단단하지 않고 두개골이 덜 자라서 완전히 봉합되지 않았기 때문이다. 갓 태어난 신생아의 두개골에는 6개의 숫구멍(fontanel)이라 불리는 연한 부분이 있다. 그중 정수리 한복판에 있는 대천문과 소천문은 아기가 숨을 쉴 때마다 오르내리는 것을 볼 수 있다. 이 부분은 단단한 막으로 덮여 있는데 앞이마 위에 있는 대천문은 18개월경이 되면 닫히고, 머리 뒤쪽에 있는 소천문은 생후 1년 이내에 닫힌다.

TIP **인간의 뇌 발달**

태내기 동안 인간의 뇌는 양적 · 질적으로 급속히 성장한다. 크기가 극적으로 커질 뿐 아니라 대뇌피질에는 주름이 많아져서 뇌 표면적이 증가한다. 뇌의 무게는 생후 5개

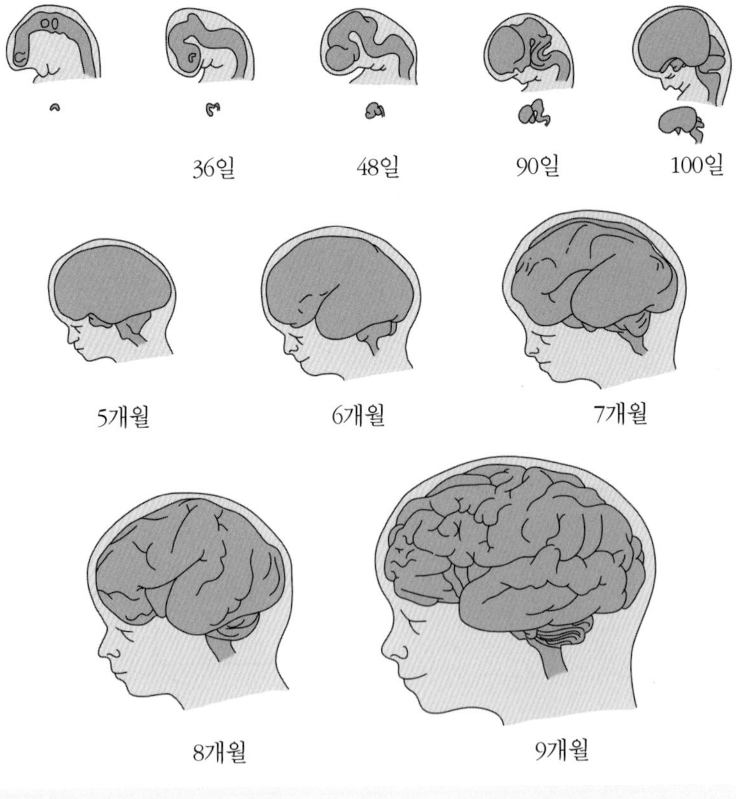

인간의 뇌 발달
출처: 이영 외(2015). 영아발달, p. 134.

월부터 급속히 증가하기 시작하여 약 2세 반까지 지속적으로 늘어난다. 임신 중 마지막 3개월 동안 태아의 뇌 모습은 어른의 뇌와 비슷해지고 출생 당시에는 대부분의 뉴런(neuron)이 생성된다.

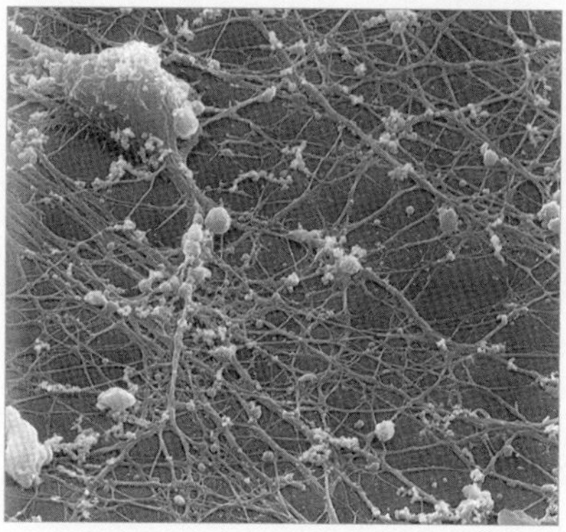

뉴런은 인간이 오감을 통하여 받아들이는 자극을 신경 임펄스라는 전기 화학적인 메시지로 전환하여 전달하는 세포로, 이러한 메시지에 기초하여 인간은 행동을 하게 된다. 출산 전에 인간은 이미 어마어마한 양의 뉴런을 생성한 상태로, 뇌의 여러 부분으로 움직인 뉴런들은 다른 뉴런과 연결을 시작한다. 인간의 뇌 발달은 이러한 뉴런이 서로 긴밀하게 연결되면서 진행된다.

출처: 이영 외(2009). 영유아발달, p. 151.

(3) 피부

이제 막 세상에 태어난 신생아의 모습은 온몸이 주름투성이고 피부는 매우 얇아 붉은빛이 많은 분홍빛을 띤다. 그러나 수일 내에 정상적인 피부색을 갖게 된다. 일부 신생아는 태내기 동안 몸을 덮고 있던 라누고(lanugo)라 불리는 많은 솜털이 아직 빠지지 않고 있는데, 며칠이 지나면 자연적으로 빠진다. 모든 신생아는 황백색의 크림 같은 끈적끈적한 '태지(vernix caseosa)'로 싸여 있는데, 이것은 세균감염을 막기 위한 유성의 보호막으로서 자연적으로 말라 버리거나 없어진다.

막 태어난 신생아는 남아, 여아를 불문하고 젖가슴이 볼록하게 부풀어 있으며, 성기가 부어 있다. 간혹 신생아의 유두에서 마치 젖과 같은 하얀 분비물이 나오기도 하고 일부 여아의 질에서 핏빛 배설물이 나오기도 하는데, 이는 출생 직전 어머니의 태반에서 분비된 높은 수준의 여성호르몬인 에스트로겐(estrogen)의 영향 때문이다. 이는 출생 직후 나타나다가 2~3일 안에 자동적으로 사라진다.

우리나라에서 태어나는 대부분의 신생아는 엉덩이 부근에 푸른색의 넓은 점이 있다. 이 점은 몽고 민족에게 나타난다고 하여 몽고반점이라고 불리며, 아시아계 민족의 아기에게 주로 나타난다. 몽고반점은 영아기까지는 뚜렷하지만 유아기에 서서히 흐려져서 10세경에는 거의 없어진다. 이 밖에도 얼굴이나 몸에 작은 빨간 점이나 붉은 흔적

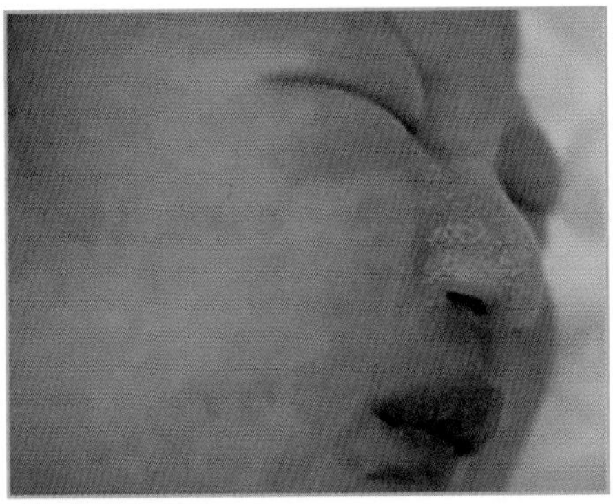
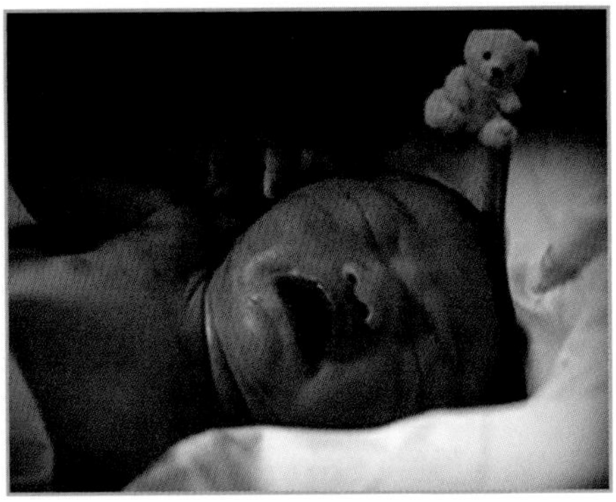

[그림 5-5] 신생아의 피부
출처: 이영 외(2015). 영아발달, p. 135.

이 있을 수도 있다. 이 역시 영아기 동안 서서히 없어진다.

(4) 신생아 황달

대부분의 신생아는 생후 3~4일이 지나면 피부와 눈동자가 노란색을 띠는 신생아 황달 증상이 나타난다. 이는 신생아의 간이 아직 충분히 성숙하지 못하여 기능을 제대로 수행하지 못하기 때문에 나타나는 현상인데, 생후 일주일 정도 지나 간 기능이 원활해지면 자연스럽게 사라진다. 일반적으로 황달은 흔하게 나타나는 증세로 특별한 치료가 필요하지 않으나, 황달 기간이 길어지고 증상이 심해지면 뇌손상을 유발할 수 있으므로 치료를 받아야 한다(이영 외, 2015).

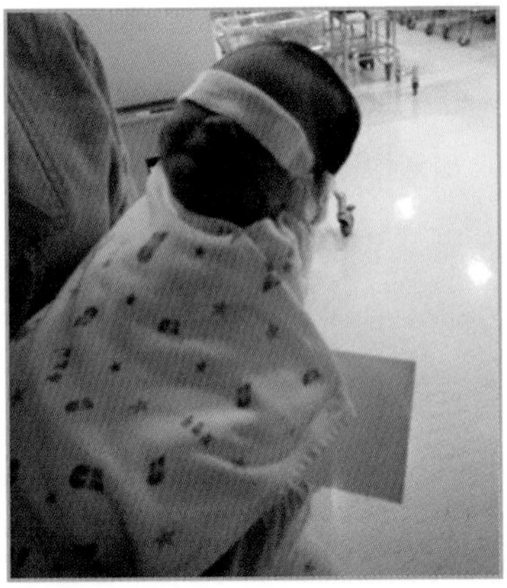

[그림 5-6] 신생아 황달을 치료 중인 아기
출처: 이영 외(2015). 영아발달, p. 136.

2) 신생아의 적응

어머니의 자궁 속에서 산소와 영양을 공급받던 태아는 출생과 동시에 스스로 호흡하고, 체온을 조절하며, 먹고 배설하는 활동을 통해 새로운 세계에 적응해야 한다. 이를 위해 신생아는 다음과 같은 다양한 생리적 적응이 필요하다.

(1) 호흡기관

탯줄을 통해 산소를 공급받던 태아는 출생하자마자 대개 20～30초 안에 첫 울음과 더불어 스스로 호흡을 시작한다. 이때의 호흡은 산소의 부족, 이산화탄소의 증가 및 찬 공기의 접촉으로 인해 야기되는 반사적인 행동이다. 일반적으로 어머니 뱃속에 있는 동안 태아의 폐를 채우고 있던 액체는 아기가 산도를 통과해 나오는 동안 자연스럽게 배출되거나 출생 직후 인위적으로 제거된다. 그러나 제왕절개로 태어나는 신생아는 폐 속에 액체가 그대로 남아 있어서 간혹 호흡이 어려운 경우도 있다.

출생 후 2분 이내에 첫 울음이 시작되지 않으면 신생아에게 문제가 생길 수 있고, 3～5분이 경과해도 호흡을 시작하지 않으면 산소결핍증으로 인해 두뇌에 손상이 생길 수도 있으며, 최악의 경우 호흡기 문제로 사망할 수도 있다(강문희 외, 2004, p. 107). 그러나 대다수의 신생아는 자연스럽게 정상적으로 호흡하게 되며, 1분당 30～50회 정도 성인보다 2배 빠르고 불규칙한 얕은 복식호흡을 한다.

(2) 순환기관

순환기관은 심장과 혈관을 통합하여 지칭하는 것으로 세포에 필요한 산소와 영양분, 전해질 등을 혈액을 통해 온몸에 보내고, 세포에서 에너지를 생산하면서 부수적으로 생겨나는 노폐물이나 이산화탄소 등을 몸 밖으로 내보낼 수 있도록 배설기관으로 이동시키는 역할을 한다(서울대학교병원 신체기관정보: https://www.snuh.org).

태아기에 탯줄을 통해 모체에서 깨끗한 혈액을 받고 자신의 피를 되돌려 보내는 식으로 혈액순환을 하던 신생아는 모체로부터 독립하여 스스로의 힘으로 신체 각 부분에 혈액을 순환시킨다. 신생아의 심장박동은 1분당 120～160회 정도로 어른보다 빠르고 불규칙하지만, 생후 약 열흘 정도 지나면 안정된다(이영 외, 2015, p. 137).

(3) 소화기관

신생아는 출생 직후부터 빨기 반사와 삼키기 반사를 보이기 때문에 젖을 빨 수 있다. 또한 젖을 먹으면 소화시킬 수 있는 분비액이 위에서 자동적으로 분비된다. 하지만 신생아의 소화 능력은 성인에 비해 약하다. 신생아는 위와 식도 사이의 괄약근의 기능이 미숙하므로 젖을 먹고 나서 잘 토한다. 이는 모유나 분유와 함께 위 속으로 들어간 공기가 밖으로 빠져나오면서 음식물이 함께 역류하기 때문이다. 따라서 젖을 먹이는 자세가 중요하고 젖을 먹이고 나서는 반드시 트림을 시켜 위 안의 공기를 제거해야 한다

(이영 외, 2015, p. 139).

신생아의 장과 방광이 가득 차면 괄약근이 저절로 열리면서 자연스럽게 배변이 이루어진다. 신생아는 출생 후 며칠 동안 끈끈하고 검은 녹색을 띤 태변을 본다. 태변은 태아의 장내에 쌓여 있던 노폐물이 나오는 것으로, 출생 후 24시간 내에 태변이 없으면 장폐쇄를 의심해 봐야 한다. 출생 후 약 8주까지는 보통 하루 4~7회 정도로 배설하나 그 이후에는 2회 정도로 감소한다. 또한 신생아는 하루 10~20회 정도 소변을 보며 1회 소변 양은 적다(이영 외, 2015, p. 139).

(4) 체온조절

출생 후 신생아가 스스로 체온을 조절하여 주변의 온도 변화에 적응할 수 있게 되기까지는 시간이 걸린다. 일반적으로 신생아는 성인보다 조금 높은 체온을 유지하는 편인데, 갓 태어난 신생아는 체온 조절 기능이 미숙하여 저체온 상태로 있다가 약 4~8시간 내에 정상으로 돌아온다. 또한 신생아는 피하지방이 적고, 몸의 크기에 비해 체표면적이 넓으며, 양수에 젖어 있는 상태이므로 성인보다 4배 정도 쉽게 체열을 손실할 수 있다(박성연, 도현심, 2002, p. 106). 따라서 출생 직후 신생아가 너무 덥거나 추운 환경에 노출되지 않도록 겉싸개나 옷을 이용하여 일정한 체온을 유지하도록 해야 한다. 일반적으로 임신 주수를 모두 채우고 태어난 신생아는 태내기의 마지막 2개월 동안 지방층이 형성되어 웬만한 온도 변화에는 스스로 체온을 유지할 수 있지만, 미숙아나 조산아는 지방층이 잘 형성되지 못했기 때문에 특별한 주의를 기울여야 한다.

3) 신생아의 반사행동

반사(reflex)란 외부에서 어떤 자극이 주어졌을 때 이에 대해 무의식적이고 자동적으로 반응하는 것을 의미한다. 신생아는 세상에서 살아남기 위해 20여 가지 이상의 반사행동을 갖고 태어난다. 대부분의 반사행동은 생후 수주 또는 몇 달 이내에 영아의 신경조직이 발달하면서 점차 사라져서 생후 1년 가까이 되면 거의 모두 없어지거나 의도적인 행동으로 대치된다.

반사행동은 크게 두 가지로 분류된다. 하나는 생존 반사 혹은 적응적 반사로 신생아의 생존을 위해 반드시 필요한 반사행동이며, 다른 하나는 비생존 반사, 원시적 반사, 보호 반사 혹은 특수 반사로 명명된 반사들로서 신생아의 생존과 직접 연결되지는 않지만 선천적으로 신경계에 내재되어 있는 반사행동이다(Seifert, 1995, p. 104).

(1) 생존 반사

생존 반사란 신생아의 생존과 직접 관련된 반사로 젖찾기 반사, 빨기 반사 및 삼키기 반사 등 주로 수유와 관련된 것들이 많다.

① 젖찾기 반사(rooting reflex)

신생아의 입 주위에 손가락이나 고무 젖꼭지로 자극을 주면 그 자극물을 향해 고개와 입을 돌리고 무언가 입으로 빨려고 하는데, 이 반사행동을 젖찾기 반사 혹은 근원 반사라고 말한다. 처음에 이 반사행동은 입에서 먼 뺨에 자극물을 갖다 대어도 나타나지만 생후 2~3개월 정도 지나면 젖을 먹을 때 혹은 입 주위의 자극에만 반응을 나타낸다. 특히 배고플 때 민감하게 이러한 반응을 나타내기 때문에 신생아가 배가 고픈지 알아보는 방법으로도 응용된다.

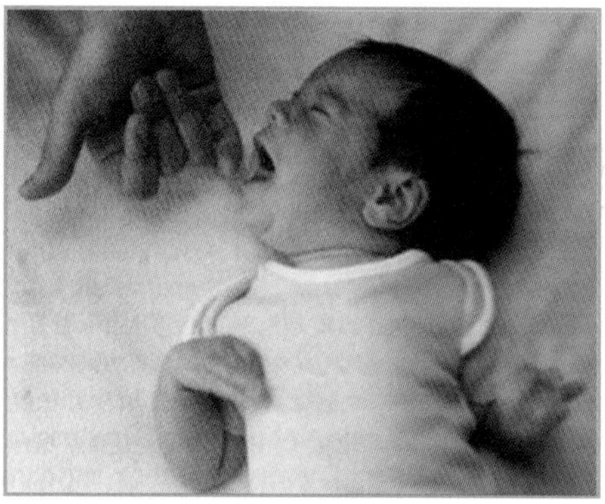

[그림 5-7] 젖찾기 반사
출처: 이영 외(2015). 영아발달, p. 146.

② 빨기 반사(sucking reflex)

신생아는 입에 무엇이든지 닿으면 힘차게 빨려고 하는데, 이를 빨기 반사라고 한다. 젖찾기 반사와 마찬가지로 이 반사행동도 생존을 위해 필수적인 행동이다. 그러나 빨기 반사는 삼키기 반사와 호흡이 동시에 이루어져야 하는 상당히 복잡한 반사행동으로, 성장하면서 이는 서서히 의식적 빠는 행동으로 대치된다.

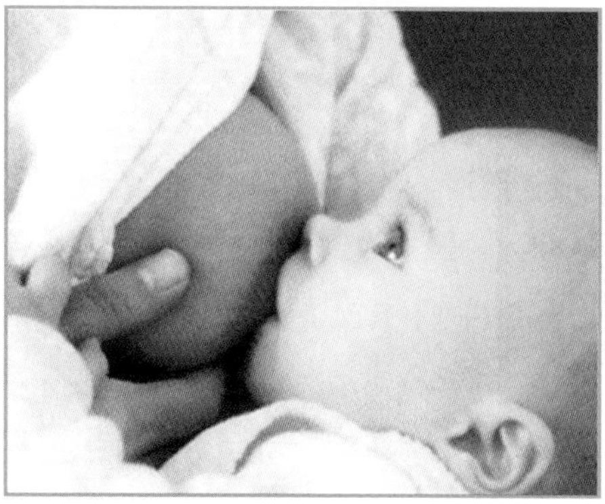

[그림 5-8] 빨기 반사
출처: 이영 외(2015). 영아발달, p. 146.

③ 위축 반사(withdrawal reflex)

신생아는 손, 발에 고통스러운 자극이 오면 손발을 오므리고 발을 움츠리는 반응을 보이는데, 이때 나타나는 반사행동을 위축 반사라 한다. 이는 위험으로부터 신체를 보호하려고 하는 신생아의 본능적인 행동에서 비롯된 것이라 할 수 있다.

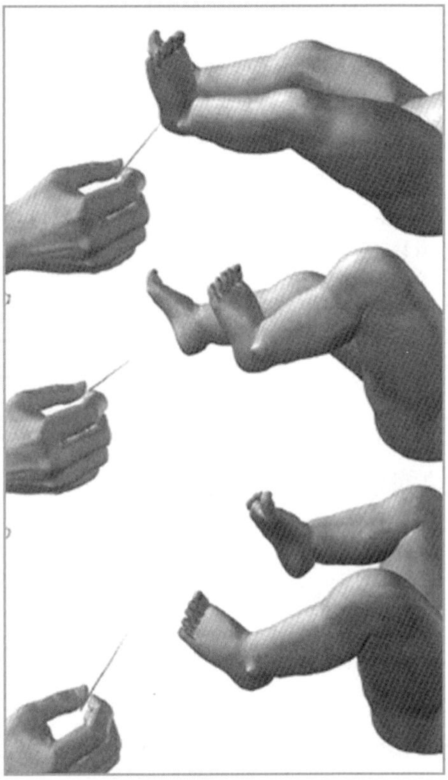

[그림 5-9] 위축 반사
출처: 이영 외(2009). 영아발달, p. 155.

④ 기침, 하품, 재채기 반사

기침 반사, 하품 반사, 재채기 반사 등은 호흡과 관련되는 반사행동들이다. 기침 반사와 재채기 반사는 기도를 깨끗이 하는 기능을 하며, 하품 반사는 한 번에 다량의 산소가 요구될 때 산소를 공급하는 기능을 한다(강문희 외, 2004, p. 110).

앞서와 같은 반사 외에 생존과 관련된 반사로는 입에 들어오는 음식물을 식도로 넘기는 삼키기 반사, 갑작스러운 강한 빛에 눈을 깜박이는 눈 깜박거리기 반사 그리고 주변 밝기에 따라 눈동자의 크기를 조절하는 동공 반사 등이 있으며, 이 같은 반사들은 성인이 되어도 그대로 남아 있다.

(2) 비생존 반사

비생존 반사는 출생 시 이미 잘 발달되어 있는 뇌간이나 중뇌에 의해 통제되는 무의식적 반사행동으로 신생아의 생존과는 직접 관계되지 않는 원시적인 반사이다. 원시적 반사들은 두뇌의 피질 부분이 발달하여 보다 복잡한 두뇌 활동을 함으로써 점차 의식적이고 자발적인 행동이 가능해지는 생후 6개월~1년 정도에 사라진다. 이렇듯 신생아에게 선천적으로 내재되어 있는 비생존 반사는 뇌손상이 있는 신생아의 경우 잘 나타나지 않아서 신생아의 신경계통 이상을 살펴보는 데 응용된다.

① 모로 반사(Moro reflex)

●●●
[그림 5-10] 모로 반사
출처: 이영 외(2015). 영아발달, p. 147.

모로(Moro)라는 학자가 발견했다 하여 모로 반사로 불리는 이 반사는 신생아를 놀라게 하면 나타나는 반사행동이다. 즉, 신생아의 머리를 약간 들어 올렸다가 떨어뜨려 신생아의 머리 위치를 갑자기 변경하거나 신생아가 누워 있는 근처를 세게 두드려서 큰 소리가 나게 하는 등 신생아에게 놀랄 만한 자극을 주면, 신생아의 머리가 뒤로 젖혀지고 등은 활처럼 휘며 두 팔과 다리를 벌림과 동시에 손가락을 쫙 펴서 허공에서 무언가를 잡으려고 하는 행동을 보이다가 다시 금방 가슴으로 손을 모으는 반사행동이다. 생후 며칠 안에 나타나는 이 반사행동은 생후 6개월 정도 지나면 사라진다.

② 잡기 반사(grasping reflex)

신생아의 손바닥에 손가락이나 물체로 자극을 주면 아기는 무의식적으로 손에 닿는 것을 세게 움켜쥐고 쉽게 빼내기 힘들 정도로 놓지 않는 반응을 보이는데, 이를 잡기 반사라 한다. 이때 신생아의 쥐는 힘은 막대기에 1~2분 정도 매달릴 수 있을 만큼 매우 강하다. 신생아의 물체를 쥐는 힘은 1개월이 지나면서 점차 약해져서 생후 3~4개월경 의도적인 잡기 행동으로 대치된다.

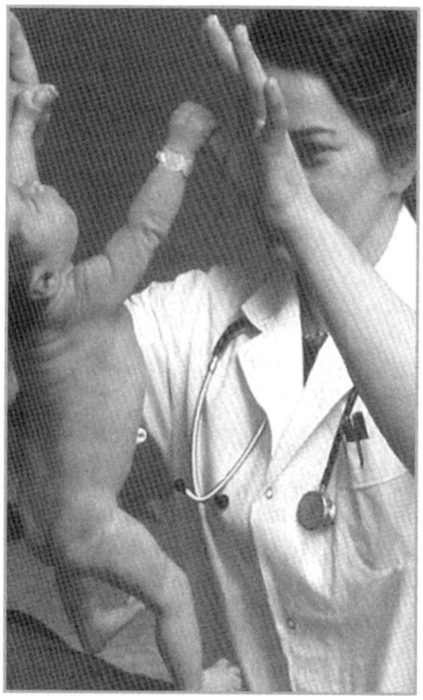

●●●
[그림 5-11] 잡기 반사
출처: 이영 외(2015). 영아발달, p. 148.

③ 바빈스키 반사(Babinski reflex)

신생아 발바닥의 오목 들어간 부분을 손가락이나 펜으로 살짝 쓸어 주면서 자극을 주면 다섯 발가락이 발등을 향하여 부챗살처럼 쫙 펴졌다가 다시 오므려지는 행동을 나타내는 것으로 일반적으로 생후 6개월 정도부터 서서히 없어져 생후 1년 안에 사라진다.

●●●
[그림 5-12] 바빈스키 반사
출처: 이영 외(2015). 영아발달, p. 148.

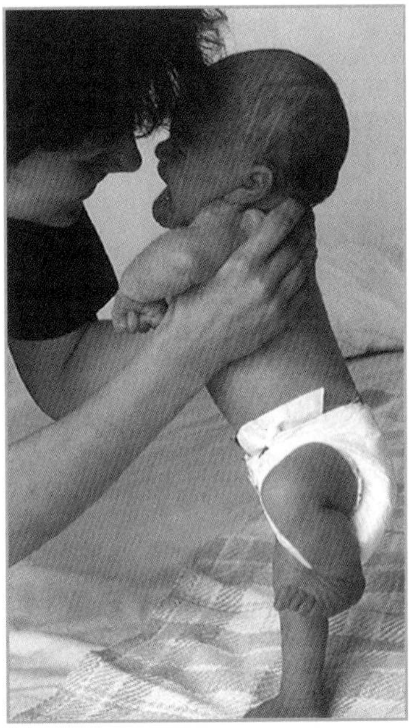

●●●
[그림 5-13] 걷기 반사
출처: 이영 외(2015). 영아발달, p. 148.

④ 걷기 반사(stepping reflex)

신생아의 겨드랑이 밑에 두 손을 넣어 부축하고 편편한 바닥에 발바닥이 닿도록 바로 세운 후 상체를 약간 앞으로 쏠리게 해 주면 신생아는 무릎을 구부리면서 두 다리를 번갈아 이용하여 마치 결음을 걷는 것과 같은 동작을 취한다. 이를 걷기 반사라 하는데, 생후 2개월 정도가 되면 사라진다.

⑤ 긴장성 목 반사(tonic neck reflex)

이 반사는 신생아의 등을 바닥에 대고 눕히고 아기의 머리를 한쪽으로 돌리면 머리가 향한 방향으로 팔과 다리를 앞으로 쭉 펴고 반대편 팔과 다리는 구부려서 마치 펜싱을 하는 사람과 같은 자세를 취하는 것이다. 이 반사 행동은 생후 2개월경까지 나타나다가 서서히 사라진다.

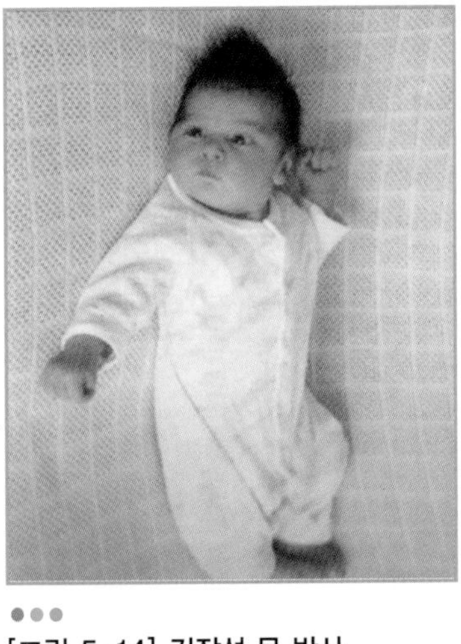

●●●
[그림 5-14] 긴장성 목 반사
출처: Siegler, R., Deloache, J., & Eisenberg, N., (2003). *How children develop*, p. 184.

⑥ 위치잡기 반사(placing reflex)

이 반사는 신생아의 발등을 평면의 가장자리에 닿게 해 주면 아기는 발을 움츠리며 마치 계단을 오르는 것과 같은 동작을 나타내는 것이다. 이 반사는 생후 3~4개월경에 사라진다.

이 밖에도 신생아가 어떤 자극에 대해서 어떤 형태로든 반사적인 반응을 보이는 정향 반사(orienting reflex), 신생아의 무릎뼈 아래를 가볍게 두드리면 갑자기 무릎을 뻗는 반사행동으로 평생 지속되는 무릎반사(knee-jerk reflex), 신생아의 얼굴을 아래로 향하게 하고 물에 넣으면 마치 수영을 하듯 팔과 다리를 교대로 움직이는 수영 반사(swimming reflex) 등이 있다.

●●●
[그림 5-15] 수영 반사
출처: 이영 외(2009). 영유아발달, p. 159.

4) 신생아 변별 검사

신생아의 건강 상태를 측정하는 대표적인 검사로는 아프가 척도(Apgar Scale)와 브레즐턴 신생아 행동평가 척도(Brazelton Neonatal Behavior Assessment Scale)를 들 수 있다.

(1) 아프가 척도

병원에서 출생한 대부분의 신생아들은 아프가 척도를 사용하여 건강검진을 받는다. 아프가 척도는 아프가(Virginia Apgar) 박사가 1953년에 개발한 검사로서 출생 직후 신생아의 건강 상태를 측정하는 데 사용되는 가장 대표적인 의학 검사다. 피부색, 심장박동률, 자극에 대한 반사 능력, 근육 상태, 호흡의 5개 하위척도로 구성되어 있으며, 신생아는 생후 1분 후와 5분 후, 총 2회에 걸쳐 검사를 받는다(〈표 5-1〉 참조). 각 척도마다 0점, 1점, 2점을 주어 최종 점수를 합산하는데, 최하 0점에서 최고 10점의 점수 범위를 이룬다. 일반적으로 7~10점은 정상으로 판단되며, 4~6점은 원활한 호흡을 위해 도움이 필요하다는 것을 의미하고, 0~3점은 위험한 상태로 즉각적인 조치가 필요함을 뜻한다.

2회의 아프가 점수 중 분만 후 1분에 측정된 점수가 낮다고 해서 신생아가 질식 상태에 있다는 것을 의미하는 것은 아니다. 왜냐하면 어머니가 분만 과정에서 처치 받은 진통제 혹은 마취제의 양이나 신생아의 신경 상태, 심장, 호흡기 상태가 행동이나 반응에

〈표 5-1〉 아프가 척도의 기준 및 점수

척도	0점	1점	2점
피부색 (appearance)	몸 전체가 푸르고 창백함	몸은 연붉은빛, 사지는 푸른빛	몸 전체가 분홍빛
심장박동률 (pulse)	없음	느림(분당 100 이하)	빠름(분당 100 이상)
반사 능력 (grimace)	무반응	약한 반사반응	강한 반사반응
근육 상태 (activity)	축 늘어져 있음	약하고 비활동적	강하고 활동적
호흡 (respiration)	없음	불규칙, 느림	양호, 울음

출처: 이영 외(2015). 영아발달, p. 150.

영향을 미칠 수 있기 때문이다. 특히 미숙아는 생리적 미성숙 때문에 매우 낮은 점수를 얻을 수도 있다(Steinberg & Belsky, 1991). 대부분의 경우, 신생아의 아프가 점수가 낮다고 해도 발달을 자극하는 지지적인 환경에서 자라면 정상적으로 잘 자랄 수 있다(박성연, 도현심, 2002, p. 116).

출생 후 1분에 측정한 아프가 검사에서 4점 미만을 받은 신생아가 즉각적인 의료적 조치를 통해 점수가 4점 이상이 되면 심각한 장기적 영향은 없으나, 5분 후에 측정한 두 번째 점수도 0~3점인 경우에는 심각한 문제가 생길 수 있다(Steinberg & Belsky, 1991).

(2) 브레즐턴 신생아 행동평가 척도

브레즐턴 신생아 행동평가 척도는 신생아가 주위 환경에 반응하는 방식을 알아보기 위해 브레즐턴(T. Brazelton) 박사가 1973년에 개발한 검사다. 이 검사는 생후 5일이 채 안 된 신생아를 대상으로 감각 반응, 반사와 운동 수준, 달래지는 정도, 사회적 상호작용의 총 4개 하위영역에 대한 신생아의 개별적인 행동의 차이를 평가한다.

브레즐턴 척도는 기본적으로 세 가지 기본 가정하에 제작되었다. 첫째, 갓 태어나서 아무것도 할 수 없는 것처럼 보이는 신생아도 이미 어머니 뱃속에서 아홉 달간의 경험을 통해 새로운 환경에 오감을 사용하여 반응하고 자신의 행동을 통제할 수 있는 능력이 있다. 둘째, 신생아는 발달하는 유기체로서 태어나는 순간부터 양육자와 끊임없이 비언어적인 '의사소통'을 하면서 자신의 환경을 단계적으로 조절해 나간다. 셋째, 신생아는 자신의 상태를 서서히 조절해 나가면서 주변 환경에 적응해 가는 자신만의 개성을 가진 독특한 사회적 존재다. 그러므로 브레즐턴 척도는 주변 환경에 적응하는 신생아의 능력을 높이 평가하고 신생아 간의 개인차를 존중하며 인정한다.

브레즐턴 검사를 실시하는 방법은 매우 까다롭다. 신생아가 자고 있는지, 깨어 있는지, 각성 상태인지, 울고 있는지에 따라 검사의 순서를 달리하고 시시각각 변하는 신생아의 상태에 따라 검사 실시자가 융통성 있게 검사를 실시해야 한다. 따라서 전문적인 훈련을 거쳐 자격증을 받은 사람만 실시할 수 있다. 또한 신생아를 대상으로 1회 검사하는 데 적어도 30분 정도 소요되기 때문에 모든 신생아를 대상으로 간단하게 실시할 수 있는 검사는 아니다. 그러나 이 척도는 신생아의 발달을 평가할 수 있는 포괄적 도구이고, 아프가 척도보다 신생아의 미래 발달을 더 잘 예측할 수 있는 지표라고 평가되고 있어 주로 연구용으로 많이 사용되고 있다.

TIP 신생아 각성 상태(state of arousal)

상태	설명	신생아기 하루 시간
정상적 수면 상태	아기가 푹 잠들어 거의 움직이지 않는 상태	8~9시간
비일관적인 수면 상태	손발을 조금씩 움직이거나 움찔움찔하고 얼굴을 찡그리거나 하는 상태	8~9시간
졸린 상태	아기가 잠이 들기 직전이거나 막 깨어나는 상태	일정하지 않음
조용한 각성 상태	아기가 깨어 있기는 하지만 움직이지는 않고 눈만 뜨고 있는 상태	2~3시간
깨어 활동하거나 우는 상태	아기가 지속적으로 움직이는 상태	1~4시간

출처: 이영 외(2009). 영유아발달, p. 162.

TIP 신생아 발달을 위한 부모의 역할

신생아를 집에 데리고 온 후 수유와 기저귀 갈기, 재우기, 울음 달래기를 반복하면서 정신없이 보내다 보면 신생아기는 금방 지나간다. 하지만 신생아기 발달을 이해하고 이에 적합한 부모 역할을 통해 처음부터 긍정적인 관계를 형성하는 중요한 시기이기도 하다. 신생아기 주요 발달과 신생아를 위한 부모 역할을 알아보도록 하자.

• 신생아기 주요 발달

출생 후 첫 한 달 동안 아기는 일반적으로 다음 행동을 할 수 있다. 신생아기의 발달적 개인차는 매우 크기 때문에 다음 중 몇 가지 행동이 나타나지 않는다고 걱정할 필요는 없다. 신생아는 자기 속도에 맞춰서 궁극적으로 다음 행동을 하게 된다.

- 잠시 머리를 들 수 있다.
- 하늘을 보고 누워서 머리를 옆에서 반대쪽 옆으로 돌릴 수 있다.
- 손은 꼭 쥐고 있다.
- 잡기 반사가 남아 있다.

- 눈앞에 물건을 보여 주면 45도 범위에서 눈으로 쫓는다.
- 흑백 무늬를 본다.
- 목소리가 들리면 조용해진다.
- 불편함을 울음으로 표현한다.
- 목구멍에서 소리를 낸다.
- 부모가 얼굴을 보면서 이야기를 하면 뚫어지게 쳐다본다.

• 신생아를 위한 부모의 역할

이와 같은 행동을 보이는 신생아를 위해 부모가 할 수 있는 역할은 다음과 같다.

- 아기 알아가기: 아기를 안아 주고, 아기에게 말하면서 아기가 졸리거나 배고플 때 어떤 사인을 보내는지 알아가자. 아기에게 항상 관심을 갖고 반응해 주는 것이 좋다.
- 아기 운동시키기: 아기가 깨어 있을 때 엎드리도록 하여 아기의 근육이 발달하도록 한다. 가능한 눈앞에 장난감을 보여 줘서 아기가 보고 잡아보도록 한다.
- 아기와 눈 맞추기: 아기와 가까이에서 아기에게 이야기하고, 노래하고, 책을 읽어 주면서 가능한 한 많이 눈을 맞추도록 한다.
- 아기와 놀아주기: 아기가 완전히 깨어 있을 때는 간단한 까꿍 놀이나 아기가 내는 소리 따라 하기 등을 하면서 아기와 놀아 준다.
- 아기 쉬게 하기: 아기가 충분히 놀았고 정적인 시간이 필요하다고 보내는 사인을 알아보도록 한다.

참/고/문/헌

강문희, 신현옥, 정옥환, 정정옥(2004). 아동발달. 경기: 교문사.

박성연, 도현심(2000). 아동발달. 서울: 동문사.

보건복지부(2007). 질병관리본부 보도자료. 서울: 보건복지부.

이경희(2000). 아동발달과 양육. 서울: 형설출판사.

이영, 이미란, 홍희영, 한성희, 민성혜, 박신진, 유영미, 신혜원, 민현숙, 정지나, 문영경(2015). 영아발달. 서울: 학지사.

이영, 이정희, 김온기, 이미란, 조성연, 이정림, 유영미, 이재선, 신혜원, 나종혜, 김수연, 정지나(2009). 영유아발달. 서울: 학지사.

정옥분(2002). 아동발달의 이해. 서울: 학지사.

조성연, 이정희, 천희영, 심미경, 황혜정, 나종혜(2005). 아동발달의 이해. 서울: 신정.

조성연, 이정희, 천희영, 심미경, 황혜정, 최혜영, 전효정(2014). 영아발달. 서울: 신정.

조연순, 이영(1997). 아동의 세계: 태내기에서 청년기 발달까지. 경기: 양서원.

Allen, K. E., & Marotz, L. R. (2000). *By the ages: Behavior & development of children pre-birth through eight.* New York: Delmar Publisher Learning.

Bee, H. (1997). *The developing child* (8th ed.). New York: Longman.

Berk, L. E. (1996). *Infants and children: Prenatal through middle childhood.* Boston, MA: Allyn & Bacon.

Berk, L. E. (2005a). *Infants, children, and adolescents.* Boston, MA: Pearson/Allyn & Bacon.

Berk, L. E. (2005b). *Infants and children* (5th ed.). Boston, MA: Allyn & Bacon.

Bukatko, D., & Daehler, M. W. (1998). *Child development: A thematic approach* (3rd ed.). Boston, MA: Houghton Mifflin.

Cohn, V. (1975). Net method of delivering babies cuts down "torture of the innocent." *Capital Times, Nov. 5.*

Corah, N. L., Anthony, E. J., Painter, P., Stern, J. A., & Thurston, D. (1965). Effects of perinatal anoxia after seven years. *Psychological Monographs, 79*(3, Whole No. 596).

Field, T. (1997). Effects of early separation, interactive, deficits, and experimental manipulations on infant-mother face-to-face interaction. *Child Development, 48*, 763-771.

Jan, P. P. (2006). *Infant motor development.* Champaign, IL: Human Kinetics.

Murray, A. D., Dolby, R. M., Dolby, R. M., Nation, R. L., & Thomas, D. B. (1981). Effects of epidural anasthesia on newborns and their mothers. *Child Development*, 52, 71-82.

Piek, J. P. (2006). *Infant motor development.* Champaign, IL: Human Kinetics.

Schickedanz, J. A., Schickedanz, D. I., Hansen, K., & Forsyth, P. D. (1993). *Understanding children: Infancy through pre-school* (2nd ed.). Mountain View, CA: Mayfield.

Seifert, K. L. (1995). Cognitive Development and Early Children Education. In B. Spodek (Ed.), *Handbook of research on the education of young children* (pp. 9-23). New York: Macmillan.

Shaffer, D. R. (1999). *Developmental psychology: Childhood and adolescence* (3rd ed.). Pacific Grove, CA: Brooks/Cole.

Shaffer, D. R., & Kipp, K. (2007). *Developmental psychology: Childhood & adolescence* (7th ed.). Belmont, CA: Thomson Learning. Simonton.

Siegler, R., Deloache, J., & Eisenberg, N. (2003). *How children develop.* New York: Worth.

Snow, C. (1998). *Infant development* (2nd ed.). Englewood Cliffs, NJ: Prentice-Hall.

Steinberg, L., & Belsky, J. (1991). *Infancy, childhood, & adolescence.* New York: McGraw-Hill.

Stoppard, M. (2002). *New pregnancy and birth book.* London: Dorling Kindersley.

서울대학교병원 신체기관정보: https://www.snuh.org

06

chapter

영아기

1. 신체발달
2. 인지발달
3. 언어발달
4. 사회 · 정서발달

학습개요

신생아기 후부터 만 2세까지를 영아기라고 한다. 이 시기에는 신체, 인지, 언어, 사회 · 정서발달이 급격하게 이루어지며, 영아기 발달은 이후 발달의 광범위한 측면에 중요한 영향을 미친다. 이 시기 동안 영아는 신체적인 성장으로 인해 다른 사람에게 덜 의존하게 되고, 인지, 언어의 발달로 인해 외부 세계를 탐색하고 이해하며, 타인과의 관계를 형성하는 사회적 존재로 성숙하게 되므로 발달에 있어 매우 중요한 시기다. 따라서 이 장에서는 영아기의 발달적 특성을 이해하고 발달수준에 따른 양육자의 역할을 생각해 보기 위해 발달영역별로 발달 과정을 상세히 살펴보고자 한다.

chapter 06 영아기

1. 신체발달

1) 신체적 성장

영아기 신체적 성장은 뇌와 신경계 발달, 체중과 신장의 변화, 신체비율의 변화, 골격과 근육의 발달, 치아발달 등 다양한 부분에서 급격한 성장을 보인다. 다만 모든 부분이 똑같은 비율로 성장한다기보다는 신체의 각 부위에 따라 다른 시기에 다르게 성장한다.

영아의 체중과 신장의 변화를 살펴보면, 출생 시 약 3.20~3.40kg이었던 체중이 1개월 만에 4.7kg으로 증가하여 3개월경에는 출생 시 체중의 약 2배가 되고, 1세 때에는 약 3배가 되며, 2세 때에는 약 4배, 3세 때에는 약 5배로 증가한다. 출생 시 신장은 50.1~50.8cm 정도인데, 2세 때 약 87.5cm 정도, 즉 성인 평균 신장의 1/2 정도로 성장한다. 아동의 연령에 따른 신장과 체중의 증가 정도를 나타낸 [그림 6-1]에서 볼 수 있듯이 신체적 성장이 가장 급속도로 이루어지는 영아기를 첫 번째 성장급등기라 하고, 두 번째로 급속도로 이루어지는 사춘기를 두 번째 성장급등기라고 한다.

신체 부위별 성장 속도와 비율을 살펴보면 임신부터 출생까지는 머리가, 만 1세까지는 몸통이 가장 빠르게 성장하고, 만 2세부터는 팔다리가 빠르게 성장한다. 또한 아기의 머리둘레는 생후 8개월까지 약 8cm 늘어나고 만 2세경에는 성인 머리의 90%까지 성장한다. 신체 비율을 연령별로 비교해 보면, 갓 태어난 신생아는 머리가 전체 신

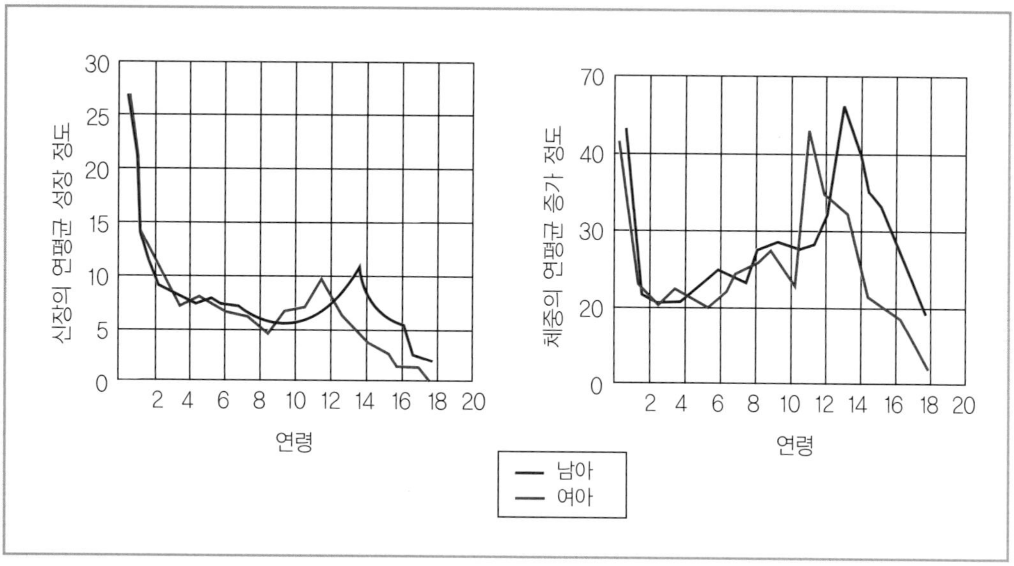

[그림 6-1] 출생부터 20세까지 신장과 체중의 증가 정도
출처: Berk, L., E. (1997); 이영 외(2015). 영아발달, p. 165에서 재인용.

장의 1/4 크기로 머리만 두드러져 보이지만, 만 2세에는 1/5 정도이고, 이후 성인이 될 때까지 점차 머리가 차지하는 비율이 줄어든다([그림 6-2] 참조).

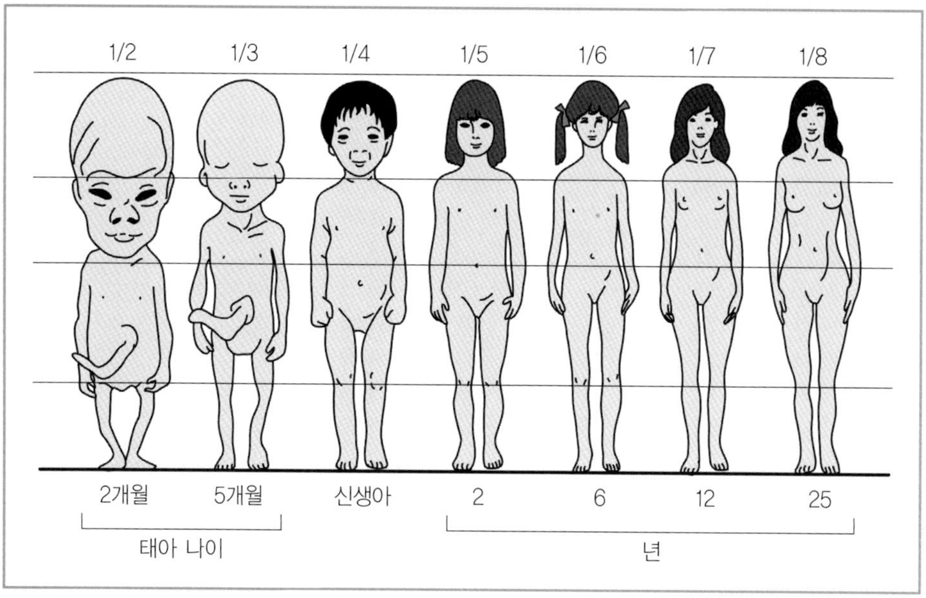

[그림 6-2] 발달에 따른 신체비율의 변화
출처: Papalia, D. E., Gross, D., & Feldman, R. D. (2003). *Child Development*, p. 128.

〈표 6-1〉 소아 발육 표준치(체중, 신장, 체질량지수, 머리둘레) (2007년 기준)

남아				연령	여아			
체중 (kg)	신장 (cm)	체질량지수 (kg/m2)	머리둘레 (cm)		체중 (kg)	신장 (cm)	체질량지수 (kg/m2)	머리둘레 (cm)
3.41	50.12		34.70	출생시	3.29	49.35		34.05
5.68	57.70		38.30	1~2개월	5.37	56.65		37.52
6.45	60.90		39.85	2~3개월	6.08	59.76		39.02
7.04	63.47		41.05	3~4개월	6.64	62.28		40.18
7.54	65.65		42.02	4~5개월	7.10	64.42		41.12
7.97	67.56		42.83	5~6개월	7.51	66.31		41.90
8.36	69.27		43.51	6~7개월	7.88	68.01		42.57
8.71	70.83		44.11	7~8개월	8.21	69.56		43.15
9.04	72.26		44.63	8~9개월	8.52	70.99		43.66
9.34	73.60		45.09	9~10개월	8.81	72.33		44.12
9.63	74.85		45.51	10~11개월	9.09	73.58		44.53
9.90	76.03		45.88	11~12개월	9.35	74.76		44.89
10.41	78.22		46.53	12~15개월	9.84	76.96		45.54
11.10	81.15		47.32	15~18개월	10.51	79.91		46.32
11.74	83.77		47.94	18~21개월	11.13	82.55		46.95
12.33	86.15		48.45	21~24개월	11.70	84.97		47.46
13.14	89.38	16.71	49.06	2~2.5세	12.50	88.21	16.34	48.08
14.04	93.13	16.29	49.66	2.5~3세	13.42	91.93	16.01	48.71
14.92	96.70	15.97	50.10	3~3.5세	14.32	95.56	15.76	49.18
15.91	100.30	15.75	50.43	3.5~4세	15.28	99.20	15.59	49.54
16.97	103.80	15.63	50.68	4~4.5세	16.30	102.73	15.48	49.82
18.07	107.20	15.59	50.86	4.5~5세	17.35	106.14	15.43	50.04
19.22	110.47	15.63	51.00	5~5.5세	18.44	109.40	15.44	50.21
20.39	113.62	15.72	51.10	5.5~6세	19.57	112.51	15.50	50.34
21.60	116.64	15.87	51.17	6~6.5세	20.73	115.47	15.61	50.44
22.85	119.54	16.06	51.21	6.5~7세	21.95	118.31	15.75	50.51
24.84	123.71	16.41		7~8세	23.92	122.39	16.04	
27.81	129.05	16.97		8~9세	26.93	127.76	16.51	
31.32	134.21	17.58		9~10세	30.52	133.49	17.06	
35.50	139.43	18.22		10~11세	34.69	139.90	17.65	
40.30	145.26	18.86		11~12세	39.24	146.71	18.27	
45.48	151.81	19.45		12~13세	43.79	152.67	18.88	
50.66	159.03	20.00		13~14세	47.84	156.60	19.45	
55.42	165.48	20.49		14~15세	50.93	158.52	19.97	
59.40	169.69	20.90		15~16세	52.82	159.42	20.42	
62.41	171.81	21.26		16~17세	53.64	159.98	20.77	
64.46	172.80	21.55		17~18세	53.87	160.42	21.01	
65.76	173.35	21.81		18~19세	54.12	160.74	21.13	

* 주: 1~2개월은 1개월부터 2개월 미만에 해당하며, 다른 연령에도 동일하게 적용됨.

출처: 이종구, 김창휘(2007). 소아 · 청소년 표준 성장도표, p. 3.

영아의 근육과 골격, 치아의 발달을 살펴보면, 출생 시부터 근육조직은 있으나 근육이 제 기능을 발휘할 만큼 발달하지 못한 상태이며 1세까지도 근육이 기능을 할 수 있을 만큼 발달하지는 못한다. 그러나 만 2세부터는 근육섬유가 발달하여 점차 두꺼워지고 신경조직도 분리되어 자발적인 운동이 증가한다. 영아의 골격은 매우 약하고 부드러운 상태인데, 이런 골격은 청소년기가 될 때까지 꾸준히 경화되어 단단해진다. 영아가 성장할수록 골격의 수도 점차 증가하게 되는데, 예를 들면 1개월 된 영아의 손목뼈는 3개인데 성인의 손목뼈는 9개로 늘어난다. 영아의 치아는 젖니 또는 유치라고 하며 모두 20개이다. 젖니는 생후 6개월경부터 아래쪽 앞니부터 나기 시작하며 24~30개월경에 모두 나게 된다.

이와 같은 영아의 신체적 성장 과정에는 개인차가 존재하나 연령별 발육표준치를 기준으로 정상적인 범위 안에 들어 있는지를 점검해 볼 수 있다. 신체적 성장은 일차적으로는 유전적 요인의 영향을 받으나 영양 공급, 규칙적인 생활습관, 사고와 질병으로부터의 건강관리 등 외적 요인에 의해서 차이가 나타날 수 있다.

2) 뇌의 성장

두뇌의 성장과 발달은 그 속도가 일정하지 않으며, 뇌의 각 부분은 발달이 활성화되고 촉진되는 시기가 다르다. 후두엽과 측두엽은 출생 후 3~4개월부터 발달하며, 두정엽은 영아기 후기에서 학령전기까지, 뇌 앞쪽에 위치한 전두엽은 유아기부터 매우 빠르고 집중적으로 발달이 이루어진다.

뇌와 신경계 발달은 생후 첫 1년 동안 매우 빠르게 이루어진다. 신생아의 뇌 무게는 성인 뇌의 25%인 350~400g 정도이나 6개월경에 성인 뇌의 50%가 되며, 만 2세경에는 뇌의 무게가 성인의 75%에 이르게 된다. 머리의 크기는 출생 시 34cm 정도이나 6개월경에는 42cm, 만 2세경에는 48cm로 커진다. 뇌의 무게 증가 및 크기의 성장과 함께 뇌 구조 역시 첫 1년 동안 급속하게 발달하는데, 그 이후 아동기까지 정교한 뇌 회로의 발달이 지속된다.

뇌 발달에 가장 기본이 되는 과정은 신경계의 가장 기본 단위인 뉴런의 증식과 뉴런의 이동 및 분화, 시냅스의 발달, 시냅스와 뉴런의 선택적 소멸의 네 단계로 이루어진다. 신경계는 수정 후 2주가 지나면서부터 형성되기 시작하여 신경관이 만들어지고, 전뇌, 중뇌, 후뇌로 분화되며 그 나머지는 척수가 되는데 신경계 발달은 뇌의 구조 및

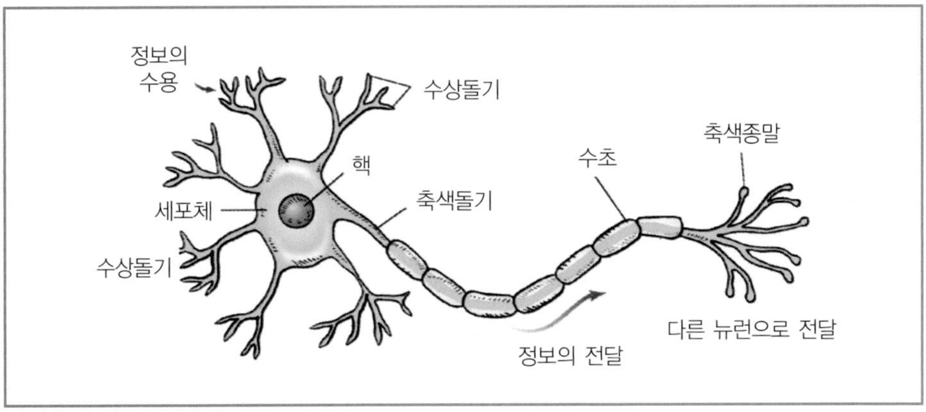

[그림 6-3] 뉴런의 구조
출처: Santrock, J. W. (2011). *Child development* (13th ed.), p. 115.

신경세포의 기능 발달과 밀접한 관련이 있다(이영 외, 2015, p. 160).

뉴런은 핵을 내포하는 세포체와 이 세포체에서 뻗어 나오는 여러 개의 섬유인 수상돌기, 축색돌기, 말초신경섬유 등으로 구성되어 있다([그림 6-3] 참조). 뉴런의 목적은 다른 뉴런이나 세포에 정보를 전달하는 것이다. 수상돌기와 세포체는 정보를 받고, 축색돌기와 말초신경섬유는 정보를 보내는 기능을 담당한다. 인간이 평생 갖게 될 1~2천 억 개의 뉴런은 뇌의 성장급등기가 시작되기 전인 임신 6개월경에 이미 다 형성된다. 2개의 뉴런이 연결되는 지점, 즉 뉴런의 말초신경섬유와 또 다른 뉴런의 수상돌기가 연결되는 부분을 시냅스라고 하는데, 대부분의 시냅스는 출생 후에 형성되며 그 수는 대단히 많다. 시냅스 형성과 수초화는 영아기 동안 급속하게 이루어진다. 시냅스는 신경전달의 효율성을 최대한 키우기 위해 끊임없이 소멸·생성되고 커지거나 작아지는 등의 변화를 겪는데, 이는 영아의 내적·외적 환경과의 상호작용에 의해 영향을 받게 된다.

뇌의 구조는 [그림 6-4]에서 보는 바와 같이 자율신경계와 변연계, 대뇌피질로 되어 있으며, 자율신경계는 뇌간과 소뇌, 변연계는 시상과 시상하부, 편도, 해마, 대뇌피질은 전두엽, 두정엽, 후두엽, 측두엽 등으로 구성되어 있다.

뇌간은 두뇌의 가장 아래쪽에 위치하고 있으며, 호흡, 심장박동, 소화활동, 생화학적 반응 등 무의식적인 조절과 생명 유지에 필수적인 활동을 한다. 소뇌는 후두엽 바로 아래 위치하고 있으며 감각과 운동 영역을 통합하는 역할을 수행한다. 변연계는 감정과 본능적 욕구를 조절하며 그중 편도는 두려움과 공격성과 같은 정서 조절과 관

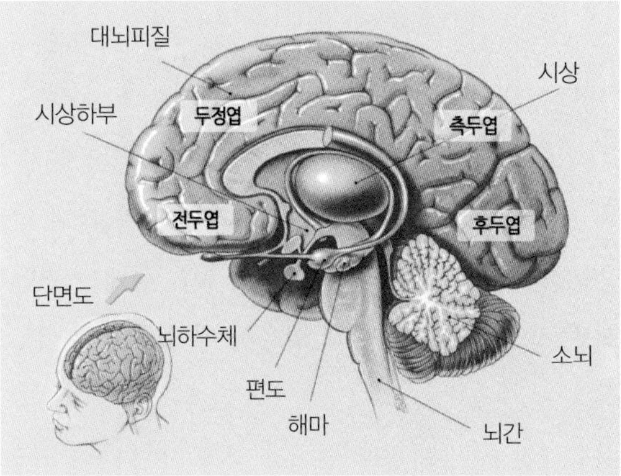

- **자율신경계(뇌간, 소뇌)**: 생명유지의 뇌, 파충류의 뇌
- **변연계(시상, 시상하부, 편도, 해마)**: 감정의 뇌, 포유류의 뇌
- **대뇌피질(전두엽, 두정엽, 후두엽, 측두엽)**: 이성의 뇌, 영장류의 뇌

[그림 6-4] 뇌의 구조
출처: Families and work institute. (1997); 곽노의, 김유미 역(2001). 유아의 두뇌발달, p. 35에서 재인용.

련이 있다. 대뇌의 표면에 위치한 대뇌피질 중 전두엽은 대뇌반구의 전방에 있는 부분으로 전전두엽 관련 영역을 가져 기억력 · 사고력 등의 고등행동을 관장하며 다른 연합영역으로부터 들어오는 정보를 조정하고 행동을 조절한다. 또한 추리, 계획, 운동, 감정, 문제해결에 관여한다. 후두엽은 시각, 측두엽은 청각과 언어, 두정엽은 신체감각 처리와 공간지각을 담당한다([그림 6-5] 참조).

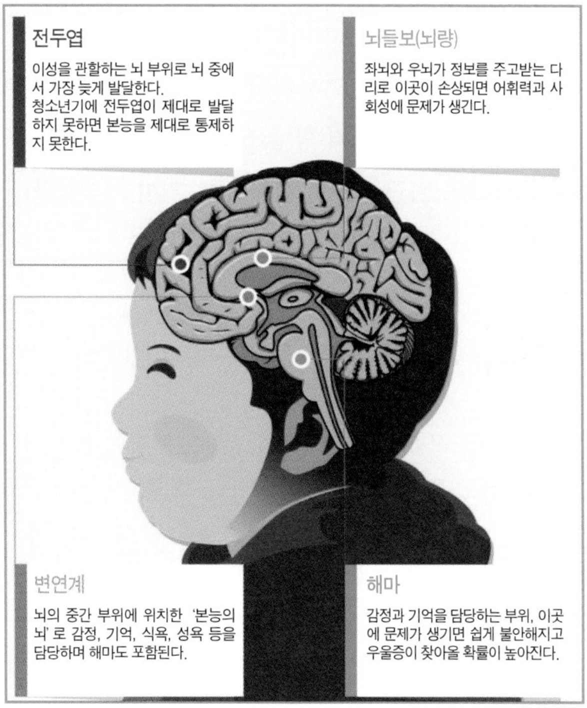

[그림 6-5] 두뇌의 성장과 발달
출처: 어린이과학동아(2012. 4. 15.).

3) 생리적 기능

생리적 기능의 발달은 수면과 섭식, 배설의 발달을 의미한다(황희숙 외, 2008, p. 93). 영아기 성장 발달에서 수면은 그 어느 시기보다 의미가 크다. 신생아기에는 하루 15시간 정도 밤잠과 낮잠으로 잠을 자며 만 1~2세에는 12~13시간 정도로 시간과 낮잠의 횟수가 점차 줄어든다. 영아가 충분한 수면을 취하지 못할 경우 몸의 상태가 편안하지 않게 되며, 이러한 상태가 반복되면 정서적 상태나 탐색 의욕이 떨어지고 발달에 영향을 미친다.

영아기 섭식에서 수유와 이유는 영양 공급 차원뿐 아니라 양육자와의 애착을 형성하는 데도 중요한 과정이다. 생후 6개월 정도의 수유와 이후 이유식의 내용은 영유아의 건강한 식생활 형성에 영향을 미칠 수 있으므로 이유식 제공 시 영아의 개월에 따른 이유식의 형태와 종류를 적절한 방법으로 제공하여야 한다.

배변과 관련된 대소변 가리기는 영아기에 습득해야 할 발달과제다. 자율적 배변은 배설과 관련된 근육들이 튼튼해지고 잘 조절될 수 있을 때 가능하며, 일반적으로 18~24개월 사이에 이루어진다. 부모나 교사가 영아의 대소변 가리기를 무리하게 시도할 경우 영아의 성격 형성에도 영향을 줄 수 있으므로 개인차를 잘 고려하여 여유를 가지고 차근차근 단계를 밟아 가는 것이 바람직하다.

TIP **모유가 이로운 것은 다 아는데 왜…**

모유 수유는 아기의 건강을 보장할 뿐 아니라 어머니의 모성적 정서를 안정되게 하는 중요한 과정이다. 모유 수유 기간이 길면 길수록 초유 면역항체를 충분히 얻을 수 있고, 균형 있는 성장을 할 수 있어서 영아의 건강에는 필수적인 부분이다.

모유의 영양적 · 심리적 우수성이 학문적으로도 입증되어 발표되고 있음에도 우리나라의 모유 수유 실천율은 1970년대를 기점으로 계속 감소해 왔으며, 2003년부터 조금씩 증가세를 나타내고 있다. 김승권(2006)에 의하면, 2006년 현재 우리나라 어머니의 약 24%가 모유로 수유하고 있는 것으로 나타났으며, 이 중 최종 출생아의 생후 1주 이내 모유 수유율이 58.9%로 가장 높았으나, 생후 1개월에는 57.9%로 낮아졌고, 생후 3개월에 43.4%, 생후 6개월에는 14.0%로 월령 증가와 함께 급격히 감소함을 보고하였다.

모유 수유는 아기의 건강을 보장할 뿐 아니라 어머니의 모성적 정서를 안정되게 하는 중요한 과정이다. 모유 수유 기간이 길면 길수록 초유 면역항체를 충분히 얻을 수 있고, 균형 있는 성장을 할 수 있어서 영아의 건강에는 필수적인 부분이다.

모유의 영양적 · 심리적 우수성이 학문적으로도 입증되어 발표되고 있음에도 우리나라의 모유 수유 실천율은 1970년대를 기점으로 계속 감소해 왔으며, 2003년부터 조금씩 증가세를 나타내고 있다. 김승권(2006)에 의하면, 2006년 현재 우리나라 어머니의 약 24%가 모유로 수유하고 있는 것으로 나타났으며, 이 중 최종 출생아의 생후 1주 이내 모유 수유율이 58.9%로 가장 높았으나, 생후 1개월에는 57.9%로 낮아졌고, 생후 3개월에 43.4%, 생후 6개월에는 14.0%로 월령 증가와 함께 급격히 감소함을 보고하였다.

〈15~44세 유배우 부인의 최종 출생아 모유 수유 실태〉

연도	1985	1988	1994	1997	2000	2003	2006
모유 수유율(%)	59.0	48.1	11.4	14.1	10.2	16.5	24.2

출처: 김승권(2006), p. 310.

여정희(2005)도 모유 수유에서 수유 기간의 중요성을 강조하면서 제주도에 거주하는 12개월 이상 24개월 미만의 자녀를 가진 어머니 198명을 대상으로 모유 수유 기간과 관련된 변인을 조사하였다. 그 결과 모유 수유 기간은 4.77개월로 나타나 모유 수유의 이상적 기간인 6개월에 못 미치고 있었으며, 이러한 기간에 영향을 미치는 요인으로 모유 수유 계획 여부, 모유 수유에 대한 교육 여부, 모유 수유 경험 여부 등을 밝혔다.

영아를 잘 키우기 위한 첫걸음으로서 수유는 매우 중요하며, 이를 위한 다각적인 지원이 필요하다. 조사한 바와 같이 일단 전체적인 모유 수유율을 증진시킬 수 있는 방안이 지속적으로 마련되어야 하며, 구체적으로 모유 수유의 장점에 대한 홍보와 교육, 지원을 통해서 산모가 모유 수유를 계획하고 실천할 수 있도록 해야 한다.

4) 운동 기능

영아의 운동 기능은 근육과 신경조직 그리고 중추신경과 골격의 성숙에 기초하여 발달하는데, 특히 눈, 머리, 목 등의 상체운동에서 팔, 다리 등의 하체 방향인 두미 방향으로 발달하며 신체의 중앙 부위에서 시작하여 말초 방향으로 발달한다. 예를 들면,

중추신경 시스템의 발달은 머리에서 시작해 발끝으로 내려가므로 머리와 목을 조절하는 뇌 부위는 팔, 다리를 관장하는 부위보다 먼저 발달한다. 영아가 성장할수록 근육의 통제가 점차 원활해져서 미분화된 전체 운동에서 차차 분화되어 특정 신체 부분에 반응 협동을 나타낼 수 있다.

또한 운동 기능 발달은 운동 기능 관장 피질, 운동을 억제하고 습관적인 동작 프로그램을 저장하는 기초 신경절, 운동신경을 자극하는 소뇌 등이 모두 동원되어야 가능하다. 예를 들어, 영아가 걸음마를 익히기 위해서는 자세의 재편성, 균형, 정신집중이 필요하므로 뇌는 이를 위해 스스로 재구성된다. 그 결과 처음 걷는 영아들은 한쪽 손을 더 잘 쓰는 수준에서 양손을 다 쓰는 수준으로 잠시 퇴보하였다가, 걸음마 동작에 자신이 생기면 어느 한 손을 더 잘 사용하는 것으로 돌아온다. 즉, 걷기를 발달시키는 동안 다른 운동 능력이 잠시 퇴보하는 것이다. 이처럼 뇌도 처음 다루는 근육들을 조절하는 것은 힘겨운 일이다. 영아들은 몸을 움직이면서 자세를 조절하는 방법을 배우는데, 이와 같은 자세를 조절하는 능력은 오랜 연습을 통해 얻어지는 복잡한 기술이다.

자신의 몸을 가누지 못하던 영아는 운동 기능 발달로 인해 스스로 이동하거나 움직일 수 있는 독립된 존재로 발달한다. 만 1세경에는 혼자 걸을 수 있고, 만 2세경에는 뛰어다닐 수 있게 된다. 운동 기능 발달을 성취하는 순서는 일정한 계열성을 갖고 있어서 이행 능력은 고개 들기, 뒤집기, 앉기, 기어 다니기, 일어서기, 걷기, 뛰기의 일정한 순서로 진행된다. 또한 눈과 손의 협응도 점차 정확해지고 손가락과 손목의 통제력도 증가함에 따라 물건을 쥐거나 던지는 것이 보다 안정적이며 정확해지고, 사물을 조작하는 능력이 가능해진다. 영아기 동안 이루어지는 협응 기능은 손뻗기, 움켜쥐기, 잡기, 던지기, 옷 벗기 등이 있다.

영아기의 운동 기능 발달 과정을 대근육 발달과 소근육 발달로 나누어 살펴보면 〈표 6-2〉와 같다. 그러나 운동 기능을 성취하는 속도는 영아에 따라 각기 다르기 때문에 8 개월부터 걷는 영아가 있는가 하면, 15개월 때 걷는 영아도 있고, 생후 1년 만에 말을 하는 영아가 있는가 하면, 좀 더 늦게 말하는 영아도 있다. 따라서 다음에 제시된 영아 운동 기능 발달 과정은 평균적인 연령을 나타낸 것임을 유의하여야 한다. 즉, 운동 능력 성취 시기보다는 순서에 중점을 두어야 한다.

〈표 6-2〉 영아기 운동 능력 발달 과정

월령	발달 특징	발달에 도움이 되는 지침
1개월	대근육 * 신경계통과 근육조절력이 향상되면서 마구잡이 운동이 점차 줄어든다. * 대부분의 행동은 빨기처럼 반사운동이다. * 손발을 제멋대로 뻗곤 하며 옆에서 받쳐 주지 않으면 목을 가누지 못해 머리가 뒤로 젖혀진다.	
2개월	대근육 * 안쪽으로 구부리고 있던 다리를 곧게 펴기 시작한다. * 고개를 들어 올리려 애쓴다. 반사운동 중 일부가 사라지기 시작한다. * 등은 아직 둥글게 휘어 있지만 머리를 지탱하기 시작한다. * 엎어서 뉘이면 팔과 다리를 움직이면서 기는 것 같은 동작을 한다. 소근육 * 주먹을 조심스럽게 쥐었다 폈다 한다. * 장난감 등 물체를 몇 분 동안 쥐고 있을 때도 있다.	* 깨어 있는 동안 일정 시간 엎드려 있게 한다. * 엎드린 자세는 영아가 스스로 몸을 움직이는 연습을 하도록 자극한다.
3개월	대근육 * 엉덩이와 무릎 관절이 유연해지면서 무릎을 구부렸다 펴기도 하고, 딱딱한 표면에 세워 주면 발로 힘차게 밀어젖힌다. * 엎드려 놓으면 머리와 가슴을 들어 올리려 한다. 	* 쿠션과 같은 지지대에 기대어 앉히면 잠시(최대 10분 미만) 앉을 수 있으므로 기대어 앉히고 주변 세계를 좀 더 잘 볼 수 있게 해 준다.

월령	발달 특징	발달에 도움이 되는 지침
	소근육 * 움직이는 물체를 향해 손을 휘젓기도 한다. * 누워 있을 때는 두 팔을 똑같이 잘 움직일 수 있다.	
4개월	대근육 * 체중을 좌우로 이동하는 법을 배워 몸을 뒤집는다. * 상체와 팔의 힘이 강해지고, 부축해 주면 앉아 있을 수 있으며, 균형을 잡기 위해 기대는 경우가 많다.	* 깨어 있는 동안 엎드려 있게 하여 스스로 몸을 뒤집어 보도록 격려한다. * 손으로 잘 잡을 수 있는 물건을 쥐어 준다. * 조금씩 먼 곳으로 영아가 팔을 뻗을 수 있도록 격려한다.
	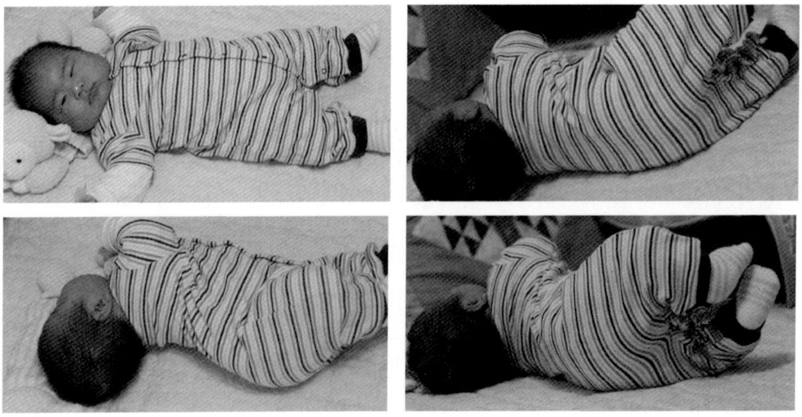	
	소근육 * 팔을 쭉 뻗을 수 있고, 손을 쫙 펴서 딸랑이 장난감과 같은 것을 움켜쥐고 입에 넣는다.	
5개월	대근육 * 팔, 다리, 머리, 목을 조절하는 능력이 커져서 엎드려 있는 동안 머리를 들 수 있고 몸을 흔들어 댄다. * 똑바로 누워서 손으로 발을 붙잡을 수 있고, 붙잡은 발을 입으로 가져간다. 등을 받쳐 주면 30분 정도 앉아 있을 수 있다. 소근육 * 양손을 사용해서 물체를 쥘 수 있고, 물체를 한 손에서 다른 손으로 옮길 수 있다. * 병을 붙잡을 수 있다. * 손바닥에 만져지는 물체만을 쥘 수 있고, 엄지손가락을 사용하지 않는다.	* 기대어 앉아 있을 수 있는 시간이 길어졌으므로 수시로 기대어 앉혀 놓고, 옆으로 쓰러졌을 때 다치지 않도록 많은 쿠션을 주변에 놓아 둔다. 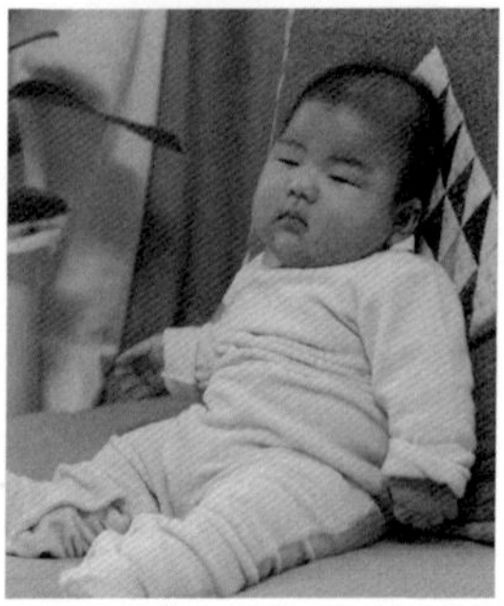

월령	발달 특징	발달에 도움이 되는 지침
		* 양손을 사용하도록 격려하면서 공을 굴려 준다. * 한쪽 손에 물체를 쥐고 있을 때 또 다른 손을 사용해서 다른 물체를 쥘 수 있도록 격려한다.
6개월	대근육 * 눕혀 놓으면 어느 쪽으로도 구를 수 있다. * 복부와 등이 강해져서 앉아 있을 때 거의 도움이 필요 없지만 항상 균형 감각을 이용해서 앉아 있지는 않는다. * 종종 균형 감각을 잡지 못하는 경우도 있다. * 팔을 잡아 주면 고개를 쳐들고 앉으려고 한다. * 엎드린 상태에서 발로 바닥을 밀어젖히며 앞으로 전진할 수 있다. 소근육 * 앉아 있을 때 마치 갈퀴질하듯 팔을 내밀었다 당겼다 하는 동작을 한다.	* 어느 정도 혼자 앉을 수 있으므로 영아가 들어가 앉아서 놀 수 있는 크기의 쿠션이 있는 통 안에 앉혀서 놀도록 하고 주변에 놀잇감이나 쿠션을 준비해 둔다. * 종종 엎드려 발로 바닥을 밀면서 기어가는 연습을 할 기회를 준다.
7개월	대근육 * 앉으려고 스스로 몸을 일으키기도 하고 도움 없이 앉을 수도 있다. * 다른 사람이 잡고 세워 주면 두 발에 몸 전체의 체중을 실을 수 있다. * 앉은 상태에서 물체를 잡기 위해 몸을 돌릴 수 있다. 소근육 * 손으로 물체를 때리기를 좋아하고, 물체를 잡을 때 엄지손가락을 사용하기도 해서 한 손으로 물체를 잡을 수도 있다.	* 깨어 있는 동안 안전하게 앉아서 놀이할 수 있는 공간을 제공한다. * 앉아 있는 영아에게 흥미로운 놀잇감을 제시하여 목표물을 향해 몸을 움직이고 잡아 보도록 격려한다.
8개월	대근육 * 근육조절 능력이 향상되어 기어다니기 시작하는데 처음에는 뒤로 움직일 때가 많다. * 팔다리를 이용하지 않고 엎드린 채 재빨리 움직이는 영아도 있다. 배를 대고 옆으로 몸을 돌리기도 하고 뒤를 보기도 한다. 소근육 * 움직이는 사물을 잡으려고 시도하고 종종 잡는 데 성공하기도 한다.	* 여기저기 기어다니므로 위험한 물건이 없는 안전한 환경을 제공한다. * 흥미로운 놀잇감을 제시하여 팔을 뻗거나 몸을 움직이도록 격려한다. * 영아 앞으로 천천히 물체를 움직이면서 영아가 물체를 잡아 보도록 격려한다.

월령	발달 특징	발달에 도움이 되는 지침
9개월	대근육 * 의도적으로 몸을 구르기도 하고 방향을 바꾸기 위해 몸을 회전시키기도 한다. * 손과 발로 바닥을 밀기도 하고 기기 전에 몸을 흔들기도 한다. * 기구를 붙잡아 당기며 몸을 일으켜 세울 수 있고, 서 있는 상태에서 무릎을 구부려 앉는 법을 배운다. 소근육 * 움직이거나 매달려 있는 사물에 정확히 접근해서 정확하게 잡을 수 있다. * 손가락으로 물체를 찌르기도 하고 위쪽에 있는 물건을 잡을 수도 있다. * 떨어뜨린 물건을 찾기도 하고 작은 물건을 잡을 때 엄지손가락과 집게손가락을 함께 사용할 수도 있다.	* 몸을 쉽게 굴리고 뒤집을 수 있으므로 의자에 앉히거나 침대에 눕힐 때 위험하지 않도록 특별히 주의를 요해야 한다. * 안전하게 붙잡고 설 수 있는 지지대와 환경을 제공한다. * 영아에게 위험한 물건은 보이지 않게 치우고, 손가락으로 찌르거나 던지고 입에 넣어도 안전한 물체만 제공한다. * 빵조각과 같은 것을 스스로 집어서 먹어 보도록 한다.
12개월	대근육 * 걷기 시작하는 영아도 있고, 걸을 때 자세가 불안정하여 넘어지거나 가구에 부딪히는 경우가 많다. * 서 있거나 앉았을 때, 기어다닐 때 몸의 중심이 앞쪽에 있고, 앉기 위해 의도적으로 몸을 굴리기도 한다. 소근육 * 손에 쥔 것을 놓는 방법을 배우게 된다. * 물체를 빨거나 두드리기 위해 손 전체를 이용하기보다는 손가락을 적절하게 사용할 수 있다.	* 걷거나 붙잡고 일어설 때 위험하지 않도록 뾰족한 물체는 치우고, 안전하게 붙잡을 수 있는 기구만 배치한다. * 물체를 떨어뜨리고 다시 잡는 행동을 즐기는 시기이므로 고무줄 같은 끈으로 물체를 묶어 주면서 물체를 떨어뜨리고 다시 끌어올리는 놀이를 격려한다.

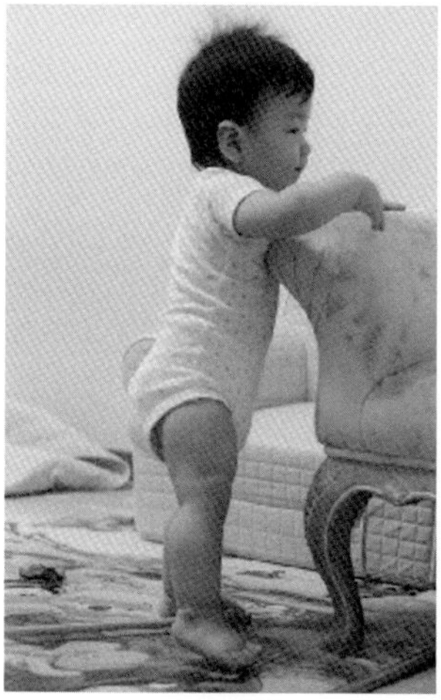

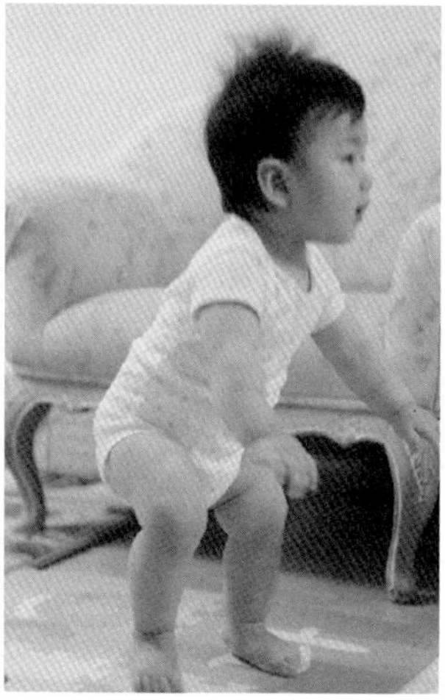

월령	발달 특징	발달에 도움이 되는 지침
13개월 (13~ 15개월)	대근육 * 두 다리를 벌린 채 팔자걸음을 하기도 한다. * 걸을 때 균형을 잡기 위해 두 팔을 이용한다. 소근육 * 집게손가락으로 사물을 가리킬 수 있고, 엄지손가락과 집게손가락으로 작은 물체를 정확히 잡을 수 있다.	* 영아가 많이 움직일 수 있도록 이름을 부르거나 약간 떨어진 곳에 놀잇감을 놓아 둔다. * 안전하게 계단 오르기를 연습할 수 있는 환경을 제공한다. * 안전하게 걷고 물체를 탐색하도록 더 세심한 환경 점검이 필요하다. * 손가락으로 물건을 가리켜 보도록 한다. * 블록꽂이 놀잇감을 처음에는 원 모양만 꽂다가 다른 모양도 꽂을 수 있다.
14개월	대근육 * 서 있는 상태에서 상체를 구부려 장난감을 집어 들고 다른 쪽으로 운반할 수 있다.	

월령	발달 특징	발달에 도움이 되는 지침
	소근육 * 한 손으로 2~3개의 물체를 쥔다. 그릇을 뒤집어 내용물을 쏟아낸다. 	
15개월	대근육 * 두 손과 무릎을 이용해 계단을 올라간 후, 엎드려 기거나 미끄럼을 타며 내려온다. * 걷는 동안 놀잇감을 밀거나 당길 수 있다.	
	소근육 * 블록을 1~2개 쌓아 올린 후 다시 무너뜨린다.	
16개월 (16~18개월)	대근육 * 공을 발로 차려고 하지만 제대로 못하고 공 위에 발을 얹어 놓는 형태로 된다. * 옆으로 혹은 뒤로 걸을 수 있다. * 흥분하면 걸음이 빨라진다. 	* 걷다가 서기, 그리고 다시 걷기 등을 연습하도록 격려한다. * 걷고 있는 영아를 뒤에서 불러 방향을 전환하도록 격려한다. * 간단한 모양의 블록꽂이나 구멍에 넣기 놀이를 격려한다. * 가벼운 공을 굴려주고 발로 차는 놀이를 하도록 한다. * 공 던지기 놀이를 해 주면 좋다.
	소근육 * 물건들을 서로 끼워 맞추려고 한다. * 지름 크기가 5cm 정도인 둥근 나무토막을 둥근 구멍에 끼워 맞추어 넣을 수 있다.	

월령	발달 특징	발달에 도움이 되는 지침
17개월	대근육 * 걷다가 멈추거나 방향 전환하는 것이 좀 더 자연스러워진다. * 유모차를 타기보다는 자신이 직접 밀고 다니는 것을 좋아한다. 소근육 * 공을 다른 사람에게 굴려 주거나 던질 수 있다. * 컵을 들고 물을 마실 수 있다.	
18개월	대근육 * 걸을 때 두 다리를 모아서 걸을 수 있다. * 걸음새가 훨씬 더 자연스러워지며 부모와 함께 계단을 올라갈 수 있다. 소근육 * 동그라미 이외의 몇 개의 도형 모양 끼우기가 가능하다. * 간단한 놀잇감을 분해한 후 다시 조립할 수 있다. * 지퍼를 내릴 수 있다.	
19개월 (19~ 24개월)	대근육 * 잠시도 가만히 있지 못하고 종종걸음으로 돌아다니거나 기어오르고 달리며 모험을 즐긴다.  소근육 * 3~4개의 블록을 쌓아 올린다. * 새로운 물체나 장소를 유심히 살핀다. * 혼자 침대나 의자에서 내려올 수 있고 양말이나 신발을 벗을 수 있다.	* 쿠션이나 매트를 이용해 간단한 장애물 놀이를 할 수 있는 환경을 제공한다. * 놀이를 통해 성인의 지시에 따라 몸을 움직이는 것을 격려한다. * 안전하게 계단 오르내리기를 연습할 수 있는 환경을 제공한다. * 간단한 유아체조를 따라해 보도록 격려한다. * 혼자 숟가락으로 음식을 먹어 보도록 한다. * 양말 벗기, 신발 신기, 지퍼 내리기 등 쉬운 일상생활 훈련을 혼자서 연습하는 것을 격려하거나 일상생활 훈련 교구를 제공한다. * 쉽게 부러지지 않는 도구로 끼적거리기를 하도록 격려한다. * 1~2조각 퍼즐 맞추기를 격려한다. * 모래놀이, 물놀이, 반죽놀이를 격려한다.

월령	발달 특징	발달에 도움이 되는 지침
20개월	대근육 * 넘어지지 않고 제대로 공을 찰 수 있다. * 철봉에 매달리기를 좋아한다. * 성인용 의자에 기어오른 후 돌아앉을 수 있다. * 달리는 모습이 아직 자연스럽지는 못하고 멈추거나 모퉁이를 도는 데 서투르다. * 두 발로 동시에 점프하기를 시도하지만 두 발이 바닥에서 떨어지지 않는다.	
	소근육 * 공을 던질 때 손을 어깨 뒤로 젖혔다가 앞으로 던질 수 있다.	
21개월	대근육 * 걸을 때 장애물을 피하기 위해 발 앞쪽을 살펴본다. * 난간을 붙들고 계단 하나에 두 발을 올려놓는 형태로 계단을 걸어 올라갈 수 있다.	
	소근육 * 책장을 한 번에 한 쪽씩 넘길 수 있다. * 손가락이나 큰 크레파스로 낙서하기를 즐긴다. * 아주 작은 물체, 벌레 같은 것들을 유심히 살펴본다. * 왼손잡이와 오른손잡이가 구별된다.	
22개월	대근육 * 걷기와 달리기 혹은 앉기와 서기 동작을 자연스럽게 전환시킬 수 있다. * 그네 타기 등 각종 놀이를 즐긴다.	
	소근육 * 혼자 신발을 신을 수 있지만 찍찍이로 된 신발이 가능하다. * 자동차 안전벨트를 스스로 매려고 한다.	
23개월	대근육 * 운동조절 능력이 향상된다. * 걸어다니는 것보다 달리기를 더 좋아한다. * 혼자 식탁에 앉거나 자동차에 올라탈 수 있다. * 유아용 농구 골대에 공을 던져 넣을 수 있다.	
	소근육 * 진흙놀이를 좋아한다. * 서투르지만 성인이 도와주면 원을 그릴 수 있다.	

월령	발달 특징	발달에 도움이 되는 지침
24개월	대근육 * 움직임이 훨씬 유연해진다. * 서 있는 자세가 더 안정되고 넘어지는 경우가 줄어든다. * 혼자 계단을 걸어서 오르내리는 경우도 있고 아직 기어오르는 것이 더 편안한 경우도 있다. * 음악에 맞추어 춤추는 것을 좋아하고 박자에 맞추어 몸을 움직이는 것을 배울 수 있다. 소근육 * 1~2조각 퍼즐을 할 수 있다. * 끈이 달린 놀잇감을 끈으로 조정할 수 있다. * 여러 개의 블록으로 탑을 쌓을 수 있다. * 높은 곳에 있는 원하는 것을 갖기 위해 의자에 올라가서 그것을 잡는다.	
25~29개월	대근육 * 끊임없이 움직인다. * 다른 사람에게 쫓기는 놀이를 좋아한다. * 놀이터에서 미끄럼틀 타기, 그네 타기, 뛰어다니기를 즐긴다. 세발자전거 타기를 배울 수 있다. * 발끝으로 걷는 법을 배우고 한 발로 서 있기도 한다. * 층계의 계단 수를 세며 마지막 계단을 뛰어내린다. * 양발로 제자리뛰기를 시도하지만 아직 서투르다. 소근육 * 손가락, 손바닥, 손목의 움직임을 조절하는 법을 배운다. * 뚜껑을 돌려 열거나 문고리를 돌려 열고 구겨진 종이를 펼친다.	* 성인이 쫓아가는 잡기놀이를 즐기도록 한다. * 안전한 실외놀이 환경을 제공하고 놀이기구를 안전하게 사용하는 방법을 안내한다. * 10cm 정도 높이에서 뛰어내리기 놀이를 격려한다. * 세발자전거 타기를 격려한다. * 다양한 방법의 공놀이를 즐기도록 한다. * 다양한 종류의 조작 놀잇감을 제공한다.
30~36개월 미만	대근육 * 걷는 모양이 어른처럼 더욱 자연스러워진다. * 두 발로 동시에 껑충껑충 뛰거나 종종걸음으로 빨리 걷는 등 새로운 형태의 동작을 즐겨 한다. * 계단을 오를 때 두 발을 교대로 이동한다. * 이동하면서 여러 가지 동작을 동시에 할 수 있다. 예를 들면, 달리면서 공을 던지거나 걸으면서 아이스크림을 먹을 수 있다. * 앞으로 넘어지지 않고 윗몸을 굽힐 수 있다. * 공을 발로 차서 의도한 방향으로 보낼 수 있다. * 선반 위에 올려놓은 공을 방망이로 칠 수 있다. * 세발자전거를 제대로 탈 수 있다.	* 리듬이나 성인의 지시에 맞추어 다양한 이동 동작을 시도해 보도록 한다. * 축구 같은 공놀이, 비치볼 굴리기나 던지기 등과 같은 놀이를 통해 몸의 균형 잡기 기능을 연습해 보도록 한다. * 다양한 쓰기 도구로 그림 그리기를 격려한다. * 리듬악기 연주를 격려한다.

월령	발달 특징	발달에 도움이 되는 지침
	소근육 * 연필을 손에 제대로 쥐는 법을 배운다. * 크레파스로 그림 그리기를 좋아한다. * 수직선이나 수평선을 그리기를 좋아한다. * 수직선이나 수평선을 그리는 흉내를 내지만 두 직선을 교차시키는 그림을 그리는 것은 서투르다. * 성인의 도움을 받아 안전가위를 사용할 수 있다. * 간단한 악기를 연주할 수 있을 정도로 근육조절 능력이 향상된다.	

출처: 이영 외(2009). 영유아발달, pp. 172-180.

2. 인지발달

1) 감각과 지각

인간은 동물에 비해 신체발달이나 지적 능력의 발달은 매우 미성숙한 수준으로 태어나지만 감각 발달은 어느 정도 이루어진 상태로 태어난다. 선천적으로 구비하고 있는 감각기관을 기초로 감각 활동을 할 수 있는데, 시각, 미각, 촉각, 청각, 후각을 즐겁게 해 주는 것들을 거의 직관적으로 감지해낸다.

지각 능력은 정신 과정의 하나로 인지 능력의 기초가 되는데, 지각 발달의 특징은 두 가지로 나타난다. 하나는 영아들이 생후 몇 년 동안 타고난 감각 능력에 대한 미세조정 과정을 거치면서 각 감각과 다른 감각을 구분할 수 있게 해 주는 신경 회로가 완벽하게 형성되어 감각 수용기(눈, 코, 귀 등)의 감수성이 증가하는 것이다. 또 다른 하나는 감각 정보가 지각 자체로 끝나지 않고 뇌와 다른 기능 및 부위들과 상호작용을 함으로써 정보를 기억하고 해석하는 능력이 증가하는 것이다. 즉, 감각을 지각하면 뇌로 전달된 감각신호가 그 감각신호와 그에 대한 뇌의 기억 · 감정 센터 사이의 신경 회로 형성을 촉진하고, 그 결과, 영아는 정보를 기억하고 그 정보와 관련된 기분 좋은 일이나 좋지 않았던 일들을 연관시킨다. 지각 정보의 기초가 되는 지각 경험은 출생 전부터 발달을 시작하는데, 지각 능력 발달을 구체적으로 살펴보면 다음과 같다.

(1) 시각

세상을 보는 능력은 영아가 가지고 태어난 감각 능력 중 가장 마지막으로 발달한다. 출생 시에는 시각피질의 신경세포들이 신호의 누출을 막는 지방성 물질로 둘러싸여 있지 않기 때문에 신경신호가 온전하게 전달되지 못해 빛과 그림자 이상은 구별하지 못하지만 영아의 시력은 빠르게 향상되어 첫돌이 되면 정상 시력인 1.0 정도가 된다(Kellman & Banks, 1998). 생후 3개월이 되면 영아는 자신을 향해 움직이는 물체를 탐지할 수 있으며 움직이는 물체의 움직임을 추적할 수 있다.

또한 신생아기에는 몇 개의 색만을 지각할 수 있으나, 3개월경이면 3개의 감광 세포와 관련된 회로들이 작동한다. 즉, 짧은 파장의 빛에 민감한 세포(파랑과 보라), 중간 길이의 파장에 민감한 세포(초록과 노랑), 긴 파장에 민감한 세포(빨강과 주황)들이 눈과 뇌의 복잡한 뉴런 회로에 연결되어 있으며, 이런 신경 회로의 발달로 인해 색의 전 범위를 볼 수 있게 되어 3~4개월 된 영아는 성인과 유사하게 색을 지각하는 것처럼 보인다(Adams & Courge, 1995; Franklin, Pilling, & Davies, 2005).

영아는 형태를 지각하는 과정에서 다른 물건보다 사람의 얼굴을 더 응시하거나 움직이는 사람의 눈을 더 쳐다본다(조성연 외, 2005, p. 249 재인용). [그림 6-7]에서 보는 것과 같이 1개월 된 영아는 사람 얼굴을 볼 때 턱과 머리 부분으로 눈을 움직여서 얼굴 외곽을 주로 응시하지만, 2개월 된 영아는 입, 눈, 머리로 눈을 움직여 얼굴 중심 부분을 응시하였다(Maurer & Salpateck, 1976).

7개월 정도의 영아는 깊이를 지각할 수 있어 벼랑 같은 장애물을 피할 수 있다. 잘 알려진 깁슨과 워크(Gibson & Walk, 1960)의 실험에서 영아는 체크무늬의 바닥 중 벼랑처럼 느껴지는 판 위에서는 벼랑처럼 느껴지는 곳으로 가지 않고 반대쪽에서만 기어 다니는 행동을 보였다. 이를 근거로 깁슨과 워크는 7~8개월경이면 3차원을 지각할 수

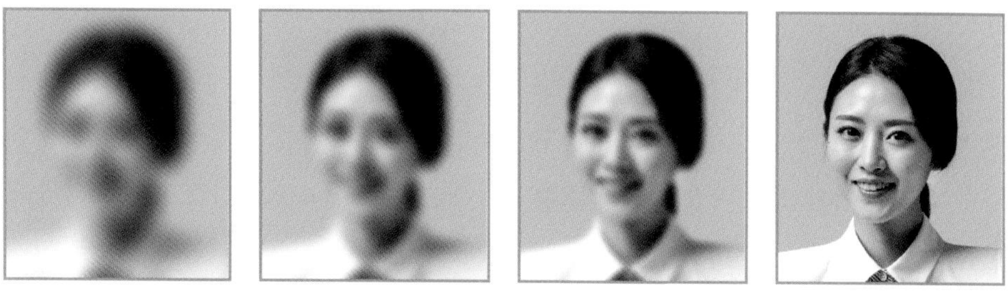

[그림 6-6] 생후 1년 동안의 시각적 예민성 증진(왼쪽부터 생후 1개월, 2개월, 3개월, 1년 때)
출처: 이영 외(2015). 영아발달, p. 195.

있다는 사실을 증명하였다.

영아는 사물의 크기와 형태에 대한 항상성을 가지게 되는데, 항상성이란 사물을 바라보는 거리와 상관없이 실물 크기와 모양이 늘 일정하다는 것을 판단할 수 있는 것이다. 이런 항상성의 획득 시기에 대해서는 학자마다 이견이 있었으나 최근 연구에서는 생후 4개월까지는 동일한 결과를 보이지 않는다고 주장하고 있다. 6~8개월 정도 되어야 물체와 시야 사이의 거리에 따라 사물의 크기와 모양을 동일하게 지각할 수 있다(Mckenzie, Tootell, & Day, 1980).

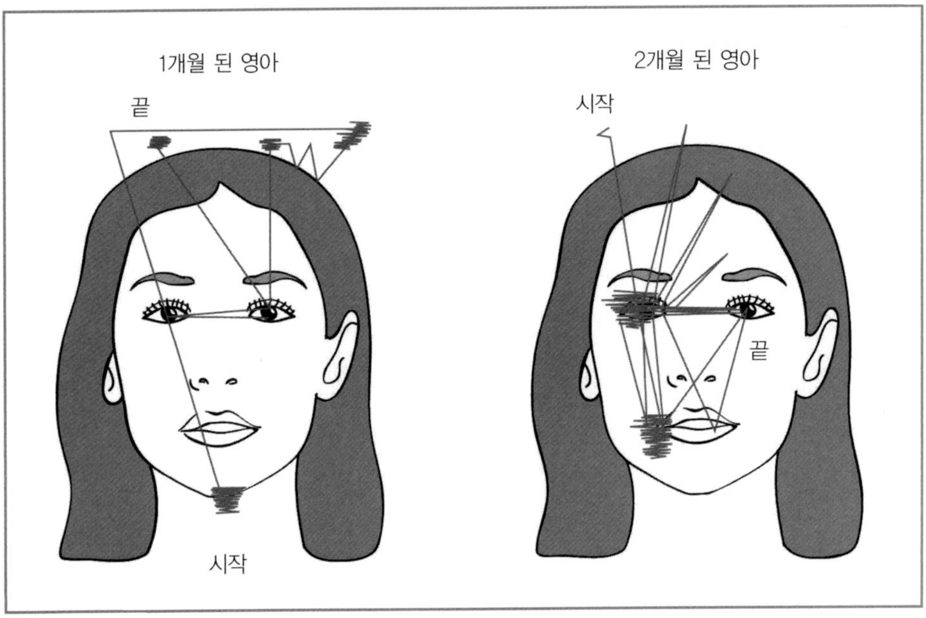

[그림 6-7] 1, 2개월 된 영아의 사람 얼굴에 대한 시각 지각
출처: 조성연, 이정희, 천희영, 심미경, 황혜정, 나종혜(2005). 아동발달의 이해, p. 150에서 재인용.

(2) 청각

출생 후 몇 시간이 지나면 영아는 주변의 목소리를 듣고 몸을 움직이는 등의 반응을 보이는데, 이는 영아가 소리에 민감하다는 것을 의미한다. 출생 직후에는 외이 부분에 양수가 차 있어서 소리 파장이 귀 구조를 통과하는 것이 다소 어렵지만 점차 소리에 대한 민감성은 크게 향상된다(Tharpe & Ashmead, 2001). 영아는 소리 나는 방향으로 고개를 돌리며 쳐다보는 행동을 하는데 이는 영아가 소리에 반응하는 것이다. 즉, 그 소리가 무엇인지를 탐색하기 위한 행동이다.

신생아는 순수한 음조보다는 소음이나 목소리와 같은 복잡한 소리를 선호하며 올라가는 음과 내려가는 음을 탐지하고, 음률이나 단어의 강조 패턴을 탐지할 수 있다(Winkler, Handen, Ladingin, Sziller, & Honing, 2009). 영아는 생후 1년 동안 소리에 대한 반응이 점차 정교한 패턴으로 조직화되는데, 2~4개월 된 영아는 박자의 변화를 구별할 수 있고(Baruch & Drake, 1997), 6~7개월경에는 리듬 패턴이 다른 선율을 구별할 수 있으며(Hannon & Johnson, 2004), 12개월경에는 같은 멜로디를 다른 키로 연주하는 것을 인식할 수 있다(Trehub, 2001).

또한 영아는 소리가 어디에서 나는지 알아내는 '소리 위치(sound location)' 지각을 할 수 있다. 소리를 듣고 소리 나는 방향으로 머리를 돌리는 반응은 1개월부터 3개월까지는 다소 감소하지만 4개월 반경부터는 증진되어 6개월경에는 능숙해진다. 소리 위치 지각 능력은 생후 2년 동안 계속 증진된다(Saffran, Werker, & Warner, 2006). 소리 위치 지각 능력은 주변 배경 소리 중에서 의미 있는 말소리를 변별하는 선택적 주의에 필수적인 능력이므로 영아가 반드시 발달시켜야 하는 능력이다. 영아의 '소리 위치' 지각 능력은 성인보다 부족하여 영아가 소음 속에서 성인만큼 지각하려면 10데시벨 정도 큰 소리로 말해야만 한다(Trehub, Bull, & Schneider, 1981). 영아의 듣기 능력은 성인과 크게 다르지 않지만 영아는 의미를 인식하지 못하기 때문에 성인만큼 주의를 기울여 듣지 못하는 경향이 있다. 영아는 다른 소리보다 인간의 목소리를 더 잘 듣는다.

영아는 생후 1년에 걸쳐 모국어의 소리 조직을 학습한다. 생후 5개월 된 영아는 모국어의 어절 강세 패턴에 민감하게 반응하며(Weber, Hahne, Friedrich, & Friederici, 2004), 6~8개월 된 영아는 모국어에서 사용되지 않는 소리를 변별해 낸다(Anderson, Morgan, & White, 2003). 즉, 출생 후 6개월이면 성인과 마찬가지로 모국어에 없는 음운을 지각하지 못하게 되는 것이다. 생후 7~9개월이면 의미를 알아내는 데 필요한 단어에 대한 민감성이 증진되어 말의 흐름을 단어와 같은 단위들로 쪼개기 시작한다(Saffran, Werker, & Werner, 2006). 영아는 언어 구조의 지각 능력이 증진되기 시작하면서 말의 흐름 패턴을 분석할 수 있게 되며 12개월 정도면 말하기 시작한다.

영아는 말에서 정서적 정보를 얻는 능력을 가지고 있다. 즉, 3~4개월 된 영아는 청각과 시각을 활용하여 슬픈 어조의 말과 행복한 어조의 말을 얼굴과 연결하며 구분할 수 있다(Walker-Andrews, 1997). 이후 영아는 양육자의 음성만을 듣고도 부정적인 정서인지 긍정적인 정서인지 구분하여 반응한다. 이와 같은 청각적 정보와 표정의 정서적 정보를 연결하는 영아의 능력으로 인해 주 양육자와 정서적 유대감이 강화될 수 있다.

TIP **영아의 촉각자극 중재 효과**

촉각은 자궁 내에서 최초로 발달하는 신경체계이며, 시각과 청각이 발달할 때 효과적으로 기능하는 기관이다. 촉각은 전체적으로 신경의 조직화에 매우 중요하며 촉각의 자극이 없으면 신경 조직은 불균형을 초래한다. 촉각자극을 통한 학습은 다른 자극과의 연계 학습을 촉진하는 데 기여하기 때문에 감각과 지각 발달은 영아가 경험하는 촉각자극에 영향을 받는다. 또한 촉각자극은 영아가 다른 사람과의 관계를 형성하는 중요한 통로이기도 하다. 일례로 어머니와의 신체적 접촉을 통한 촉각자극은 영아에게 어머니와의 친밀한 애착을 형성하고 상호작용의 교류를 느끼게 해 준다. 따라서 영아기 촉각자극의 중요성이 강조되고 있으며, 더불어 영아의 발달을 촉진시키는 적극적인 촉각자극 중재에 대한 다양한 연구가 이루어지고 있다.

김은주(2003)는 영아에 대한 촉각자극의 중재 효과에 대한 다양한 실험연구 11편을 대상으로 메타분석하였다. 논문의 6편은 단일자극으로 촉각자극을 제시하였으며, 5편은 복합자극으로 청각자극이나 시각자극 등의 다른 감각을 자극하는 중재를 포함하였다. 촉각자극으로 제공된 내용은 주로 마사지였으며, 그 외에 캥거루식 돌보기인 어머니와의 접촉, 감싸 주기 등이었다. 연구 분석 결과, 촉각자극은 영아에게 효과적인 간호중재이며, 고위험 영아보다는 정상 영아의 성장·발달을 촉진시키는 데 더욱 효과적이었다. 또한 영아의 행동 상태 및 행동 발달에 가장 유용하였으며 어머니와 영아의 상호작용에 촉각적인 자극이 긍정적인 영향을 미친 것으로 나타났다.

출처: 이영 외(2009). 영유아발달, p. 185.

(3) 후각, 미각, 촉각

영아는 냄새에 민감한 반응을 보이는데, 꿀이나 초콜릿과 같은 달콤한 냄새를 맡으면 만족스럽고 부드러운 표정을 짓지만, 암모니아 냄새와 같은 불쾌한 냄새를 맡으면 얼굴을 찡그리거나 고개를 돌린다(Mennella & Beauchamp, 1998). 이와 같이 물체와 장소에 대한 가치 평가가 포함된 후각은 영아가 대상에게 다가갈 것인지 아니면 피할 것인지를 결정하는 역할을 한다(이모영, 2014). 모유 수유를 한 생후 4일 된 영아는 다른 여성의 젖 냄새보다 어머니의 젖 냄새를 선호하였고(Cemroch & Porter, 1985), 모유 수유와 젖병 수유를 함께 한 3~4일 된 영아도 조제분유보다는 사람의 젖 냄새 쪽으로 입을 더 벌렸다(Marlier & Schaal, 2005). 이와 같은 포유동물의 후각은 어머니와 아기를 서로 알아보게 해 주고 포식자로부터 새끼를 보호하게 해 주는 중요한 역할을 한다.

영아는 미각 또한 잘 발달되어 있어서 신생아도 성인과 마찬가지로 짠맛, 신맛, 쓴맛, 단맛을 구분할 수 있다(Rostenstein & Oster, 1997). 영아 초기에는 모유가 단맛이기 때문에 단맛을 긍정적으로 평가하고 쓴맛에는 거부감을 나타낸다. 생후 4개월이 되면 밋밋한 물맛보다는 짠맛을 선호하게 되는데, 이는 이유 음식을 받아들일 준비가 되었다는 것을 의미한다(Mennella & Beuchamp, 1998). 이와 같은 영아의 맛에 대한 반응은 생존을 위한 중요한 역할이다.

촉각은 부모와 영아의 가장 기본적인 상호작용 수단이다. 생후 며칠 동안 어머니들이 영아의 뺨이나 손을 쓰다듬어 주는 촉각적인 자극은 영아의 신체적 성장을 촉진하고 세상에 대해 긍정적인 정서를 경험하도록 해 주며 양육자인 어머니와 신뢰감을 형성하도록 해 준다. 영아는 사물과 접촉하는 것에 민감하여 새로운 사물을 탐색하기 위해 촉각을 사용하기도 한다. 입과 손을 이용해 사물을 탐색하면서 이에 대한 지식을 얻는다. 또한 고통으로 인한 자극에 대해 독특한 울음 등으로 반응하는 것을 볼 때 영아가 고통을 경험한다는 것을 알 수 있는데, 이는 영아의 신경계가 고통을 전달할 수 있다는 것을 의미한다. 특히 영아의 피부는 성인과 비슷한 수준으로 고통에 대한 수용체를 가지고 있다고 보고되고 있다(Kail, 2008, p. 116).

이런 영아기의 감각과 지각 발달 과정을 다섯 가지 감각으로 나누어 자세히 살펴보면 〈표 6-3〉과 같다. 그러나 이런 감각 발달의 속도 역시 개인차가 있기 때문에 각 감각 발달의 순서에 중점을 두어 이해해야 한다.

〈표 6-3〉 영아기 감각 발달 과정

월령	시각	청각	후각	미각	촉각
1개월	* 양쪽 눈이 동시에 함께 움직이며, 눈 주위에 아른거리는 물체에 초점을 맞추고 무엇인지 알아낸다. * 시력은 아직 약하지만 움직이는 물체는 좀 더 잘 볼 수 있다.	* 남성의 목소리보다 여성의 목소리를 더 선호하며 낮은 음보다는 고음을 좋아한다. * 소리 나는 쪽으로 몸을 움직이고 간단한 소리를 구별할 수 있다.			* 반사적으로 소리 나는 쪽으로 몸을 뻗는 것이 감소하기 시작한다.

월령	시각	청각	후각	미각	촉각
3개월	* 특별히 사람의 얼굴을 좋아하며 어머니의 목소리를 인식한다. * 고정된 물체보다 움직이는 물체를 더 선호한다.	* 양육자가 말하는 것을 물끄러미 바라보기도 하고 소리 나는 쪽으로 고개를 돌리기도 한다.	* 역겨운 냄새가 나면 고개를 돌려 버린다.		* 친숙한 물체와 그렇지 않은 물체를 구별할 수 있다.
5개월	* 고정된 물체는 거의 정확하게 볼 수 있고 강한 대비가 있는 물체나 색깔을 선호한다.	* 소리 나는 쪽으로 고개를 빨리 돌릴 수 있고 친숙한 사람의 목소리 정도는 구별할 수 있다. * 조금 복잡한 음도 구별할 수 있다.			* 주먹을 쥐고 있던 손을 펴서 무엇인가 만지고 잡으려고 팔을 쭉 뻗는다. * 입으로 물체를 탐색한다.
7개월	* 단순한 물체보다는 복잡한 구성으로 이루어진 물체를 보는 것을 좋아하고 잘 보기 위해서 몸의 자세를 바꾸기도 한다.	* 위쪽과 아래쪽에서 나는 소리를 구분해서 쳐다본다. * 목소리와 자기 이름 인식이 가능하고 이에 반응을 보일 때 서로 다른 음으로 표현한다.		* 서로 다른 맛을 구별할 수 있고 쓴맛도 구별할 수 있다. * 싫어하는 맛은 피하고 좋아하는 맛은 원한다.	* 어떤 물체를 두드리기도 하고 포크질을 시작하여 무엇인가를 찌르려고 한다. * 물체를 손으로 잡아서 입으로 탐색한다.
11개월	* 깊이를 인식할 수 있고 기어다닐 때 머리부터 아래로 향하지 않는다. * 떨어뜨린 물건을 찾기 시작한다.	* 한 가지 또는 두 가지 요구를 듣고 반응한다. * 노래 속에서 언제 놀랄 만한 상황이 나오는지 인식한다. * 사람의 이름을 알고 친숙한 물체와 장소를 인식한다.			* 손으로 쓰셔 보고 찔러 보면서 물체를 탐색한다. * 간질이면 깔깔대고 웃는다.
13개월	* 잃어버린 물건을 찾으려고 빠르게 움직이는 물체를 눈으로 좇을 수 있다. * 시야는 거의 성인 수준이다.	* 간단한 명령을 듣고 반응한다. * 6개 정도 단어로 구성된 문장을 이해한다.			* 손으로 물체를 톡톡 두드리기도 하고 손으로 물체를 돌릴 수도 있다.

출처: 이영 외(2009). 영유아발달, pp. 188–189.

촉각
매우 중요한 감각이며 임신 4개월이면 촉각을 관장하는 뇌의 부분(초기 감각피질)이 촉감을 처리할 수 있다. 피부신경은 임신 10주면 나타난다.

미각
음식에 대한 선호는 상당히 일찍 형성되며 신생아에게도 선호가 뚜렷하다. 임신 7주만에 약 1만 개의 미뢰가 혀와 연구개에 나타나기 시작한다. 신생아는 대체로 단맛을 선호한다.

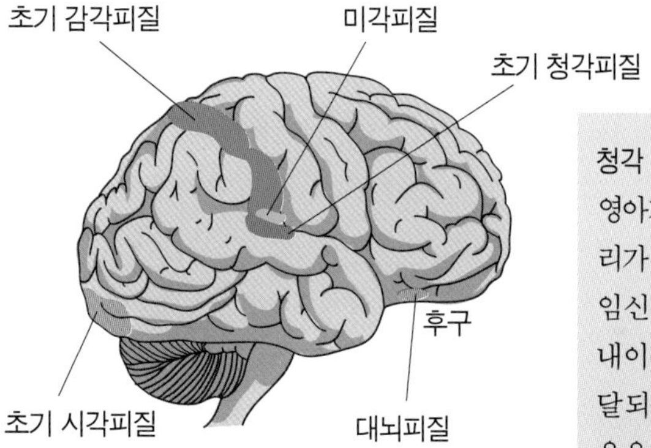

시각
가장 늦게 발달한다. 임신 7개월이면 초보적인 시각피질이 태아의 눈에서 전달된 신호를 받을 수 있지만, 시각 통로의 신경세포들은 출생 후 몇 개월 동안 미성숙 상태여서 상당히 뿌옇게 보인다.

청각
영아가 태내에서 듣게 되는 소리가 지속적인 영향을 미친다. 임신 28주에 뇌의 청각피질은 내이(內耳)의 신경세포에서 전달되는 신호를 통해 시끄러운 음을 감지할 수 있다. 신생아는 태내에서 마지막 12주 정도 들어오는 어머니의 목소리를 구별할 수 있으며 다른 사람들의 목소리보다 선호한다. 신생아는 지구상의 모든 언어의 음소를 감지할 수 있지만 그 능력은 생후 1년 안에 상실된다.

후각
태아는 양수의 냄새를 감지한다. 출생 시 영아는 어머니와 다른 사람들의 체취를 구분할 수 있다. 후각은 기억 및 감정과 밀접하게 연관돼 있는 듯하다.

[그림 6-8] 세상으로 향한 5개의 창문
출처: 뉴스위크 한국판 편집부(2003). 뉴스위크 한국판 특별호: 귀여운 우리 아기 II, p. 20.

TIP **영아학대(흔들린 아이 증후군)**

흔들린 아이 증후군(shaken baby syndrome)은 영아의 머리가 심하게 흔들리면 머리가 앞뒤로 움직여져서 머리에 출혈을 유발하고 뇌압을 상승시켜 손상이 나타나는 증세이다. 이 증후군은 치명적인 아동학대의 가장 많은 형태 중 하나로서 6개월 이하의 영아에게 가장 흔히 발생하고 3세까지도 일어날 수 있다. 부모나, 혹은 아이를 돌봐 주는 사람이 아이를 달래기 위해 또는 학대의 의도를 숨기기 위한 수단으로 아이를 격렬하게 흔들어 발생하며, 외상이 동반되지 않을 수도 있어서 진단이 어렵다고 한다. 유영철, 김찬윤, 박인원(2002)은 발열을 동반하지 않은 두 번의 경련으로 인해 내원한 3개월 여자 환아를 검진한 결과, 특별한 외상의 병력과 징후 없이 관찰된 뇌경막하 출혈과 양안에서의 망막 출혈, 친부모에 의해 양육되지 않은 점으로 흔들린 아이 증후군으로 진단하였음을 보고한 바 있다.

아이를 돌보는 사람이 아이를 흔들게 되는 이유는 아이가 울음을 그치지 않고 계속 울어서 이를 달래기 위함이며, 종종 아이를 흔드는 것이 별다른 해가 없다고 생각하기 때문이라고 한다. 때때로 아이가 울음을 그치지 않아 감정적으로 격해져서 흔들게 되면 이때 가해지는 힘이 커지는데, 이는 아이가 단순히 떨어져서 머리를 부딪칠 때보다 10배나 크다고 한다.

영아들은 신경조절 능력과 목 근육 발달이 덜 된 상태이므로 심하게 흔들면 뇌가 두개강 내에서 앞뒤로 흔들리게 되어 가속과 감속의 손상이 가해짐으로써 연결 뇌혈관이 찢어지며 뇌경막하 출혈이 발생하는 것으로 알려져 있다.

출처: 유영철, 김찬윤, 박인원(2002). 외상의 징후 없이 발생한 흔들린 아이 증후군 1례. 대한안과학회지, 43(6), pp. 1108-1112.

(4) 감각 정보의 통합

영아는 감각기관을 통해 자극을 경험할 때 여러 감각기관으로부터 들어오는 정보를 통합하게 된다. 딸랑이를 흔들면 영아는 흔들리는 딸랑이를 보고, 동시에 딸랑이 소리를 듣고, 손으로 딸랑이를 만져 본다. 딸랑이가 주는 자극은 시각, 청각, 촉각 등의 여러 감각에 의해 자극이 전달되고 영아는 각 감각을 통해 전달된 정보의 관계를 스스로 깨닫게 된다. 즉, 딸랑이를 손으로 만지고 흔들 때마다 소리가 나면서 딸랑이가 움직이는 관계를 알게 되는 것이다. 영아가 한 감각기관으로 들어온 자극이 무엇인지, 또 다른 감각기관에서 어떤 감각 경험을 하게 될 것인지를 아는 것은 여러 다른 감각기관으로 들어오는 정보를 통합하는 감각 간 지각(intermodal or intersensory perception)이 가능하기 때문이다(성현란 외, 2001, p. 167). 세상의 여러 정보를 알아 가야 하는 영아에게는 다양한 감각을 통해 정보를 얻고 이 정보들을 협응하고 통합하는 능력이 중요하기 때문에 이런 협응 능력은 영아기의 중요한 발달과업이다.

영아가 다른 감각기관을 통해 받아들인 정보들을 어떻게 하나의 경험으로 통합하는가에 대해서는 두 가지 견해가 있다. 하나는 피아제(Piaget, 1992)의 주장인데, 감각기관들이 처음에는 독립적으로 발달하다가 발달과 더불어 경험에 의해 통합된다는 것이며(김경희, 2003, p. 114 재인용), 또 다른 하나는 깁슨의 주장인데(Gibson, 1969, 1992), 태어나면서부터 감각 간 지각 능력을 가진다는 입장이다. 즉, 영아는 물체가 점점 멀어질수록 더 작게 보이며 소리도 작게 들린다는 것을 알 수 있다는 것이다(Kail, 2008, p. 121). 이 외에도 신체적 움직임과 음악적 리듬의 지각을 연결하는 연구(Phillips-Sliver & Trainor, 2005), 입으로 경험한 젖꼭지의 모양을 시각적인 모양으로 연결하는 연구(Meltzoff & Borton, 1979) 등의 연구결과를 볼 때 영아는 어린 시절부터 다양한 감각 간의 관계를 연결하는 통합 능력이 있으며 그것을 발달시키고 있다고 할 수 있다.

2) 영아기 사고발달

영아는 환경과 상호작용하면서 기초적인 사고 과정을 발달시킨다. 영아의 사고 과정을 이해하기 위해 피아제의 감각운동기 특성과 대상영속성, 주의력, 상징과 표상, 개념과 범주화에 대해 살펴보면 다음과 같다.

(1) 감각운동적 사고

감각운동기의 영아는 타고난 반사행동을 환경에 적용해 보는 경험을 반복하면서 다양한 반사행동을 통합하여 의도적인 행동을 한다. 영아는 새로운 사물을 탐색하여 정보를 획득한다. 이때 영아는 사물을 탐색하는 행동의 법칙, 즉 도식(schema)을 사용하여 동일한 행동으로 사물을 탐색하고 정보를 획득한다. 영아는 물체를 탐색하기 위해 기존에 사용했던 행동을 그대로 적용하는 '동화(assimilation)'를 사용한다. 반면에 물체의 새로운 특성을 탐색하고자 할 때는 자신의 탐색적 활동을 조절(accommodation)하여 적용한다. 이와 같이 영아는 경험을 통해 기존의 도식을 동화하고 조절하면서 세상을 알아간다. 피아제는 감각운동기를 6개의 하위 단계로 구분하였으며 각 세부 단계의 특성은 〈표 6-4〉와 같다.

〈표 6-4〉 감각운동기의 6개 하위단계 및 세부 단계별 특성

세부 단계	연령 범위	인지발달 특징
반사운동기	출생~1개월	• 타고난 반사행동(예: 빨기 반사)을 통해 환경과 접촉하고 적응적 방향으로 수정됨.
일차 순환반응기	1~4개월	• 우연히 어떤 행동을 해서 흥미로운 결과를 얻었을 때 이러한 행동을 반복함(예: 손가락 빨기). • 점차 감각체계 간의 협응이 가능해짐.
이차 순환반응기	4~10개월	• 일차 순환반응기에서 획득한 행동을 다른 대상이나 자극에 적극적으로 적용함. • 자신의 행동과 예상되는 결과를 예측하며, 자신의 욕구 충족을 위하여 의도적으로 행동함.
이차 도식의 협응	10~12개월	• 기존 도식을 새로운 상황에 적용함. • 대상영속성 개념을 획득하기 시작함. • 지능의 뚜렷한 첫 신호가 나타남. • 도구적 활동을 함.
삼차 순환반응기	12~18개월	• 새로운 문제해결을 위한 새로운 수단의 발견과 다양한 반복이 나타남. • 시행착오적 탐구를 함(예: 높은 곳의 물건을 내리는 것에 실패할 경우 의자를 가져다 놓고 물건을 내림).
정신적 표상	18~24개월	• 행위를 내면화하고 행동하기 전에 사고하기 시작함. • 수단과 목적의 관계에 대한 정신적 조작이 가능해짐. • 대상영속성 개념이 획득됨.

(2) 대상영속성

대상영속성이란 사물이 우리의 바람이나 생각과는 상관없이 독립적으로 존재하고 있음을 이해하는 것으로, 피아제는 이를 영아가 주변 세상을 탐색하고 적응해 가기 위해 필요한 개념으로 설명하였다. 영아는 12개월 때까지는 대상영속성 개념이 전혀 없다가 이후에 점차 발달한다.

① 제1단계: 0~2개월

출생에서 2개월까지의 영아는 대상영속성 개념이 전혀 없다. 따라서 눈앞에 있던 대상을 관심 있게 쳐다보지만 시야에서 사라지면 그 대상에 대한 관심도 사라져 그 대상

을 찾으려 하거나 아쉬워하지 않고 다른 사물을 보거나 다른 행동을 한다. 따라서 어머니의 얼굴이 영아 앞에 나타나면 쳐다보지만 어머니가 가 버리면 관심도 사라지고 다른 사물을 쳐다본다.

② 제2단계: 2~4개월

2단계의 영아에게는 대상영속성의 개념이 어렴풋이 나타난다. 이 시기의 영아는 눈앞의 대상을 주의 깊게 바라본다. 하지만 대상이 사라지면 대상이 사라진 장소를 잠시 쳐다보기는 하지만 이내 고개를 돌려 다른 사물을 쳐다본다.

③ 제3단계: 4~8개월

3단계의 영아는 대상영속성 개념이 형성되기 시작하면서 주변의 물체가 보이지 않아도 어딘가에 존재한다는 사실을 조금씩 이해하게 된다. 이 시기에는 새로운 사물을 보면 흥미를 보이며 잡으려고 하다가도 사물이 눈앞에서 사라지면 사라지는 과정을 보았음에도 불구하고, 완전히 사라진 경우 대상물을 찾으려는 적극적인 행동을 보이지는 않고 이내 다른 사물에 관심을 보인다. 그러나 부분적으로 감추어져 있을 때는 대상물을 찾기도 한다. 이러한 특성을 보이는 것은 대상의 시각적 특성을 인식하기 때문이다.

④ 제4단계: 8~12개월

4단계가 되면 영아는 담요나 상자 안에 물건이 숨겨지는 것을 보면 물건을 찾고 또 성공적으로 찾아낸다. 그러나 이 단계의 대상영속성은 완벽하지 않아서, 동일한 장소(A)에 반복적으로 물건을 숨기면 시야에서 완전히 숨겨졌다 하더라도 그 대상을 찾아낼 수 있으나, 한 대상을 어떤 곳에 숨겼다가 다른 장소(B)로 위치를 이동시키면 물건을 숨기는 것을 보았다 하더라도 계속 첫 번째 숨겨졌던 장소(A)에서 그 대상을 찾으려고 하는 AB 오류가 나타난다. 이러한 행동을 볼 때 12개월경의 영아는 사물의 존재에 대한 이해가 단편적이라는 것을 알 수 있다.

⑤ 제5단계: 12~18개월

5단계의 영아는 대상이 이동하는 것을 목격했을 때는 기존에 찾아보지 않은 장소라 할지라도 그리고 숨겨지는 장소가 여러 번 바뀌어도 마지막에 숨겨진 위치에서 대상물을 찾아낼 수 있다. 그러나 영아에게 보이지 않게 이동했을 때에는 찾지 못한다. 즉, 영아가 볼 수 있는 상황에서의 사물의 이동은 이해할 수 있기 때문에 대상영속성이 가능하지만, 자신이 볼 수 없는 상황에서 이동한 대상에 대해서는 물체가 이동하는 과정에 대해서 표상하지 못하므로 숨긴 사물을 찾을 수 없다.

⑥ 제6단계: 18~24개월

6단계의 영아는 대상영속성을 완전히 획득한다. 이 시기의 영아는 눈앞에 없는 사물이나 사물의 상에 대한 내적 표상이 모두 가능하므로, 영아가 물체의 이동 과정을 보지 못하도록 대상물을 이동했을 때에도 영아는 물체가 존재한다는 것을 이해하고 물체를 찾기 위해 노력한다.

이와 같이 대상영속성 개념을 획득한 영아는 눈앞에 보이지 않는 세계에 대해 기대하게 되고, 문제 해결을 위한 계획을 세우고 상징을 사용할 수 있게 된다. 따라서 숨바꼭질이나 보물찾기 등의 놀이가 가능하고 탐색행동도 더 증가한다.

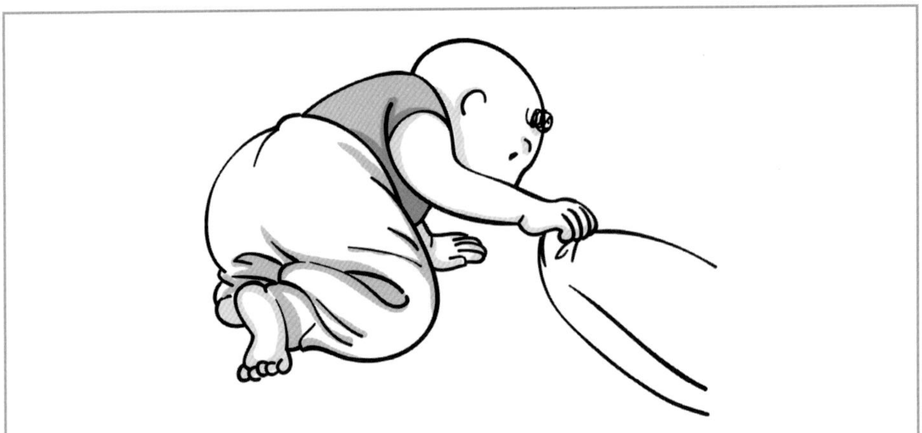

[그림 6-9] 영아가 물건을 찾는 모습
출처: 이영 외(2009). 영유아발달, p. 192.

(3) 주의력

인간은 깨어 있는 동안 엄청난 양의 정보가 포함된 자극을 끊임없이 받아들인다. 그러나 정보를 처리할 수 있는 용량은 매우 제한적이기 때문에 유입된 정보 중 일부만을 처리해야 하므로 주의(attention)가 필요하다. 주의란 한 가지 현상에만 의식을 집중하고 다른 자극들을 배제하는 것이다. 주의의 특징으로 선별성(selectivity)과 집중(concentration)

을 들 수 있다. 따라서 영아는 많은 정보 가운데서 어느 것이 흥미로운지 선별하고, 선별된 자극에 주의를 집중한다. 이와 같이 영아가 수많은 자극과 정보 중에서 어떤 특정한 것을 선택해서 처리하는 것을 선택적 주의라고 하며, 영아는 좀 더 알고 싶은 정보에만 선택적으로 초점을 맞추고 주의를 집중하여 사물과 세상을 기억한다.

영아가 여러 자극 중 어떤 자극에 선택적으로 주의를 집중하는지를 알기 위해서는 영아의 보기(looking)행동을 관찰하는 방법이 효과적이다. 영아의 동공이 고정된 지점(fixation point)을 측정하거나 움직이는 물체를 사용하여 시선이 따라가는지를 관찰하면 영아의 선택적 주의를 측정할 수 있다(성현란 외, 2001, p. 85).

영아가 주의를 집중하여 정보를 받아들이는 과정에는 지향행동(orienting behavior)이 주요한 역할을 한다. 지향행동이란 갑자기 주어지는 자극이 있는 쪽으로 향하는 행동이다(김경희, 2003, p. 117). 영아는 강하고 새로운 자극이 주어지면 깜짝 놀라는 반응을 보이며 그 자극을 응시하고 심박수와 뇌파의 패턴에 변화를 보인다. 즉, 영아는 강하고 새로운 자극에 주의를 기울이는데 이와 같은 신기성(novelty)은 영아가 선택적 주의를 하도록 하는 데 중요한 요소이다. 생후 2~3개월부터 약 1년간 영아들의 주의를 사로잡는 것은 대체로 새로운 사물이나 사건이다. 현재 제시된 자극이 만약 이미 형성된 자극과 차이가 많이 나면 새로운 것으로 간주되어 지향행동이 일어난다(Sokolov, 1993). 이 외에도 영아는 물리적 특성에서 변화가 큰 윤곽, 움직임, 요소의 수가 많은 패턴 등에 주의를 기울인다(Kagan, 1970).

새로운 자극이 계속 반복되어 익숙해지면 지향행동은 점차 줄어들다가 사라지는데, 이를 습관화라고 한다. 지향행동을 통해 영아는 계속적으로 주변 환경에서 새로운 정보를 습득하며, 습관화를 통해 익숙해진 자극에 대해서는 계속 반응하지 않게 되어, 중요하지 않은 자극에 너무 많은 에너지를 낭비하지 않게 된다(Rovee-Collier, 1987). 영아는 지향행동과 습관화를 통해 세상을 배운다.

(4) 상징과 표상

영아도 기초적인 수준의 상징을 사용할 수 있다. 대표적인 예가 '베이비 사인'이다. 생후 8개월이면 영아는 어머니가 준 음식이 싫으면 손을 저어 거부의 표현을 하는 등 제스처를 사용하는데, 이는 영아가 상징을 사용한다는 것을 의미한다.

상징을 사용할 수 있게 된 영아는 가상놀이를 활발하게 한다. 가상놀이는 보이지 않는 대상을 표상하거나 실제와 다르게 표현하는 놀이로 언어와 함께 상징의 대표적인 표현매체이다. 피아제(Piaget, 1962)에 의하면, 영유아의 표상 능력의 발달에 따라 언어와 가상놀이가 나타나며, 가상놀이는 생후 15개월경에 단독놀이 형태로 출현해서 2세에서 4세까지 점차 정교해지면서 발달한다.

TIP 영아의 상징놀이

영유아기에는 그 어느 시기보다 가상놀이가 활발히 이루어진다. 가상놀이는 보이지 않는 대상을 표상하거나 실제와 다르게 표현하는 놀이로 언어와 함께 상징의 대표적인 표현매체이다.

이에 대해 레슬리(Leslie, 1987)는 영유아의 가상놀이는 특수하고도 고차원적인 인지 과정이 뒤따르기 때문에 고차원적인 인지 능력의 출현이나 획득을 반영하는 것이라고 주장한다.

김영심과 이종희(2003)는 19개월부터 48개월 영아의 가상놀이를 관찰하고 분석하여 초기 가상놀이의 특성을 파악하고자 하였다. 이들은 가상놀이의 단계를 전 가상놀이, 단순한 자기가상, 단순한 대치, 단순한 타인가상, 단순한 가상이 반복되는 가상, 단순한 이야기가 있는 가상, 상상적 사물이나 상태가 포함된 가상, 가상에 필요한 표상물을 만들어 하는 가상, 연속적 이야기가 있는 가상, 계획만 언급되고 추후행동이 없는 가상, 계획과 추후행동이 있는 가상, 다양한 역할 바꾸기가 포함된 가상 등 12단계로 세분화하여 관찰하였다.

가상놀이의 평균 상징화 수준을 분석한 결과, 남아는 연령이 증가할수록 상징화 수준이 높아지는 경향을 나타냈고, 여아는 어린 세 집단에서만 높아지는 경향을 보였다. 전반적으로 연령이 높아질수록 상징화 수준이 높아지는 경향은 뚜렷하지만 특별히 2세 이전의 영아도 개인에 따라 높은 수준의 가상놀이가 가능하였다는 점이 주목할 만하다.

이러한 연구결과를 토대로 영아를 둔 부모나 보육교사는 초기 가상놀이의 중요성을 인식하여 영아가 높은 수준의 가상놀이를 할 수 있도록 환경을 마련해 주어야 하며, 가상놀이를 촉진시킬 수 있는 언어적 상호작용이나 놀이 유도 등 적절한 개입 역시 매우 중요하다.

(5) 개념과 범주화

영아는 사물에 대한 물리적인 지식을 계속 형성해 가며 사물의 연관성과 차이점에 대해 인식하게 된다. 범주화(categorization)는 사물이나 사건을 어떤 규칙이나 원칙에 따라 집단으로 나누는 능력을 의미하며, 개념(concept)은 같은 유목에 포함되는 대상들 사이에 존재하는 공통점을 정신적으로 표상하는 것을 의미한다. 따라서 범주화는 사물을 모으는 것이고, 개념은 이를 정신적으로 서술하는 것이라 할 수 있다(한유미, 2014, pp. 226-227).

피아제는 범주화 능력이 전조작기에 가능하다고 주장하였지만, 습관화 과제를 이용한 범주화 능력 실험에 따르면 실제 영아는 이보다 더 어린 시기에도 범주화 할 수 있다. 생후 3개월이면 여러 범주를 형성하며, 6개월 이전에도 모양이나 색, 상대적 크기 등에 따라 물체를 분류할 수 있다(Berk, 2013, p. 235). 영아는 사물의 크기에서는 오차를 인식할 수 있으며, 사물의 형태와 색깔, 크기, 모양에 따라 물체를 분류할 수 있다. 또한 기준에 따라 사물을 대응시킬 수도 있다. 영아는 사물을 분리했다가 모아 놓기를 좋아하며, 여러 물체를 조작해 봄으로써 원인과 결과 간의 관계성을 이해해 간다(양옥승 외, 2011, p. 232).

다음 〈표 6-5〉는 영아의 인지발달을 연령별로 제시한 것이다. 각 시기에 나타나는 대표적인 인지발달 특징을 이해하고 이를 도와주기 위한 양육자의 지침을 참고하면 영아기 인지발달을 이해하는 데 도움이 될 것이다.

〈표 6-5〉 영아기 인지발달 과정

월령	발달 특징	발달에 도움이 되는 지침
0~3개월	* 출생 후 첫날 영아는 냄새로, 점차 처음 며칠 동안은 목소리로 사람을 인식한다. 그리고 7일 후쯤 되면 눈에 띄는 시각으로 사람을 인식한다. * 소리, 빛, 몸짓 등에 반응을 보인다. * 주위에 있지 않은 사람은 기억할 수 없다. * 영아는 그 순간에 지각한 것만이 유일하게 그들에게 존재하는 것이다. * 영아는 움직이지 않고 가만히 있는 것에 대해서는 관심을 철회한다. 따라서 움직이거나 변화되는 것에 집중한다. * 어떤 원인 뒤에 따르는 결과에 대해 알 수 있다. * 표정을 모방하여 따라한다.	* 얼굴에 민감하게 반응하므로 얼굴을 가까이 대고 눈을 맞춘다. * 영아에게 거울을 통해 자신의 모습을 볼 수 있게 한다.

월령	발달 특징	발달에 도움이 되는 지침
4~7개월	* 사물이 눈에 보이지 않을 때에도 존재한다는 사실을 인식한다. * 어떤 것이 특별하다는 것을 깨닫기 시작한다. * 행동을 서로 연결 지을 수 있다. 즉, 팔을 뻗어 장난감을 잡고 그것을 입으로 가져온다. * 이 시기의 영아는 소리를 지르면서 팔을 뻗어 놀잇감을 잡는 등 두 가지 활동을 동시에 수행할 수 있다. * 사물의 탐색을 즐기기 시작한다. 물건을 흔들어 보고 떨어뜨리며 인과관계를 탐색한다.	* 다양하고 새로운 형태의 색상과 모양 등을 보여 준다. * 움직이고 소리 나는 놀잇감을 제공한다. * 물건을 던지며 탐색하므로 안전하게 던질 수 있는 놀잇감을 제공한다.

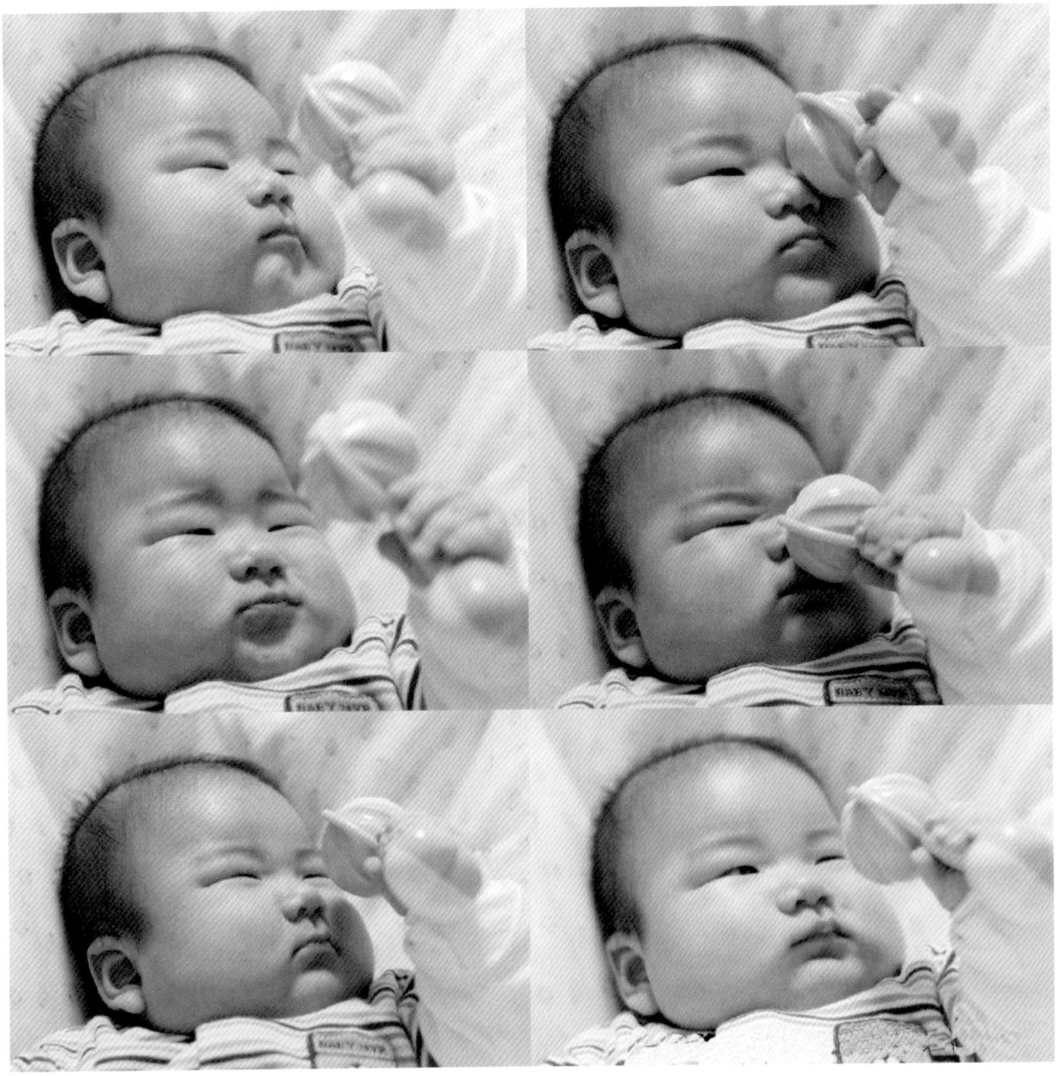

월령	발달 특징	발달에 도움이 되는 지침
8~12 개월	* 사람이나 사물이 눈앞에 보이지 않아도 여전히 존재한다는 것을 이해하기 시작한다. * 행동을 연합하고 계획할 줄 알며, 두 가지 생각을 합쳐서 하나의 계획으로 만들기도 하여 하나의 흐름이 생긴다. * 어떤 일을 하고 있는데 흥미를 끌 만한 것을 제공하면 눈을 들어 힐끔 쳐다보고는 이내 자신이 하던 일로 돌아간다. * '안 돼' 라는 말의 의미를 안다. * 제스처에 의미를 부여한다. 예를 들면, 싫다는 의미로 고개를 흔드는 행동을 한다. * 한 가지 방법이 아닌 다른 방법으로 같은 사물을 사용할 수 있으며 입에 물건을 집어넣는 일이 줄어든다. * 집게손가락으로 원하는 사물을 가리킨다.	* 영아와 까꿍놀이와 물건 숨기기 놀이를 한다. * 자기 전에 그림책을 보여 준다. * 영아에게 이야기할 때 제스처를 사용한다. * 영아가 원하는 것이 무엇인지 손으로 가리켜 보도록 한다.

13~18 개월	* 어떤 사물이 일정한 장소에 놓여 있다는 것을 예상할 수 있고 특정한 사건은 정해진 시간에 일어난다는 것을 알 수 있다. * 각 사물은 고유한 특성이 있다는 것을 안다. * 어머니가 빼어서 치운 물건을 달라고 계속해서 떼를 쓴다. 즉, 이전에 일어났던 일을 기억하고 다음에 일어날 일을 예견하는 것같이 보인다. * 물건의 포장을 풀 수 있다. * 무엇인가를 계속 시도하고 연습에 임한다. * 사람들의 행동이나 표정을 주의 깊게 관찰하고 그대로 따라한다. * 간단한 지시를 따를 수 있다. * 부모를 즐겁게 하기도 하지만 괴롭히는 행동을 하기도 한다.	* 영아가 흥미를 보이는 사물이나 행동에 대한 단어 및 제스처를 연관짓도록 한다. 예를 들어, 영아가 강아지를 보고 있으면 '멍멍' 이라고 말해 준다. * 일상생활 물건의 특성을 탐색하도록 한다. * 까꿍놀이를 통해 원인과 결과를 경험하게 한다. * 각 상황에 적합한 행동, 표정 등을 보여 준다.
19~23 개월	* 사물을 주의 깊게 주시하고 탐구하고 조사한다. 이전보다 더 복잡한 행동을 계획할 수 있다. * 행동의 흐름을 파악할 수 있다. 즉, 어떤 행동을 하는 데 자신의 생각을 조합하고 계획하여 할 수 있다. 그래서 다른 사람의 행동을 무작정 따라하기보다는 그들의 의도를 모방하기 시작한다.	* 영아가 다양한 탐색을 시도해 볼 수 있도록 안전한 환경을 제공한다.

월령	발달 특징	발달에 도움이 되는 지침
	* '하나' 또는 '더 많이'라는 개념을 이해하기 시작한다. * 자신의 욕구 불만을 표현할 수 있다.	* 영아의 울음이나 알아듣기 힘든 말과 제스처를 말로 표현해 주고 대답해 준다.
24~36 개월	* 사물에 대한 집중도가 더 높아지고 이전보다 더 다양한 방법으로 문제를 해결하기 위해 시도한다. * 이야기를 기억하여 말할 수 있다. 그리고 보고 들은 것은 말할 수 있으나 완전하지 못하며 인상적인 것 한두 가지를 기억하여 이야기할 수 있다. * 끊임없이 '왜?'라는 질문을 통해 정보를 알아 간다. * 서로 비교할 수 있고 규칙을 이해하기 시작한다. 그래서 비슷한 것과 다른 것의 개념을 이해하기 시작한다. * 지시하는 말을 이해하고 따를 수 있지만 종종 따르기를 거부하기도 한다. * 상상력이 풍부해지고 단순한 상상놀이를 시작한다.	* 그림책 보기를 즐기도록 한다. * 영아 주변에서 일어나는 일에 대해서 가능한 한 자세히 이야기해 준다. * 다양한 조작 놀잇감을 제공한다.

출처: 이영 외(2009). 영유아발달, pp. 195-198.

3. 언어발달

영아들이 세상과 의사소통을 하기 위해서 중요한 것은 언어이다. 언어는 사고, 기억, 추리, 문제해결 등 인간의 고등정신 능력에 영향을 주는 중요한 요인이기 때문이다(김경희, 2003). 언어를 사용하게 되면 영아가 좀 더 적극적으로 주변을 이해하고 자신의 생각을 표현하면서 주변을 통제할 수도 있기 때문에 언어발달은 영아의 주요 발달과업이다. 여기서는 영아의 언어 획득 및 발달 과정과 영아기 언어발달 특징에 대해서 알아보고자 한다.

1) 언어의 요소

언어는 구조와 의미를 가지고 있고 소리를 의미와 연합시킨 일련의 체계라고 할 수 있다. 따라서 언어의 구성요소를 음성체계, 의미체계, 문법체계, 화용체계로 나누어 볼 수 있다(Kail, 2008, p. 234). 언어발달은 이러한 언어의 여러 가지 구성 요소를 이해하고 규칙에 따라 적절하게 사용할 수 있게 되는 과정을 의미한다. 특히 영아기에는 음성체계와 의미체계의 발달이 빠른 속도로 이루어진다. 언어의 구성요소별 발달에 대해 구체적으로 살펴보면 다음과 같다.

(1) 음성체계

음성체계(phonology)는 언어의 소리를 의미한다. 언어의 기초적인 소리는 음소(phoneme)이며, 자음과 모음으로 되어 있고, 음소가 결합하여 소리가 되고, 이 소리들이 모여서 말이 된다. 지구상의 언어는 서로 다른 약 600개의 자음과 200개의 모음이 존재하는 것으로 알려져 있지만, 각 언어는 평균적으로 약 40개 정도의 음소만을 사용한다. 4개월 정도의 영아는 모국어에서 주로 사용하는 음소뿐만 아니라 인간의 말소리를 구성하는 150개의 소리를 구분할 수 있다. 이후 영아는 모국어의 음소와 유사한 음소를 강화받게 됨으로써 자신이 소속된 집단에서 자주 사용하는 소리를 내게 된다.

(2) 의미체계

의미체계(semantics)는 각각의 의미를 나타내는 낱말에 대한 체계이다. 각 언어는 낱말에 대한 사전이 있으며 우리나라 국어사전에는 약 21만 개의 단어가 수록되어 있다. 그러나 일반적으로 우리나라 사람들이 21만 개의 단어를 모두 사용하는 것은 아니다. 성인이 가지고 있는 어휘에 대한 지식을 정신 어휘사전(mental lexicon)이라고 하며, 어휘 발달에 대한 연구는 이러한 정신 어휘사전을 습득해 가는 과정을 연구하는 것이다. 영아는 자신을 둘러싸고 있는 수많은 대상과 현상이 각기 독특한 어휘로 지칭된다는 것을 알게 되고 이들 어휘의 의미를 획득해 가는데, 주로 가족, 신체, 장난감, 동물, 영아가 즐겨 하는 놀이 이름 등을 먼저 습득해 나간다.

(3) 문법체계

문법체계(grammar)는 언어의 구조와 규칙에 대한 체계이다. 문장을 이루기 위해서 단어들이 배열되고 변화되는 규칙이다. 영아는 한 번에 한 단어 이상을 발성할 줄 알게 되면서부터 문법 정보에 민감하게 되고 문법을 습득하기 시작한다.

(4) 화용체계

화용체계(pragmatics)는 효율적으로 의사소통하기 위해 언어를 사용하는 것이다. 언어학자들은 앞에서 설명한 음성체계, 의미체계, 문법체계를 습득하여 소리의 흐름을 만들어 내고 의미를 표현하고 말을 이해하는 능력을 언어적 능력이라고 하였으며, 이러한 언어적 능력을 사용하는 방법을 아는 것을 의사소통 능력이라고 구분하였다. 영아는 언어 획득 이전 시기부터 다양한 표정이나 몸짓 등을 사용하여 의사소통을 시작한다.

영아가 언어를 습득한다는 것은 이와 같은 네 가지 구성요소에 대한 능력을 획득하여 말소리의 차이를 구별하고 이를 말할 수 있으며, 단어의 뜻을 이해하고 단어를 적절히 배열하여 문장을 만들 수 있다는 것을 의미한다. 또한 상대방에게 적절한 문장이나 몸짓으로 의사소통을 할 수 있어야 한다.

2) 영아기 언어발달

일반적으로 영아는 12개월 전에는 비언어적인 형태로 의사소통을 하고 12개월 전후에 언어를 획득하게 되는데, 획득 시기에는 개인차가 있다. 영아의 언어발달 과정은 언어 이전 시기와 언어 획득 시기로 나누어 살펴볼 수 있다.

(1) 언어 이전 시기

영아는 태어나자마자 울음으로 욕구를 표현하기 시작하며 발성 기관과 구음 기관의 발달로 초기 발성, 즉 목 울리기와 옹알이 등을 한다. 목 울리기와 옹알이를 하던 영아는 자기 이름이 들리면 고개를 돌려서 그 말을 이해했다는 몸짓을 보여 주는 등 신호를 보여 주기 시작한다. 영아는 주 양육자와 신호를 교환하면서 의사소통을 진행하는데, 불완전한 초기 발성을 보완하기 위하여 몸짓을 사용한다.

① 울음

갓 태어난 아기도 많은 소리를 낼 수 있고 울음으로 자신의 욕구를 표현한다. 태어나서 1개월까지는 울음소리가 분화되지 않아서 영아의 요구를 알 수 없지만, 1개월경이면 울음소리가 분화되어 울음소리에 따라 영아의 욕구가 다르다는 것을 알 수 있다. 따라서 양육자는 울음소리의 고저, 강도 등의 차이에 따라서 영아가 배고픈지, 졸린지, 기분이 나쁜지, 아픈지 등을 알 수 있다.

② 목 울리기와 옹알이

2~3개월경이면 '우~~' 와 '아~~' 와 같은 목 울리기(cooing) 소리를 내는데, 이 시기 영아는 이런 쿠잉을 꽤 열중하여 즐기는 모습을 많이 보여 준다. 6개월경이면 '다~~' 또는 '아부부~~' 와 같이 자음과 모음이 연합된 하나의 음소를 발화하다가 점차 복잡한 소리를 만들어 발화하는 옹알이(babbling)를 한다. 옹알이를 하면서 영아가 자기 소리를 듣고 즐거워하는 모습을 보면 영아는 옹알이하기를 즐긴다는 것을 알 수 있다. 옹알이의 언어학적 특징을 살펴본 연구들은 옹알이마다 음속의 강세와 높낮이가 다른데, 모국어의 억양과 강세를 상당히 유사하게 모방하고 있음을 보고하였다(Levitt & Utman, 1992). 이런 현상은 영아가 주위의 말소리를 듣고 인지하며 이와 관련지어 발화한다는 것을 의미하는 것이다.

영아의 발성 빈도는 언어발달에 중요한 영향을 미치는데, 양육자가 영아의 발화에 반응해 주거나 많은 말을 들려 주는 등 영아의 말하기를 격려할수록 영아의 언어발달은 촉진된다. 따라서 6개월경이면 양육자가 반응하는 말소리와 유사한 소리로 옹알이를 하거나 소리를 내고, 9개월경이면 주변 사람들이 낸 소리를 의도적으로 따라한다.

(2) 언어 획득 시기

영아가 첫 단어를 말하기 시작하면서 어휘 습득은 매우 빠르게 진행된다. 영아가 말하는 단어는 단지 단어가 아닌 자신의 요구를 표현하는 문장이다. 이후 두 단어 문장 시기를 거쳐 좀 더 복잡한 조합의 언어를 구성해 나간다.

① 한 단어 문장 시기

영아는 자신의 생각을 표현하는 단어를 사용하는 능력은 부족하지만 주위 사람들이 말하는 단어에 대한 이해력은 뛰어나 양육자와의 의사소통 능력은 점차 향상된다. 12개월이 되면서 영아들은 대부분 첫 단어를 말하게 되는데, 대부분 '엄마' 와 유사한 발음을 한다. 그리고 '엄마' '아빠' '이유(우유)' '바이' 등과 같은 단어를 사용하여 사물이나 사건에 대한 자신의 생각을 표현한다. 이때 영아가 말하는 단어는 대개 자음 하나와 모음 하나가 합쳐진 말이며 단어 하나가 문장 전체를 의미한다. 따라서 '엄마' 라는 말은 상황에 따라 각각 다른 의미로 표현된다. 예를 들면, 졸릴 때 팔을 내밀며 '엄마' 라고 말하는 것은 안고 재워 달라는 의미이고, 손으로 사물을 가리키며 '엄마' 라고 말하는 것은 사물에 대한 질문이나 사물을 달라고 요구하는 의미이다.

이때 영아는 한 단어를 과잉 확장(overextension) 또는 과잉 축소(underextension)시켜 적용한다. 과잉 확장이란 그 단어가 의미하는 것보다 더 넓은 의미로 적용하는 경우이다. 예를 들면, 강아지를 '멍멍이' 라고 부르면 털이 있고 네 발 달린 동물은 모두 '멍멍이' 라고 부른다. 과잉 축소란 단어를 자신의 경험에 비추어 좁은 의미로 사용하는 것이다. 예를 들어, 자신의 집 강아지가 푸들이면 푸들 종만 '멍멍이' 라고 하고 그 외의 강아지는 '멍멍이' 라고 부르지 않는다.

우리나라 영아의 어휘 발달을 보면 대부분 12개월경이면 어휘 수가 평균 5개 정도이고, 18개월이 되면 50~100개의 단어를 표현할 수 있고 300개 이상의 어휘를 이해할 수 있다(유효순 외, 2013, p. 191). 영아가 초기에 이해하는 초기 수용어휘는 주로 가족, 신체, 장난감, 동물 등 영아가 즐겨 하는 놀이 이름 등 사람이나 사물의 이름이 대부분이다. 이는 초기에 습득된 어휘들이 주로 영아의 경험과 주위 환경과의 상호작용을 통해 획득되기 때문이다.

② 두 단어 문장 시기

하나의 단어가 하나의 사물이나 상황을 의미한다는 것을 깨닫는 초기의 어휘 발달 속도는 그리 빠르지 않지만, 18개월경이 되면 급속도로 단어를 습득하게 되는 '언어 폭발기' 또는 '명명 폭발기(naming explosion)' 가 된다. 24개월경이면 250~300개의 단어를 이해하고 명사 외에도 동사와 몇몇 형용사를 사용할 수 있다(김경희, 2003, 재인용, p. 123).

이 시기에 영아는 2개의 단어를 결합하여 의사나 감정을 보다 정확하게 표현한다. 하지만 여전히 두 단어 문장은 한 단어 문장처럼 다양한 의미로 사용한다. 예를 들면, '엄마 까까' 라는 말은 상황에 따라서 엄마에게 과자가 먹고 싶다는 의미로 사용되기도 하고, 잃어버린 과자를 찾아달라는 의미가 되기도 하고, 엄마가 과자를 먹었다는 의미로도 사용된다. 이와 같은 두 단어 문장은 전치사, 접속사 등은 빠지고 주로 단어로 구성되기 때문에 '전보식 언어(telegraphic speech)' 라고 한다. 이런 전보식 언어는 주로 행위자가 어떤 행위를 하는 것을 의미한다.

3) 비언어적 의사소통 행동

영아는 자신의 상태나 의도를 표현하기 위하여 여러 가지 의사소통 행동을 사용한다.

① 주고받기

상대방의 이야기가 끝날 때까지 기다리고 이어서 이야기를 하는 대화의 기술을 대화의 주고받기(turn taking)라고 한다. 수유 시기부터 어머니와 영아의 상호작용 중 한 사람은 주의를 기울이며 소리를 내지 않고 있다가 한 사람이 소리를 멈추면 반응하는 초기 상호 반응적 패턴은 보통의 대화에서 볼 수 있는 말의 주고받기와 비슷한 리듬을 만들어 낸다. 이후 어머니의 말이 끝나면 영아가 소리를 내거나, 영아의 소리에 어머니가 말소리, 눈 맞춤 그리고 표정으로 반응해 주는 상호작용은 대화 시 특별한 경우가 아니면 동시에 소리를 내지 않아야 하며 화자와 청자의 순서가 있다는 의사소통의 중요한 기술을 익히게 한다. 3~4개월 된 영아도 성인의 억양에 맞추어 움직이고 성인이 말을 그치는 순간에 소리를 낸다(Condon & Scanders, 1974). 대화의 주고받기는 언어의 주요한 기술로 이를 사용하지 못하는 경우 언어장애를 초래한다.

② 공동 주의

공동 주의(joint attention)는 다른 사람과 경험을 공유하기 위한 행동으로 영아와 성인이 하나의 사물이나 현상에 주의를 함께 기울이는 것을 의미한다. 영아와 성인 그리고 다른 사람이나 사물과 같은 제3의 무엇인가가 있을 때 공동 주의 행동이 이루어진다. 이런 행동은 주로 영아가 어떤 바람(wish)이나 의도가 있을 때 성인과 그것에 대해 대화를 공동으로 구성해 나갈 수 있도록 유도한다. 공동 주의는 영아의 언어발달을 예측할 수 있는 중요한 특성이기도 하다. 영아의 공동 주의 행동은 시선 따라가기, 손가락으로 가리키기, 고개 돌리기 등 다양하게 나타나며 점차 놀이나 장난감, 주변 사물에 대한 관심 등의 표현으로 확대되어 나타난다(Harris, Kavanaugh, Wellman, & Hickling, 1993). 어머니의 행동은 이미 어떠한 사물에 집중하고 있는 영아의 주의를 따라가는 '주의 따르기'와 영아의 주의를 한 사물에서 다른 사물로 옮겨서 공동의 주의를 이루려는 '주의 전환하기' 등의 방법으로 표출될 수 있다. 자폐아의 경우 공동 주의 능력이 결핍되어 있다.

③ 사회적 참조

영아는 불확실한 상황에서 주 양육자의 정서적 반응을 보고 단서를 얻어 자신의 행동을 구성하는데, 이를 사회적 참조(social referencing)라고 한다. 앞의 공동 주의가 주로 자신의 의도를 나타내려는 의사소통 행동이라면 사회적 참조는 다른 사람의 의도를 파악하여 받아들이려는 의사소통 행동이라고 볼 수 있다. 6개월경부터 영아는 익숙하지 않은 상황에서 어떤 행동을 하고자 할 때 부모의 표정이나 행동을 참조하여 행동한다(Walden & Ogen, 1988).

④ 몸짓

몸짓(gesture)이란 의사소통 시 자신의 상태 및 의도를 표현하기 위하여 표정, 응시, 손 움직임, 잡기, 가리키기 등을 사용하는 것이다. 대체로 10개월 이전부터 영아는 다른 사람과의 의사소통을 시도하며 불완전한 초기 발성을 보완하기 위하여 의사소통 몸짓을 사용한다. 영아는 다양한 표정을 지으며 다른 사람을 쳐다보면서 사물을 만지거나 가리키는 몸짓을 사용하는데, 요구를 강조하기 위해 도구적 몸짓(instrumental, gesture)을 사용하기도 하고 자신의 정서를 더 잘 표현하기 위해 표현적 몸짓(expressive gesture)을 사용하기도 한다(Mercer, 1988, p. 309). 언어가 완전히 발달하지 않은 영아에게 몸짓은 성인으로부터 돌봄행동을 유발하는 효과적인 수단이 될 수 있다.

1세 이후에 영아의 몸짓은 좀 더 복잡한 형태로 발전되는데 또래끼리 동시적으로 몸짓을 모방하는 경우가 있다. 예를 들어, 어떤 걸음마기 영아가 특이한 방법으로 공을 잡으면서 다른 또래를 바라보면 '나는 너에게 관심이 있다.'는 의도를 가진 몸짓일 수 있고, 이를 본 또래가 동시에 이 몸짓을 따라한다면 '나도 너에게 관심이 있다.'는 의도의 몸짓이다. 이러한 몸짓을 동시적 모방(synchornized imitation) 몸짓이라고 한다(Nadel & Fontaine, 1989). 몸짓은 영아가 보다 능동적인 의사소통을 할 수 있도록 음성 언어의

TIP 영아의 언어발달을 위한 성인의 상호작용 전략

- 영아가 아무리 어릴지라도 '적극적인 대화 상대자'라고 인식하고 의사소통을 한다.
- 영아가 부모나 교사의 말을 잘 알아듣고 있다고 생각하고 편안하게 말을 많이 해 준다.
- 영아가 하는 한두 마디의 말을 듣고 성급히 반응하기보다는 가능한 한 영아의 말을 끝까지 잘 들어 준다.
- 영아의 불완전한 발음에도 잘 이해하고 있다는 반응을 보인다.
- 영아가 주의를 보일 때마다 사물의 이름을 반복적으로 알려 준다.

출처: 이영 외(2009). 영유아발달, p. 202.

발달을 돕는 기능을 가지고 있다.

영아의 언어발달은 다른 발달 영역보다 특히 개인차가 큰데, 문장의 길이, 언어의 이해, 어휘 수, 문장의 복잡성 등에서 개인차가 있다. 일반적으로 여아가 남아보다 좀 더 복잡한 문장을 사용하고 어휘가 많으며 발달적으로 말하는 시기가 좀 더 빠르다고 보고되고 있다. 출생순위도 언어발달에 영향을 준다. 그러나 출생순위보다 형제간의 연령차가 더 많은 영향을 주어 쌍둥이나 연년생일 경우 부모가 영아와 대화하는 시간이 줄어들기 때문에 언어발달이 늦어진다고 보고되고 있다. 또한 대가족보다 핵가족의 경우 발달 초기에 성인과 대화 시간이 적으므로 언어발달이 지연된다고 보고되고 있다 (김경희, 2003, p. 124).

따라서 영아기의 언어발달을 도와주기 위해서는 양육자가 새로운 단어를 배울 수 있도록 많은 말을 들려 주고, 특히 영아가 관심을 보이는 사물이나 상황에 대해 이야기해 주는 것이 도움이 된다. 또한 책을 읽어 주는 것이 도움이 되는데, 특히 그림책을 보면서 그림을 자세히 이야기해 주고 영아의 질문에 대답해 주거나 반응해 주는 것이 효과적이다. 또한 '부모처럼 말하기'는 언어발달에 도움이 되는데, 이는 영아를 돌보는 성인들이 독특한 방법으로 영아와 의사소통하는 것을 의미한다. 이를 위해서는 목소리 톤을 높이고 정확한 발음으로 천천히 말하여 단어를 쉽게 구별할 수 있도록 한다. 또는 한 단어를 강조하거나 반복하고 짧은 문장을 사용하여 쉬운 문법을 익히도록 한다. 그리고 영아의 말을 그대로 반복해 줌으로써 영아가 의도한 표현을 정확히 알려 주는 것이 언어발달에 도움이 된다.

다음 〈표 6-6〉은 영아기 언어발달을 월령별로 제시한 것이다. 각 시기에 나타나는 대표적인 특징을 이해하고 이를 도와주기 위한 양육자의 지침을 참고하면 영아기 언어발달을 이해하는 데 도움이 될 것이다.

〈표 6-6〉 영아기 언어발달 과정

월령	발달 특징	발달에 도움이 되는 지침
1~3 개월	* 분화되지 않은 소리를 내다가 소리와 울음 등이 분화되기 시작한다. * 고통이나 두려움을 느낄 때 울음으로 호소한다.	* 영아가 어떻게 반응하는지 살피면서 미소지어 주고 말을 해 준다. 영아의 신호에 민감하게 반응한다.
3~5 개월	* 어머니 목소리를 구별할 수 있어서 어머니가 말하면 어머니를 향해 고개를 돌린다.	* 영아와 가까이 마주보고 말을 걸고 ,영아의 반응을 기다려 준다.

월령	발달 특징	발달에 도움이 되는 지침
	* 어머니의 질문에 대답하려는 듯 마치 이야기하듯이 음절과 억양이 있는 옹알이를 한다. * 어머니가 얼굴을 가까이 대고 표정을 지으면 영아가 따라할 수 있다. * 신생아 때보다 더 자주 미소를 지으며 점차 소리를 내어 웃기도 하고 고개를 끄덕여 반응을 보인다. * 사람의 목소리에 보다 많이 반응하고 소리를 모방한다. * 이름을 부르면 고개를 돌린다.	* 영아와 표정이나 소리를 서로 교환한다. * 영아가 이해하지 못하더라도 말을 많이 해 준다. * 영아의 이름을 많이 불러 준다.
5~8 개월	* 다양한 자음을 발성하며 음량과 음성이 다양해진다. * 소리의 높이나 강약에 따라 각각 다르게 반응한다. * 크게 웃기도 하고, 입술 사이로 혀를 내밀고 '푸' 소리를 내기도 하고, 큰 소리를 내기도 하면서 정서 상태를 소리로 표현한다. * 소리나 음성을 모방하려고 노력하며 입 모양을 바꿔 새로운 소리를 내기도 한다. * 첫 단어로 '엄마' '맘마' 등을 발성한다. * 친숙한 소리(자신의 이름, 어머니의 목소리)가 들리면 고개를 돌려 반응한다.	* 영아의 요구에 민감하게 신경을 쓰고 반응한다. * 영아에게 고저와 강약을 각각 다르게 하여 이야기해 준다. * 영아의 감정 표현에 민감하게 반응한다.
8~10 개월	* 좀 더 폭넓은 소리를 흉내 내기 시작하여 기침 소리, 혀 차는 소리를 모방한다. * 익숙한 소리가 들리면 머리나 상반신을 돌려 반응한다. * 이름을 부르면 반응한다. * 자기가 필요한 물건이 있는 곳으로 어머니를 데리고 가거나 손으로 가리킨다. * 성인의 말투에서 성인의 기분을 구분할 수 있다. * '안 돼' 와 같은 간단한 지시어를 이해한다.	* 영아가 표현하는 신호를 주의 깊게 관찰하고, 영아가 신호를 보낼 때까지 기다렸다가 반응한다. * 다양한 소리를 들려 준다.
10~12 개월	* 사물의 이름에 흥미를 갖는다. * '엄마' '맘마' 와 같은 첫 단어를 말한다. * 2~8개 정도의 단어를 말할 수 있다. 주로 물체나 구체적인 대상을 지칭하는 명사로 된 단어를 말한다. * 한 단어로 여러 가지 의미를 표현한다. * 칭찬과 훈육을 구분할 수 있다. * 안아 달라고 팔을 올리기도 하고 배가 고프다고 숟가락으로 바닥을 치기도 하는 등 구체적인 제스처로 의사소통한다.	* 영아가 원하는 것을 말하기 위한 제스처를 유심히 관찰한다. * 영아의 시선을 따라서 함께 쳐다보고, 영아에게 말할 때는 영아를 바라보며 이야기한다. * 위험한 일이나 상황에서 대해서는 분명하게 훈육한다.
12~18 개월	* 실제적인 단어를 사용하기 시작한다. * 표현할 수 있는 단어보다 이해할 수 있는 단어가 더 많다. * '안녕!' 등과 같은 일상적인 표현을 사용한다. * 들어 본 소리만 만들어 낸다. * 제스처나 행동으로 자신의 욕구를 표현한다. * 사물에 이름 붙이기에 열중한다.	* 영아가 표현하는 것을 잘 들어 준다. * 영아가 사용한 첫 단어를 그대로 유지하면서 영아가 표현하고자 하는 의미를 다시 말해 준다(예: 야우? 으응… 고양이가 있구나).

월령	발달 특징	발달에 도움이 되는 지침
18~24 개월	* 어휘가 폭발적으로 증가하여 하루에 12개의 단어를 습득할 수도 있다. * 두 단어를 조합하기 시작한다. * 의사소통 시 여전히 제스처나 표정을 더 많이 사용한다. * 운율이 있는 노래나 라임을 즐긴다. * 신체 부위 명칭 서너 가지를 말할 수 있다. * '나' '너' 등의 단어를 사용하기 시작한다. * 간단한 이야기를 집중해서 들을 수 있다. * 성인의 억양과 행동을 흉내 낼 수 있다.	* 영아가 제스처나 표정으로 표현하는 것들을 말로 바꾸어 준다. * 그림책을 보여 준다. * 영아가 말하는 것을 이해하고 있음을 알게 해 준다. * 여러 가지 상황에서 영아가 어떻게 반응하는지 관찰한다. * 상황에 적합한 반응을 하도록 도와주고 모델링해 준다.
24~36 개월	* 문법과 의미를 변형해서 사용하기도 하고 현재진행형, 복수형을 사용하기도 한다. * 이야기의 흐름을 이해하며 그림책 속의 많은 개념을 이해할 수 있다. * 사람들이 말하는 내용에 관심을 갖게 되어 대화를 주고받을 수 있고 질문을 많이 한다. * 250~300개 단어를 이해할 수 있고 약 50개의 단어를 사용할 수 있다. * 두 단어 문자를 사용한다.	* 영아의 이야기를 잘 들어 주고 아이가 표현하는 것이 무엇인지 정확히 이해하고 있음을 알게 해 준다. * 영아가 좋아하는 그림책을 반복해서 읽어 준다. * 영아가 말한 문장을 길게 늘려 다시 이야기해 준다.

출처: 이영 외(2009). 영유아발달, pp. 205-206.

TIP 언어발달의 적신호

언어발달은 개인차가 심하기 때문에 어느 정도 늦어도 걱정하지 않아도 되지만 3세 이후에도 계속 언어발달이 늦다면 고민해 보아야 한다. 다음은 각 연령에서 나타나는 언어발달 지체를 의심해 볼 수 있는 지표들이다.

- 0~3개월: 말이나 의성어를 사용해 얼러도 돌아보지 않는다.
- 4~6개월: '안 돼' 라는 말에 반응하지 않고 초인종 소리에도 두리번거리지 않고 옹알이를 하지 않는다.
- 7~12개월: 이름을 불러도 아기가 돌아보지 않는다. 부모의 주의를 끌기 위해 울음 외에 말소리를 흉내 내거나 다른 소리를 내지 않는다.
- 1~2세: 그림책을 보며 이름을 말해 주어도 무엇을 가리키는지 지적하지 못하며 간단한 질문('곰 인형 어디 있어?')도 알아듣지 못한다.
- 2~3세: 위 · 아래 구분을 하지 못하며 한꺼번에 두 가지를 시키면 해결하지 못한다. 예를 들면, '저기 우유병을 들고 엄마한테 와.' 라고 지시했는데, 그대로 수행하지

못한다. 2~3개의 단어를 연결하거나 흔히 접하는 사물의 이름을 말하지 못한다.

출처: 이영 외(2009). 영유아발달, p. 204.

4. 사회 · 정서발달

1) 정서

(1) 정서의 개념

아동이든 성인이든 정서 상태를 확실히 구분하기 쉽지 않기 때문에 정서를 정의하는 것 또한 어렵다. 그럼에도 불구하고 많은 정서 연구자는 정서란 무엇인가에 대한 답을 얻고자 노력하여 왔다. 일반적으로 정서란 개인이 외부 자극을 인지하고 경험함으로써 발생하는 생리적 변화(예: 심장박동), 행동적 표현반응(예: 미소, 찡그림)의 상태라고 할 수 있다. 이러한 정서는 정서를 유발하는 상황과 분리될 수 없으며 각각의 특별한 상황 또는 맥락의 요구에 적응하기 위한 개인의 시도로서 이해될 수 있다. 정서를 통해 주변 환경 및 타인과의 관계를 형성하고 그 관계를 유지 · 변화시키려고 한다. 따라서 사람들은 정서에 의해 동기 유발되고 정서를 통해 타인과 의사소통하고 때로는 타인을 통제하기도 한다. 이러한 의미에서 정서란 엄격하게 말해 개인의 내적 현상이라기보다는 관계적 현상으로 간주된다.

정서발달에 대한 견해는 연구자마다 다소 차이가 있지만 이들의 정서발달의 원리를 종합하면 다음과 같다(김유미, 2005, pp. 201-204). 첫째, 정서는 점차 분화되어 그 종류가 증가한다. 출생 시에는 막연한 흥분 상태이지만 시간이 지나면서 쾌와 불쾌의 정서가 나타나고 그 후 기쁨, 분노, 혐오, 공포, 애정, 질투 등의 정서로 분화된다. 둘째, 정서의 내용 그 자체가 변화한다. 성장함에 따라 동일한 자극에 대해 다른 정서를 갖게 되는 것을 예로 들어 설명할 수 있다. 즉, 파리나 모기 같은 곤충을 가지고 재미있게 놀면서 기쁜 정서를 가졌던 영아가 유아가 되어서 곤충이 병균의 매개체란 것을 알고 곤충을 무서워하게 되었다가 학령기에 이르러서는 그 곤충에 대해 별다른 정서를 갖지 않게 될 수 있는 것을 말한다. 셋째, 정서표현 방법이 변화한다. 연령이 증가하면서 정서표현이 보다 내면적이고 간접적이며, 타인을 의식한 절제된 형태로 나타나게 된다.

(2) 정서발달의 이론적 관점

정서발달은 다양한 이론적 관점으로 접근되고 있는데 정서발달의 이론적 관점에는 발생학적 관점, 생리적 관점, 인지이론적 관점 그리고 학습이론적 관점 등이 있다(이영 외, 2016, p. 280).

① 발생학적 관점

다윈의 이론에서 비롯된 발생학적 관점은 정서를 진화 과정의 산물로 간주한다. 발생학적 관점에서 정서는 유기체가 살아 나가는 데 필요한 적응 과정이며 생물학적 구조 내에 이미 계획된 것으로, 진화 과정을 통해 얼굴 근육이 분화되어 다양한 표정으로 나타난다고 하였다. 대표적인 학자 이자드(Izard, 1994)는 정서발달이 문화적 요소보다는 생물학적 요인의 영향을 더 강하게 받는다고 주장하면서 영아의 표정에 기초해 정서를 측정하였다. 이자드는 정서를 나타내는 표정은 성숙에 의한 패턴에 따라 출현한다고 보고하면서 정서는 생물학적으로 프로그램된 것이라고 하였다.

② 생리적 관점

정서발달의 생리적 관점은 다양한 정서와 관련된 뇌의 부위 및 신경 회로를 확인하면서 뇌의 발달을 통해 정서발달을 설명하는 관점이다. [그림 6-10]에서 보는 바와 같이 정서를 담당하고 있다고 널리 알려진 변연계뿐만 아니라 뇌의 여러 부위, 즉 대상

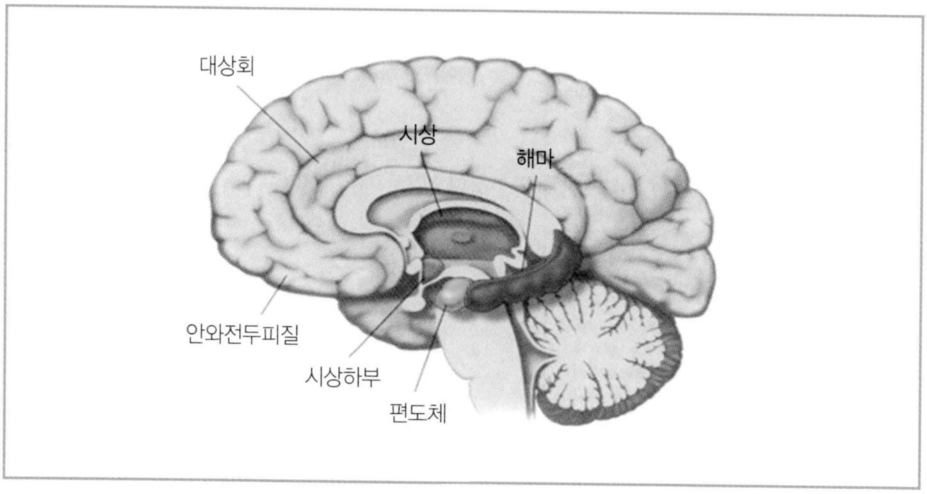

[그림 6-10] 정서에 의해 활성화되는 뇌 부위
출처: 이영 외(2015). 영아발달, p. 281.

회, 시상, 해마, 시상하부, 안와전두피질, 편도체 등이 정서처리 과정에서 활성화되며 이러한 뇌 부위는 정서처리에 중요한 역할을 한다(Gazzaniga & Heatherton, 2006, pp. 404-406). 정서와 관련된 뇌 부위 중 편도체는 정서적 정보에 대해 주의집중 및 정보 처리를 하여 외부 자극에 대한 즉각적인 정서적 혹은 행동적 반응을 생성하는 반면, 전두엽은 이러한 반사적이고 습관적인 정서반응을 억제하고 사회적 상황을 고려하여 새로운 행위 도식을 결정하는 기능을 담당한다.

③ 인지이론적 관점

인지이론적 관점은 정서는 인지와 관련되어 있다는 전제에 기초한다. 그러므로 인지이론적 관점에서 정서는 정서 경험의 인식 또는 인지적 평가와 관련되며 정서도 인지 경험을 안내하거나 인지행동에 영향을 미친다고 본다(Arend, Gove, & Sroufe, 1979). 특히 스루페(Sroufe, 1979, pp. 491-493)는 정서의 세분화 과정에서의 인지적 요인을 강조하였다. 생후 8개월경의 영아는 대상영속성, 인과관계의 개념을 이해하고 상대방의 행동을 예측하며 행동의 의도도 이해하게 되면서 정서가 점차 분화되어 기쁨, 분노, 두려움을 경험할 수 있다고 하였다.

④ 학습이론적 관점

학습이론적 관점은 정서가 사회적 상호작용에서 기인되며 사회적 상호작용을 하는 동안 정서 경험과 정서표현 등이 사회화된다고 주장한다. 말라테스타(Malatesta, 1985, pp. 189-219)는 정서발달은 양육 과정에서 나타나는 모방과 강화를 통해 이루어진다고 하였다. 즉, 영아는 어머니의 기쁨과 슬픔 등의 표정을 모방하면서 정서를 인식하고 표현하기 시작하고 어머니는 영아의 이러한 모방에 대해 비슷한 표정을 짓거나 미소로 답하면서 영아의 정서표현을 강화한다. 영아의 정서적 표현에 대한 어머니의 강화 과정은 영아의 긍정적 정서표현을 증가시키고 부정적 정서표현을 감소시킨다.

(3) 영아기 정서 표현

정서는 표정이나 음성 등의 신체적 · 생리적 · 행동적 반응 등을 통해 다각적으로 표출되지만 즉각적으로 정서가 표현되는 것은 표정이다. 처음에 신생아는 표정을 통해 자신의 정서 상태를 표현하지만, 시간이 지나면서 서로 다른 문화적 표현 양식을 습득하게 되고, 더불어 경험의 양이 증가하면서 표정을 통한 정서표현은 감소한다.

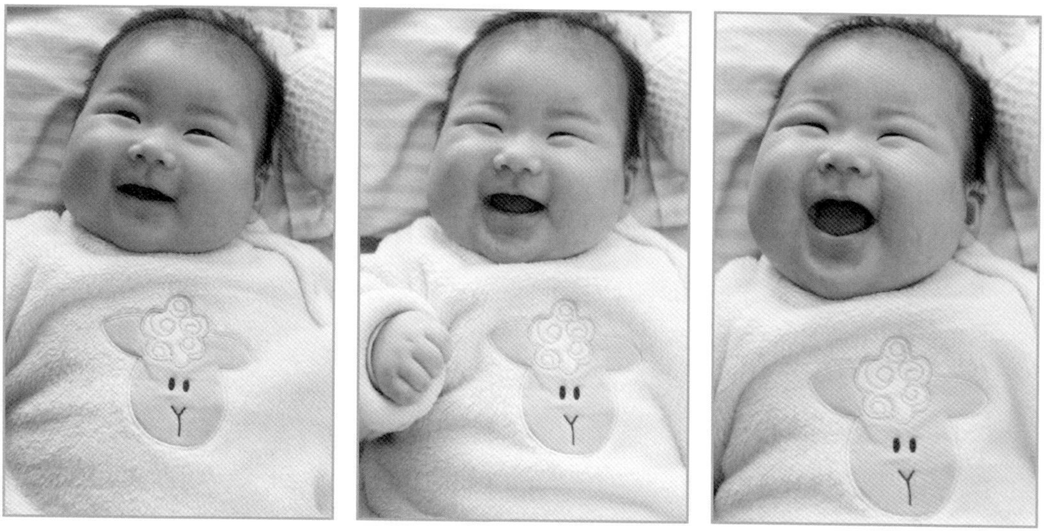

[그림 6-11] 표정으로 표현된 영아의 기분 좋은 정서 상태

영아기의 정서는 일차정서와 이차정서로 구분한다(Lewis, 2007, p. 217).

일차정서는 선천적인 정서로서 생의 초기에 나타나고 표정만으로도 정서 상태를 쉽게 알 수 있다. 일차정서는 세계 모든 문화권의 영아에게서 보편적으로 볼 수 있는 정서이기 때문에 기본정서라고도 한다. 학자마다 일차정서, 기본정서의 수와 종류에는 다소 차이가 있지만 기쁨, 분노, 슬픔, 공포, 혐오, 놀람 등이 일차정서에 공통적으로 포함되는 정서이다.

이차정서는 좀 더 복잡한 인지 능력을 필요로 하기 때문에 일차정서보다 늦은 시기인 생후 18개월 이후에 나타난다. 이차정서는 자기인식과 자신의 행동을 평가하는 능

〈표 6-7〉 영아기 정서의 출현 시기

정서		출현 시기
일차정서	기쁨 · 슬픔 · 혐오	3개월
	분노	3~6개월
	놀람	0~6개월
	공포	6~8개월
이차정서	공감 · 질투 · 당황	1.5~2세
	자긍심 · 수치심 · 죄책감	2.5세

출처: 이영 외(2015). 영아발달, p. 284.

력이 요구되므로 자기의식적 정서라고 불리기도 한다(Lewis, 2007, pp. 223-224). 영아는 자아인식, 자아평가의 능력이 생기면서 하지 말아야 할 행동을 했을 때는 죄책감을 느끼고 어려운 일을 해냈을 때는 매우 자랑스러워한다. 자기의식적 정서는 표정뿐만 아니라 독특한 신체의 동작, 자세를 수반한다. 예를 들면, 수줍음을 느끼는 아동은 얼굴이나 몸을 아래쪽이나 안쪽으로 향하게 하여 숨으려는 듯한 자세를 취한다. 이러한 이차 정서에는 당황, 수치, 죄책감, 질투, 자긍심 등이 포함된다.

영아가 표현하는 여러 가지 정서 중 공포, 기쁨, 분노, 질투 등의 대표적인 정서에 대해서 살펴보면 다음과 같다.

① 공포

공포는 위협적인 사람이나 사물 또는 상황을 회피하기 위한 방어적 정서이다. 영아의 공포 대상은 개인마다 다르며 연령에 따라 변하는데 출생 후 첫해까지는 큰 소리, 낯선 사람이나 장소 등에서 공포를 느끼며, 기어 다니기 시작하는 영아는 높이에 대한 공포를 나타낸다. 생후 9개월경 영아는 낯선 사람에 대한 공포와 경계심을 나타내고 1세경에는 친숙한 어머니가 사라지는 것을 두려워한다. 2세경이 되면 공포의 대상이 확대되어 어두운 곳이나 동물에 대해서도 공포를 느끼고 연령이 증가하면서 실제가 아닌 상상에 의해서도 공포를 느낀다. 공포에 대한 반응은 흔히 생리적 반응을 동반하는데 떨거나 땀을 흘리기도 하고 자신을 보호하기 위해 긴장하게 된다. 영아의 공포에 대한 반응은 무기력한 것으로 나타나는 것이 특징이다. 그 외에도 울거나 얼굴을 가리고 공포 대상을 회피하려 한다. 공포의 대상이나 반응은 부모, 형제에 의해 학습되기도 한다.

② 기쁨

영아기의 기쁨은 단순한 쾌감에서 나타나는 행복한 정서로서 건강한 영아일수록 기쁨의 표현이 명확하게 자주 나타난다. 영아는 젖을 배불리 먹었을 때, 따뜻한 물에 목욕을 하였을 때, 몸을 주물러 주었을 때에 생리적 · 감각적 · 운동적 동작으로 기쁨을 표시한다.

기쁨은 대체로 미소, 웃음, 손뼉 치기 등으로 표현된다. 생후 4주경에는 갑자기 움직이는 물체와 같은 외부 자극에 미소를 보인다. 생후 2개월경에는 사람의 얼굴에 대해 사회적 미소를 보이고 사회적 상호작용이 이루어질 때 자주 미소를 보인다. 9~12개월

[그림 6-12] 다양한 정서의 표현

경에는 친숙한 사람이 사라졌다가 갑자기 나타나는 까꿍 놀이에서 미소와 웃음을 보인다. 생후 1년이 지나면 친숙한 사람과 상호작용할 때 사회적 신호로서 미소 및 웃음을 사용한다. 2세경부터는 언어가 발달하면서 기쁨을 말로 표현할 수 있게 되고 2~3세경의 영아는 또래와 함께 놀이를 할 때 자신이 하고자 하는 것을 성취하면 손뼉을 치면서 좋아하기도 한다.

③ 분노

분노는 목표행동이 방해받거나 자신의 요구가 거부되었을 때 사람이나 사물에 대해 공격적 행동을 하게 하는 정서로서 영아기에 가장 많이 나타나는 정서 중 하나이다. 출생 초기에는 배고픔이나 고통을 느낄 때에 울음으로 분노를 표현하지만, 이후에는 자신이 가지고 있는 것을 빼앗기거나 자신이 하고 싶은 것을 제지받을 때 생기는 욕구좌절 때문에 분노를 표현한다.

출생 초기에는 고통스러운 울음으로 분노를 표현하지만 생후 4~6개월경부터는 분노의 강도가 증가하면서 소리를 지르며 울거나 성난 목소리로 분노를 표현한다. 2세경이 되면 분노의 표현이 최고조에 이르러 발로 차거나 발을 동동 구르며 바닥에 뒹구는 행동을 하는 등 떼쓰기, 고집부리기, 폭발행동을 보인다. 이후에는 분노의 감정을 감추거나 통제하고, 육체적 공격보다는 말로 표현하도록 가르침에 따라 사회적으로 수용된 방식으로 분노를 표현하게 된다.

④ 질투

질투는 애정을 상실했거나 상실할까 봐 두려워하는 정서로서 분노, 애정, 공포의 혼합형 정서라고 할 수 있다. 질투는 다른 대상을 괴롭히거나 때리는 등의 공격적 행동으로 표현되거나 어리광을 부리거나 울거나 하는 등의 퇴행적 행동으로 표현된다.

질투는 보통 18개월경에 나타나기 시작하는데 부모가 다른 아이에게 애정을 표현하거나 하면 우는 등 질투반응을 보인다. 특히 동생의 출생으로 부모의 애정을 빼앗길 위협을 느낄 때 질투는 절정에 달한다. 어릴 때는 형이 동생에게 심한 질투를 느껴 부모 몰래 동생을 괴롭히기도 하고 심하면 배변을 실수해 버리는 퇴행행동을 하기도 한다. 질투는 2~3세에 가장 많이 나타나지만 영아의 관심 범위가 확대되면서 점차 감소한다.

[그림 6-13] 형제가 서로 어머니에게 안기려는 모습

영아는 자신의 정서를 조절하기 보다는 느끼는 대로 표현하기 때문에 그때 그때의 정서 상태에 따라 정서적 표현을 매우 강하게 하며 정서표현의 지속 시간도 매우 짧다. 정서표현의 변화도 매우 급격하여 격하게 울다가 금방 웃기도 한다.

TIP 영아기 배변 훈련과 사회정서발달

배변 훈련은 배설기관을 스스로 조절하여 노폐물이 바깥으로 나가는 것을 억제할 수 있도록 습관을 들이는 것을 말한다. 자율적 배변은 배설과 관련된 근육들이 튼튼해지고 잘 조절될 수 있어야 가능하다. 생리적으로 근육이 강화되어 방광과 대장을 조절할 수 있는 나이가 되기 전까지는 사실상 배변 훈련을 시작하기 어렵기 때문에 배변 훈련을 지나치게 일찍 시작하는 것은 바람직하지 않다.

대부분의 영아는 배변 훈련을 하기에 적당한 시기가 되면 적어도 하루에 한 번 규칙적으로 배변을 하기 시작한다. 배변 욕구를 느끼는 경우 표정으로 나타내거나 행동이

침착하지 않으므로 영아를 주의 깊게 관찰하면 적절한 시기에 훈련용 변기를 사용할 수 있게 된다.

배변 훈련 과정에서 부모 혹은 교사와 영아 간에 갈등이 일어날 수 있다. 어떤 영아는 배변 훈련을 매우 싫어하며 거부하기도 하는데, 배변 훈련 과정에서 생기는 문제는 주로 부모나 교사가 일관성 없게 배변 훈련을 했을 경우, 부모나 교사의 의사를 영아가 충분히 이해하지 못하는 경우 또는 영아의 노력에 대한 충분한 격려와 칭찬이 부족한 경우에 생길 수 있다.

많은 부모나 교사가 배변 훈련 과정에서 단지 몇 번의 시도만으로 즉각적인 결과를 기대하는 경우가 종종 있으며, 때로는 영아가 훈련에 저항하거나 거부적이면 엄하게 반응하기도 한다. 영아는 이러한 부모나 교사의 반응에 대해 수치심 및 회의의 정서를 느끼기도 하며, 배변 훈련을 지루하고 귀찮고 불편한 것으로 생각할 수도 있다. 부모는 자녀가 배변 훈련을 받을 시기라고 생각하면 훈련을 시켜야 한다는 압박감을 받기 때문에 영아가 저항하면 화가 나서 거칠게 다루게 되기도 한다. 이런 경우 배변 훈련이 지연되면서 영아는 부정적인 정서를 갖게 될 뿐만 아니라 자율성 습득에 악영향을 주므로 주의해야 한다.

잘못된 배변 훈련은 아이에게 수치심을 유발하여 복종적인 성격이 된다든지, 지나치게 움츠리거나 인색한 태도를 갖게 되는 등 성격 형성에도 영향을 줄 수 있으므로 적절한 배변 훈련을 통해 긍정적 정서와 건강한 습관을 형성할 수 있도록 도와주어야 한다.

대소변 가리기는 스스로 걷고 의사 표현을 할 수 있는 한 살 반 이후에 시작하는 것이 적당하며, 이때에도 여유를 갖고 자연스러운 분위기에서 차근차근 단계를 밟아 가는 것이 좋다. 돌이 지나면 영아용 변기에 앉혀 놀아 보게 하며, 1년 반부터는 소변 간격이 2시간 정도로 길어지고 소변이 마렵다는 느낌을 갖게 되므로 이때가 배변 훈련을 시작하기에 적당하다. 24개월이 지나면 서서히 소변 마려운 느낌을 표현하는데, 영아가 한 번이라도 소변이 나오기 전에 알려 준다면 기저귀 떼기를 해도 된다. 어느 정도 시기가 되면 아이의 배변 시간이 규칙적이 되는 것을 관찰할 수 있는데, 보통 아침에 일어나서, 낮잠 전후, 식사 전후, 밤에 잠자기 전에 소변을 보게 되므로 그 시간을 활용해 본다.

배변 훈련을 위하여 변기 주변에 영아가 좋아하는 예쁜 그림을 붙여 주거나 화장실에 디딤 발판과 보조변기를 마련해 준다. 또한 입고 벗기 편한 옷을 입혀서 배변을 스스로 시도해 볼 수 있게 해 주며, 용변을 본 후 '시원하지?' '기분 좋지?' '혼자서도 잘하는구나.' 등의 격려를 해 주면 매우 효과적이다.

출처: 이영 외(2009). 영유아발달, pp. 210-211.

(4) 정서 이해

정서를 표현하는 능력이 출생 때부터 나타나는 것처럼 영아는 출생 때부터는 아니더라도 매우 이른 시기에서부터 자신의 정서 상태를 인식하고 다른 사람의 정서표현을 이해하여 각 정서에 대해 다르게 반응할 수 있다. 정서를 이해한다는 것은 정서 상태의 변화와 정서를 유발시키는 상황, 그 상황에서의 정서적 반응을 이해하는 것을 말한다. 자신의 정서를 정확하게 인식하고 타인의 정서를 이해하는 능력은 타인과의 관계와 상호작용에 대한 적응적인 가치를 갖는다. 정서 이해 능력은 대인관계 상황에서 상대방의 행동을 예측할 수 있게 해 주고 그에 따라 적절하게 대처할 수 있도록 하여, 결과적으로 원만한 대인관계를 형성하도록 돕는다.

다른 사람의 정서를 인식하는 것은 생후 6~7개월 정도부터 시작된다. 이 시기의 영아는 미소 짓는 얼굴과 찡그린 얼굴을 구분할 줄 안다. 7개월 된 영아는 소리로 제시된 정서의 단서와 그와 적절히 연결되는 표정을 식별하는 등 정서표현에 대해 감각 양식(예: 청각과 시각)을 통합하여 이해할 수 있다. 이후부터 영아는 다른 사람의 정서를 구분할 수 있을 뿐만 아니라 다른 사람의 정서에 의해서 영향을 받기도 한다.

생후 8~10개월 된 영아는 불확실하고 애매모호한 상황에서 부모 등 성인의 정서적 반응을 살피고 그것을 자신의 행동을 조절하기 위한 정보로 사용한다. 이렇듯 새로운 상황이나 불확실한 상황에서 그 상황에 대한 정보를 얻기 위해 부모 등 성인의 표정 등을 바라보는 것을 '사회적 참조(social referencing)'라고 한다(Klinnert, Emde, Butterfield, & Campos, 1986; Walden & Baxter, 1989). 그리고 시각적 벼랑을 이용한 실험에서 얕은 쪽에 있는 생후 12개월 된 영아에게 반대편 깊은 쪽에 있는 어머니가 공포의 표정을 보일 때 시각적 벼랑을 건너는 영아는 하나도 없었다. 반면, 어머니가 행복하고 흥미로운 정서를 표현했을 때는 대부분의 영아가 기어서 건넜다(Sorce, Emde, Campos, & Klinnert, 1985). 이와 같이 영아는 애매모호한 상황에서 어머니의 표정 등을 단서로 그 상황이 안전한지 위험한지 등을 해석하고 그에 따라 행동한다.

생후 12~18개월 된 영아는 타인이 정서적으로 불편함을 표현하는 단서를 이해하고 이에 공감적인 표현과 반응을 하였다. 한 연구에서 실험자가 영아가 좋아한다고 한 음식에는 혐오를 표현하고 영아가 싫어한다고 한 음식에는 즐거움을 표현한 결과, 18개월 된 영아는 그 사람에게 음식을 건넬 때에 자신이 좋아하는 음식이 아니라 상대방이 즐거움을 표현한 음식을 주었다(Repacholi & Gopnik, 1997). 이것은 영아도 정서가 특정한 사람, 물체, 사건에 연결된 주관적이며 내적인 상태라는 것을 이해하고 있다는 것을 가리킨다.

2세경이 되면 자신과 타인의 정서 이해를 행복하다, 슬프다 등의 어휘를 적절하게 사용하여 나타낼 수 있으며 자신의 정서를 잘 이해할 뿐만 아니라 자신의 정서가 타인에게 영향을 미친다는 사실을 이해하여 자신이 원하는 결과를 얻기 위해 자신의 정서를 조절하기도 한다(Bretherton, Fritz, Zahn-Waxler, & Ridgeway, 1986).

(5) 정서 조절

정서 조절이란 자신이 원하는 목적을 달성하기 위해 자신의 정서를 평가하고 이에 따라 내적 감정 상태 및 정서와 관련된 생리학적 반응의 발생, 강도, 지속시간을 조절하는 과정을 말한다. 이것은 사회적 상황에서 정서 경험을 사회문화적으로 용인된 방법으로 조절하는 능력이다. 예를 들면, 마음에 들지 않는 선물을 받았을 때, 실망감을 보이는 대신 기뻐하며 고맙다는 인사를 하는 것이다.

일반적으로 정서를 조절할 때는 정서표현 규칙을 따른다(Gross & Ballif, 1991). 정서표현 규칙이란 특정 상황에서 어떤 정서를 표현해야 하는지 인식하여 그 상황에 적합한 정서를 표현하는 것을 말한다. 사회적 상호작용을 통해 영아는 이러한 정서표현 규칙을 습득하여 그 문화권에서 허용하는 적응적인 방식으로 정서표현을 조절하게 된다. 정서에는 기쁨, 즐거움과 같은 긍정적 정서와 분노, 공포와 같은 부정적 정서가 있는데, 정서 조절에서는 부정적 정서를 조절하는 것에 관심을 갖는다.

부정적 정서표현을 억제하는 것은 어린 영아에게 매우 어려운 일이지만 꽤 이른 시기부터 영아는 이러한 규칙을 습득한다. 생의 초기에 영아는 부정적 정서를 조절하기 위해 안아 주거나 흔들어 주거나 자장가를 불러 주는 등의 양육자 행동에 의존하지만 자신의 손가락을 빨기도 한다. 생후 9개월에서 1세경에는 기고 걸을 수 있어 다양한 자극에 접근하거나 회피하는 것이 가능해지면서 더욱 효과적으로 정서를 조절한다. 예를 들면, 낯선 사람이 다가올 때 영아는 어머니에게 가까이 이동하여 두려움을 완화시키려고 한다. 2세가 되면 영아는 상징과 언어를 사용할 수 있게 되어 새로운 방법으로 정서를 조절한다. 영아는 자신의 감정 상태와 자신을 화나게 한 원인을 언어로 이야기하면서 정서를 조절한다.

영아의 정서 조절은 부모의 사회화 과정에 포함되는 주요 요소이다. 부모는 자녀가 성장하면서 자녀에게 새로운 기대를 하고 더욱 순응적이기를 요구한다. 부모는 친사회적 행동을 촉진하는 정서를 격려하고 강화하려고 하고 질투와 분노 같은 바람직하지 않은 정서와 행동을 감소시키려 한다. 이러한 부모와의 상호작용을 통해 정서표현에 대한 사회화가 이루어진다. 그러므로 부모의 양육 태도와 정서표현의 정도는 영아의 정서 조절 능력과 밀접한 관련이 있다.

TIP 영아의 정서발달을 위한 교사의 역할

- 영아가 다양한 정서를 표현할 수 있는 여러 가지 흥미 있는 자료를 제공한다.
- 영아와의 따뜻하고 긍정적인 상호작용을 통해 긍정적인 정서를 경험하게 한다.
- 영아가 집중하거나 즐겁게 하고 있는 활동을 중단해야 할 때는 미리 말해 줌으로써 마음의 준비를 하도록 한다.
- 영아가 경험하는 다양한 정서의 원인을 파악하고 적절한 반응을 해 준다.
- 영아가 자신의 정서를 강하게 표출하면 일단 영아의 감정을 수용해 준다.
- 정적인 놀이와 동적인 놀이의 균형을 맞추어 주고 동적인 활동을 통해 정서를 표현할 수 있도록 돕는다.
- 영아의 상상 이야기를 들어 주고 영아가 두려움을 느끼는 경우, 교사가 영아를 안심시켜 준다.
- 영아가 하루 일과에 잘 적응하고 다음 상황을 예측할 수 있도록 규칙적이고 일관성 있는 일과를 제공한다.
- 영아 행동에 대한 인정 여부를 표현하기 위해 교사는 표정이나 몸짓, 말 등을 이용한다. 영아는 교사의 반응을 토대로 자신의 정서를 조절하기도 한다.
- 영아기에는 극단적인 감정이 표출되고 감정 기복이 심하며 부정적 표현이 많다는 것을 이해하고 있어야 한다.

출처: 박찬옥, 구순옥, 이옥임(2011). 영아-교사 상호작용의 이론과 실제, p. 31.

2) 기질

(1) 기질의 개념

같은 날, 같은 시간에 태어난 아이라도 주변 환경에 대한 행동적 · 정서적 반응은 모두 다르다. 어떤 아이는 잘 먹고 잘 자며 대부분의 시간을 즐겁고 행복하게 보내는 반면, 어떤 아이는 자주 울고 보채고 떼를 쓰는 등 부정적인 행동을 자주 나타낸다. 이와 같이 잠들기, 잠에서 깨어나기, 수유, 울음의 패턴에서 분명한 개인차가 있는데, 이러한 개인차는 기질의 차이를 반영한다.

기질(temperament)이란 개인의 행동 양식과 정서적 반응 유형을 의미하는 것으로 정서, 운동 그리고 주의집중 반응성, 자기조절에서의 개인차에 기초한 것(Rothbart & Bates, 2006, p. 100)으로 정의한다. 기질은 출생 직후부터 나타나는 개인의 안정되고 일관된 특성이며, 외부 상황이나 타인에 대해 예측된 방식으로 반응하는 개인적 경향이다. 기질에서의 개인차가 선천적 기원을 갖는다는 것에는 많은 연구자가 동의하고 있으나, 이러한 선천적 경향성에 대해서는 연구자마다 다르게 다루고 있다.

영아기에 나타나는 기질은 시간에 따라 꽤 안정적으로 나타난다. 많은 연구가 영아기의 기질이 유아기, 아동기, 더 나아가 성인기에서까지도 동일하게 나타난다고 보고하고 있다. 새로운 물체에 극단적 공포반응을 보인 높은 반응수준의 영아는 아동기와 초기 청소년기에서도 새로운 물체와 상황에서 억제되고 스트레스 반응을 보였다(Gross, 2008, p. 331; Kagan, Snidman, & Arcus, 1998). 까다로운 기질을 보인 영아는 성인이 되어서도 까다로운 기질을 보이는 경향이 있었다(Pesonen et al., 2002). 그러나 이러한 초기 기질의 안정성 또는 지속성은 주로 매우 극단적인 수준의 특성(억제, 외향성, 수줍음 수준이 매우 높거나 매우 낮은)에서만 나타나는 경향이 있었다. 이러한 결과는 기질 특성도 환경의 영향으로 시간에 따라 기질의 안정성이 낮을 수도 있음을 시사한다.

(2) 기질의 구성요소와 유형

기질이 어떤 특성으로 구성되어 있는가에 대해서는 연구자마다 견해가 다르지만 대부분 영아의 활동수준과 정서적 반응을 기본적인 요소로 포함하고 있으며 그 외에 부가적인 행동적 특성을 더하고 있다.

대표적으로 토머스와 체스(Thomas & Chess, 1977)는 1965년에 시작된 뉴욕 종단연구(New York Logitudinal Study)를 통해 기질을 구성하는 아홉 가지 요소를 발견하였다. 이 아홉 가지 요소는 활동수준(activity level), 규칙성(rhythmicity), 접근/회피(approach-withdrawal), 적응성(adaptability), 산만성(distractability), 지속성(attention span/persistence), 기분(quality of mood), 반응강도(intensity of reaction), 반응역치(threshold of responsiveness) 등이다(〈표 6-8〉 참조).

버스와 플로민(Buss & Plomin, 1986, pp. 67-80)은 영아의 기질이 정서성(emotionality), 활동성(activity), 사회성(sociability)의 세 가지 요소로 구성되어 있다는 EAS 모형을 제시하였다. 정서성은 통제할 수 없는 자극에 대한 영아의 부정적인 반응의 정도를 의미하며,

〈표 6-8〉 토머스와 체스의 기질 구성요소

구성 요소	내용
활동수준	일상생활에서의 신체 활동의 양
규칙성	수유, 수면, 배변 등과 관련된 생리적인 규칙성
접근/회피	새로운 사건이나 자극에 대한 접근과 회피의 반응
적응성	변화된 상황에 대한 적응의 정도
산만성	외부 자극에 의해 진행 중인 활동이 방해받는 정도
지속성	방해를 받았을 때도 진행 중인 활동을 계속하는 정도
기분	즐겁고 우호적인 행동의 양이나 불쾌하고 슬프고 적대적인 행동의 양
반응강도	자극에 대한 반응의 강도
반응역치	반응을 유발하는 데 필요한 최소의 자극의 양

활동성은 영아의 전체적인 활동 특성에 대한 요소로서 영아 행동의 속도와 강도를 의미하고, 사회성은 다른 사람과 함께하는 것을 선호하고 다른 사람과 활동을 공유하는 정도를 의미한다.

한편, 로스바트(Rothbart, 2004)는 기질은 상대적으로 안정적이라고 하면서 기질의 구성요소로서 생물학적으로 기초한 반응성(reactivity)과 자기조절(self-regulation)을 제시하였다. 반응성은 정서적 반응의 강도를 말하는데 자극에 대해 얼마나 쉽게, 얼마나 강하게 반응하는지에 대한 요소이다. 자기조절은 영아가 스스로 자신의 반응을 증대시키거나 감소시키는 조절 능력을 의미한다.

토머스와 체스는 아홉 가지 특성을 기준으로 기질의 유형을 순한(easy) 기질, 까다로운(difficult) 기질, 느린(slow-to-warm-up) 기질로 분류하였다.

순한 기질의 영아는 일반적으로 긍정적 기분 상태에 있고 일상생활이 규칙적이며, 새로운 경험에 쉽게 적응한다. 또 잠이 쉽게 들고 행복하게 잠에서 깨어나고 규칙적으로 수유, 수면이 이루어지고 새로운 음식이나 경험을 쉽게 받아들인다. 낯선 사람에게도 미소를 보이며 쉽게 친해진다.

까다로운 기질의 영아는 전체적으로 생리적 리듬이 불규칙하며 새로운 상황에 적응하기 어려워 조금만 불편해도 강하게 부정적으로 반응하여 행복해 보이지 않고 눈을 뜨기 전부터 울기 시작하며 자주 운다. 수면과 식사 시간이 일정하지 않고 수면량과 식사량도 불규칙적이다. 환경의 작은 변화에도 매우 민감하고, 조그만 좌절에도 강한 반응을 보이며, 새로운 사람이나 낯선 상황에 적응하는 데 시간이 많이 걸린다. 자신의 선호가 뚜렷하며 자신이 원하는 상태가 될 때까지 끊임없이 요구한다.

느린 기질의 영아는 전반적으로 활동수준이 낮고 환경적 자극에 대하여 활발한 반응을 보이지 않으며 다소 부정적이다. 새로운 상황에 움츠러드는 경향이 있어 새로운 상황에 적응하는 데 시간이 오래 걸린다. 새로운 상황을 좋아하지 않지만 기회가 다시 주어지면 흥미를 가지고 참여한다.

토머스와 체스는 전체 연구대상 중 순한 기질이 40%, 까다로운 기질이 10%, 느린 기질이 15% 정도였으며, 연구대상 중 35%는 어느 유형에도 포함되지 않았다고 보고하고 있다. 연구자들은 이러한 영아기의 기질 유형이 아동기에 걸쳐서 안정적으로 나타난다고 하였다.

(3) 기질과 영아발달의 관계

영아의 기질은 영아와 부모의 관계에 영향을 미친다. 뿐만 아니라 부모의 양육 태도 또한 영아의 기질에 영향을 미친다. 즉, 기질적으로 까다로운 영아를 자녀로 둔 부모는 자녀를 양육하면서 좌절하게 되고 자녀에게 기대를 덜 하는 양육 태도를 갖는 경향이 있다. 까다로운 기질의 영아는 일상생활의 리듬이 불규칙하고 화를 잘 내고 공격적이어서 부모는 이에 당황하고 양육의 어려움을 느낀다. 부모는 양육에서의 이러한 갈등 상황 및 문제 상황에서 통제적인 방법으로 자녀를 양육하게 되고 또는 적대적이거나 무관심한 양육 태도를 보이기도 한다. 반면, 부모의 양육 태도 또한 영아의 기질에 영향을 미친다. 수줍고 소심한 기질을 가진 영아라도 수용적이면서 외부 세계에 대한 대처 양식을 부드럽게 촉진시키는 환경에서 양육된다면 오히려 자신감을 갖고 외부 세계에 효과적으로 대처하게 된다. 반면, 사교적이고 과감한 기질의 영아이더라도 지나치게 스트레스를 주는 환경에서 양육하면 소심해질 수 있다.

이와 같은 영아의 기질과 부모 양육 태도의 상호작용을 고려하여 토머스와 체스(1977)는 바람직한 결과를 이끄는 '조화의 적합성(goodness-of-fit)' 모델을 제시하였다. 조화의 적합성은 영아의 기질과 환경적 요구 사이의 조화를 말하는데, 영아의 기질이 부모와 같은 환경 특성과 잘 조화를 이룰 때 영아의 발달은 바람직한 방향으로 이끌어질 수 있다는 것이다. 부모가 영아의 기질에 따라 양육행동을 조절한다면 그 결과는 조화로운 관계를 이루는 반면, 영아의 기질과 부모의 양육행동이 조화를 이루지 못한다면 부모나 영아 모두 갈등을 경험한다. 즉, 까다로운 영아의 부모가 인내하며 영아의 까다로운 요구에 민감하게 대처하면 아동기, 청년기 때 까다로운 기질을 보이지 않을 수 있다는 것이다. 부모가 영아의 기질을 파악하고 기질 유형에 따라 효과적인 양육행동을 제공한다면 부모와 영아 사이에 보다 조화로운 관계를 유지할 수 있고 더 바람직한 발달의 결과를 이끌 수 있다.

한편, 영아기의 기질은 이후 아동의 사회성 발달과 밀접한 관련이 있는 것으로 나타났다. 영아기에 까다롭던 유아는 많은 문제행동을 보이고 또래와의 상호작용에서 짜증을 내거나 공격적이어서 유치원이나 학교에서 부적응을 보인다고 한다(Garrison, Earls, & Kindlon, 1984).

정도에 차이는 있지만 영아기의 기질은 이후의 성격적 특성과 관련이 있다. 화를 잘 내는 특성, 부정적 정서, 까다로움 등의 기질적 특성은 일반적으로 위축이라든가 공격 등의 행동 문제와 관계가 있다. 대조적으로, 새로운 것에 대한 공포를 갖는 영아는 후에 내향적이라든가 억제되어 있다든가 사회적 불안을 많이 보인다(Rothbart & Bates, 2006).

TIP 기질 유형별 교사의 역할

태어날 때부터 까다로운 아이는 부모도 세심하게 신경을 쓰고 관심을 주어 보살피게 된다. 그러나 점차 그 까다로움에 대해 야단도 치고 행동을 통제하게 된다. 그렇게 하다 보면 아이의 행동은 점점 더 거칠어지고 문제행동으로까지 발전할 수 있다. 그러므로 기질에 맞는 육아와 교사의 태도가 필요하다.

• 까다로운 기질

까다롭고 소란스러운 아동은 가장 다루기 어렵지만 가장 재미있는 아동이다.

좋고 싫음이 분명하고 자기주장이 강하며, 에너지가 넘쳐 자기 표현의 기회를 주어야 한다. 또 자기가 좋아하는 활동을 하게 해 주면 정열적으로 해 낸다. 이런 기질의 아동은 집단 상황보다는 개별적으로 융통성 있게 접근해야 하며, 설명이 필요하거나 특별한 활동을 하게 하고 싶을 때는 조용한 순간을 포착하여 접근해야 한다. 요구를 하면 고집을 부리고 그 행동이 크므로 일단 저지하게 되는 경우가 많다. 그러나 아이의 요구를 인정해 준 후 현재 상황을 인식하게 하고 무조건 저지하기보다는 가능한 대안을 제시하여 스스로 선택하게 해 주는 것이 좋다.

이런 아동은 따뜻한 목욕이나 마사지, 물놀이, 개별적으로 동화책 읽어 주기와 같은 활동이나 유머를 이용하는 것이 좋다. 아동의 행동에 강하게 재반응하는 것은 아동의 반응 강도를 더 키우게 된다.

• 순한 기질

순하고 융통성이 많은 아동은 집단 상황에서 오히려 간과되기 쉽다.

대체로 조용히 자기 일을 알아서 하고 성인의 요구에 순응하며 쉽게 적응하므로 집단 상황에서는 눈에 띄지 않는다. 멀리서 교사를 바라보며 눈 마주치기 등으로 자기 욕구를 조용히 표현한다. 그러나 경우에 따라, 특히 2~3세 때는 발달상 자율성에 대한 욕구 등으로 순한 아이도 고집을 부릴 때가 있다. 그러므로 적절히 요구를 인정해 주고 너무 성인의 요구에 순종만 하도록 강요하지 않는 것이 필요하다. 자칫 성인의 요구에 순종하다가 자율성이 꺾일 수 있다. 매일 조금씩이라도 욕구를 점검해 주고 특별한 관심을 보이며 배려하여야 한다.

• 느린 기질

반응이 느리고 적응이 느린 아동은 새로운 상황이나 집단에 적응하기 어렵다. 적응에 걸리는 시간이 필요하므로 기다려 주어야 한다. 천천히 조금씩 한 가지씩 시도하게 해 준다. 분명한 일과를 정해 주고 예측 가능하게 해 준다. 일과가 변화할 때는 그날의 계획에 대해 사전에 미리 함께 이야기한다. 한 가지 활동에서 다른 활동으로 전환할 때 서두르기보다 마무리 할 시간을 충분히 주고, 몇 분 전에 미리 변화에 대해 예고하고 변화에 대해 준비시켜야 한다. 새로운 활동을 처음 시도할 때에는 익숙한 사람(부모, 교사 등)이 옆에서 지켜보면서 기다려 줌으로써 안전기지(secure base)를 마련해 주어야 한다. 이러한 아동은 재촉하거나 서두르면 아예 시도도 안 하고 위축된다. 자신의 능력에 대해 자신감이 없어지고 열등감을 가질 수 있다. 빨리빨리를 강요하는 우리 사회에서, 더욱이 현대와 같은 경쟁사회에서 적응하기 어려울 수 있다. 그러므로 기다려 주고 믿어 주고 인정해 줌으로써 자존감이 낮아지지 않도록 한다.

3) 애착

(1) 애착의 개념

일상적인 어휘로서 애착은 서로에 대해 정서적으로 강하게 결속됨을 느끼는 것으로, 두 사람 사이에서 형성되는 관계를 의미한다. 그러나 발달심리학에서는 영아기 동안에 영아와 한 명 이상의 성인 양육자 사이에 형성되는 강한 유대감을 애착이라 일컫는다. 즉, 애착이란 영아와 양육자 간의 친밀한 정서적 유대이다. 영아는 부모 등의 양육자와의 상호작용을 통해 자신이 돌봄을 받을 존재인지 혹은 자신을 돌봐 줄 것인지에 대한 기대를 형성하게 된다.

이러한 애착은 종족 보존을 위한 주위 환경 적응에 필요한 요소로서, 애정이나 사랑과 같은 긍정적 정서의 의미를 갖는다(Ainsworth, 1979). 영아가 특정 대상에게 애착을 형성하면 그 사람과 함께 있을 때 기쁨을 느끼고, 당황스럽고 불안한 상황에서 그 사람의 존재로 인해 위안을 받고 안정을 찾는다.

영아 애착에 대한 이론은 여러 가지가 있다. 우선, 정신분석이론에서는 영아의 기본적인 욕구 충족이 애착과 관련이 있다고 하였다. 프로이트는 영아가 구강만족을 제공하는 사람이나 사물에 애착을 갖는다고 하였다. 에릭슨은 수유를 비롯한 기본적 욕구를 충족시켜 주는 것이 타인에 대한 신뢰감 형성에 중요하다고 하였다.

학습이론에서는 애착이 인간의 본능이기보다는 학습된 행동이라고 한다. 어머니는 영아의 배고픔 등 일차적 욕구에 대해 음식물, 신체적 접촉 등으로 욕구를 해결해 주는 이차적 강화자의 역할을 한다. 그러므로 영아는 이차적 강화자인 어머니와 애착관계를 형성하게 되는 것이다. 어머니에게 애착을 형성한 영아는 애착 대상인 어머니의 관심을 끌기 위해 미소나 옹알이, 추종반응 등을 하게 된다.

인지발달이론에서는 애착이 영아의 인지 과정과 관련이 있다고 한다. 애착과 관련된 인지 과정으로, 우선 애착을 형성하기 전에 영아는 낯선 사람과 친숙한 사람을 구별할 수 있어야 하며, 어떤 대상이 보이지 않아도 계속 존재한다는 것을 아는 대상영속성 개념이 발달해야 한다. 이러한 인지 능력을 토대로 애착이 발달된다고 한다.

보울비(Bowlby)의 동물행동학이론에 의하면, 애착은 생존 유지 및 보호를 위한 본능적인 반응의 결과로서 이미 생래적으로 계획되어 있다고 한다. 영아는 울고 매달리고 소리를 내고 미소를 짓고 기어 다니고 따라다니는 등 생득적인 애착행동을 보인다. 이때 영아의 목표는 양육자를 옆에 있게 하는 것이다. 이에 어머니 또한 영아의 이러한 행동에 적극적으로 반응하는 능력을 선천적으로 가지고 태어났다고 보고 있다. 따라서 영아가 보내는 신호에 어머니가 적극적으로 반응을 하고 이 둘 사이에 애착이 형성되는 것이다.

(2) 애착 형성 단계

보울비(1982, p. 235)는 다른 포유류와 같이 인간은 양육자의 주의를 이끌고 보호행동을 유발하는 애착행동을 보인다고 하였다. 즉, 영아는 양육자의 주의와 보호를 이끌기 위해 울음, 쿠잉, 미소, 응시, 더 나아가 양육자를 향해 기어가기, 걸어가기 등을 보인다. 대부분의 양육자는 영아의 이러한 행동을 간과하지 않고 주시하며 이에 반응한다.

이러한 온정적이고 민감한 보살핌과 더불어 새로운 정서적 · 인지적 능력에 따라 애착은 다음과 같은 단계를 거쳐 발달한다(Berk, 2013, p. 429).

● 1단계: 애착 전 단계(출생에서 생후 6주)

영아는 잡기, 미소, 울기, 눈 응시하기 등의 신호체계를 이용하여 성인에게 신호를 보내고 성인은 이 신호에 반응하여 아기를 안아 주는 등 가까이 있게 된다. 신생아는 성인이 가까이 함께함으로써 안정감을 느끼게 된다. 이 단계의 영아는 친숙한 양육자에 대한 분명한 선호가 없다. 울음, 쿠잉, 미소를 포함한 애착행동을 특정 대상에게 보이는 것이 아니라 모든 주위 사람에게 보이며 또한 안정감을 가지므로 애착을 형성하지 않은 단계이다.

● 2단계: 애착 형성 단계(생후 6주에서 6~8개월)

이 단계의 영아는 친숙한 양육자와 낯선 사람을 구별하면서 애착을 형성하기 시작한다. 친숙한 양육자에게는 미소 등의 애착행동을 보이지만 낯선 사람에게는 이러한 행동을 보이지 않는다. 낯선 상황이나 당황스러운 상황에 있을 때에 낯선 사람보다는 친숙한 양육자에 의해 안정을 찾는 경향이 있다. 친숙한 양육자와는 까꿍 놀이 등과 같은 사회적 놀이를 한다. 그러나 아직 애착 대상인 양육자와 분리될 때는 이에 대해 저항하지 않는다.

● 3단계: 명백한 애착 단계(생후 6~8개월에서 18개월~2세)

이 단계의 영아는 신체발달로 인하여 이동을 잘할 수 있게 되면서 특정 양육자를 향해 이동하여 접근하면서 특정인에 대한 선호를 보이는 새로운 애착행동을 보인다. 영아는 낯선 사람과 같이 있을 때에 이를 피하고 친숙한 양육자에게 가까이 가려고 노력한다. 그리고 애착 대상이 떠나면 울음, 기어가기 등의 애착행동을 보이면서 분리불안을 보인다. 탐색 활동을 할 때 양육자를 안전기지로 이용한다.

● 4단계: 상호 호혜적 관계 형성(생후 18개월~2세 이후)

영아가 2세가 되면 언어 능력이 향상되면서 영아는 양육자와 의사소통할 수 있게 되고 인지 능력의 증대로 타인의 사고와 감정에 대해 예상할 수 있게 되면서 애착 대상인 양육자의 행동과 욕구를 이해하게 된다. 결과적으로, 양육자의 외출을 기꺼이 받아들이고 양육자가 돌아올 때까지 기다릴 수 있게 된다. 이때부터 영아는 양육자와 동반자와 같은 상호 호혜적 관계를 맺는다.

(3) 애착 유형

애착 유형은 영아 애착의 질과 안전-기반 행동의 측정에 기초하는데, 애착의 질과 안전-기반행동을 측정하는 전형적인 방법은 **Q-set 방법**과 **낯선 상황**(strange situation) **실험**이 있다. Q-set은 가정이나 그 밖의 일상적인 상황에서 나타나는 영아의 행동을 설명한 90개 문항을 어머니가 1점에서 9점까지 분류하여 측정하는 방법이다(이영, 박경자, 나유미, 1997).

많은 애착 연구자는 **에인즈워스**(Ainsworth, 1979)의 '낯선 상황(strange situation)'이라 불리는 실험 절차를 사용하는 경향이 있다(〈표 6-9〉 참조). 에인즈워스는 낯선 상황의 에피소드 동안 영아가 보이는 행동에 근거하여 애착 유형을 다음 네 가지로 구분하였다.

〈표 6-9〉 낯선 상황 절차

에피소드	참여자	지속 시간	내용
1	양육자, 영아, 관찰자	30초	관찰자가 양육자와 영아에게 실험실을 소개한 후 나간다(실험실에는 놀잇감이 있다).
2	양육자, 영아	3분	양육자는 영아가 놀잇감 등을 탐색할 때 관여하지 않는다.
3	낯선 사람, 양육자, 영아	3분	낯선 사람이 들어온다. 1분이 지난 후 낯선 사람은 어머니와 이야기한다. 2분 후에 낯선 사람은 영아에게 가까이 간다.
4	낯선 사람, 영아	3분 또는 이내	첫 번째 분리 에피소드로서 양육자가 눈에 띄지 않게 나간다. 낯선 사람은 영아와 상호작용하거나 달랜다.
5	양육자, 영아	3분 또는 이상	첫 번째 재결합 에피소드로서 양육자는 영아의 이름을 부르며 들어가 영아를 달래 준다. 낯선 사람은 나가고 영아는 놀이를 한다.
6	영아	3분 또는 이내	두 번째 분리 에피소드로서 어머니가 '안녕' 하고 나간다.
7	낯선 사람, 영아	3분 또는 이내	두 번째 분리의 연속으로 낯선 사람이 들어가고 영아와 상호작용한다.
8	양육자, 영아	3분	두 번째 재결합 에피소드로서 양육자가 다시 들어와서 영아에게 인사한 후 진정시킨다. 낯선 사람은 눈에 띄지 않게 나간다.

① 안정애착

안정애착(secure attachment) 유형의 영아는 어머니를 안전기지로 사용하여 어머니와 함께 있을 때 주위를 탐색하기 위해 어머니로부터 쉽게 떨어진다. 어머니와 분리되었을 때에는 당황해 하지만, 어머니가 돌아왔을 때 반갑게 맞이하고 어머니로부터 위안을 얻기 위해 능동적으로 신체 접촉을 요구하고 쉽게 편안해진다. 연구대상의 65%가 안정애착 유형에 해당하였다.

② 회피애착

회피애착(anxious-avoidant attachment) 유형의 영아는 어머니와 함께 있을 때도 어머니에게 별로 반응을 보이지 않는다. 또한 어머니와 분리되었을 때도 별다른 반응을 보이지 않고 스트레스를 덜 받는 것처럼 보인다. 어머니가 다시 돌아왔을 때에도 무시하거나 회피하며 어머니가 안아 주려고 해도 안기려 하지 않는다. 어머니를 낯선 사람과 비슷하게 대한다. 연구대상의 20% 정도가 이에 해당하였다.

③ 저항애착

저항애착(anxious-resistant attachment) 유형의 영아는 낯선 상황에서 어머니와 함께 있어도 불안해 하고 어머니 옆에 붙어 있으며 주위를 탐색하려 하지 않는다. 어머니가 나가면 매우 당황하고 고통스러워한다. 어머니가 돌아오면 어머니에게 접촉하고 매달리기도 하지만 화를 내고 밀어내는 저항행동을 보이는 등의 양가적 행동을 보인다. 낯선 사람을 매우 경계하기도 한다. 연구대상의 약 10%가 이 유형에 해당하였다.

④ 혼란애착

혼란애착(disorganized attachment) 유형은 불안정애착의 가장 심한 형태로서, 이 유형의 영아는 낯선 상황에서 가장 큰 스트레스를 받아 멍해 보이는 등 얼어붙은 듯한 행동을 보이거나 두려워하는 등의 불안정한 행동을 보인다. 어머니가 돌아와서 안아 주어도 멍한 표정으로 먼 곳을 본다. 연구대상의 5~10% 정도가 이 유형에 해당하였다.

(4) 애착반응

영아가 특정 대상과 애착을 형성하였을 때 나타나는 현상으로 낯가림(stranger anxiety)과 분리불안(separation anxiety)이 있다.

① 낯가림

영아가 특정 대상과 애착을 형성하는 과정에서 친숙하지 않은 낯선 사람이 다가오거나 영아를 안으려고 할 때, 낯선 사람의 얼굴을 회피하면서 큰 소리로 울곤 하는데, 이것을 낯가림이라고 한다. 낯가림은 6~8개월경에 나타나기 시작하여 애착행위가 최고조인 첫 돌경에 가장 심하게 나타나다가 서서히 감소한다. 낯가림은 낯선 사람 그 자체에 대한 불안반응이라기보다는 영아가 친숙한 양육자의 얼굴과 낯선 사람의 얼굴이 불일치한다는 것에 보이는 반응이다. 그러므로 낯가림을 안 하는 것은 낯선 사람에 대한 변별력이 없다는 것이고, 이는 상대적으로 친숙한 양육자에 대한 애착 형성이 잘 이루어지지 않았기 때문이다.

대부분의 영아가 낯가림 반응을 보이지만 낯가림의 정도나 시기는 영아의 기질이나 환경에 따라 다르게 나타난다. 부모나 친숙한 사람과 함께 있을 때에는 낯가림이 덜 나타나고 기질적으로 순한 영아가 까다로운 영아보다 낯가림을 덜 하는 편이다(정옥분, 정순화, 황현주, 2009, p. 54).

② 분리불안

낯가림은 낯선 사람의 접근에 대한 반응이고 분리불안은 친숙한 사람과의 분리에 대한 불안반응이다. 영아는 부모나 애착 대상과 헤어질 때 불안해 하고 당황하여 얼굴을 찌푸리거나 우는 행동을 보이면서 애착 대상과 떨어지려고 하지 않는다. 이러한 불안반응은 8~9개월경부터 나타나기 시작하여 15개월경에 최고조에 달하고 2세쯤에 사라진다. 일반적으로 안정애착을 형성한 영아가 불안정애착을 형성한 영아보다 분리불안 반응을 덜 보이는 경향이 있다.

애착을 형성할 수 있는 친숙한 대상이 없는 것도 애착 형성이나 성격 형성에 바람직하지 않지만 애착 대상인 부모 등의 성인과 분리 경험을 해 보지 않는 것도 독립된 인격체로의 성숙에 문제가 된다. 분리불안을 최소화하기 위해서는 어머니가 영아와 헤어질 때 아무 말 없이 사라지는 것보다 그 이유에 대해서 올바르게 전달해 주는 것이 좋다.

(5) 애착과 영아발달의 관계

애착 형성과 관련된 요인으로서 부모-자녀 관계는 중요하게 다루어진다. 안정애착을 형성한 영아의 어머니는 사랑과 애정으로 영아를 대하고 영아의 요구에 민감하게 반응한다. 또한 영아와 눈을 잘 맞추고 미소를 많이 지으며 정서적 표현을 많이 한다.

반면, 불안정한 애착을 형성한 영아의 부모는 자신감이 부족하고 짜증과 화를 잘 낸다. 이들은 영아의 요구에 덜 민감하고 자녀가 원하는 것을 잘 깨닫지 못한다. 정서적으로 불안정하고 우울한 어머니는 영아의 신호와 요구에 민감하게 반응하지 못하고 그러한 요구를 무시하여 영아와 안정된 애착을 형성하기 어렵다.

이러한 결과는 일방적인 부모 특성의 영향이라기보다 영아 특성과 어머니 특성이 상호작용한 결과로 볼 수 있다. 영아의 기대와 요구가 양육자 행동과 잘 결합되어, 즉 '조화의 적합성(goodness-of-fit)'을 이루면서 민감하고 효과적인 양육행동을 제공한 결과이다. 까다롭고 화를 잘 내는 영아가 덜 융통적인 성격을 가진 어머니에게 양육을 받았을 때는 불안정애착을 형성하지만, 더욱 융통적인 성격을 가진 어머니가 양육했을 때는 안정된 애착을 형성하는 경향이 있다. 그러므로 부모가 영아의 행동 경향을 인지하여 그에 민감하게 대처하는 것이 영아와의 안정애착 형성에 도움이 된다. 애착은 부모와 영아의 상호관계이므로 영아의 특성도 애착 형성에 영향을 미친다. 출생할 때 많은 위험을 안고 조숙아, 미숙아로 태어난 영아는 부모와 불안정애착을 형성할 가능성이 높다(Mangelsdorf et al., 1996).

영아기에 형성된 애착은 영아기 이후의 사회 · 정서발달과 관련된다. 안정애착을 형성한 아동은 긍정적 자아개념을 가지며 자신감, 호기심이 있고 도전 상황을 잘 해결하고 좌절을 잘 참아내며 문제행동을 덜 보이는 것으로 나타났다. 타인과의 관계에서도 타인에 대해 긍정적 기대를 갖고 상호작용하여 타인에게서 긍정적 행동을 유발하며 또래와 긍정적 관계를 갖는다(김영숙, 신나리, 2013; Jacobson & Willie, 1986). 한편, 영아기에 불안정한 애착을 형성한 아동은 주변 환경을 탐색하길 좋아하지 않으며 도전 상황에서도 포기하는 경향이 있다. 그들은 이런 상황에서 자신의 능력을 발휘하기도 전에 타인에게 도움을 요청하기도 한다. 타인과의 관계에서도 타인에 대한 부정적 기대를 갖고 상대방에게 의존적이거나 적대적이고, 또는 무관심한 행동 등을 보이는데, 이것은 타인과의 관계에 부정적 영향을 미친다(신혜원, 이영, 2005; Sroufe, 1979; Sroufe, Carlson, & Schulman, 1993, pp. 315-342).

[그림 6-14] 어머니가 영아에게 책을 읽어 주면서 상호작용하는 모습

애착에 관한 종단적 연구(Zimmerman, Fremmer-Bombik, Spangler, & Grossman, 1995)는 안정애착의 긍정적 효과가 성인기의 대인관계에까지 지속적인 효과가 있다는 것을 보여 주면서 사회성 발달에서 영아기 애착 형성의 중요성을 강조하고 있다.

TIP **복합애착 - 어머니와 보육교사에 대한 영아의 애착**

영아의 사회정서발달에 중요한 영향을 미치는 양육자와의 애착관계는 주로 일차 양육자인 어머니가 우선 대상이었다. 그러나 영아가 어머니 한 사람에게만 애착을 형성하는 것이 아니라 여러 양육자에 대하여 동시에 애착을 형성한다는 주장이 제기되었으며(Scarr, 1992), 이는 대리 양육자에게 양육되는 영아가 증가하는 최근 상황에서 매우 중요한 이슈가 된다. 즉, 영아가 어머니의 역할을 대신하여 오랜 시간 함께 지내는 보육교사와도 중복적으로 일차적인 애착을 형성할 수 있는지, 그렇지 못한지, 대리 양육자와의 애착은 어머니와의 애착과 질적인 측면에서 유사한지, 만약 영아가 보육교사와도 애착을 형성한다면 안정된 애착을 형성하기 위한 조건이 무엇인지 등 보육교사의 역할의 중요성에 대한 관심이 더욱 커지게 되었다.

반 아이젠던, 사기와 램버몬(van Ijzendorn, Sagi, & Lambermon, 1992)은 보육교사와 영아 간에 진정한 애착 형성이 이루어졌다고 볼 수 있으려면 다음의 몇 가지 조건이 만족되어야 한다고 했다. 첫째, 보육교사—영아 애착은 어머니—영아 애착이 형성되는 것과 같은 방식으로 이루어져야 한다. 둘째, 보육교사에 대한 영아의 애착은 어머니와 영아의 애착과는 독립적인 것이어야 한다. 셋째, 영아에 대한 보육교사의 민감성 수준과 그 결과로 형성되는 애착 수준은 상관이 있어야 한다. 넷째, 보육교사—영아 애착안정성은 이후의 사회 · 정서발달을 예측할 수 있어야 한다.

보육교사에 대한 영아의 애착에 대한 연구(Oppenheim, Sagi, & Lamb, 1988; Howes, Matheson, & Hamilton, 1994)를 종합해 보면 보육 시설에서 관찰된 영아의 다양한 사회 · 정서발달에 복합애착이 통합적인 영향을 미치며, 어떠한 발달 영역에서는 오히려 보육교사와의 애착이 어머니와의 애착보다 더욱 강력한 영향력을 갖는 부분도 있다고 한다.

신지연(2004)은 종일보육을 받고 있는 2세 영아의 어머니와 보육교사에 대한 애착안정성 및 애착행동을 비교하였다. 연구결과, 어머니와 보육교사에 대한 영아의 애착안정성 점수에는 차이가 없었으나 영아가 보이는 애착행동에서는 유의한 차이점과 유사점을 발견하였다. 영아들은 어머니에게 정서적으로 더욱 밀착되어 있었고, 보육교사에게 더욱 순종하며 규칙을 따르는 것으로 나타났다. 또한 두 양육자 모두를 안전기반으로 사용하고 있다고 보고하였다.

출처: 이영 외(2009). 영유아발달, p. 230.

4) 사회성

영아는 자기와 외부 세계를 구분하여 자기인식을 하고 점차 외부 세계에 대해 관심을 가지기 시작하면서 자신 이외의 사람들과 관계를 맺으며 사회성 발달을 이룬다. 사회성 발달의 가장 중요한 기초는 자신에 대한 인식 및 긍정적인 자아개념이다. 그리고 타인과의 사회적 관계는 영아기를 포함한 인생 전반에서 매우 중요하다. 생애에서 최초로 맺게 되는 사회적 관계는 부모와의 관계이다. 부모는 영아의 사회화 과정을 이끌고 따뜻하고 긍정적인 관계를 통해 영아에게 타인과 주변 세계에 대한 신뢰감을 발달시켜 주며, 영아의 자신의 능력에 대한 감정 또한 긍정적으로 발달시켜 준다. 영아가 성장함에 따라 부모와의 관계 이외에도 형제관계, 또래관계 등을 형성하게 된다. 형제관계와 또래관계는 부모와의 관계와 다르게 역할, 능력, 지식이 비슷한 파트너를 포함하는 수평적 관계의 특성을 갖는다. 부모와의 관계는 애착 형성 부분에서 다루었으므로 자아개념과 더불어 형제관계 및 또래관계를 통해 영아의 사회성 발달을 살펴보고자 한다.

(1) 자아개념

자아개념이란 개인이 자신의 신체, 행동, 사고 등이 독특하며 타인과 다르다는 것을 인식하는 것이다. 자아개념의 발달은 자신이 다른 사람과 구별된 존재라는 것을 깨닫는 자아인식에서부터 출발한다. 영아는 주변 환경을 신체적 또는 감각적으로 탐색하면서 자신의 존재를 인식하게 된다(이영 외, 2016, p. 306). 주변에 있는 다른 사람의 존재를 깨닫는 것은 자신의 존재를 인식하는 것이고 자신의 존재에 대한 인식은 다른 사람이 존재한다는 것을 아는 것이다. 자아인식은 자신의 본능적 욕구, 충동, 정서를 통제하여 외부 세계에 적응하는 행동을 할 수 있게 한다. 또 자아인식은 행위의 주체가 자신이라는 것을 지각하게 하여 자신의 행동을 통제하고 그것에 대해 책임지는 것도 가능하게 한다. 자기와 타인에 대한 인식으로부터 타인과의 상호작용까지 포함하는 영아기의 자아인식은 사회 · 정서발달에서 중요한 측면이다.

자아인식은 자신을 환경과 구분할 수 있을 때부터 시작된다. 출생 초기에는 자신과 다른 사람을 구별하지 못하지만 서서히 주변 환경과 자신을 구별하기 시작한다. 생후 7개월 된 영아는 자신의 이름을 불렀을 때 일관되게 그쪽으로 몸을 돌려서 쳐다본다. 이것은 자신이 특정한 이름의 존재라는 것을 이해하고 있다는 것을 나타낸다.

자아개념은 자기 스스로를 인식하고 활동적으로 생각하는 주관적 자아(subjective self)

와 타인과의 관계에서 외현적인 자신을 인식하는 객관적 자아(objective self)로 구별한다. 영아의 자아인식은 주관적 자아가 먼저 발달하며 이를 기초로 하여 객관적 자아, 외현적 자아가 발달한다(Gross, 2008).

영아는 출생 후 첫해 동안 자신의 존재에 대한 주관적 감각을 형성해 간다. 영아는 부모를 비롯한 타인과의 상호작용에서 자신이 타인에게 영향을 줄 수 있다는 것을 경험하면서 자신의 존재를 깨닫는다. 즉, 영아가 울 때 부모가 민감하게 영아의 욕구에 집중하고 반응하는 경험을 통해, 또는 영아가 뒤집거나 스스로 앉았을 때 부모가 환호하는 경험을 통해 영아는 자신의 존재를 인식하게 된다. 또한 까꿍 놀이나 공 주고받기 등의 다른 사람과 함께하는 사회적 게임을 하는 동안에 영아는 자신의 역할을 담당하면서 자신의 존재에 대해 주관적 경험을 하게 된다. 이런 경험들은 영아에게 자신이 환경의 다른 것들과 구별되는 존재라는 피드백을 제공한다(Harter, 2006).

객관적 자아인식은 생후 18개월 정도에 나타난다. 신체적 자기의 객관적 인식을 알아보기 위해 루이스와 브룩스-군(Lewis & Brooks-Gunn, 1979)은 영아의 코에 빨간 립스틱을 바르고 영아에게 거울을 보게 한 후 어떻게 반응하는지 살펴보았다. 거울을 보고 자신의 코를 만지는 영아는 거울 속의 존재가 자기라는 것을 아는 것인데, 연구결과 어린 영아들은 거울 속의 아기 코를 만졌고 생후 18개월 영아는 자신의 코를 만졌다.

2세가 되면 영아는 더욱 사회적 존재로서의 자아인식이 발달되어 물리적으로 유일한 존재로서의 자아를 확인하게 된다. 자신을 언급할 때에 자신의 이름을 사용한 '○○이는' 또는 '나'라는 인칭대명사 사용이 증가하며 범주적 자아도 발달시켜 성별에 따라 자신을 구분하기도 한다. 또한 영아는 자아개념을 소유개념으로 표현하기도 하여 2세 영아는 또래와의 놀이 속에서 "내 거야."라고 말하면서 소유물이 자신의 일부분이라고 주장한다(Levine, 1983).

[그림 6-15] 거울 속의 얼굴을 탐색하는 영아

영아는 자기를 인식하는 학습 과정을 통해 자신과 구별되는 타인에 대해서도 알게 된다. 그리고 자기인식이 가능해지면서 자신의 행동을 평가하여 자긍심, 죄책감, 수치심 등의 이차 정서를 나타내기도 한다.

(2) 형제관계

영아기의 형제관계는 둘째아이 또는 그 이상의 출산으로 시작된다. 위 형제가 아래 형제의 출생을 경험하는 것은 부정적이라는 보고가 많다. 동생의 출생을 경험한 영아는 위축되며 공격적이고 수면 문제, 배뇨 횟수가 많아지는 등의 결과를 보일 수 있으나 모든 위 형제에게서 이런 결과가 나타나는 것은 아니다. 18개월보다 어릴 때 동생의 출생을 경험한 영아가 유치원 시기에 경험하는 유아보다 동생 출생에 대해 부정적인 경향을 덜 보이고, 여아가 남아보다 부정적 반응을 덜 보인다고 한다(Dunn & Kendrick, 1982).

형제 출생으로 인한 부정적 영향은 또래나 부모에 의해 완화될 수 있다. 첫 아이가 친구와 상상놀이 등에서 이런 경험으로 인한 갈등을 취급할수록 형제 출생에 긍정적으로 반응한다고 하였다(Kramer & Gottman, 1992). 새로운 형제가 출생하기 전에 어머니가 위 형제와의 유대를 강화한다면 새로운 아이의 출현이 더욱 긍정적 경험이 될 수 있다. 마찬가지로 어머니와 안정애착을 형성한 아이는 어머니가 동생에게만 주의를 기울일 때 적대감을 덜 보인다고 한다. 더불어 새로운 환경과 상황에서 위 형제는 부모와 마찬가지로 동생인 영아에게 안전한 기저를 제공하고 돌봄과 양육의 역할을 담당하여 사회적 지원을 할 수 있다(Volling, Herrera, & Poris, 2004; Samuels, 1980).

형제는 매일매일의 상호작용을 통해서 서로에게 영향을 주는데, 이러한 영향은 시간에 따라 변한다. 형제관계 갈등에 대한 자녀의 초기 경험은 타인의 감정, 사고, 행위에 대한 이해에 공헌하여 또래관계에서의 경험, 유능성과도 관계가 있다고 한다(DeHart, 1999, pp. 281-303; Herrera & Dunn, 1997). 형제는 많은 시간을 사물, 경험, 사

[그림 6-16] 형제는 일상의 상호작용을 통해 서로에게 영향을 준다.

람을 공유하면서 보낸다. 이런 과정을 통해 형제는 서로에게 중요한 사회적 모델을 제공하고 서로에게 강한 정서적 유대를 갖게 되는데, 이러한 관계는 시간이 지나도 지속된다.

(3) 또래관계

영아도 또래들과 상호작용을 하며 우정을 형성할 수 있는 능력이 있다. 영아기에 나타나는 또래와의 상호작용은 매우 초보적인 상호작용이지만 이러한 상호작용은 영아로 하여금 자기중심적인 행동과 태도를 상황에 맞게 조절하도록 도와주며, 인지 · 언어 능력의 향상과 더불어 보다 복잡하고 조정된 상호작용으로 발달한다.

영아는 자기중심적이어서 자신의 관점으로만 세계를 바라보기 때문에 영아기의 또래관계는 단순하고 지속 시간이 짧으며 서로를 탐색하는 형태가 대부분이다. 생후 3~4개월에는 또래의 다른 영아에게 손을 내밀거나 만지려 한다. 생후 6개월이 되면 서로 쳐다보고 웃으며 신체 접촉을 시도하고, 생후 15~18개월 되면 또래와 나란히 앉아 비슷한 놀이를 할 수 있고, 18개월이 지나면서 또래들과 협응을 보이기도 하고 서로 모방을 하고 쫓아다니는 등 관계적인 행동을 보이면서 2세경이 되면 또래와의 사회적 상호작용은 점점 길어지고 협동적인 형태로 변화한다.

생후 12개월의 영아는 다른 사람보다 또래와 함께 시간을 보내는 것을 선호하는데, 이러한 선호는 시간에 따라 안정적인 것으로 나타난다(Rubin et al., 2006). 낯선 또래보다 친숙한 또래와의 상호작용이 더욱 긍정적인 결과를 초래한다고 한다. 12~18개월에 이르는 영아가 또래와 협동적 게임이나 환상놀이를 할 때는 낯선 또래와 할 때보다 친숙한 또래와 할 때 좀 더 진보된 활동에 참여하였다(Howes, 1985). 낯선 또래보다 친숙한 또래에게 더 신체 접촉이나 만지는 행동을 자주 하고 모방적 행동과 미소도 더 자주 보였으며 더욱 지속적인 상호작용을 하였다(Young & Lewis, 1979). 그러므로 친숙한 또래와의 상호작용은 영아의 사회적 행동을 촉진한다고 할 수 있다.

부모는 또래관계나 또래 사이의 상호작용에 영향을 준다. 영아가 또래와 상호작용하는 동안 부모는 충고를 하거나 놀이를 감독하고 사회적 기준을 만들고 강화하면서 또래와의 사회적 기회에 있어 매니저 역할을 한다(Parke et al., 1994/2004). 그러므로 부모 등의 양육자는 영아가 긍정적인 또래 경험을 통해 건강한 사회성 발달이 이루어지도록 지원해야 한다. 영아는 언어적 표현 능력이 부족하여 자신의 의도를 행동이나 표정으로 표현하므로 양육자는 영아의 의도를 민감하게 파악하고 영아가 또래와의 관계에서 긍정적인 경험을 하도록 지원하며 영아에게 바람직한 사회적 기술을 안내해 줄 필요가 있다(이영 외, 2015, p. 310).

〈표 6-10〉에 영아기 사회 · 정서발달 과정을 월령별로 제시하였다. 각 시기에 나타나는 사회 · 정서발달 특징과 각 발달을 지원할 수 있는 양육자의 지침을 참고하면 영아기 사회 · 정서발달을 이해하는 데 도움이 될 것이다.

〈표 6-10〉 영아의 사회 · 정서발달 과정

연령	발달 특징	발달에 도움이 되는 지침
0~3 개월	* 사람을 자주 쳐다보고, 흥분하면 팔과 다리를 움직이며 소리를 낸다. * 생후 1개월에서 2개월 사이에 사람의 얼굴을 마주하였을 때 사회적 미소를 띤다. * 갑자기 움직이는 사물을 보고 미소를 짓는다. * 자신이 원하는 것이 있을 때 또는 불편할 때 울음으로 표현한다.	* 얼굴을 마주보고 눈을 마주치며 자주 웃어 준다. * 아이의 울음소리를 주의 깊게 듣고 그 울음소리를 잘 구별하여 아이가 보내는 신호에 적합한 반응을 하도록 한다.
3~5 개월	* 생후 4개월경에 활동성 수준 등의 기질적 특성이 나타나기 시작한다. * 여전히 울음 등으로 자신의 상태와 요구를 표현하지만 그 빈도는 줄어든다. * 어머니가 얼굴을 가까이 대고 표정을 지으면 영아가 따라 할 수 있다. * 다른 영아가 우는 소리가 들리면 자신도 울려고 하거나 따라 운다.	* 아이의 활동수준 등을 관찰하여 기질적 특성을 파악한다. * 아이가 울 때 주의 깊게 관찰하여 어떤 상태에서 우는 것인지 잘 구별하도록 한다. * 영아와 표정이나 소리를 서로 교환한다.
5~8 개월	* 미소 짓는 표정과 찡그린 표정을 구별할 수 있다. * 다른 사람의 정서를 인식하기 시작한다. * 크게 웃기도 하고 입술로 '푸' 소리를 내기도 하고 큰 소리를 내기도 하면서 정서 상태를 소리로 표현한다. * 또래를 만지고, 말하며, 흥분하고 다가가며 서로 미소 짓고 웃는다.	* 양육행동을 할 때 웃는 표정으로 상호작용한다. * 울음 이외의 다양한 정서표현을 잘 이해하도록 하여 민감하게 반응해 준다. * 양육자는 상호작용할 때 다양한 정서를 표현한다. * 부드럽게 또래의 몸을 쓰다듬는 방법을 알려준다.
8~12 개월	* 낯선 사람에 대한 두려움과 관심을 가지고 있다. * 친숙한 양육자가 사라지면 울거나 불안해한다.	* 양육자에게 아이가 다가올 때 따뜻하게 반기거나 안아 준다.

연령	발달 특징	발달에 도움이 되는 지침
	* 애매모호한 상황에서 양육자 등의 표정 등을 살펴 상황에 대해 이해하기 시작한다. * 까꿍 놀이를 즐긴다. * 또래와 함께 소리 낸다. 또래에게 첫 단어를 사용하기 시작한다. * 목적 지향적 행동이 나타나 또래의 장난감을 향해 기어가거나 또래의 손에 있는 장난감을 밀어내기도 한다.	* 아이의 행동을 금지하거나 허락하고자 할 때 양육자의 표정이나 목소리 등을 이용하여 정확하게 표현하도록 한다. * 수건 등을 이용하여 까꿍 놀이를 한다. * 영아와 또래를 거울 앞에 가까이 앉게 하여 거울을 보면서 서로를 탐색할 수 있도록 한다. * 다른 장난감을 탐색할 수 있도록 안내한다.
12~18 개월	* 낯선 사람에 대한 두려움이 가장 강하게 나타난다. * 선호의 감정이 발달하여 주 양육자나 또래에게 선호를 분명하게 나타낸다. * 친숙한 양육자와 떨어지지 않으려고 하고 옆에 붙어 있으려 한다. * 여러 가지 감정을 표현할 수 있다. * 또래 간 모방과 상호작용이 시작되어 서로를 따라 하기도 한다. * 또래가 고통 당할 때 관심을 보인다. * 또래가 장난감을 빼앗으려 할 때 뺏기지 않기 위해 꼭 쥐거나 '안 돼' 라고 말한다. * 무는 행동으로 자신이 원하는 것을 얻으려고 한다.	* 낯선 사람과 접하게 할 때에는 갑작스럽게 다가가기보다 천천히 다가가도록 한다. * 양육자의 솔직한 감정을 표정이나 언어로 자주 표현한다. * 아이의 표정 등을 거울로 비추어 볼 수 있도록 해 준다. * 또래가 놀이하고 있는 장난감을 가지고 싶어 하면 다른 장난감을 제시한다. * 무는 행동 대신에 또래에게 장난감을 요청하는 행동을 안내한다.
18~24 개월	* 장난감을 차지하려고 싸우는 경우가 많으며, 자신이 원하는 것을 얻기 위해 밀치고, 때리고 잡는 행동을 한다. * 자신의 물건을 빼앗거나 하고자 하는 것을 못하게 하면 화난 표정으로 크게 소리친다. * 동생 등에게 질투심을 느낀다. * 혼자의 힘으로 무엇인가 하려고 하고 자신의 요구가 존중받기를 바란다. * 또래에게 장난감이나 음식을 줄 수 있다. * 또래끼리 서로 소리와 말을 따라하고 서로에게 말하며 다른 사람과 의사소통하기 시작한다. * 성인이나 또래에게 도움을 요청하기도 하고 또래에게 도움을 줄 수도 있다.	* 영아 간 갈등이 발생하지 않도록 장난감의 수를 충분히 준비한다. * 영아의 긍정적인 행동을 격려한다. 또래에게 인사하기, 장난감 나누어 주기 등을 할 때마다 미소 등으로 격려한다. * 영아의 강한 감정 표현을 수용해 준다. * 아이가 혼자의 힘으로 무엇인가를 해냈을 때 같이 기뻐해 주고 칭찬해 준다. * 영아에게 간단한 도움을 요청하거나 영아의 도움에 고마움을 표현한다. * 기분이 좋지 않은 영아가 있다면 또래들과 함께 대상 영아를 위해 무엇을 하면 좋을지 알아보고 행동하도록 한다.
24~30 개월	* 좋고 싫음이 분명해지면서 감정의 표현도 분명해진다. * 자신의 감정을 언어로 표현하면서 정서를 조절하려는 노력을 보인다.	* 아이의 감정이나 욕구불만의 원인을 잘 파악한다. * 영아의 놀이 등을 멈추게 할 때는 갑자기 금지하기보다 준비를 할 수 있도록 미리 이야기 해 준다.

연령	발달 특징	발달에 도움이 되는 지침
	* 자신의 요구가 충족되지 않을 때 강한 분노를 표현하는 등 분노 표현이 최고조에 이른다. * 성인이 한 영아와 재미있게 놀이하면 다른 영아들이 몰려온다. 함께 몰려다니며 놀이하기를 좋아한다.	* 감정을 언어로 표현하도록 격려하고 언어로 표현하였을 때 감정을 수용해 주고 칭찬해 준다. * 함께 있기를 좋아하는 영아가 있다면 함께 있도록 환경 및 상황을 배려한다.
30~36 개월	* 어두운 곳을 무서워하고 동물 울음소리, 천둥소리 등에 두려움을 느낀다. * 타인에 대한 자신의 감정을 언어로 표현할 수 있다. * 감정 변화가 심하지만 감정을 조절하려는 능력이 발달한다. * 슬퍼하는 또래를 위로하거나 도와주는 방법을 제시할 수 있다. * 사회적 놀이에서 긍정적인 행동이 더 많이 나타난다. * 또래에게 공격적인 영아 혹은 또래에게 친절한 영아라는 평판을 얻을 수 있다. * 리더와 추종자 역할을 나누며 공통된 목표를 향해 행동할 수 있다.	* 두려워하거나 무서워하는 대상에 대해 자세히 설명해 주어서 비합리적인 공포를 갖지 않도록 한다. * 아이의 감정 상태를 이야기해 주며 그것을 긍정적으로 표현하고 해결할 수 있도록 도와준다. * 역할놀이 영역에 소품을 준비하여 또래끼리 서로 도움을 요청하고 도움을 제공하는 놀이를 하도록 한다. * 공격적인 영아 곁에서 공격적인 방법 대신에 긍정적인 방법을 사용할 수 있도록 안내한다.

참/고/문/헌

곽금주, 성현란, 장유경, 심희옥, 이지연, 김수정, 배기조(2005). 한국영아발달연구. 서울: 학지사.

김경희(2003). 아동심리학. 서울: 박영사.

김승권(2006). 전국 출산력 및 가족보건실태조사. 세종: 한국보건사회연구원.

김영숙, 신나리(2013). 영아의 어머니 및 교사에 대한 애착안정성이 어린이집 적응에 미치는 영향. 한국보육지원학회지, 9(5), 229-249.

김영심, 이종희(2003). 초기 가상놀이의 상징화 수준과 표상적 사고에 관한 연구. 한국아동학회지, 24(5), 1-14.

김유미(2005). 뇌를 통해 본 아동의 정서. 서울: 학지사.

김은주(2003). 영아에 대한 촉각자극 중재 효과에 관한 효과분석. 아동교육, 12(2), 269-280.

뉴스위크 한국판 편집부(2003). 뉴스위크 한국판 특별호: 귀여운 우리 아기 II. 서울: 중앙일보미디어인터내셔널.

박찬옥, 구순옥, 이옥임(2011). 영아-교사 상호작용의 이론과 실제. 경기: 정민사.

성현란, 이현진, 김혜리, 박영신, 박선미, 유연옥, 손영숙(2001). 인지발달. 서울: 학지사.

신지연(2004). 2세 영아의 어머니와 보육교사에 대한 복합 애착과 사회 · 정서적 행동. 서울여자대학교 대학원 박사학위 논문.

신혜원, 이영(2005). 3~4세 유아의 애착행동과 어머니에 대한 표상 간의 관계. 아동학회지, 26(6), 89-110.

양옥승, 조유한, 나은숙, 김호인, 손복영(2011). 영아발달과 보육. 서울: 신정.

여정희(2005). 모유 수유기간에 미치는 영향 요인. 여성건강간호학회지, 11(2), 142-147.

유영철, 김찬윤, 박인원(2002). 외상의 외적 징후 없이 발생한 흔들린 아이 증후군 1례. 대한안과학회지, 43(6).

유효순, 원혜경, 김정희(2013). 영아발달. 서울: 창지사.

이모영(2014). 지각심리학. 서울: 창지사.

이영, 박경자, 나유미(1997). 애착 Q-set의 국내 준거 개발연구. 아동학회지, 18(2), 131-148.

이영, 이미란, 홍희영, 한성희, 민성혜, 박신진, 유영미, 신혜원, 민현숙, 정지나, 문영경(2015). 영아발달. 서울: 학지사.

이영, 이정희, 김온기, 이미란, 조성연, 이정림, 유영미, 이재선, 신혜원, 나종혜, 김수연, 정지나(2009). 영유아발달. 서울: 학지사.

이종구, 김창휘(2007). 소아 · 청소년 표준 성장도표. 청주: 질병관리본부.

정옥분, 정순화, 황현주(2009). 애착과 발달. 서울: 학지사.

조성연, 이정희, 천희영, 심미경, 황혜정, 나종혜(2005). 아동발달의 이해. 서울: 신정.

한유미(2014). 영아발달. 서울: 창지사.

황희숙, 이희영, 이경화, 이정화, 신경숙, 윤경미, 강승희, 윤소정, 황순영(2008). 아동발달과 교육. 서울: 학지사.

Adams, R. J., & Courgae, M. L. (1995). Development of chromatic discrimination in early infancy. *Behavioral Brain Research, 67*, 99-101.

Ainsworth, M. D. S. (1979). Infant-mother attachment. *American Psychologist, 34*, 932-937.

Anderson, J. L., Morgan, J. L., & White, K. S.(2003). A statistical basis for speech sound discrimination. *Language and Speech, 4*, 220-232.

Arend, R., Gove, F., & Sroufe, L. A. (1979). Continuity of individual adaptation from infancy to kindergarten: A predictive study of ego-resiliency and curiosity in preschoolers. *Child Development, 50*, 950-959.

Baruch, C., & Drake, C.(1997). Tempo discrimination in infants. *Infant Behavior and Development, 20*, 573-577.

Berk, L. E. (1997). *Child development* (4th ed.). Needham Heights, MA: Allyn & Bacon.

Berk, L. E. (2013). *Child development* (9th ed.). Boston, MA: Pearson Education.

Bowlby, J. (1973). *Attachment and loss: Vol. 2 Separation: Anxiety and anger*. New York:

Basic Books.

Bowlby, J. (1982). *Attachment and loss: Vol. 1. Attachment.* London: Hogarth Press.

Bretherton, I., Fritz, J., Zahn-Waxler, C., & Ridgeway, D. (1986). Learning to talk about emotions: A functionalist perspective. *Child Development, 47*, 323-332.

Buss, A. H., & Plomin, R. (1986). The EAS approach to temperament. In R. Plomin & J. Dunn (Eds.), *The study of temperament: Changes continuities and challenges* (pp. 67-80). Hillsdale, NJ: Erlbaum.

Cemoch, J. M., & Porter, R. H. (1985). Recognition of maternal axillary odors by infants. *Child Development, 56*, 1593-1598.

Condon, W., & Sanders, L. (1974). Neonate movement is synchronized with adult speech: Interactional participation and language acquisition. *Science, 183*, 99-101.

DeHart, G. B. (1999). Conflict and averted conflict in preschoolers' interactions with siblings and friends. In W. A. Collins & B. Laursen (Eds.), *Relationships as developmental contexts: The Minnesota symposia on child psychology* (Vol. 30, pp. 281-303). Mahwah, NJ: Erlbaum.

Dunn, J., & Kendrick, C. (1982). Siblings and their mothers: Developing relationships within the family. In M. E. Lamb & B. Sutton-Smith (Eds.), *Sibling relationships: Their nature and significance across the lifespan* (pp. 39-60). Hillsdale, NJ: Erlbaum.

Families and work institute. (2001). 유아의 두뇌발달[*Rethinking the Brain* (2nd ed.)]. 곽노의, 김유미 역. 서울: 양서원. (원저는 1997년에 출판).

Franklin, A., Pilling, M., & Davies, I. (2005). The nature of infant color categorization: Evidence from eye movement on a target detection task. *Journal of Experimental Child Psychology, 91*, 227-248.

Garrison, W., Earls, F., & Kindlon, D. (1984). Temperament characteristics in the third year of life and behavioral adjustment at school entry. *Journal of Clinical Child Psychology, 13*(3), 298-303.

Gazzaniga, M. S., & Heatherton, T. F. (2006). *Psychological science* (2nd ed.). New York: W.W. Norton & Company.

Gibson, E. (1969). *Principles of perceptual learning and development.* New York: Appleton-Century-Crofts.

Gibson, E. (1992). How to think about perceptual learning: Twenty-five years later. In H. L. Pick, P. Van den Brock, & D. C. Knoll (Eds.), *Cognition: Conceptual and methodological issues* (pp. 215-237). Washington, DC: America Psychological Association.

Gibson, E. J., & Walk, R. D. (1960). The "visual cliff". *Scientific American, 202*, 64-71.

Gross, A. L., & Ballif, B. (1991). Children's understanding of emotion from facial expressions and situations: A review. *Developmental Review, 11*, 368-398.

Gross, D. (2008). *Infancy: Development from birth to age 3.* New York: Pearson Education.

Hannon E. E., & Johnson, S. P.(2004). Infants use meter to categorize rhythms and melodies: Implications for musical structure learning. *Cognitive Psychology, 50*, 345-377.

Harris, P. L., Kavanaugh, R. D., Wellman, H. M., & Hickling, A. K. (1993). Young children' s understanding of pretense. *Monographs of the Society for Research in Child Development, 58*(1), 10-107.

Harter, S. (2006). The self. In W. Damon, R. Lerner & N. Eisenberg (Eds.), *Handbook of child psychology: Vol. 3. Social, emotional, and personality development* (6th ed., pp. 505-570). New York: Wiley.

Herrera, C., & Dunn, J. (1997). Early experiences with family conflict: Implications for arguments with a close friend. *Developmental Psychology, 33*, 869-881.

Howes, C. (1985). Sharing fantasy: Social pretend play in toddlers. *Child Development, 56*, 1253-1258.

Howes, C., Matheson, C. C., & Hamilton, C. E. (1994). Maternal, teacher, and child care history correlates of children's relationships with peers. *Child Development, 65*, 264-273.

Izard, C. E. (1994). Innate and universal facial expressions: Evidence from developmental and cross cultural research. *Psychological Bulletin, 115*, 288-299.

Jacobson, J., & Willie, D. (1986). The influence of attachment pattern on developmental changes in peer interaction from the toddler to preschool period. *Child Development, 57*, 338-347.

Kagan, J. (1970). Attention and psychological change in the young child. *Science, 170*, 826-832.

Kagan, J., Snidman, N., & Arcus, D. (1998). Childhood derivatives of high and low reactivity in infancy. *Child Development, 69*, 1483-1493.

Kail, R. V. (2008). 아동과 발달[*Children and their development* (4th ed.)]. 권민균, 김정민, 최형성 공역. 서울: 시그마프레스. (원저는 2007년에 출판).

Kellman, P. J., & Banks, M. S. (1998). Infant visual perception. In W. Damon (Ed.), *Handbook of child psychology* (Vol. 2.). New York: Willey.

Klinnert, M. D., Emde, R. N., Butterfield, P., & Campos, J. J. (1986). Social referencing: The infant' s use of emotional signals from a friendly adult with mother present. *Developmental Psychology, 22*, 427-432.

Kramer, L., & Gottman, J. M. (1992). Becoming a sibling: "With a little help from my friends". *Developmental Psychology, 28*, 685-699.

Leslie, A. M. (1987). Pretense and representation: The origins of 'theory of mind'. *Psychological Review, 94*, 412-426.

Levine, L. E. (1983). Mine: Self-definition in 2-year-old boys. *Developmental Psychology, 19*, 655-666.

Levitt, A. G., & Utman, J. G. A. (1992). From babbling towards the sound systems of English and French: A longitudinal two-case study. *Journal of Child Language, 19*, 19-49.

Lewis, M. (2007). Early emotional development. In A. Slater & M. Lewis(Eds.), *Introduction to infant development* (pp. 216–232). Oxford, New York: Oxford University Press.

Lewis, M., & Brooks-Gunn, J. (1979). *Social cognition and the acquisition of self.* New York: Plenum.

Malatesta, C. Z. (1985). Developmental course of emotion expression in the human infant. In G. Zivin (Ed.), *The development of expressive behavior: Biology-environment interactions.* Orlando, FL: Academic.

Mangelsdorf, S. C., Plunkett, J. W., Dedrick, C. F., Berlin, M., Meisels, S. J., McHale, J. L. et al. (1996). Attachment security in very low birth weight infants. *Developmental Psychology, 32,* 914–920.

Marlier, L., & Schaal, B. (2005). Human newborns prefer human milk: Conspecific milk odor is attractive without postnatal exposure. *Child Development, 76,* 155–168.

Maurer, D., & Salpateck, P. (1976). Developmental changes in the scanning of faces by young infants. *Child Development, 47,* 523–527.

Mckenzie, B. E., Tootell, H. E., & Day, R. H. (1980). Development of visual six constancy during the 1st year of human infancy. *Developmental Psychology, 16,* 163–174.

Meltzoff, A. N., & Borton, R. W. (1979). Intermodal matching by human neonates. *Nature, 282,* 403–404.

Mennella, J. A., & Beuchamp, G. K. (1991). Early flavor experiences: Research update. *Nutrition Reviews, 56,* 205–211.

Mercer, J. (1998). *Infant development: A multidisciplinary introduction.* Pacific Grove, CA: Brooks/Cole.

Nadel, J., & Fontaine, A. (1989). Communicating by imitation: A developmental and comparative approach to transitory social competence. In B. Schenicer, G. Attili, J., Nadel, & R. Wessbeng (Eds.), *Social competence in developmental persective* (pp. 131–144). Dordrecht: Kluwer.

Oppenheim, D., Sage, A., & Lamb, M. E. (1988). Infant-adult attachment on the kibbutz and their relation to socio-emotional development four years later. *Developmental Psychology, 27,* 727–733.

Papalia, D. E., Gross, D., & Feldman, R. D. (2003). *Childhood development: A topical approach.* New York: McGrow-Hill.

Parke, R. D., Dennis, J., Flyr, M. L., Morris, K. L., Killian, C., McDowell, D. J., et al. (2004). Fathering and children's peer relationships. In M. E. Lamb (Ed.), *The role of the father in child development* (4th ed., pp. 307–340). New York: Wiley.

Pesonen, A. K., Räikköen, K., Keskivaara, P., & Keltikangas-Järvinen, L. (2002). Difficult temperament in childhood and adulthood: Continuity from maternal perceptions to self-ratings over 17 years. *Personality and individual Differences, 34,* 19–31.

Phillips-Sliver, J., & Trainor, L. J. (2005). Feeling the beat: Movement influences infant rhythm perception. *Science, 308*, 1430.

Piaget, J. (1962). *Play, dreams, and imitation in childhood* (G. Gattegno & F. M. Hodgson, Trans.). New York: Norton.

Piaget, J. (1969). *The mechanisms of perception.* New York: Basic Books.

Piaget, J. (1992). *Morphisms and categories.* Hillsdale, NJ: Lawrence Erlbaum.

Repacholi, B. M., & Gopnik, A. (1997). Early reasoning about desires: Evidence from 14-and 18-month-olds. *Developmental Psychology, 33,* 12-21.

Rostenstein, D., & Oster, H. (1997). Differential facial responses to four basic tastes in newborns. In P. Ekman & E. L. Rosenberg (eds.), *What the face reveals: Basic and applied studies of spontaneous expression using the Facial Action Coding System(FACS).* New York: Oxford University Press.

Rothbart, M. K. (2004). Commentary: Differentiated measures of temperament and multiple pathways to childhood disorders. *Journal of Clinical Child and Adolescent Psychology, 33,* 82-87.

Rothbart, M. K., & Bates, J. E. (2006). Temperament. In W. Damon, R. Lerner & N. Eisenberg (Eds.), *Handbook of child psychology: Vol. 3. Social, emotional, and personality development* (6th ed., pp. 99-166). New York: Wiley.

Rovee-Collier, C. (1987). Learning and memory in infancy. In J. D. Osofsky (Ed.), *Handbook of infant development* (2nd ed., pp. 98-148). New York: Wiley.

Rubin, K. H., Bukwski, W., & Parker, J. G. (2006). Peer interactions, relationships, and groups. In W. Damon, R. Lerner, & N. Eisenberg (Eds.), *Handbook of child psychology: Vol. 3 Social, emotional, and personality development* (6th ed., pp. 571-645). New York: Wiley.

Saffiran, J. R., Werker, J. F., & Werner, L. A.(2006). The infant' s auditory world: Hearing, speech, and the beginnings of language. In D. Kuhn & R. Siegler (Eds.), *Handbook of child psychology: Vol. 2. Cognition, perception, and language* (6th ed., pp. 58-108). Hoboken, NJ: Wiley.

Samuels, H. R. (1980). The effect of an older sibling on infant locomotor exploration of a new environment. *Child Development, 51*, 607-609.

Santrock, J. H. (2004). *Child development* (10th ed.). New York: McGraw-Hill.

Santrock, J. W. (2011). *Child Development* (13th ed.). New York: McGraw-Hill.

Scarr, S. (1992). Developmental theories for the 1990s: Development and individual differences. *Child Development, 63*, 1-19.

Sokolov, E. N. (1963). The orienting reflex as a cybernetic system. *Journal of Higher Nervous Activity, 13*(5), 816-830.

Sorce, J. F., Emde, R. N., Campos, J. J., & Klinnert, M. D. (1985). Maternal emotional signaling: Its effects on the visual cliff behavior of 1-year-olds. *Developmental Psychology, 21,*

195-200.

Sroufe, L. A. (1979). Socioemotional development. In J. D. Osofsky (Ed.), *Handbook of infant development* (pp. 462-516). New York: Wiley.

Sroufe, L. A. (1979). The coherence of individual development: Early care, attachment, and subsequent developmental issues. *American Psychologist, 34*, 843-841.

Sroufe, L. A., Carlson, E., & Shulman, S. (1993). Individuals in relationships: Development from infancy through adolescence. In D. C. Funder, R. D., Parke, C. Tomlinson-Keasey, & K. Widaman (Eds.), *Studying lives through time: Personality and development* (pp. 315-342). Washington, DC: American Psychological Association Press.

Tharpe, A. M., & Ashmead, D. H. (2001). A longitudinal investigation of infant auditory sensitivity. *American Journal of Audiology, 10*, 104-112.

Thomas, A., & Chess, S. (1977). *Temperament and development*. New York: Brunner & Mazel.

Trehub, S., Bill, D., & Schneider, B. (1981). Infants' detection of speech in noise. *Journal of Speech and Hearing Research, 24*, 202-206.

Van Ijzendoorn, M. H., Sagi, A., & Lambermon, M. W. (1992). The multiple caretaker paradox: Data from Holland and Israel. *New Directions for Child and Adolescent Development, 57*, 5-24.

Volling, B. L., Herrera, C., & Poris, M. P. (2004). Situational affect and temperament: Implications for sibling caregiving. *Infant and Child Development, 13*, 173-183.

Walden, T. A., & Baxter, A. (1989). The effect of context and age on social referencing. *Child Development, 60*, 1511-1518.

Walden, T. A., & Ogan, T. A. (1988). The development of social referencing. *Child Development, 59*(5), 1230-1240.

Walker-Andrews, A. S. (1997). Infants' perception of expressive behaviors: Differentiation of multimodal information. *Psychological Bulletin, 121*, 437-456.

Weber, C., Hahne, A., Friedrich, M., & Friederici, A. (2004). Discrimination of word stress in early infant perception: Electrophysiological evidence. *Congnitive Grain, Research, 18*, 149-161.

Winkler, L. I., Haden, G. P., Ladinig, O., Sziller, I., & Honing, H. (2009). Newborn infants detect the beat in music. *Proceedings of the National Academy of Sciences, 106*, 2468-2471.

Young, G., & Lewis, M. (1979). Effects of familiarity and maternal attention on infant peer relations. *Merrill-Palmer Quarterly, 2*, 105-120.

Zimmerman, P., Fremmer-Bombik, E., Spangler, G., & Grossman, K. (1995). *Attachment in adolescence: A longitudinal perspective*. Poster presented at the Biennial Meeting of the Society for Research in Child Development, Indianapolis, IN.

어린이과학동아(2012. 4. 15.). 뇌에 상처를 주는 욕.

07

chapter

유아기

1. 신체발달
2. 인지발달
3. 언어발달
4. 사회 · 정서발달

학습개요

유아기는 영아기 이후인 만 3세부터 초등학교 입학 이전인 만 6세 미만의 시기를 말한다. 유아기는 영아기에 비해 신체발달의 속도는 느리나 기능 면에서 운동 능력의 비약적인 발달이 이루어지고, 어휘가 풍부해짐에 따라 타인과의 의사소통도 원활해지며, 복잡한 인지 개념을 획득함으로써 주변의 사물과 상황에 대한 효과적인 대처 능력이 발달하는 시기이다. 또한 대인관계의 폭이 넓어짐에 따라 다양한 사회적 관계 능력을 발달시키고 정서표현도 보다 세련되어지는 시기이기도 하다. 따라서 이 장에서는 다양한 변화가 나타나는 유아기의 신체발달, 인지발달, 언어발달 및 사회·정서발달에 대해 살펴보고자 한다.

chapter 07 유아기

1. 신체발달

1) 신체적 성장

유아기의 신체적 성장은 영아기에 비해 그 속도는 느리지만 계속적으로 변화한다. 키와 몸무게가 만 3세 남아는 약 93cm, 14kg, 만 3세 여아는 약 92cm, 13.4kg, 만 5세 남아는 약 107cm, 18kg, 만 5세 여아는 106cm, 17.3kg 정도로 성장한다. 대체로 남아가 여아보다 체격이 큰 편이며, 한 해에 5~7.5cm 정도 키가 자라고, 2~3kg 정도 몸무게가 증가하며, 이들의 키와 몸무게는 사춘기까지 계속 성장한다.

유아기의 신체는 신체의 비율과 모습이 이전에 비해 달라지는데, 신체 각 부분의 성장 속도가 같지 않기 때문에 영아기와는 다른 신체 비율을 나타낸다. 유아기에는 신장에 비해 머리의 비율이 상대적으로 작아져 만 2세경에는 신장의 1/5 정도가 되고, 만 6세에는 신장의 1/6 정도가 된다. 만 3세경에는 만 1세 때의 통통하게 살찐 배가 체지방의 감소로 다소 날씬한 체형으로 변화한다. 복부 근육이 발달함에 따라 올챙이 모양의 배가 단단해지며, 머리는 상대적으로 크지만 몸통과 팔다리가 길어지면서 신체의 다른 부분들은 점차 성인의 신체 비례에 가까워진다.

이러한 외형적인 신체 변화는 신체 내부에서의 발달을 반영한다. 구체적으로 근육과 골격의 성장으로 유아들은 힘이 더 세어진다. 연골조직은 이전보다 더 빠르게 골격으로 바뀌고 골격은 더 단단해져서 신체 내부의 장기를 보호하며 체형은 보다 단단해진다. 근육의 크기는 5~6세에 급격히 증가하고, 근육의 넓이와 두께는 7세 이후에 더 진행되며, 어깨나 엉덩이 근육은 성차가 나타나기 시작한다(심성경 외, 2014, p. 77). 특히 근육은 지방조직과는 달리 남아가 여아에 비해 1.5배 더 증가한다. 이러한 성별에 따른 근육과 지방조직의 발달 차이로 인해 7세 이후부터 서서히 성차가 나타나며 사춘기 이후에 이러한 성차가 더욱 부각된다(조형숙 외, 2013. p. 160). 두뇌와 신경계의 성숙과 함께 이러한 변화는 운동기술의 발달을 이끈다. 호흡계와 순환계의 발달로 신체의 신진대사가 활발해지며 면역체계도 발달하여 유아들은 이전보다 더 건강해진다.

치아의 경우 영아기에 난 20개의 유치는 4~5세경부터 갈기 시작하는데, 매년 4개 정도 영구치로 대체되며 사랑니가 나지 않는 경우도 있어서 총 28~32개가 된다.

유아기의 신체적 발달에 개인차가 생기는 이유는 유전과 영양, 부모의 양육태도, 그리고 유아가 느끼는 스트레스와 같은 생활조건 등 환경적 영향요인들의 상호작용 때문이며, 이러한 영향요인들에 따라 키나 몸무게, 신체상이 달라진다. 최근에는 만 3세 때 비만인 유아는 부모가 비만인지의 여부에 상관없이 성인기까지 비만일 가능성이 높다는 연구결과(Whitaker, Wright, Pepe, Seidel, & Dietz, 1997)가 보고되고 있어 이 시기 유아들의 건강이나 비만 예방, 콜레스테롤 조절에 대한 관심이 증가하고 있다. 또한 부모로부터 애정 결핍을 느끼거나 장시간 스트레스를 받게 되면 성장과 관련된 뇌하수체 호르몬의 분비가 변화되어 성장지연을 나타내기도 한다(이영 외, 2015, p. 103).

TIP 유아기 충치 예방

유아기의 충치는 대개 인스턴트식품과 단 음식을 많이 먹고 정기적인 치아검진을 받지 않아서 생기는 경우가 많다. 충치로 인한 통증은 정상적인 식사와 수면을 방해하기 때문에 성장을 저해하는 요인이 될 수 있다. 충치의 예방을 위해서는 칫솔질을 잘하는 것이 중요하다. 만 2~3세경부터 치약을 사용하는데, 맹물로 양치물을 뱉는 방법을 가르친 뒤 아기용 치약을 사용하게 한다. 만 5세까지는 하루에 두 번, 아침 식사와 저녁 식사 후에 부모가 칫솔질을 해 주는 것이 좋다.

2) 운동 기능

운동 능력은 영유아의 연령이 많아짐에 따라 점차 머리에서 다리 방향으로, 전체적인 운동에서 세부적인 운동으로, 가장 단순한 동작에서 시작하여 고도의 복합적인 움직임으로 여러 단계를 거치면서 위계적으로 변화·발달해 간다. 유아기에는 몸의 움직임이 점차 강해지고 빨라지며 민첩해진다. 유연성이 증가하고 균형이나 협응력이 증가한다. 달리기나 높이뛰기, 공 던지기 등 팔다리와 몸통을 움직이는 대근육 운동기술과, 단추 채우기나 그림 그리기, 그릇에 물건 담기 등 손과 감각 기관을 사용하는 소근육 기술의 협응력이 비약적으로 발달한다. 이 시기의 운동 기능의 발달은 유아의 신체 움직임이나 운동, 춤추기 등 아동기의 다양한 신체활동 능력의 기초가 된다.

Gallahue와 Donnelly(2007)는 연령에 따른 운동능력의 발달을 반사적 운동 능력 단계, 초보적 운동 능력 단계, 기본 운동 능력 단계, 전문화된 운동 능력 단계로 설명하였다. 특히 만 2세에서 7세까지는 기본 운동 능력 발달단계에 있으며, 이전의 초보적 단계에서 획득한 안정된 직립의 자세로 다양한 운동 능력이 가능하게 된다. 전문화되고 복잡한 신체활동에 들어가기 이전 유아기에 획득해야 하는 이러한 기본 운동 기술은 이후 아동기 및 성인기까지 지속되는 체력과 운동 능력에 영향을 미치는 능력이다. 〈표 7-1〉에서 보는 바와 같이 기본 동작능력은 이동 동작, 비이동 동작, 조작 동작으로 분류되며, 각 동작능력에 속하는 여러 움직임과 각 운동유형별 출현 시기를 살펴보면 다음과 같다(〈표 7-2〉 참조).

〈표 7-1〉 기본 동작능력 기술

비이동 동작(안정 동작) (stability movement)	이동 동작 (locomotor movement)	조작 동작 (manipulative movement)
1. 구부리기(bending)	1. 걷기(walking)	1. 공굴리기(ball rolling)
2. 스트레칭(stretching)	2. 달리기(running)	2. 던지기(throwing)
3. 꼬기(twisting)	3. 건너뛰기(leaping)	3. 차기(kicking)
4. 돌기(turning)	4. 뛰기(jumping)	4. 치기(striking)
5. 흔들거리기(swinging)	5. 앙감질(hopping)	5. 쳐 올리기(volleying)
6. 균형잡기(balancing)	6. 기어오르기(climbing)	6. 튀기기(bouncing)
7. 구르기(rolling)	7. 겔로핑(gallopong)	7. 흡수성
8. 출발하기(starting)	8. 미끄러지기(sliding)	8. 잡기(catching)
9. 멈추기(stoppong)	9. 스키핑(skipping)	9. 붙잡기(trapping)
10. 피하기(dodging)		

출처: Gallahue, D., & Donnelly, F. C. (2007). *Developmental physical education for all children* (4th ed.), pp. 40-41.

〈표 7-2〉 동작 형태별 출현 시기

	운동 형태	능력	출현시기
비이동 동작	동적 균형잡기 (dynamic balance) 동적 균형은 무게중심의 이전에 따라 몸의 평형을 계속 유지하는 것	* 2.5cm 폭의 직선 따라 걷기 * 2.5cm 폭의 원 따라 걷기 * 낮은 평균대 위에 서 있기 * 10cm 폭의 짧은 평균대 위를 걷기 * 10cm 폭의 짧은 평균대 위를 발 바꾸어 걷기 * 5~7.5cm 폭의 평균대 위를 걷기 * 기본 형태의 앞으로 구르기 * 응용 형태의 앞으로 구르기	만 3세 만 4세 만 2세 만 3세 만 3~4세 만 4세 만 2세 만 6~7세
	정적 균형 잡기 (static balance) 정적 균형은 무게중심을 고정시킨 채 평균을 유지하는 것	* 잡고 서 있기(일으켜 세우기) * 잡지 않고 서 있기 * 혼자 일어서기 * 한 발로 3~5초 균형 잡기 * 거꾸로 서 있기	10개월 11개월 12개월 만 5세 만 6세
	증축성 축 이동 운동은 고정 자세로 구부리기, 뻗기, 꼬기, 돌기 등을 포함	* 축 이동 운동은 유아기 초기에 발달하기 시작하며 던지기, 받기, 차기, 치기 등의 조작적 동작 형태가 나타나면서 점차 숙련된다.	2개월~ 만 6세
이동 동작	걷기(walking) 걷기는 바닥에 닿은 한쪽 발 앞으로 다른 쪽 발을 내딛는 것	* 도움 없이 똑바로 서서 걷는 초보적 걸음 * 옆으로 걷기 * 뒤로 걷기 * 도움을 받아 계단 오르기 * 혼자 계단 오르기(한 계단에 두 다리 모았다가 오르기) * 혼자 계단 내려가기 * 두 다리를 교대로 사용하여 계단 오르기	13개월 16개월 17개월 20개월 24개월 25개월 4.5세
	달리기(running) 달리기는 두 발이 동시에 바닥에 닿지 않게 되는 짧은 순간을 포함함	* 급하게 걷기(두 발 중 한 발이 바닥과 접촉) * 진정한 의미의 달리기(두 발이 동시에 공중에 뜬 상태) * 효율적이며 숙련된 달리기 * 달리기 속도의 증가	18개월 만 2~3세 만 4~5세 만 5세
	뛰기(jumping) 뛰기의 세 형태 ① 멀리뛰기 ② 높이뛰기 ③ 뛰어내리기 한 발이나 두 발로 뛰어서 두 발로 착지하는 것	* 낮은 장애물에서 내려오기(step down) * 장애물 위에서 두 발 모아 뛰어내리기(jump down) * 두 발 모아 뛰어오르기 * 멀리뛰기(약 90cm) * 높이뛰기(약 30cm)	18개월 만 2세 28개월 만 5세 만 5세

	운동 형태	능력	출현시기
이동 동작	한 발로 뛰기(hopping) 한 발로 뛰기, 즉 앙감질은 한 발로 뛰어올라, 같은 발로 착지하는 것	* 편한 발로 3번 앙감질 * 같은 발로 4~6번 앙감질 * 같은 발로 8~10번 앙감질 * 약 11초동안 15cm 거리를 앙감질 * 리듬의 변형에 맞추어 능숙하게 앙감질	만 3세 만 4세 만 5세 만 5세 만 6세
	말 뛰기(galloping) 한쪽 발을 다른 쪽 발의 앞에 둔 채로 걷기와 뛰어넘기를 조화시킨 것	* 기본적이고 서투른 말 뛰기 * 숙련된 말 뛰기	만 4세 만 6세
	한 발씩 번갈아 뛰기(skipping) 스텝과 앙감질을 다양하게 리듬에 맞추어 결합시키는 것	* 한 발 스킵 * 숙련된 스키핑(약 20%) * 숙련된 지속적 스키핑	만 4세 만 5세 만 6세
조작 동작	도달하기, 잡기, 놓기(reach, grasp, release) 도달하기, 잡기, 놓기는 의도한 바대로 사물에 성공적으로 접촉하여 잡았다 놓는 것을 포함	* 최초의 도달행동(reaching behaviors) * 사물을 잡기 * 손바닥으로 잡기 * 손가락으로 잡기 * 조절된 잡기 * 조절된 놓기	2~4개월 2~4개월 3~5개월 8~10개월 12~14개월 14~18개월
	던지기(throwing) 의도한 방향으로 손에 힘을 주어 사물을 밀어내기	* 몸통은 목표를 마주보고 발은 고정시킨 채, 팔만을 뻗쳐 공을 던지기 * 전 단계와 동일하나 몸통을 회전시켜 던지기 * 공을 던지는 팔과 같은 쪽으로 다리를 앞으로 내딛으며 던지기 * 응용 형태의 던지기 * 남아가 여아보다 더 성숙된 던지기 형태를 보여 줌	만 2~3세 만 3.6~5세 만 5~6세 만 6.6세 만 6세 이상
	잡기(catching) 날아오는 사물의 힘을 손으로 잡는 것으로 점차 큰 사물에서 작은 사물을 잡는 것으로 진전	* 공을 아가기 * 공중 볼에 대한 팔 동작이 늦음 * 공을 받기 위한 팔 위치에 대해 이야기해 주어야 함 * 두려움 반응(공을 받을 때 고개를 돌림) * 몸을 사용하여 껴안듯 잡기 * 손만을 사용하여 작은 공 잡기	만 2세 만 2~3세 만 2~3세 만 3~4세 만 3세 만 5세
	차기(kicking) 발에 힘을 주어 사물을 밀어내기	* 공에 대한 동작을 시도하나 실제 공을 차지 못함 * 다리를 뻗은 상태에서 공을 차며 다른 신체 부위 동작은 거의 없음(공을 건드리듯 차기)	18개월 만 2~3세

	운동 형태	능력	출현시기
조작 동작		* 다리를 구부려 뒤로 보냈다가 차기	만 3~4세
		* 다리의 스윙 폭이 더 커지고, 팔은 반대 방향으로 움직이며 균형을 잡음	만 4~5세
		* 더 성숙된 형태(공을 완전히 걷어차기)	만 5세
	때리기 혹은 치기(striking) 사물을 마주보고 수직면으로 휘두르기	* 사물을 마주보고 수직면으로 휘두르기	만 2~3세
		* 사물의 측면에 서서 수평면으로 휘두르기	만 4~5세
		* 몸과 엉덩이를 돌려 몸의 무게를 변화시켜서 치기	만 5세
		* 고정된 공을 수평 방향으로 안정적으로 치기	만 5~7세

출처: Gallahue, D., & Donnelly, F. C. (2007). *Developmental physical education for all children* (4th ed.), pp. 38-41.

유아기에는 새롭게 얻은 기술을 이전에 습득한 기술과 통합하여 행동체계(systems of action)를 개발함으로써 이전보다 더욱 복잡한 운동 능력을 갖게 된다(Papalia, Gross, & Feldman, 2003). 유아들은 안전하고 적절한 크기의 기구나 놀잇감을 이용하여 자유롭게 놀이하거나 활동할 때 신체적으로 가장 잘 발달한다. 만 6세 이하 유아들은 규칙이 있는 운동경기에 참가하여 운동을 하기는 어렵지만 간단한 동작들은 수행할 수 있다. 예를 들어, 공과 관련하여 만 4세 유아 중 일부만이 공을 잘 던질 수 있고 받을 수 있다.

소근육 발달의 경우 만 3세경에는 물을 그릇에 따르거나 화장실을 혼자서 사용할 수 있고, 만 4세경에는 도움을 받아 옷을 입을 수 있으며, 만 5세경에는 도움을 받지 않고 옷을 입을 수 있다. 정교한 소근육 발달은 인지적 성숙과 더불어 유아들의 그림 그리기에 반영되는데, 만 2세경에는 끼적거리는 낙서와 같은 형태를 보이고, 만 3~4세에는 모양과 형태가 나타나며, 만 4~5세경에는 주제를 알아볼 수 있는 그림에 이르기까지 발달한다.

우세 손의 발달은 보통 만 3세경부터 분명해지지만, 우세 손이 항상 뚜렷이 구분되는 것은 아니다. 대부분의 사람들은 몸의 오른쪽을 지배하는 좌뇌가 우세하므로 대부분 오른손잡이다. 양쪽 대뇌가 더 대칭인 사람이 다른 사람들에 비해 상대적으로 우뇌가 지배적이어서 왼손잡이가 된다. '우세 손이 선천적일까 후천적일까?'에 대한 답은 항상 논란이 되어 왔는데, 최근 가설은 오른손잡이가 되게 하는 유전자가 존재한다는 것이다. 이 이론에 따르면, 부모의 양쪽이나 어느 한쪽으로부터 이 유전자를 받은(전체 인구의 82%) 사람은 오른손잡이가 되지만, 이 유전자를 받지 않은 사람의 절반은 오른손잡이가 되고 나머지는 왼손잡이나 양손잡이가 된다고 한다. 이 유전자를 받지 않은 사람은 우세 손이 무작위로 결정되기 때문에 왜 일란성 쌍생아들의 우세 손이 서로 다를 수 있는지에 대한 설명도 가능하며, 또 왜 부모 모두 오른손잡이인 경우에도 자녀의 8%가 왼손잡이가 되는지에 대한 설명도 할 수 있다(Klar, 1996).

〈표 7-3〉 유아기 운동 능력 발달 과정

연령	발달 특징	발달에 도움이 되는 지침
만 3세	대근육 * 갑자기 돌아서거나 멈추지 못한다. * 5~9cm 정도 멀리 뛸 수 있다. * 도움 없이 발을 바꾸며 계단을 올라갈 수 있다. * 도움을 받아 다양하게 불규칙한 깡충 뛰기를 할 수 있다. 	* 미끄럼틀이나 세발자전거 등 놀이기구를 이용하여 놀 수 있도록 기회를 자주 마련해 준다. * 그리기, 오리기 등 미술활동을 할 수 있도록 안전가위, 색연필 등 그리기 자료를 준비해 준다.
	소근육 * 엄지손가락과 집게손가락을 이용하여 작은 물건을 잡을 수 있다. * 주어진 모양이나 선을 따라 그릴 수 있다. * 종이를 가위로 자를 수 있다. 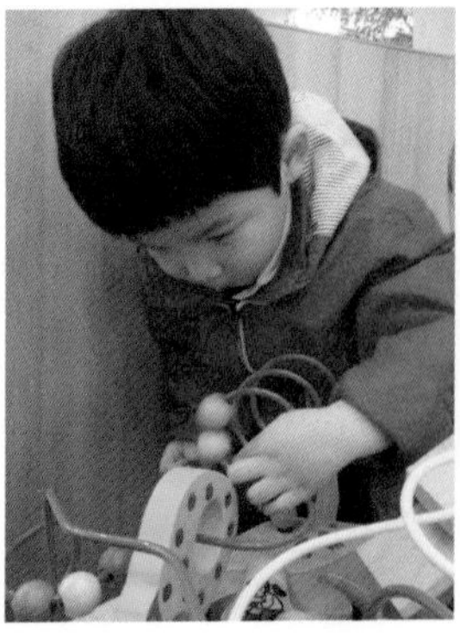 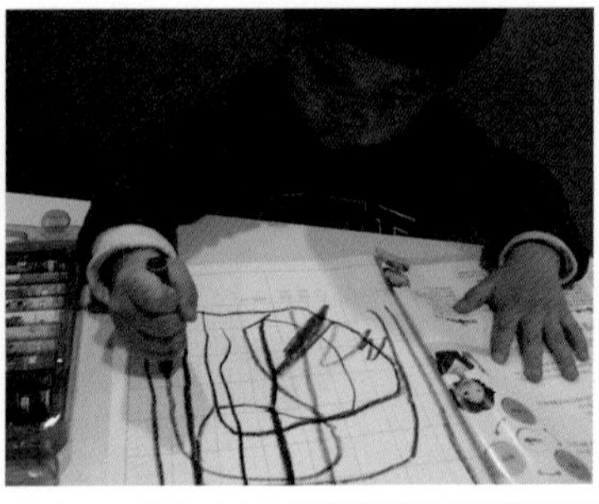 	

연령	발달 특징	발달에 도움이 되는 지침
만 4세	대근육 * 출발과 멈추기, 돌기를 효과적으로 통제할 수 있다. * 9~13cm 정도 멀리 뛸 수 있다. * 도움을 받아 발을 바꾸면서 긴 계단을 내려갈 수 있다. * 한 번에 4~6번 깡충 뛰기를 할 수 있다.  소근육 * 많은 수의 블록으로 반듯하게 탑 쌓기를 할 수 있다. * 간단한 모형을 보고 블록으로 따라서 만들 수 있다. * 가위로 직선과 곡선을 따라 오릴 수 있다. * 간단한 신발 끈을 꿰고 묶을 수 있다.  	* 도전적인 기구 이용을 시도해 보도록 격려한다. 다만 안전에 유의하도록 한다. * 개방된 공간에서 마음껏 움직여 보도록 한다. * 다양한 블록이나 조작놀잇감으로 형태나 모양을 만들거나 구성해 보도록 격려한다.

연령	발달 특징	발달에 도움이 되는 지침
만 5세	대근육 * 게임에서 출발, 멈추기, 돌기를 효과적으로 통제할 수 있다. * 11~14cm 정도 멀리 뛸 수 있다. * 도움 없이 발을 바꾸며 계단을 내려올 수 있다. * 5cm 정도 거리를 쉽게 깡충 뛴다. 	* 규칙이 있는 게임 등 또래나 가족과 함께하는 신체활동을 즐길 수 있도록 돕는다. * 미술활동 혹은 만들고 구성하는 활동에서 구체적이고 섬세한 표현을 해 보도록 격려한다.
	소근육 * 다양한 블록을 용이하게 조작하고 모양을 만들 수 있다. * 종이접기를 능숙하게 한다. * 쓰기 도구로 아는 글자를 쓸 수 있으며, 잡지의 그림을 가위로 오릴 수 있다. 	

3) 생리적 기능

유아기 생리적 기능 중 수면을 살펴보면, 유아기에는 영아기에 비해 수면 시간이 줄어드는데 이는 낮잠 시간이 감소하는 것일 뿐 밤에 자는 시간에는 큰 차이가 없다. 수면 시간 동안에는 성장호르몬이 분비되고 코르티솔의 분비는 최저 상태가 되며, 신체 조직의 회복이 일어나므로 밤잠과 낮잠 습관을 규칙적으로 가지는 것과 하루 10시간 이상 수면을 취하는 것이 성장에 유리하다. 불규칙한 수면 습관으로 인한 만성적 수면 부족은 성장호르몬 분비를 억제하고 성장을 방해하는 문제를 야기할 수 있다. 유아기가 되면서 일부 유아는 잠자기에 대한 불안과 두려움을 느끼기도 하고, 악몽을 꾸는 경우도 있으며, 밤에 오줌을 싸는 야뇨증이 나타나기도 한다. 이러한 수면 문제를 보이는 원인으로는, 가족 구성원들이 스트레스성 사건이나 질병을 가지고 있는 경우, 어머니가 심리적으로 위축된 경우, 갑작스레 부모와 하루 중 대부분을 떨어져 지내게 된 경우, 몽유병을 보이는 경우 등을 들 수 있다. 몽유병을 제외하고 대부분 일시적으로 나타났다가 없어지기는 하지만 지속될 경우 유아가 스트레스를 느끼고 있는 상황이 있지는 않은지 살펴보고 원인을 없애 주는 것이 필요하다. 또한 유아가 자기 전에 기분 좋은 상태로 잠들 수 있도록 조용한 음악을 들려주거나 손을 잡아 주는 등 안정된 수면 환경을 마련해 주는 것이 좋다.

만 3~5세에 유아들은 배변훈련을 완료하게 되는데, 만 5세경에도 정기적으로 유뇨증이나 야뇨증을 보이는 유아도 있다. 하지만 대부분은 특별한 도움 없이 야뇨증이 없어진다. 만 5세경에는 보통 잠들어 있는 동안 방광이 가득 찬 느낌을 인지하고 깨어나서 화장실로 가는데, 야뇨증을 보이는 유아는 이러한 자각이 없다. 오줌싸개 유아 중 1% 이하만 신체적인 원인이 있는데, 방광의 용량이 작거나 유전적인 이유로 운동근육의 성숙이 늦거나, 알레르기가 있거나, 행동억제 능력이 부족해서 유뇨증을 보이기도 한다(Schmitt, 1997). 그러나 유뇨증은 흔한 일이고 심각한 일이 아니므로 유아를 혼내거나 벌주지 말아야 한다. 오줌을 싸지 않았을 때 칭찬해 주거나 밤중에 유아를 가끔 깨워서 화장실에 데려가거나, 잠자기 전 수분 섭취를 줄이고 방광 용량을 늘리는 연습을 시키는 것이 더 바람직하다.

유아기의 섭식은 건강한 몸을 유지하는 데 중요한 역할을 할 뿐 아니라, 건강한 식생활 형성의 기초가 된다. 편식이나 잘못된 식습관으로 인해 왜소한 체격이나 비만한 체격으로 성장할 수 있으며, 질병에 대한 저항력이 약해지기도 하므로 이 시기의 영양관리는 매우 중요하다. 유아기에 이르면 나름대로 음식에 대한 선호가 발달하기 때문에 영양적으로 적절하게 균형 잡힌 음식을 섭취하도록 지도하는 것이 어려워진다. 유아기에 많이 보이는 식사 습관의 문제로는 편식과 소아비만을 들 수 있다. 편식은 음식에 대한 기호가 강하여 한정된 음식만을 먹는 경향으로, 어떤 종류의 식품만을 좋아하고 다른 식품을 거부하는 증상을 의미한다. 그러나 이로 인해 영양소 섭취의 균형이 깨지거나 발육과 건강에 장애를 초래하는 등의 걱정이 없는 한 편식이라고 생각하지 않는다. 편식은 이유 단계에서 조짐을 보여 주로 만 4~5세에 확실한 경향을 나타낸다.

한편, 비만이란 우리 몸의 지방조직 비율이 정상보다 많아진 상태 혹은 소모되는 열량보다 섭취한 식사량이 많아 체내에 지방으로 저장된 상태를 말한다. 소아비만은 시기적으로 보통 유아기에서 사춘기까지의 비만을 한정해서 일컫는 말이며, 지방세포만 커지는 성인비만과 달리 지방세포의 수도 같이 증가하여 비만이 신체 구조적으로 고착되어 진행될 가능성이 매우 큰 것으로 알려져 있다. 신체용적지수(Body Mass Index: BMI, 신장에 대한 체중의 비율)가 95백분위수 내에 있는 유아는 표준화된 샘플에서 나이와 성별이 같은 유아보다 비만하다고 간주된다. 비만은 타고난 유전적 경향성에 의해서도 나타나고 운동 부족이나 과도한 운동, 잘못된 음식 섭취로 나타나기도 한다. 환경도 영향을 미치는데, 유아는 주변사람들과 같은 종류의 음식을 먹으려 하고 비슷한 식사 습관을 가지기 때문이다. 무엇보다도 활동 부족은 비만의 주요 원인이 된다. 따라서 유아의 식사 특징을 이해하고 유아의 건강과 식사 습관을 지도할 때에는 다음과 같은 사항을 유념해야 한다.

첫째, 유아는 어른과 달리 성장에 따른 세포의 활동이 활발하므로 체중이나 몸집에 비해 소모되는 기초대사량이 많다 또한 쉴 새 없이 뛰어놀고 활동하므로 소모되는 열량도 많다는 점을 유의해야 한다.

둘째, 성장기의 유아에게는 풍부한 단백질을 공급해야 한다.

셋째, 칼슘은 골격의 주성분이 되는 만큼 성장기에 꼭 필요한 영양분이다.

넷째, 비타민은 성장을 돕고 모든 생리 기능을 조절하는 데 필요하므로 균형 잡힌 식단을 통해 유아가 필요한 영양을 골고루 섭취하도록 하여야 한다.

다섯째, 유아의 식사 횟수는 어른과 같이 하루에 세 끼를 나누어 먹도록 하고, 1~2회 간식을 제공하여 필요한 열량과 영양을 보충하도록 한다.

TIP 연령에 따른 유아 식사지도의 내용

- 5~8개월: 반유동식 음식을 조금씩 먹을 수 있으므로 매일 정해진 시간에 이유식을 주어 규칙적인 식사 시간을 알게 한다.
- 8~12개월: 고형식을 씹기 시작하고, 수저로 음식을 받아먹을 수 있으므로 수저를 사용할 수 있는 기회를 준다.
- 12개월~만 2세
  - 1세가 지나면서 컵이나 수저를 사용하여 혼자 먹으려고 한다.
  - 식사 습관으로 하루에 세 번 식사하기, 정해진 시간과 장소에서 식사하기, 골고루 맛있게 먹기, 즐겁게 식사하기 등을 지도한다.
- 만 2~3세: 만 2세가 되면 스스로 숟가락이나 포크를 사용하여 음식을 먹을 수 있으며, 성인의 도움이 필요하지만 스스로 먹을 수 있는 기회를 제공한다.
- 만 3~4세: 활동량의 증가로 식욕이 증가하고, 음식에 대한 흥미가 생기며, 식사 태도를 이해하기 시작한다. 3세가 되면 젓가락을 사용할 수 있다.
- 만 4~5세
  - 엎지르지 않고 식사를 할 수 있다.
  - 식사 시 타인을 의식하고 친구나 어른들과 대화를 하며 식사를 하는 등 바른 식사 태도를 이해할 수 있다.
  - 이 시기에 유아가 지켜야 할 식사 규칙 및 예절을 가르치는 것이 효과적이다.

TIP 식사습관 지도 방법

- 지나치게 간섭하거나 강요하지 않아야 한다.
- 유아의 발달을 고려하고, 유아의 건강 및 기분 등을 파악하여 융통성 있게 지도한다.
- 유아는 쉽게 식욕이 변화할 수 있다는 것을 이해해야 한다.
- 식사 시간에 지속적으로 빈둥거리고 장난하고 음식을 먹지 않을 때는 유아의 의견을 묻고 그릇을 정리하게 하는 것이 좋다.
- 간식과 식사는 즐겁게 음식을 먹는 것이 중요하므로 편안한 분위기에서 식사 지도를 한다.
- 간식 시간은 15분, 식사 시간은 30분 내외로 진행하는 것이 좋으나 유아에 따라 융

통성 있게 지도한다.

- 직접적인 지도 방법보다는 관련 동화 및 비디오 자료를 보거나 이야기 나누기, 토의, 견학 등의 활동을 통해서 유아 스스로 이해하고 문제를 해결해 나가도록 지도한다.
- 교사와 부모는 유아에게 모델이 되므로 교사 스스로 바른 식사 습관을 보여 준다.
- 가정과 연계하여 일관성 있게 식사 습관을 지도한다.

- 아이가 처음 먹어 보는 음식이거나 알레르기가 유발되기 쉬운 음식이 있다면 부모는 반드시 교사에게 알려 주도록 하고, 교사는 식단에 따른 식사량, 좋아하는 반찬 등 식사와 관련된 내용을 부모에게 꼭 알리도록 한다.
- 보통 어린이집 일과가 점심 식사 후 낮잠을 자게 되므로 너무 딱딱하거나 소화하기 힘든 음식은 지양하고 조리법도 신경 쓰도록 한다.

- 유아의 식기는 너무 크지 않은 것으로 준비한다. 크기가 크지 않은 식기에 소량을 제공한 식사를 다하면 유아가 다 먹었다는 성취감을 느낄 수 있다. 부족하면 더 먹을 수 있도록 한다.
- 유아용 식기는 위생적이면서도 유아가 좋아하는 그림이나 색이 있는 것을 제공하도록 한다.
- 어린이집이나 유치원 같은 기관시설에서 사용하는 식기는 소독이 용이하고 무독성인 것을 선택하도록 특별히 주의한다. 특히 포크를 선택할 때 끝이 너무 뾰족하지 않은 것을 구입하도록 한다.
- 식판을 사용하는 경우에는 가정에서처럼 개인 공기나 국 그릇을 사용하는 기회를 제공하도록 한다.
- 유아기에는 같은 식품이라도 조리법에 따라 유아의 기호도가 달라질 수 있으므로 평상시 유아가 좋아하는 조리법에 대해 알아두도록 한다.

TIP **편식**

- 편식의 증상

- 설탕이 많이 든 음료나 과자류에 대한 선호도가 강해 이런 식품의 과잉 섭취로 전체적인 영양 섭취가 양적으로 균형을 잃게 되는 경우
- 개개의 식품을 싫어하기보다 생선류는 종류 여하를 불문하고 싫어하고 채소류는 모두 싫어하는 등 식품 구성에 결함이 있는 경우
- 식품 선호가 특정의 국한된 종류에만 편중해서 식품 선택의 폭이 좁아 발육과 영

양 상태가 떨어지는 경우
- 특정 식품을 좋아하여 다른 음식은 먹지 않는 경우

● 편식에 의한 문제점
- 고른 성장이 이루어지지 않는다.
- 피로가 빨리 온다.
- 병균에 대한 저항력이 약해져 허약해진다.
- 무슨 일이든지 신경질을 자주 내고 자기중심적이다.
- 변비가 생긴다.
- 빈혈이 생겨 영양 결핍이 된다(특히 우유를 좋아하는 유아가 우유를 많이 마셔서 배가 불러 식사를 조금 하기 쉬운데, 이럴 때 빈혈이 생길 수 있다. 눈의 결막 부분, 입술 안쪽을 보면 간단하게 빈혈 여부를 쉽게 알 수 있다. 선홍색이 아니고 색이 흐리면 빈혈을 의심할 수 있다. 그러므로 식사 시간 전에는 다른 간식이나 음식을 주지 않는 것이 좋다).
- 소아비만에 걸리기 쉽다.
- 충치가 생긴다.
- 뇌의 성장과 발달에 영향을 미친다.

편식이 장기화되면 체력, 지력의 저하는 물론 저항력이 떨어져 건강을 해치는 결과를 초래하고, 특히 유아의 편식은 발육상으로도 큰 문제가 된다.

● 교정 방법

'골고루' 먹어야 한다는 말은 식사 때마다 모든 영양소를 다 섭취하라는 뜻은 아니다. 한 끼에 모든 영양소를 다 먹으려다 오히려 배탈이 날 수도 있다. 한두 가지 반찬이라도 오늘은 칼슘이 많이 들어 있는 생선을 먹었다면 내일은 비타민이 많이 들어 있는 김, 녹황색 야채 등을 먹는 식으로 반찬을 다양하게 바꿔 주면 된다.

TIP

소아비만

■ 소아비만의 진단
- 소아기 비만증이 발생하는 중요한 시기는 출생 첫 1년간, 만 4~11세, 청소년기로 분류한다.
- 소아비만 진단 시 주의할 점은 성장기에 잘 나타나는 과체중 현상과 비만증을 구

분하는 것이다.

- 과체중: 골격이 크거나 근육이 잘 발달되어 있는 것으로, 체중이 신장과 연령에 비하여 10~20% 이상인 경우를 말한다.
- 비만: 지방이 정상량 이상으로 체내에 축적되어 있을 때를 말하는 것으로, 평균 체중보다 20% 이상인 체중을 가진 경우이다. 따라서 소아비만은 몸속에 있는 지방량을 정확히 따져 보아야 한다.

● 비만도: 신장별 표준 체중에 비해 몇 %나 살이 쪘는가를 나타내는 것이다.

- 비만도 20~29%는 경도비만에 해당한다.
- 비만도 30~49%는 중등도비만으로, 고콜레스테롤혈증 등과 같은 이상이 발견될 수 있으므로 조기 검사가 필요하다.
- 비만도 50% 이상은 고도비만으로, 보통 여러 소아성인병을 두 가지 이상 가지고 있으므로 정밀한 검사가 필요하다.

● 영유아의 건강을 체격지수로 알아보는 방법을 사용할 수 있으며, 대표적인 지수로 카우프 지수(Kaup index)가 있다. 다만 소아와 청소년, 성인의 기준이 다를 수 있으므로 전문가와의 상담과 진단이 필요하다.

카우프 지수 = {체중(kg) ÷ (신장(m)의 제곱)}

13 이하: 너무 말랐어요.
13~15: 말랐어요.
15~18: 딱 좋아요.
18~20: 약간 과체중입니다.
20 이상: 소아비만입니다.

■ **비만으로 인한 문제점**

비만 유아는 친구들의 놀림으로 스트레스를 받고 더 위축되며, 이로 인해 더욱 식탐에 빠져들 수 있고, 점차 신체적 문제나 사회적 · 심리적 문제가 악화된다. 특히 부모가 과체중일 경우 비만 유아는 과체중의 성인으로 성장하게 되고 고혈압, 심장병, 정형외과적 문제, 당뇨병과 같은 성인병의 위험도 높아진다.

소아비만 환자는 만성합병증이나 정신적인 문제가 있을 뿐 아니라 키도 잘 크지 않는다. 비만 초기에는 대부분 신장이 표준 이상으로, 골 연령이 신장에 비하여 약간 앞서 있어 또래보다 체격이 큰 경우가 많다. 소아비만인 경우에는 이차성징이 빨리 나타나기 때문에 신장의 성장이 일찍 중단되어 최종 신장은 친구들보다도 오히려 작을 수 있다. 남자아이의 경우, 가끔 음경이 복부의 과다한 지방조직에 묻혀 작게 보여 사춘기 발육이 늦다고 오해하기 쉬우나 실제로는 정상 이상이며 이차성징도 빨리 온다.

■ **비만 치료 방법**

유아기는 비만을 치료하기에 좋은 시기이다. 유아의 식단이 부모의 통제하에 있는 시기이기 때문이다. 부모는 신체 활동을 장려하고 건강에 좋은 저지방 음식과 균형 잡힌 식사를 제공해야 하며, 비만이 될 가능성이 높은 유아의 체중을 감소시킬 수 있는 적절한 방법을 찾아야 한다.

구체적으로 소아비만의 치료 목적은 체중 감소뿐만 아니라 적절한 식품 섭취 방법과 운동을 습관화시키는 행동수정을 통하여 바람직한 체중을 유지하는 것이다. 성인과는 달리 약물요법이나 수술치료는 권장되지 않는다. 성공적인 비만 치료를 위하여 영양교육, 신체 활동 증가, 가정 · 시설 등에서의 비만아 치료에 대한 주위 사람들의 협조와 치료하겠다는 자신의 의지 및 부모의 노력 등이 필요하다.

출처: 강재헌(2006). 소리 없이 아이를 망치는 질병 소아비만, pp. 14-16.

2. 인지발달

1) 유아기 사고의 특성

유아기의 사고 특성에 대해 피아제는 상징적 사고가 더 복잡해지고 표현 능력이 증가하지만 아직 논리적 사고가 불가능한 전조작기의 특징을 보인다고 하였다. 유아의 사고 특성에 대해 상징적 사고, 표상적 사고, 공간 개념, 인과관계, 분류, 보존, 자기중심성, 마음이론 등으로 나누어 살펴보고자 한다.

(1) 상징적 사고

상징적 사고란 의미를 부여한 단어나 숫자, 이미지 등의 정신적 표현을 사용하는 능력을 말한다. 만 3세인 동규가 더운 여름날 "나 아이스크림 먹고 싶어!" 하고 외치면서 놀이터에서 집으로 들어오는 상황을 예로 들어 보자. 동규는 열린 냉동실 문이나 TV 광고와 같이 아이스크림에 대한 식욕을 유발할 만한 어떤 단서도 실제로 보지 못했지만, 어떤 대상에 대한 생각을 하기 위해 더 이상 감각기관의 신호를 필요로 하지 않는다. 이렇게 유아는 상징적 사고를 사용하여 감각기관이나 운동적 단서가 없이도 사고할 수 있다.

사물에 대한 상징을 이해하면서부터 유아는 실제로 존재하지 않아도 사물을 기억하고 생각할 수 있다. 상징적 사고는 지연된 모방, 가상놀이, 언어 능력의 발달을 통해 나타난다. 지연된 모방은 관찰한 내용을 그 자리에서 모방하는 것이 아니라 일정한 시간과 공간을 달리하여 재현하는 것을 의미하며, 가상놀이(pretend play)는 가상적인 사물이나 상황을 실제 사물이나 상황으로 상징화하는 놀이이다. 유아가 '베게'를 안고 아기 재우는 척하기가 그 예인데, 이때 유아는 베게라는 상징물을 통해 아기 재우는 상황을 재현한 것이다. 언어는 기호체계를 사용하여 의사소통을 하는 것이다.

상징에 대한 이해는 점차적으로 발달한다. 한 실험에서 만 2세 유아들은 창문을 통해 물건이 숨겨지는 모습을 본 경우에는 물건의 위치를 찾아냈지만 비디오 모니터로 본 경우에는 물건을 찾아내지 못했다. 그러나 만 2세 반인 유아들은 물건이 숨겨지는 모습을 비디오 모니터로 보고도 숨겨진 물건을 실제로 찾아냈다(Troseth & DeLoache, 1998). 하지만 상징에 대한 이해도 제한되어 있는데, 만 3세 유아들에게 TV를 뒤집으면 TV에 나온 그릇 속에 있는 팝콘이 쏟아질지 물어보았더니, 만 3세 유아 중 상당수가 쏟아질 것이라고 대답하여 화면의 이미지에 대해 때로 혼동했다(Flavell, Flavell, Green, & Korfmacher, 1990).

(2) 표상적 사고와 공간 개념

전조작기 유아는 표상적 사고와 공간 개념이 점차 발달한다. 표상적 사고가 성장함으로써 유아는 공간적 관계에 대해 좀 더 정확한 판단을 할 수 있게 된다. 만 2.5세와 3세 사이에는 유아기의 중요한 인지적 변화인 이중 표상 능력이 나타나는데, 이 능력은 드로치(DeLoache, 1987)의 축소 모형 과제(scale model task)를 통해 잘 알 수 있다.

이 과제에서 드로치는 가구가 배치된 실제 방과 그 방을 그대로 축소시킨 방 모형을 준비하였다. 오리엔테이션에서 본 시행에 앞서 아이들에게 큰 강아지 인형과 큰 인형의 축소판인 작은 강아지 인형 사이의 대응성 및 실제 방과 모형 방 사이의 관련성을 설명하여 두 방 사이의 대응성을 뚜렷하게 알려 주고, 이후 실험자가 축소 강아지 인형을 축소 모형 방 안의 어떤 가구 뒤에 숨기고 난 후 아이들에게 실제 크기의 큰 방으로 가서 큰 강아지 인형이 어디 숨겨져 있는지 찾으라고 하였을 때, 만 2.5세 아이들은 실패했으나 만 3세 아이들은 성공했다. 이는 만 3세 아이들은 축소된 모형 방이 실제 방의 표상이라는 것을 이해하였으나, 만 2.5세의 아이들은 이해하지 못하였음을 의미한다.

실험에 실패한 만 2.5세 유아를 대상으로 한 후속 연구에서 A집단에는 '축소 기계'

가 유아가 있는 실험실 방을 모형 크기로 작게 축소했다고 이야기하고, B집단에는 모형인 '작은 방'을 보여 주면서 이 모형이 유아가 있는 '큰 방'과 똑같이 생겼다고 말한 후, 모형에 있는 위치 표시에 따라 실제 크기의 유아가 있는 방에서 숨겨진 강아지 인형을 찾게 하였다. 그 결과, A집단의 유아들이 B집단의 유아들보다 더 잘 찾았는데, 이것은 A집단의 유아는 물건이나 방을 축소하고 또 축소된 것을 다시 확대할 수 있는 축소 기계를 본 후 축소 기계가 실제 방을 축소시켰다고 믿음으로써 이중 표상을 할 필요가 없었기 때문에 과제를 성공할 수 있었던 것이다. 그러나 B집단의 유아는 상징(작은 방)과 그것이 지칭하는 것(큰 방) 사이의 관계 두 가지 모두를 정신적으로 상상했어야 했기 때문에 과제를 실패한 것이다. 이와 같이 만 3세 미만의 유아는 동시에 마음속에 2개 이상의 정신적인 표상을 요구하는 공간적 관계를 이해하는 것이 어려우며, 만 3세 이후에도 대부분의 유아는 그림, 지도, 모형과 그것이 표상하는 사물이나 공간 사이의 관계를 확실하게 이해하지 못한다(DeLoache, Miller, & Pierroutsakos, 1998).

그러나 좀 더 나이가 든 유아는 간단한 지도를 이용할 줄 알고, 모형을 보고도 지도에서 위치를 찾을 수 있으며, 그 반대의 경우도 적용할 수 있다. 일부 만 3세 유아와 대부분의 만 4세 유아는 안에 점이 있는 직사각형 그림 모형을 사용하여 비슷하게 생겼지만 훨씬 큰 모래 상자 안에서 해당 위치의 작은 검은 원을 찾아낼 수 있다고 한다(Huttenlocher, Newcombe, & Vasilyeva, 1999).

(3) 인과관계

피아제는 유아가 원인과 결과 사이의 관계에 대해 조금은 이해하지만 인과관계에 대해 아직은 논리적으로 파악하지 못한다고 하였다. 그 대신 유아들은 전환적 추론(inductive inference)에 의해 판단하는데, 전환적 추론은 두 사건이 비슷한 시간에 일어나면 직접 관련이 없어도 이 두 사건 간에 인과관계가 있다고 생각하는 것이다. 유아들은 하나의 상황을 다른 상황의 원인으로 생각하는데, 두 가지 사건이 서로 논리적으로 인과관계가 있는지 없는지는 고려하지 않는다. 예를 들어, 유아는 자신의 나쁜 생각이나 행동 때문에 자신이나 동생이 병에 걸렸다고 생각한다.

그러나 유아는 이해할 수 있는 상황에 대해서는 정확하게 원인과 결과를 연결할 수 있으며, 물리적으로 익숙한 사건들에 대해서도 인과관계를 논리적으로 생각할 수 있다(Wellman & Gelman, 1998, pp. 523-573). 예를 들어, 유아들에게 도미노 블록을 줄지어 세워서 첫 번째 블록을 밀어 블록 줄 전체가 줄줄이 넘어지는 것을 보여 준 후에 중간에 블록 몇 개를 치우면, 만 3세 유아들조차도 빠진 블록들 때문에 도미노가 끝까지 넘어지지 않을 것을 예상할 수 있다. 또한 만 3세 유아들에게 초콜릿 바의 그림과 녹은 초콜릿 그림을 짝지어 보여 주면, 눈사람 그림의 짝이 녹은 크레파스나 더러운 눈사람, 허수아비, 썰매 같은 것들이 아니라 녹은 눈사람이라는 것을 찾아낸다(Goswami & Brown, 1989).

(4) 본질에 대한 이해와 분류

분류(classification) 개념은 사물을 유목이나 범주로 나누거나 모으는 것이다. 분류를 하려면 사물 간의 유사성과 차이점을 구별할 수 있어야 하며 그 준거가 되는 모양이나 색깔 등을 다른 사물에도 적용할 수 있어야 한다. 만 4세부터 유아는 색이나 모양과 같이 두 가지 기준에 의해 사물을 구분할 수 있다. 또한 유아는 분류 능력을 사용하여 주변 사람들을 '좋은 사람' '나쁜 사람' '친구' '친구가 아닌 사람' 등으로 분류하는데, 이와 같이 사람에 대해 분류할 때에는 사회 · 정서적 단서를 사용하기도 한다.

피아제는 유아들이 생명이 없는 사물에도 생명과 감정이 있다고 믿는 물활론적 사고를 한다고 하였다. 이것은 유아에게 바람과 구름이 살아 있는지 질문하였을 때 혼란스러운 대답을 하는 것에 근거하여 판단한 것이다. 그런데 이후 연구자들이 만 3~4세 유아들에게 익숙한 사물들(돌, 사람, 인형)의 차이에 대해 물었을 때, 유아들은 사람은 살아 있고 돌에는 생각이나 감정이 없고 인형은 스스로 움직이지 못하기 때문에 살아 있지 않다고 답하여 생물과 무생물을 구분할 수 있었다. 또한 유아들은 식물과 동물이 모두 자라고 시들거나 죽으며, 상처받으면 치료할 수 있다는 것을 알고 있었다(Wellman & Gelman, 1998, pp. 523-573). 따라서 최근 관점에 의하면, 유아는 친숙하지 않은 사물에 대해서는 물활론적 사고를 하지만 친숙한 사물에 대해서는 생물과 무생물을 어느 정도는 구분할 수 있다고 본다.

(5) 보존 개념

전조작기 유아는 서로 같은 두 물건이 모습이 바뀌더라도 더하거나 뺀 것이 없는 한 그대로라는 보존 개념을 이해하지 못한다. 피아제는 구체적 조작기 이전에는 유아가 보존 개념을 완벽하게 이해하지 못하며, 연령에 따라 다른 종류의 보존 개념이 발달한다고 주장했다.

피아제에 의하면, 전조작기 유아가 보존 개념을 이해하지 못하는 이유는 다음의 세 가지로 설명할 수 있다. 첫째, 전조작기 유아는 사물이나 사건을 두 가지 이상의 측면에서 동시에 고려하여 통합적으로 사고하지 못하는 중심화(centration) 또는 사물이나 사건의 한 가지 지각적 속성에 주의를 집중하여 판단하는 직관적 사고를 보임으로써 보존 개념을 획득하지 못하고 비논리적인 결론을 내린다. 피아제는 〈표 7-4〉에서 보는 바와 같이 보존 개념 실험을 실시하고 유아의 전조작기 사고를 설명하였다. 예를 들어, 2개의 똑같은 컵에 같은 양의 물이 들어있는 것을 유아에게 보여 주고 두 컵의 물 중 한 컵의 물을 넓이가 넓은 그릇에 따랐을 때, 전조작기 유아는 높이에만 집중하고 넓이는 무시하기 때문에 물의 양이 달라졌다고 생각한다. 둘째, 전조작기 유아는 변화가 일어난 후에 이를 원래 상태로 되돌릴 수 없다는 비가역성을 보이기 때문에 보존 개념을 이해하지 못한다. 예컨대, 이 시기의 유아는 두 물 컵(높이가 높은 컵과 넓은 컵) 중 한쪽의 물을 다른 컵에 옮겼다가 다시 원래의 컵에 따르면 그대로임을 알지 못하기 때문에 두 물 컵의 양이 달라졌다고 생각한다. 셋째, 전조작기 유아는 자신이 슬라이드 쇼를 보고 있는 것처럼 연속하는 상태에 집중하므로 한 상태에서 다른 상태로의 전환을 이해하지 못하기 때문에 보존 개념을 획득하지 못한다. 즉, 두 물 컵 중 한쪽의 물을 다른 컵에 옮겨 놓았다는 전환 상태를 이해하지 못한다.

〈표 7-4〉 보존 개념 실험

보존 과제	유아에게 두 물건이 같음을 제시	변형	질문	전조작기 유아의 전형적인 대답
Number (수)	크기가 같고 평행한 두 줄의 동전들 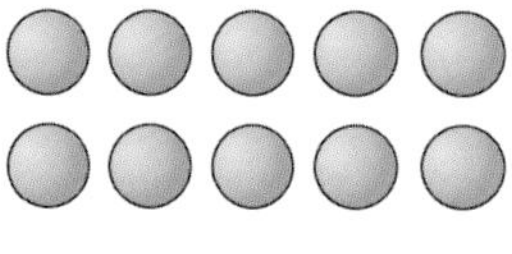	한쪽 줄의 동전들의 간격을 조금 넓힌다. 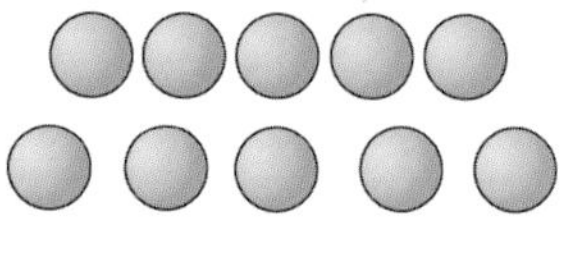	두 줄의 동전 개수가 서로 같니, 한쪽이 더 많니?	긴 쪽이 더 많아요.
Length (길이)	길이가 같은 두 개의 평행한 막대기 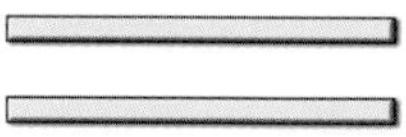	한 막대기를 오른쪽으로 옮긴다. 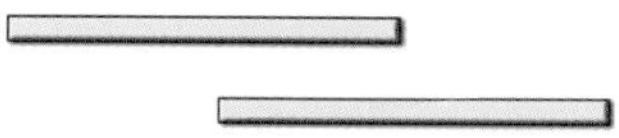	두 막대기의 길이가 같니, 하나가 더 기니?	오른쪽 것이 더 길어요.

보존 과제	유아에게 두 물건이 같음을 제시	변형	질문	전조작기 유아의 전형적인 대답
Liquid (액체의 양)	같은 양의 액체가 담긴 같은 컵 2개 	한 컵의 액체를 낮고 넓은 컵에 붓는다. 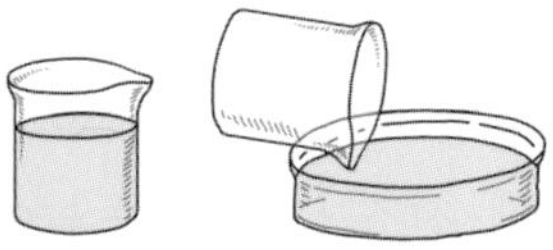	두 잔의 액체의 양이 같니, 어느 하나가 더 많니?	높은 컵의 액체가 더 많아요.
Matter (mass) (질량)	같은 크기의 찰흙공 2개 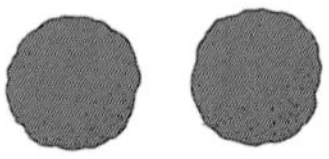	찰흙공 하나를 눌러 납작한 모양으로 만든다. 	2개의 양이 같니, 어느 하나가 더 많니?	납작한 것이 더 많아요.
Weight (무게)	같은 크기의 찰흙공 2개(양팔저울을 이용하여 무게를 비교) 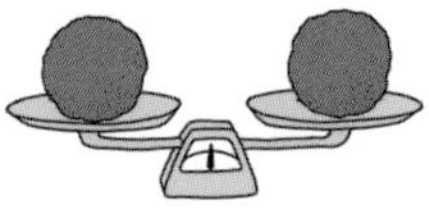	찰흙공 하나를 굴려 소시지 모양으로 만든다(양팔저울을 이용하여 무게를 비교). 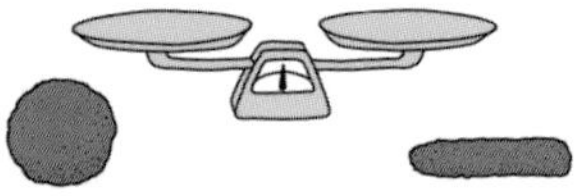	2개의 무게가 같니, 어느 하나가 더 무겁니?	소시지 모양이 더 무거워요.
Area (면적)	소 그림 2개와 풀밭용 색종이 여러 조각을 2개의 종이판에 각각 한쪽으로 모아서 제시 	한쪽 종이판 위의 풀밭들을 흩어 놓는다. 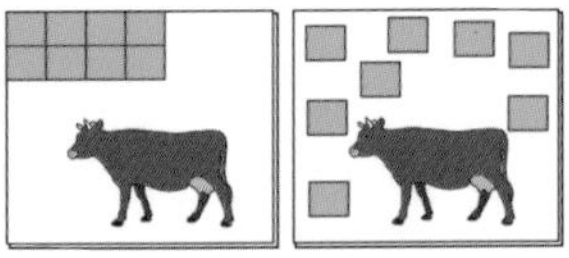	소들이 먹을 풀의 양이 서로 같니, 아니면 한쪽이 더 많니?	풀밭들이 서로 떨어져 있는 쪽의 소들이 먹을 풀이 더 많아요.
Volume (부피)	같은 크기의 찰흙공과 물이 담긴 같은 컵 2개 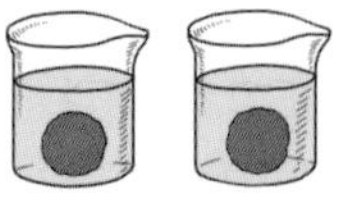	찰흙공 하나를 굴려 소시지 모양으로 만들어 컵에 넣는다. 	소시지 모양을 다시 물컵에 넣으면 물의 높이가 다른 컵과 같니, 아니면 높아지니?	컵의 물 높이가 높아져요.

출처: 이영 외(2009). 영유아발달, pp. 263-264.

(6) 자기중심성

전조작기 유아의 자기중심성은 중심화의 한 형태다. 피아제에 의하면, 유아는 자신의 관점에 지나치게 집중하기 때문에 다른 사람의 관점에서 생각하지 못한다고 한다. 피아제는 자기중심적 사고를 연구하기 위해 [그림 7-1]에서 보는 바와 같이 3개의 산 문제(three-mountain task)를 고안했다. 한 유아가 3개의 산이 놓인 테이블의 한쪽 면에 앉

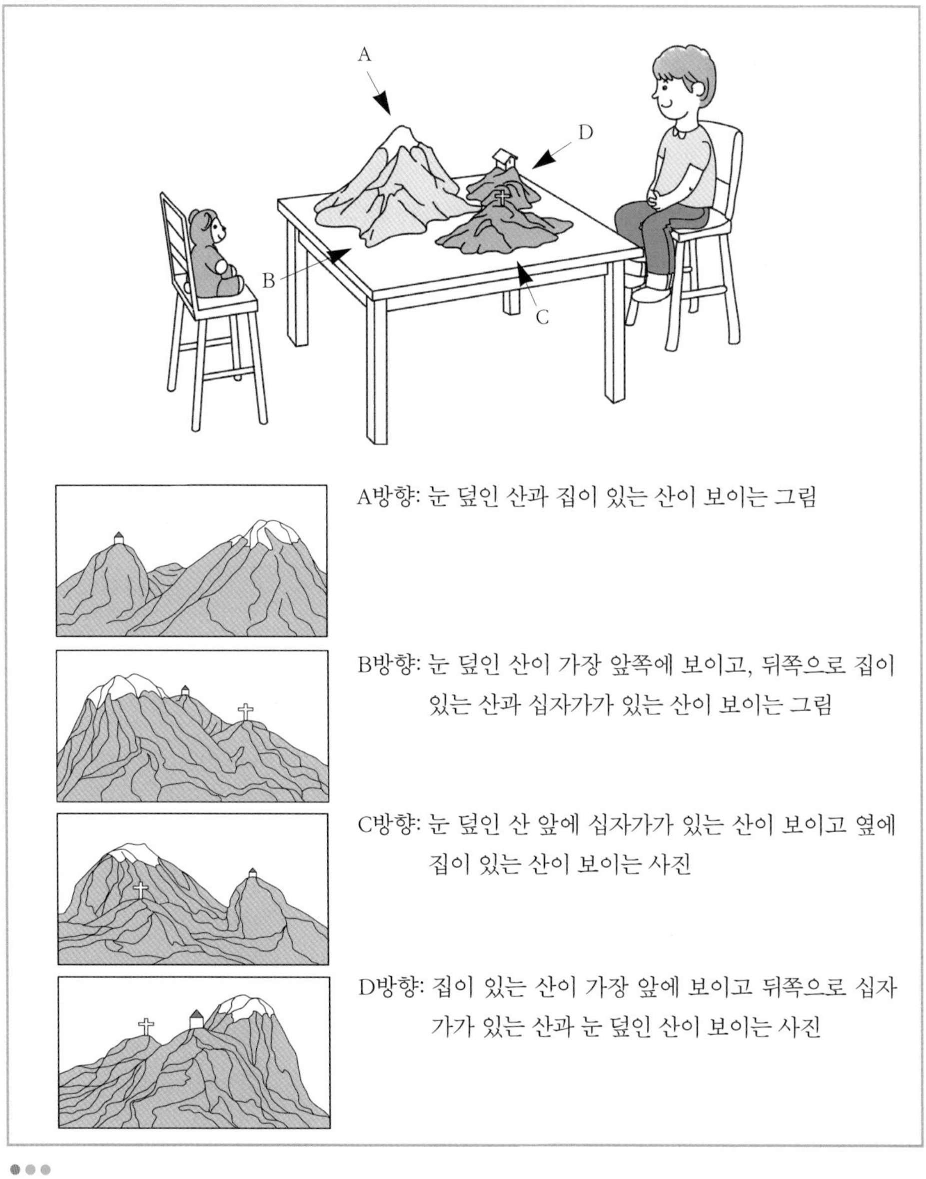

[그림 7-1] 3개의 산 실험(테이블의 네 방향에서 본 산의 모습)
출처: 이영 외(2009). 영유아발달, p. 265.

아 있고 반대편 의자에는 인형을 앉힌 다음, 실험자는 유아에게 산들이 인형에게 어떻게 보일지를 물어본다. 피아제는 이 실험에서 유아들이 대부분 산을 자신이 본 관점으로 이야기하는 것을 발견하고, 이것이 전조작기 유아가 다른 관점으로 생각하지 못하는 자기중심성의 증거라고 하였다.

그러나 다른 실험에서는 다른 방식을 사용하여 다른 결과를 얻었다. 한 유아가 벽으로 네 등분한 큰 사각형 판의 앞에 앉아서 장난감 경찰관이 사각형 판의 한쪽 구석에 서 있고 인형을 한 방에서 다른 방으로 움직이는 것을 보게 하였다. 실험자가 인형을 움직일 때마다 유아에게 "경찰관이 인형을 볼 수 있니?" 하고 물어보고 난 후, 다른 장난감 경찰관을 가져와서 유아에게 두 경찰관이 보지 못하도록 인형을 숨기라고 말했더니, 만 3세 반에서 5세의 유아 30명은 10번 중 9번은 정확한 위치에 인형을 옮겨 놓았다.

피아제의 3개의 산 실험에서와는 달리 경찰관 실험에서는 유아가 더 친근한 경찰관과 인형의 숨바꼭질을 사용하여 구체적인 방식으로 생각할 수 있었으므로 조망수용이 가능했을 것이다. 따라서 유아는 자신이 직접 경험하지 않은 상황에 대해서는 기본적으로 자기중심성을 보이지만 경험해 본 상황에 대해서는 타인조망수용이 가능한 것 같다(Papalia, Gross, & Feldman, 2003).

〈표 7-5〉 전조작기 유아와 구체적 조작기 아동의 자기중심성과 조망수용의 비교

실험 도구	만 4세	만 8세
1. 그림카드 앞면: 고양이  뒷면: 강아지 	지시: 여기 앞, 뒤에 고양이와 강아지 그림이 있는 카드가 있어요. 선생님이 고양이 그림이 있는 쪽을 보여 줄게요. 고양이 그림 보이죠? 그럼 선생님은 어떤 그림을 볼 수 있을까요? 반응: 고양이요. 	지시: 여기 앞, 뒤에 고양이와 강아지 그림이 각각 그려져 있는 카드가 있어요. 선생님이 강아지 그림을 보여 줄게요. 그럼 선생님은 어떤 그림을 볼 수 있을까요? 반응: 고양이요. 지시: 왜 선생님은 고양이를 볼 수 있다고 생각해요? 반응: 뒤에 고양이 그림이 있으니까요. 

실험도구	만 4세	만 8세
2. 경찰놀이 놀이말: 소년 그림, 경찰 그림  가림판: 4개의 공간으로 구분 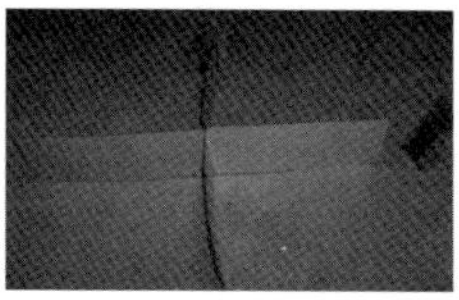	 지시: 경찰 아저씨가 이 소년을 잡으려고 해요. 이 소년은 경찰 아저씨를 피해서 숨으려고 해요. 경찰 아저씨가 여기 있을 때 소년이 어디에 숨어야 안 들킬까요? 한번 숨겨 주세요. 반응: (안 보이는 곳의 위치를 가리키며) 여기요. 지시: 거기 말고 또 숨을 수 있는 곳이 있나요? 반응: (안 보이는 또 다른 위치를 가리키며) 여기요. 지시: 거기에 숨으면 경찰 아저씨한텐 안 보이게 숨을 수 있구나! 이번엔 경찰 아저씨 한 분이 또 나타났어요. 경찰 아저씨 1명은 여기서 보고 있고, 1명은 여기서 보고 있어요(두 곳에 2명의 경찰을 놓는다). 이 소년이 어디에 숨어야 2명의 경찰 아저씨한테 안 보일까요? 한번 숨겨 주세요. 반응: (경찰에게 보이지 않을 위치에 잘 숨기면서) 여기에 숨으면 돼요. 지시: 아~, 거기에 숨으면 되는구나? 그런데 왜 그렇게 생각했어요? 반응: 음… 여기에 숨어야 안 보여요.	  지시: 경찰 아저씨가 이 소년을 잡으려고 해요. 이 소년은 경찰 아저씨를 피해서 숨으려고 해요. 경찰 아저씨가 여기에서 보고 있으면 이 소년은 어디에 숨어야 들키지 않을까요? 반응: 여기랑 여기요(경찰에게 안 보이는 두 곳의 위치를 말한다). 지시: 이번엔 경찰 아저씨 1명은 여기서 보고 있고, 또 1명은 여기서 보고 있어요(두 곳에 2명의 경찰을 놓는다). 그럼 이 소년이 어디에 숨어야 2명의 경찰 아저씨한테 안 보일까요? 숨겨 주세요. 반응: 여기요. 지시: 거기에 숨으면 되나요? 왜 그렇게 생각해요? 반응: 이 아저씨는 여기랑 여기를 볼 수 있고, 이 아저씨는 여기랑 여기를 볼 수 있으니까 여기에 숨으면 안 보여요(손으로 경찰과 경찰이 볼 수 있는 위치를 가리키면서 정확하게 설명한다).

출처: 이영 외(2009). 영유아발달, pp. 266-267.

피아제가 지적하고 있는 유아의 사고 특성을 종합하여 정리해 보면 〈표 7-6〉과 같다.

〈표 7-6〉 전조작기 사고의 한계(피아제의 견해)

한계점	의미	예
중심화	어떤 상황의 한쪽 면에만 집중하고 다른 것들은 무시한다. 분산시키는 능력이 부족하다.	혜민이는 자기가 주스를 더 많이 가지고 있다고 여동생을 놀린다. 그 이유는 자기 주스 컵은 키가 크고 좁지만 여동생의 컵은 키가 작고 넓기 때문이라고 말한다.
비가역성	어떤 조작이나 행동이 반대로 작용하여 원래의 상태로 되돌릴 수 있음을 이해하지 못한다.	혜민이는 두 잔의 주스를 다시 주스 통에 쏟아서 자기가 동생보다 더 많이 가지고 있다는 주장이 잘못된 것임을 입증할 수 있다는 것을 깨닫지 못한다.
변형보다는 한 가지 상태에 집중	두 상태 사이의 변환의 중요성을 이해하지 못한다.	혜민이는 액체의 모양이 바뀌는 것(긴 컵과 납작한 컵에 주스를 따라 주는 것)이 양을 바꾸는 것은 아님을 이해하지 못한다.
전환적 추론	연역적 추리나 귀납적 추리를 하지 못하고, 하나의 항목에서 다른 것으로 건너뛰며, 관련 없는 곳에서 원인을 찾는다.	정현이는 동생을 괴롭혔다. 동생이 아프자 자기가 동생을 아프게 만들었다고 생각한다.
자기중심성	모든 사람이 자기처럼 생각하고 이해하고 느낀다고 생각한다.	정미는 아버지에게 그림책을 읽어 달라고 하면서 책을 아버지가 볼 수 있게 돌려 잡아야 한다는 것을 깨닫지 못하고, 자기만 볼 수 있게 자기 앞으로 들고 있다.
물활론적 사고	살아 있지 않은 물건에도 생명이 있다고 생각한다.	명희는 봄이 오려고 하는데 겨울이 "난 안 갈 거야! 안 갈 거라고!"라고 말한다고 얘기한다.
외형과 실제를 구별하지 못함	밖으로 드러난 모습 중 무엇이 진실인지 혼동한다.	명수는 스펀지가 돌멩이처럼 보이게 색칠해 놓은 것을 보고 헷갈려 한다. 명수는 그건 돌멩이 같고 돌멩이처럼 보이니 진짜 돌멩이라고 주장한다.

출처: 이영 외(2009). 영유아발달, p. 262.

이상에서 살펴본 피아제의 이론과 연구는 유아기의 인지발달을 이해하는 데 유용한 기초를 제공한다. 유아기의 상징과 표현 기술의 발달은 가상놀이부터 공간 개념에 이르기까지 유아기 발달에 대해 많은 것을 시사해 준다. 그러나 피아제는 전조작기 유아의 인지 능력을 과소평가했다는 비판을 받고 있다. 최근의 연구들은 유아가 유아기에 적합한 언어 표현과 활동을 사용하여 피아제가 주장한 것보다 더 어린 시기에 더 많은 인지 능력(예: 마음이론)을 가지고 있음을 보여 주고 있다.

2) 기억

기억은 유아들이 접하는 환경으로부터 배우고 그 배운 것을 사용할 수 있게 해 준다. 기억을 형성하고 불러오는 능력, 입력되거나 기억된 정보를 효율적으로 처리하는 능력은 유아기와 아동기에 걸쳐 발달한다. 유아기 동안 유아들은 집중하기와 정보처리의 속도 및 효율에서 큰 진보를 보이며, 평생 계속될 수도 있는 기억을 형성하기 시작한다.

영아기에 비해 유아기에는 기억의 과정도 정교해지며, 기억의 용량도 증가한다. 또한 유아는 효율적인 전략을 사용하고 지식 구조가 확대되면서 기억 능력도 발달한다. 유아기의 기억 발달의 특징을 살펴보자.

(1) 기억 과정

기억을 잘하기 위해서는 부호화, 저장, 인출의 각 과정을 적절하게 수행해야 하지만 아동에 비해 유아는 이 과정이 미숙하다고 할 수 있다. 먼저 부호화 단계에서 유아는 어떤 사건의 세부 내용에 집중하기 때문에 쉽게 잊어버리지만, 아동은 대부분 일어난 일의 요점에 집중하기 때문에 유아보다 더 오래 기억한다. 그리고 유아는 세상에 대한 지식이 적기 때문에 언제 어디서 그러한 일이 일어났는지와 같이 어떤 상황의 중요한 측면을 파악하고 부호화하는 데 어려움이 있다.

유아의 단기기억은 연령이 증가하면서 증가한다. 이는 연령이 증가하면서 기억 용량, 즉 정보의 저장 공간이 증가하기 때문이다. 무의미한 숫자 등과 같이 서로 관련 없는 항목들을 유아에게 빠르게 제시하고 이를 순서대로 정확하게 기억하는 기억폭(memory span) 과제를 통해 유아의 단기기억을 측정하였을 때, 일반적으로 2세 유아는 2개, 5세 유아는 4.5개 정도의 기억폭을 지니는 것으로 나타났다.

유아들은 잃어버린 벙어리장갑이 어떻게 생겼는지를 회상하는 것보다 분실물 상자에서 잃어버린 벙어리장갑을 찾아내어 인지하는 것을 더 잘한다. 이는 유아들이 정보를 인출할 때 회상(recall: 기억에서 정보를 재생산하는 것)보다는 재인(recognition: 전에 접했던 어떤 대상을 알아보는 것)을 더 잘하기 때문인데, 유아에게 친숙한 물건을 보여 주고 재인하게 하면 2세는 80% 이상, 4세는 90% 이상 재인할 수 있다(Perlmutter, 1986, 재인용)고 한다. 반면, 유아의 회상 능력은 유아의 동기와 회상을 위해 사용하는 전략에 따라 차이가 난다(Lange, MacKinnon, & Nida, 1989). 3~4세 유아는 자기 스스로 회상하려 하지 않지만, 5세 유아는 점차 의도적으로 회상할 수 있고 이를 위해 특별한 수단과 방법을 사용하기도 한다. 또한 4~5세 유아는 내일 유치원에 책을 가져갈 것을 기억하는 것과 같이 다음에 무언가를 할 것도 예상할 수 있다(Kvavilashvili, Messer, & Ebdon, 2001).

(2) 사건기억

유아기의 기억은 정교하지 못하다. 이는 유아들이 단순히 강한 인상을 심어 준 사건들만을 기억하는데, 이런 기억은 대부분 금방 사라지기 때문이다. 유아기의 기억 발달은 사건기억을 통해 알아볼 수 있다. 사건 기억은 발생한 사건에 대한 장기기억으로, 일반기억, 일화기억, 자서전적 기억으로 구분한다(Nelson, 1993).

일반기억(generic memory)은 익숙하고 반복되는 사건에 대해 일반적이고 개괄적인 각본(script)을 생성하는 것이다. 각본에는 반복되는 상황에 대한 정형화된 절차가 담겨 있는데, 예를 들어, 유치원에 가는 버스를 타기나 생일파티 하기 등이 있다. 일반기억은 만 2세경에 시작되어 연령이 증가하면서 좀 더 자발적으로 구성되고 정교화된다.

일화기억(episodic memory)이란 특정 시간과 장소에서 일어난 특정 사건과 관련된 경험에 대한 기억이다. 유아들은 자신에게 유일하거나 새로운 사건을 더 잘 기억한다. 만 3세 유아는 빈번한 사건들(공원에 가기와 같은 것)에 대한 경험을 잘 기억하지 못하는 데 반해, 1년도 더 전에 가 본 서커스에 대한 상세한 것들은 기억하기도 한다. 그러나 유아들은 주어진 기억용량이 제한되어 있고 그중에서 일화기억은 일시적이기 때문에 여러 번 회상하지 않으면(회상하면 일반기억으로 전환됨) 몇 주나 몇 달 동안만 지속되다가 사라져 버린다. 이 때문에 유아들이 이야기하는 일화기억의 신뢰성이 아동추행범죄와 관련된 소송 문제에서 논란이 되기도 한다.

자서전적 기억(autobiographical memory)은 개인 각자의 삶에서 중요한 사건이나 경험에 대한 기억으로서 개인에게 특별하고 어떤 의미를 지닌 기억만을 말한다. 자서전적 기억은 만 3세 전에는 거의 나타나지 않다가 4세경부터 나타나기 시작하여, 만 5세 이후에 서서히 증가하기 시작한다. 이때부터의 기억은 20대, 40대, 그 이후까지도 회상될 수 있다. 개인마다 자서전적 기억이 시작되는 시기는 다른데, 어떤 사람은 만 3세부터 생생한 기억을 가지고 있는 반면, 초등학교 이전의 기억이 별로 없는 사람도 있다.

(3) 기억 전략

기억 전략은 정보를 저장하고 인출하기 위해 사용하는 의도적인 활동이다. 유아는 초보적인 수준의 기억 전략을 사용하지만 연령이 증가하면서 전략 사용의 양과 질이 변화하여 효율적으로 전략을 사용할 수 있게 된다. 유아의 기억 발달을 돕는 전략에는 시연, 조직화 등이 있다. 시연(rehersal)은 기억해야 할 정보를 반복해서 연습하는 것으로 가장 간단하면서도 효과적인 방법이다. 이 전략은 5세경에 나타나기 시작하여 초등학교 입학 후부터 급격하게 발달한다.

조직화(organization)는 기억할 정보를 관련이 있는 것끼리 묶어서 기억하는 전략이다. 조직화 전략에는 한 묶음의 정보를 묶어서 기억하는 절편화와 의미상 서로 관련 있는 것끼리 묶어서 기억하는 범주화가 있다. 예를 들어, 전화번호가 123-4557인 경우 국번(123)과 개별번호(4567)로 나누어 기억하는 것은 절편화이고, 할아버지, 할머니, 아버지, 어머니, 나, 동생을 기억해야 하는 경우에 할아버지, 할머니, 아버지, 어머니를 어른으로 묶고 나와 동생을 아이로 묶어 기억하는 것은 범주화이다. 유아기에는 초보적인 형태의 조직화 전략이 나타난다.

유아에게 시연, 조직화 등의 기억 전략을 가르칠 수 있는데, 이 경우에 기억 수행도 향상된다(Bjorklund & Doglas, 1997). 하지만 유아는 주변 사람이 기억 전략을 상기시켜 주지 않으면 그것을 알고 있다 하더라도 스스로 사용하지 못한다. 그러나 유아가 성장함에 따라 점차 차별적인 기억 전략들을 좀 더 효율적으로 사용할 수 있게 된다.

(4) 상위기억

상위기억(metamemory)은 기억과 기억 과정에 대한 지식이다(Shneider, 2009). 상위기억은 기억 과정에 대해 이해하고, 자신에게 가장 적절한 전략을 선택하고 이를 관리하는 것이므로 유아가 기억 과제를 보다 효율적으로 수행할 수 있게 해 준다. 상위기억은 2세경에 나타나는데 유아기에는 상위기억에 대한 초보적인 지식이 발달하며 이는 연령이 증가함에 따라 증가한다. 이 시기의 유아에게 어머니가 어디에 숨는지 잘 보라고 하면 숨는 과정을 유심히 살펴보는데, 이는 유아가 잘 지켜봐야 잘 기억할 수 있음을 이해한다는 것을 의미한다. 3~4세 유아는 짧은 내용보다 긴 내용을 이해하는 데 더 많은 노력이 필요하다는 것을 안다.

(5) 지식 구조의 확대

인간은 장기기억 속의 정보를 상호 관련된 구조로 만들어 저장한다. 장기기억에 저장되어 있는 구조화된 정보를 지식 구조(Knowledge structure)라 한다(Flavell et al., 2002). 지식 구조는 새로 들어온 정보를 처리하고 저장하는 데 직접적인 역할을 하기 때문에 지식 기반(knowledge base)이라고도 한다. 유아는 연령이 증가할수록 지식 구조가 확대되어 더 많은 정보를 기억할 수 있다. 장기기억에 저장되어 있는 지식은 정보를 새롭게 저장하고 인출하는 데 영향을 미치므로 유아가 주제에 대해 많이 알면 알수록 더 많이 학습하고 기억할 수 있게 된다. 예를 들어, 과일의 종류에 대해 많이 알고 있는 유아가 그렇지 않은 유아보다 새로운 과일의 이름을 더 잘 기억할 수 있다.

TIP **마음이론**

마음이론(theories of mind)이란 자기 자신 및 다른 사람들의 정신작용을 이해하는 인지 능력을 말한다. 피아제(1929)는 유아들에게 "꿈은 어디서 올까?" "그 사람은 어떻게 생각하고 있을까?"와 같은 질문을 사용하여 만 6세 이하의 유아들이 생각이나 꿈과 실제의 물리적인 본질을 구분하지 못하므로 마음의 이론을 가지고 있지 못하다고 결론 지었다.

그러나 최근 연구에서는 만 2~5세 사이에 유아들의 자신과 타인의 정신작용에 대한 지식이 폭발적으로 증가한다는 것을 발견했다(Wellman, Cross, & Watson, 2001). 이는 피아제가 함축적인 질문을 사용한 것과 달리 현대의 연구자들은 유아에게 익숙한 어휘와 대상을 사용하여 구체적인 과제를 제시하였기 때문에 얻어진 결과였다. 마음이론에서는 유아기의 사고를 정신 상태에 대한 지식과 잘못된 믿음과 거짓말, 외양과 실제에 대한 구분, 환상과 현실의 구분에 초점을 맞추어 설명하고 있다.

● 정신 상태에 대한 지식

유아의 정신 상태에 대한 지식은 아직 미숙한데, 만 3~5세 사이에 유아들은 생각이 마음 내부에서 일어나고, 생각이 실제뿐 아니라 상상의 사물을 대상으로 하며, 눈과 귀를 막은 사람도 어떤 대상에 대해 생각할 수 있고, 생각에 잠긴 듯 보이는 사람은 아마도 생각 중이라는 것, 생각은 보거나 말하거나 만지거나 아는 것과는 다르다는 것 등을 이해하기 시작한다(Flavell et al., 1995). 그러나 유아들은 마음이 계속적으로 작용함을 알지 못하고 정신 활동에 시작과 끝이 있다고 믿고, 자기나 타인의 말을 이용해 생각하거나 자기 머릿속에서 자신에게 이야기한다거나, 보거나 듣거나 읽거나 이야기하는 중에도 생각하고 있다는 것을 알아채지 못한다.

● 사회인지

사회인지(social cognition)란 타인의 정신 상태에 대한 유아의 인식을 말한다. 사회인지는 자기중심성이 감소하고 감정이입 능력이 발달하면서 생기게 된다. 만 3세 유아는 원하는 것을 즉시 찾지 못한 사람은 계속 쳐다볼 것이라는 것을 알며, 원하는 것을 찾으면 기뻐하고 찾지 못하면 슬퍼할 것도 알게 된다. 만 4세 유아는 사람들이 세상에 대한 믿음이 서로 다르고 그 믿음이 사람들의 행동에 영향을 준다는 것을 이해하기 시작한다(Wellman & Woolley, 1990).

● 잘못된 믿음과 거짓말

유아는 잘못된 믿음(false beliefs)과 거짓말(deception)에 대해 잘 이해하지 못한다. 사람들이 잘못된 믿음을 가질 수 있음을 이해하기 위해서는 사람들이 때로는 잘못된 정신적 표상을 가지고 있다는 것을 인식할 수 있어야 한다. 만 3세 유아에게 사탕 상자를 보여 주고 안에 무엇이 들어 있는지 물어보면 "사탕이요."라고 대답한다. 그러나 유아가 상자를 열면 사탕이 아니라 크레파스가 들어 있음을 발견한다. 연구자가 "상자를 아직 열지 않은 아이라면 이 안에 무엇이 들어 있다고 생각할까?" 하고 질문하면 유아는 "크레파스요."라고 대답하면서 자신이 원래 상자 안에 크레파스가 들어 있다고 생각했다고 말한다. 이는 만 3세 유아가 잘못된 믿음을 잘 이해하지 못하기 때문이다(Flavell et al., 1995). 한편, 만 3세 유아가 잘못된 믿음을 인지하지 못하는 것은 자기중심적인 사고 때문일 수도 있다. 이 시기의 유아는 타인이 알고 있는 것과 믿고 있는 것을 자신이 알고 있다고 믿는 경향이 있고, 자신의 믿음이 틀린 것일 수 있음을 이해하는 데 어려움을 겪는다. 만 4세 유아는 같은 사건에 대해서 서로 다른 설명을 보거나 들은 사람들이 서로 다른 믿음을 가질 수 있음을 이해하지만, 만 6세 이전의 유아는 두 사람이 똑같은 것을 보거나 들었을 때 그것을 다르게 해석할 수 있음을 이해하지 못한다.

거짓말은 타인의 마음속에 잘못된 믿음을 심어 주려는 시도인데, 거짓말을 하는 것은 유아가 진실을 말하려는 충동을 억제할 수 있어야 가능해진다. 즉, 거짓말은 인지적 발달을 의미한다. 유아는 이르면 만 2~3세 또는 만 4~5세에 거짓말을 할 수 있는 능력이 생긴다. 만 3~6세 유아는 모든 잘못된 행동을 거짓말로 여기는데, 어떤 배우의 행동을 거짓말이나 실수로 해석하는 것 사이에서 선택할 때와 같이, 자신의 경험과 가까운 이야기를 들으면 3/4 정도의 유아가 모든 거짓말에서 의도의 역할을 이해하고 실수인지 거짓말을 한 것인지를 구분할 수 있다.

● 외양과 실제에 대한 구분

유아기에는 외양과 실제에 대한 구분이 분명하지 않다. 잘못된 믿음을 인식하는 것은 외양과 실제 사이의 두 가지 상반된 정신적 표상을 구분하는 능력과 관계된다. 피아제는 만 5~6세 이전의 유아는 외양과 실제 사이의 차이를 이해하지 못한다고 하였다.

한 실험(Flavell, Green, & Flavell, 1986)에서 3세 유아들은 외양과 실제를 혼동하고 있었다. 유아가 우유를 초록색으로 보이게 하는 선글라스를 썼을 때는 흰 우유를 금방 봤더라도 우유는 초록색이라고 말했다. 하지만 돌멩이 같은 스펀지를 보여 주고 그걸 돌이라고 다른 사람들이 믿게 도와달라고 하면, 유아는 돌처럼 보이는 스펀지의 모습과 스펀지의 실제 모습 사이의 구분을 할 수 있었다. 즉, 확실히 속이는 상황에서 유아는 어떤 물체가 실체와는 다르게 인식될 수 있음을 알고 있었다.

만 3세 유아가 외양과 실제를 구분하기 어려워하는 것은 실제보다 외양이 더 명확하게 보이기 때문일 수도 있다. 유아에게 크레파스처럼 생긴 초와 같은 물건의 용도를 물어보면 30%만 정확하게 대답하지만, 생일 케이크에 초를 꽂으라고 행동으로 지시하면 90%는 실험자에게 크레파스와 같이 생긴 초를 건네주었다(Sapp, Lee, & Muir, 2000).

● 환상과 현실의 구분

유아기에는 환상과 현실을 구분할 수 있는 능력이 점차 발달하는데, 만 3세 유아는 현실의 개와 꿈속의 개를 구분할 수 있고, 보이지 않는 것과 상상의 대상 사이의 차이를 알고 있다. 이 시기 유아는 가장놀이를 할 수 있고 타인이 가장하고 있는지를 이야기할 수 있다(Flavell et al., 1995). 그러나 유아들이 환상과 현실을 구분하는지는 명확하지 않다. 만 3세 이상의 유아들이 마법이나 소원에 빠져 있는 것은 환상과 현실을 혼동하기 때문이라기보다는 마법이나 소원이 진짜로 이루어질 수 있다는 가능성을 더 즐기려고 하기 때문이라고 한다(Woolley, 1997).

출처: 이영 외(2009). 영유아발달, pp. 268-270.

3) 지능과 창의성

(1) 지능

① 지능의 개념

지능의 개념과 구성요소에 대해서는 학자마다 견해가 다양하다. 최초로 지능검사를 개발한 비네와 시몬(Binet & Simon, 1916)에 의하면, "지능이란 판단력, 실제적인 감각, 주도성, 자신을 환경에 적응시키는 능력이며, 잘 판단하고 이해하고 추리하는 것이 지능의 주요 활동이다."라고 하였다(이은해, 1995, 재인용, p. 164). 즉, 지능이라는 용어에는 몇 가지 개념이 내포되어 있는데, 첫째, '추상적 사고를 할 수 있는 능력(Terman, 1921)'이라는 정의이다. 둘째, 비네와 시몬이 언급한 '환경에 적응할 수 있는 능력'을 의미하는데, 이는 새로운 사태에 적절하고 효과적으로 자신의 행동 패턴을 재조직하는 능력을 말한다. 스턴버그(Sternberg, 1986)도 지능을 "개인의 실생활 환경에 유목적적으로 적응하며, 환경을 변형시키고 선택할 수 있는 정신적 활동"이라고 정의하였다. 셋째, 크론박(Cronbach, 1984)은 지능이라는 용어 대신 일반정신능력이라는 개념을 사용하여 일반정신능력의 기저에는 적응적 수행 능력이 있다고 보았다. 넷째, 지능을 '학습할 수 있는 능력' 또는 '교육 가능성의 정도'로 보는 입장이다. 카텔(Cattell, 1963)도 결정적 지능과 유동적 지능이라는 용어를 제시하면서 지능을 학습 능력의 관점에서 설명하였다(이은해, 1995, p. 165).

지능에 대한 개념적 정의가 이처럼 다양한 것은 지능이 외현적으로 관찰 가능한 것이 아니라 내적 속성을 가지고 있고 지능을 적용하는 관점에 따라 개념의 일부가 다르게 강조되었기 때문이다. 한편, 심리측정적 접근에서는 지능을 지능지수(intelligent quotient: IQ)로 나타낸다. IQ는 루이스 터먼(Lewis Terman)이 지능검사에서의 지적 수행을 수량화하기 위해 사용한 비율척도이다. IQ는 유아의 정신연령(MA)을 생활연령(CA)으로 나누고, 여기에 100을 곱하여 계산한다. IQ가 100 이상이면 자신보다 나이가 많은 사람들과 지능이 비슷하다는 의미이고, 반대로 IQ가 100 이하이면 자신보다 어린 사람들의 지능과 같은 수준이라는 의미이다.

② 지능이론

지능에 대한 이론은 지능을 단일 속성이 아닌 여러 하위 영역들의 속성이 조합된 전체로서 설명하고 있다. 지능의 구조 역시 학자에 따라 각기 다르게 설명하고 있는데,

먼저 2요인론을 주장한 스피어만(Spearman, 1863~1945)은 과제의 특성에 따라 지능검사의 점수가 높기도 하고 낮아지기도 하는 것은 과제에서 측정하는 지능의 요인들이 각기 다르기 때문이라고 하였다. 즉, 지능은 두 가지 요인으로 구분되는데, 하나는 일반적 지능(general intelligence: g 요인)이고 다른 하나는 특수한 능력(specific abilities: s 요인)이며, 이들은 과제의 종류에 따라 다르게 작용한다고 한다. 예를 들어, 지필식 지능검사의 문제를 풀기 위해서는 영역에 상관없이 공통적으로 검사 문항을 읽고 이해하는 언어 능력이 필요하고(g 요인) 이 중 수 추리 영역의 문제를 잘 풀기 위해서는 특수한 수학적 능력(s 요인)이 작용한다는 것이다.

지능에 대한 다요인론을 주장한 서스턴(Thurstone, 1887~1955)은 인간의 지능이 7개의 군집 요인으로 구성됨을 발견하고, 이를 기본정신능력(primary mental abilities: PMA)이라고 하였다. 기본정신능력은 언어 이해, 단어유창성, 수리 능력, 공간 지각, 기억, 지각 속도, 추리의 일곱 가지 능력을 말하는데, 서스턴은 이 일곱 가지 기본정신능력이 서로 독립적이라고 하였다.

길포드(Guilford, 1988)는 3차원의 입방체로 형상화된 지적 구조(Structure-of-intellect: SOI) 모형을 제시하였다. 이는 내용(content)과 조작(operations), 산출(products)의 세 가지 차원으로 구성된 독립적이면서도 서로 연관된 180가지 요인으로 구성되어 있다([그림 7-2] 참조). 조작은 정보처리에 필요한 사고 과정을 의미하고, 내용은 지적 조작을 수행하는 자료의 특성을 말하며, 산출은 특정 대상에 대해 특수한 방식으로 조작하거나 사고하는 과정을 적용한 결과이다. 이러한 3차원 분류는 일반 지적 능력을 180개(5×6×6 cell)의 독립적인 요인으로 세분화할 수 있음을 의미한다.

현대 이론가들은 지능에 대한 전통적 관점에서 벗어나 지능이 단일한 일반적 지적 능력이 아닌 몇 가지 독립된 능력들로 구성된다고 주장한다. 가드너(Gardner, 1993, 1998)는 다중지능이론(theory of multiple intelligence)을 제시하면서 각기 다른 종류의 정보를 처리하는 두뇌의 영역이 다르기 때문에 인간의 지능은 서로 독립적이며 상이한 아홉 가지 지능으로 구성된다고 제안하였다(〈표 7-7〉 참조).

가드너의 관점은 지능의 다양성과 각 지능 영역의 조합에 따라 인간의 다양한 역할과 능력이 어떻게 이루어지고 작용하는지를 강조하고 있기 때문에, 한 영역에서 높은 지능을 가진 사람이 다른 영역에서 반드시 높은 지능을 보이지는 않는다. 아인슈타인이나 피카소, 정경화는 모두 지능이 높지만 그 영역이 서로 다르다는 것이다.

스턴버그(1997)는 지능의 3차원론(triarchic theory of intelligence)을 통해 지능이 환경적

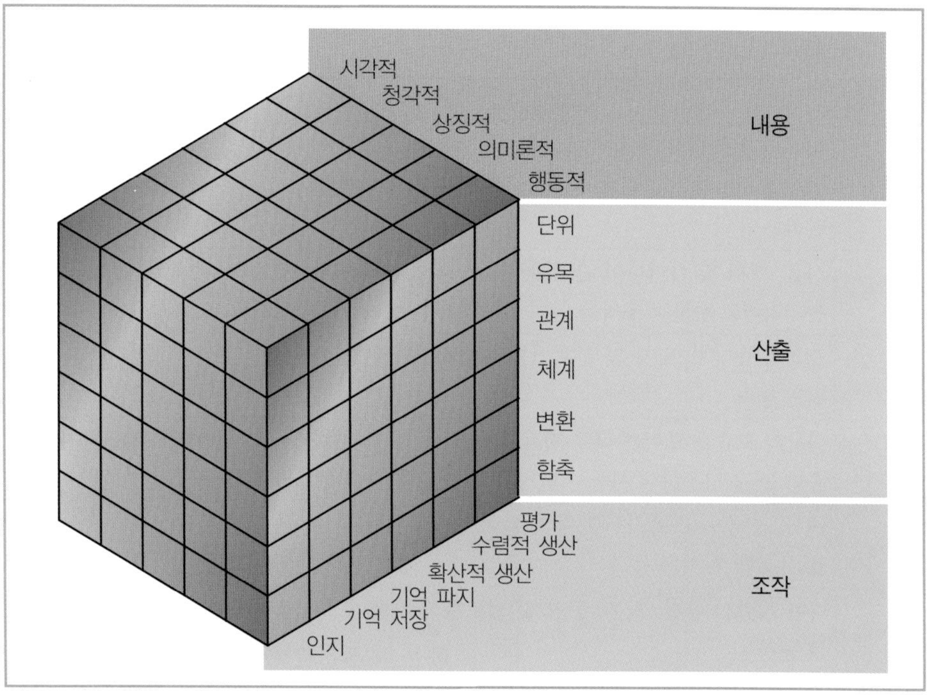

[그림 7-2] 길포드의 지적 구조(SOI) 모형
출처: 이영 외(2009). 영유아발달, p. 287.

맥락에 적응하는 데 필요한 정신 능력이고 이는 사회나 문화에 따라 다르다고 보았다. 영국에서는 길의 왼쪽 방향으로 차를 운전하는 것이 상식에 맞지만, 미국에서는 오른쪽으로 운전하는 것이 적응적인 행동이 되는데, 이러한 행동을 산출하는 정신적 처리 과정이 같다는 것이다. 지능의 3차원론에서는 인간의 지능이 정보처리의 주요기제인 요소(componential), 경험(experiential), 맥락(contextual)의 세 차원으로 구성된다고 주장한다. 요소는 지능의 분석적 측면으로 정보를 어떻게 하면 효과적으로 처리할 것인가를 결정한다. 이는 개인이 문제를 해결하고 그 과정을 감독하며 결과를 평가하는 것이다. 경험은 지능의 통찰적 측면으로 개인이 새롭거나 친숙한 과제에 접근하는 방식을 결정한다. 사람들은 새로운 정보를 이미 알고 있는 정보와 비교하고, 사실을 조합하여 새로운 방식으로 정보를 다루며, 독창적으로 사고하게 된다. 맥락은 지능의 실제적 측면으로, 개인이 환경을 다루는 방식을 결정한다. 맥락은 상황을 판단하여 무엇을 할 것인가를 결정하고 그것을 적용하거나 변화시키거나 제거하는 능력을 의미한다. 이 세 가지 차원은 개인마다 강한 부분과 약한 부분이 다르다. 어떤 사람은 한 가지 차원이 강하기도 하고 어떤 사람은 두 가지 또는 세 가지 차원이 강하다고도 한다.

〈표 7-7〉 가드너의 다중지능

지능의 종류	정의	적용되는 영역 또는 직업
언어적 지능	어휘의 뜻을 알고 새로운 아이디어를 이해하기 위하여 언어를 사용하는 능력과 아이디어를 다른 사람에게 전달하는 능력	시인, 작가, 번역가, 편집자, 법률가 등
논리-수학적 지능	사물, 행위 및 아이디어 간의 관계를 이해하는 능력과 논리적이고 수학적 조작을 할 수 있는 능력	수학자, 컴퓨터 프로그래머, 경제학자, 회계사 등
음악적 지능	소리의 높낮이, 박자 및 분위기를 이해하고 표현할 수 있는 능력	작곡가, 지휘자, 연주자 등
공간 지능	사물의 모습을 보이는 대로 지각할 수 있는 능력과 '마음의 눈'을 사용하여 사물의 변형을 볼 수 있는 능력	시각적 예술가, 지질학자, 외과 의사, 건축가 등
신체-운동적 지능	댄서, 공예가 및 육상선수 등과 같이 신체를 자유자재로 사용할 수 있는 능력	무용가, 운동선수, 외과 의사 등
대인관계 지능	다른 사람의 감정, 기분, 동기 및 의도를 감지할 수 있는 능력	정신과 의사, 교사, 정치가, 세일즈맨 등
개인내적 지능	자신의 감정, 강점 및 약점을 이해하는 능력	상담가, 작가, 정신과 의사 등
자연주의자적 지능	집단 혹은 특정 종에 소속된 구성원을 인식하고 구분할 수 있는 능력	생물학자, 농부, 원예사 등
영적/존재론적 지능	인생의 목표 및 삶과 죽음과 같은 '궁극적' 문제를 고려할 수 있는 능력	철학자, 신학자 등

출처: Kail, R. V. (2007); 권민균, 김정민, 최형성 공역(2008). 아동과 발달, p. 210에서 재인용.

③ 지능에 영향을 미치는 요인

지능검사의 결과를 보면 다양한 영역에서의 개인차를 발견할 수 있다. 이러한 차이를 가져오는 요인은 크게 유전과 성별, 가정 환경, 영양 상태, 교육 수준, 인종과 문화, 시대 상황 등을 들 수 있다.

첫째, 유전은 일반지능과 특수지능에 영향을 미치는 중요한 요인이다. IQ 검사에 대한 유전적 추정치는 약 50%에 이르며, 이는 한 인구집단의 구성원 중에서 관찰된 차이의 약 절반 정도를 유전적 차이로 설명할 수 있음을 의미한다. 지능에 관련된 유전자는 다양한데, 유전적 요인의 영향은 연령이 증가함에 따라 커진다. 서로 다른 환경에서 성장한 쌍생아에 대한 종단연구결과, 이들은 생물학적 부모와 인지 능력에서의 유사성이 매우 높았는데, 입양된 아동의 경우는 입양한 부모와의 인지적 유사성이 유아기에는 비슷했지만 아동기 중기 이후에는 인지적 차이가 커졌다고 한다(Plomin, Fulker, Corley,

& DeFries, 1997).

둘째, 성별에 따라 지능의 차이는 없지만, 특정한 능력에서는 여전히 차이가 존재한다. 여아는 언어적 과제와 수학적 계산 및 소근육 기술과 지각 기술을 요구하는 과제에서 남아보다 높은 수행을 보이고, 남아는 여아보다 공간 능력과 추상적 수학적 추론 및 과학적 추론 과제에서 더 뛰어나다. 이는 성별에 따른 사회적 학습의 차이에 의한 것일 수도 있고, 남아보다 여아의 성숙이 더 빠르기 때문에 인지 능력이 더 일찍 나타나기 때문일 수도 있다. 최근에는 신경학적인 연구에서 특정한 두뇌 구조의 크기와 모양이 성별에 따라 다르기 때문이라는 가설도 제기되고 있다.

셋째, 유아의 영양실조도 지능에 영향을 미치는 요인이다. 영양실조는 빈곤이나 질병, 환경적 박탈과 함께 장기적으로 지능과 신체적 · 심리사회적 발달에 영향을 미칠 수 있다. 이러한 효과는 상호 연관되어 있는데, 영양실조인 유아는 정상 유아에 비해 성인에게 반응적이지 않고 능동적인 탐색을 별로 하지 않으며 학습에 대한 동기가 적기 때문에 지능검사에서 적절한 응답을 보이지 못한다.

넷째, 가정 환경이 인지발달에 중요한 역할을 한다는 견해도 있었으나, 아직까지 이러한 관점에 대해서는 논쟁 중이다. 쌍생아와 입양아를 대상으로 한 연구들에서는 가정 환경이 유아기에는 가장 강력한 영향 요인이 되지만, 이러한 효과는 청소년기에 급격히 사라진다고 한다. 그러나 이러한 결과는 주로 중류층의 백인을 대상으로 한 연구에서 주장된 것들이다. 반면, 하류층의 흑인 유아를 대상으로 한 연구에서는 가정 환경의 효과가 영아기와 아동 중기에 감소하지만, 실질적으로 어머니의 IQ와 같은 요인은 여전히 큰 영향력을 가지고 있다고 한다(Burchinal, Campbell, Bryant, Wasik, & Ramey, 1997).

부모의 반응성은 영유아의 지능과 관련이 있다. 부모가 영아나 유아에게 관심을 기울이고 접촉해 주며 자주 칭찬해 주고 대화를 많이 할수록, 가정에 책이 많고 발달에 적절한 놀이를 장려하며 부모가 함께 놀아줄수록 유아의 IQ가 높은 경향이 있다(Bradley, Corwyn, Burchinal, McAdoo, & Coll, 2001).

가정의 사회경제적 지위도 유아의 IQ와 관련되는데, 하류층 유아는 중상류층 유아보다 IQ가 낮은 경향이 있으며 이는 거주 환경이나 어머니의 교육 수준과 밀접한 관련이 있다. 가정의 빈곤은 부모로 하여금 교육적 자원을 충분히 제공해 주지 못하게 하고, 부정적인 심리적 환경을 만들며, 부모 역할을 수행함에 있어서도 자녀에게 부정적인 말과 행동을 사용하게 한다. 상류층 부모는 자녀에게 관심을 많이 기울이고 대화를 많이 하며 자녀의 말에 관심을 보이고, 자녀의 IQ 점수는 높게 나타나는 반면, 하류층 부모는 자녀에게 금지의 말을 많이 사용하고 자녀의 IQ나 성취도는 낮게 나타나는 경향이 있다.

유아의 출생순위에 따라 지능도 달라지는데, 대개 첫째 아이가 둘째나 셋째보다 성취도가 높다. 이것은 일반적으로 첫째 아이는 성인들만 있는 가족에서 태어나므로 둘째나 셋째보다 가족들의 관심을 더 많이 받고 수준 높은 언어적 상호작용을 접하기 때문이다. 하지만 연령이 증가함에 따라 첫째와 둘째 간의 차이가 감소하는데, 둘째는 손위 형제가 있음으로 해서 더 어린 시기에 다양한 것을 학습하게 되는 기회를 얻고, 첫째는 동생을 가르치는 경험을 하기 때문이라고 볼 수 있다. 반면, 외동과 막내는 첫째와 둘째의 상호작용에서 배제되기 때문에 첫째보다 IQ가 낮은 경향이 있다.

또한 가족 수가 많은 경우보다 적은 가족에서 자란 아이가 IQ가 높다고 한다. 자종(Zajonc)의 합류 모델(confluence model)에 의하면(Zajonc & Mullally, 1997), 아동의 지능은 가족 구성원들 간의 상호작용의 지적 수준에 따라 영향을 받는데, 자녀 수가 적은 가족이 자녀 수가 많은 가족보다 가족 간의 상호작용에서 인지적 성숙도의 평균 수준이 높기 때문이라고 한다. 즉, 자녀의 수가 많을수록 인지적 성숙도의 평균 수준은 낮아진다.

다섯째, 교육을 받은 기간에 따라 IQ도 높아진다. 특히 언어검사 점수는 유아의 연령보다 교육을 받은 기간과 관련이 되는데, 이는 아동이 정규교육을 받으면서 성취검사에 적절한 정보와 기술을 학습하기 때문이다. 물론 학교교육의 질에 따라서도 지능이 달라져서 아동이 열악한 시설의 학교에 다닌 경우, 평균보다 IQ가 낮고 손위 형제보다 손아래 형제의 점수가 더 낮다고 한다.

여섯째, 인종이나 문화에 따라 지능검사 점수에 차이가 나타나는데, 미국의 경우 대체로 흑인보다 백인의 지능이 높고 학구열이 높은 아시아계 미국인들의 지능이 높은 경향이 있다. 이는 유전적인 차이라기보다는 학문적 성취와 동기, 자존감에 대한 문화적 기대가 인종집단마다 다르기 때문이라고 한다.

마지막으로, 유아가 살아가는 시대의 상황과 경향에 따라 지능에 차이가 나타날 수 있다. 경제 대공황이나 전쟁 등 국가가 세계가 어려운 경제 상황에 처할 경우 유아의 가정 환경이 나빠져 유아의 지능 발달에 부정적인 영향을 줄 수 있다. 반면, 사회적으로 인간의 지적 발달을 촉진하는 시대적 조류가 있다면 지능은 향상될 수 있다. 1940년대 이후 세계 여러 나라의 평균 IQ는 10년에 3점씩 높아지고 있는데, 이를 플린 효과(Flynn effect)라고 한다. 이는 과거에 비해 사회가 빠르게 변화하고 사람들의 인지적 차

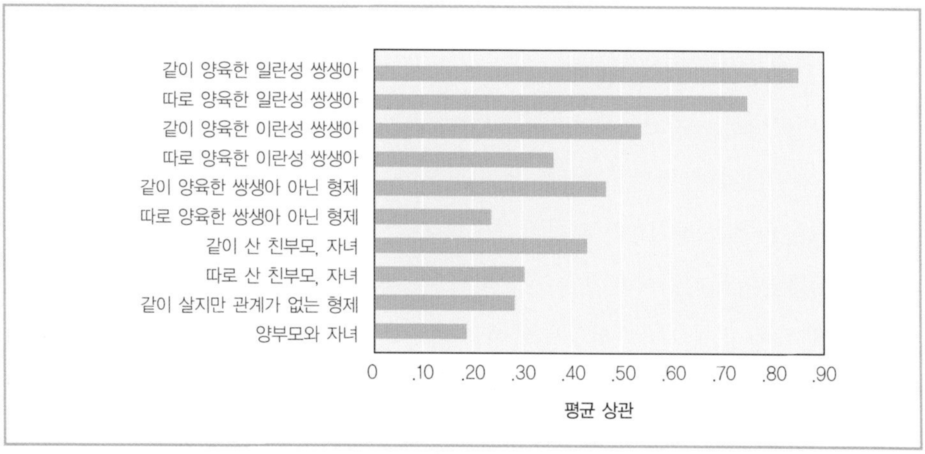

[그림 7-3] 쌍생아와 가족 구성원 간의 IQ 상관
출처: Bouchard, T. J. Jr., & McGue, M. (1981); Berk, L. E. (2013). *Child development* (9th ed.), p. 258 재인용.

원이 더욱 강조되고 있기 때문으로 볼 수 있으며(Flynn, 1987), 좋아진 영양과 건강 관리 등의 환경적 요인 때문이기도 하다(Flynn, 1996).

(2) 창의성

① 창의성의 개념

창의성의 개념은 창의성에 대한 이론적 관점과 학자에 따라서 다양하고 복잡하나, 일반적으로 창의성이란 새롭고 적절한 것을 산출할 수 있는 개인의 사고 능력이며, 개인과 환경 간의 복합적인 요소들이 수렴되어 나타나는 것이다(Lubart & Sternberg, 1995). 즉, 창의성은 독창적이고 새롭지만 유용하고 가치로운 것을 의미하며, 사회적 맥락에 따라 평가가 달라지므로 환경의 영향도 매우 중요하다고 볼 수 있다.

② 창의성 이론

창의성에 대한 이론은 크게 창의적인 사람의 성격 특성, 창의적 사고 과정, 창의적 환경이나 풍토에 초점을 맞추어 창의성을 설명한다.

성격 특성론적 접근에서는 창의적인 사람의 구체적인 성격 특성에 관심을 갖는다. 데이비스(Davis, 2004)는 창의적인 사람은 자신의 창의성을 인식하고, 새로운 것을 추구하고, 독립적이고, 모험을 즐기고, 에너지가 넘치고, 완벽성을 추구하고, 호기심이 많고, 유머감각이 있고, 환상을 즐기고, 복잡성과 모호성에 매력을 느끼고, 예술적이고,

개방적이고, 혼자 있는 것을 즐기고, 통찰과 직관이 있고, 정서적이며, 도덕적이라는 성격 특성을 지닌다고 보았다.

인지적 접근에서는 창의성이 확산적 사고나 지각 과정, 문제 정의 기술, 통찰과 같은 인지 능력에 기초하며, 창의성검사를 통해 측정 가능하다고 주장하였다. 대표적으로 길포드(Guilford, 1959)는 창의성을 확산적 사고와 관련 있는 지능의 일부로 보았는데, 확산적 사고는 새로운 아이디어를 산출하기 위해 가능한 모든 것을 탐색하는 것으로, 유창성, 융통성, 독창성, 민감성, 정교성 등이 포함된다고 하였다. 토랜스(Torrance, 1974)는 창의성을 기존의 지식을 조합시켜 가능한 해답을 만들어 내고 이를 실제에 적용하는 사고 과정으로 정의하였으며, 창의성의 하위 요인으로 유창성, 융통성, 독창성, 정교성을 제시하였다.

월러스(Wallas, 1926)는 창의성이 나타나는 일련의 과정을 강조한다. 그는 창의적 사고의 과정을 준비기(preparation), 부화기(incubation), 조명기(illumination), 검증기(vertification)로 구분하였다. 준비기에는 직면한 문제가 무엇인지 파악하고 문제에 대해 자유롭게 생각하고 자료를 수집한다. 부화기에는 많은 아이디어를 떠올려 보고 그중에서 가장 바람직한 아이디어가 무엇인지 여러 가지로 생각해 본다. 조명기에는 창의적인 아이디어를 구체화시켜 발현해 보며, 검증기에는 준비기에 포착한 문제와 해결책이 일치하는지 검토하면서 창의적인 해결책의 타당성을 검증한다.

창의성에 대한 통합적 접근에서는 창의성을 다양한 요소가 상호작용하여 나타나는 것으로 본다. 칙센미하이(Csikszenmihalyi, 1988)는 창의성이 발현하기 위해서는 개인, 분야, 영역의 모든 요소가 통합적으로 작용하여야 한다고 하였다. 즉, 창의적 결과를 얻기 위해서는 새로운 아이디어를 창출해 내는 '개인'과 이 아이디어를 검증하고 평가하는 사람의 집합체인 '분야' 그리고 평가하여 선택한 규칙이나 지식으로 구성된 '영역'이 상호작용해야 한다. 그러므로 창의적인 사람은 해당 영역에 대한 유전적인 소질과 함께 환경적인 혜택을 경험하며, 현장과 자주 접할 수 있는 기회를 가지고 있다고 본다. 이와 같이 창의성은 창의적인 개인의 역량뿐만 아니라 현장의 개방성과 창의성을 지지하는 사회 환경이 조성될 때 더욱 발전한다.

③ 창의성의 하위 요소

창의성의 하위 요소는 민감성, 상상력, 유창성, 융통성, 정교성, 독창성으로 나눌 수 있다.

민감성은 창의성의 한 요소로 지각력과 관계가 있어 주변 환경에서 오감을 통해 들어오는 다양한 정보에 대해 민감한 관심을 보이고, 이를 통하여 새로운 영역을 탐색해 나가는 것을 의미한다. 일상생활에서 접할 수 있는 문제나 주위 환경에 대해 세심한 관심을 가지고, 당연하다고 간주되는 것에 대해서도 의문을 품고 생각해 보는 능력으로, 새로운 아이디어를 생각해 낼 수 있는 사고기능을 말한다. 예를 들어, 바구니에 10개 정도 물건을 넣고 5초 정도 보여 준 다음에 한 가지 물건을 뺀 뒤 어떤 물건이 없어졌는지 발견하도록 하는 시각적 방법, 자동차가 지나가는 소리와 버스가 지나가는 소리는 어떤 차이가 있는지 알아보도록 하는 청각적 방법, 이 외에도 미각, 후각, 촉각을 사용하여 사물을 구별하고 탐색하는 방법을 통해 민감성을 증진할 수 있다.

상상력은 과거의 경험을 기초로 해서 앞으로의 행동을 계획할 수 있도록 하는 새로운 표상을 만드는 능력으로 창의적인 사고의 원동력이다. 상상력은 현실의 창조적인 반영으로 상상력이 발달하려면 이전의 경험이 축적되어야 하고, 여러 다른 심상을 새로운 상황 속에서 통합할 수 있는 능력이 있어야 하며, 또한 현실에서 일어날 수 있는 가능한 변화를 깨닫는 능력의 발달이 필요하다. 사람의 가장 기본적인 심리학적 경험 중 하나가 상상력인데, 이 상상력은 유아기에 나타나고 형성된다. 상상력이 발달하는 이야기 듣기, 이야기하기, 그림 그리기, 어른과의 상호작용, 놀이 등에서 전에 지각한 적이 없는 어떤 상황을 머리로 그려 낼 수 있다. 예를 들어, "만약 해가 없다면 어떤 일이 일어날까요?" "만약 개미가 코끼리만큼 커진다면?" "화가 나서 찾아오는 사자가 있습니다. 이 사자와 친해질 수 있는 방법을 상상해 보세요." 와 같은 질문을 통해 상상력을 키울 수 있다.

유창성은 특정한 상황에서 가능한 한 많은 양의 아이디어나 해결책을 산출해 내도록 하는, 아이디어의 풍부함과 관련된 양적 능력을 의미한다. 따라서 반응의 질이 문제가 아니라 양이 중요하므로 자연스러운 분위기 속에서 많은 양의 아이디어를 낼 수 있어야 한다. 유창성은 사고 과정의 초기 단계에서 요구되는 기초적인 기능으로서, 언어 유창성, 신체 표현 유창성, 도형 유창성, 연합 유창성, 개념화 유창성으로 구분된다. 유아의 유창성을 키우기 위해서는 "정답이 '흰색' 이 될 수 있는 여러 가지 문제를 만들어 보세요." "빨갛고 뜨거운 것에는 무엇이 있을까요?" 와 같은 질문을 할 수 있다.

다음은 고정적인 관점, 시각, 사고방식 자체의 틀을 깨고 변환시켜 다양하고 광범위한 아이디어나 해결책을 산출해 내는 능력인 융통성이다. 융통성은 여러 가지 방법으로 접근하여 반응하는 능력을 의미한다. 예를 들어, '칫솔' 을 다르게 사용할 수 있는 여러 가지 방법을 이야기해 본다든지, 물을 마시려는데 컵이 없는 상황에서 무엇으로 대신할 수 있을지에 대한 해결책을 제시해 보는 것이 융통성에 해당한다.

정교성은 처음 제안된 아이디어를 다듬어 발전시켜서 표현하는 능력으로 주어진 문제를 세부적으로 검토하거나 문제에 포함된 의미를 명확하게 파악하고 문제에서 결여된 부분을 찾아 보완하며 정교하게 다듬는 사고능력을 뜻한다. 이야기책에서 생략된 부분을 좀 더 구체적으로 표현해 보는 것 혹은 거북이가 여러 상황에서 어떻게 움직이는지 관찰하고 자세하게 표현해 보는 것도 정교성에 해당한다.

독창성은 창의적 사고의 궁극적인 목표라고 할 수 있는 요소이다. 기존의 사고에서 탈피하여 희귀하고 참신하며 독특한 아이디어나 해결책을 산출하는 능력을 뜻한다. 유연한 사고에서 전진하여 자기만의 독특한 아이디어를 산출하는 능력으로, 의식적으로 노력하는 데서 아이디어가 나올 수 있다. 다른 사람이 이미 생각한 아이디어나 문제해결 방법은 개인이나 사회에 별로 의미가 없다는 점을 고려한다면, 독창적인 아이디어는 창의성의 최고 수준의 사고능력이라고 볼 수 있다. 예를 들어, 높낮이를 조절할 수 있는 세면대가 발명되었다고 할 때 이것의 이름을 지어 보는 것, 또는 붕어 모양, 거북이 모양, 토끼 모양 등 여러 모양의 아이스크림이 있다면 이 외에도 독특한 모양의 아이스크림을 생각해 보는 것이 독창성에 해당할 수 있다(전경원, 김경숙, 2014, pp. 26-29에서 인용).

④ 유아기 창의성의 특징

유아의 창의성을 이해하기 위해서는 유아가 자신의 창의적 잠재력에 기초하여 산출한 것으로 보이는 독창적인 아이디어를 생산해 내고 발전시키는 사고 과정 및 행동 특성에 관심을 두어야 한다(김수연, 2003). 유아기에는 창의성이 급격히 발달하는데, 가드너(1983)에 의하면 유아는 약 7세경까지 비교적 구조화되지 않은 '창의적 지향'의 시간을 보내며, 토랜스(1962)는 창의성 계발에 필요한 창의적 상상력은 4세에서 4세 반 정도에 가장 발달하므로 유아기부터 창의성 교육을 실시해야 한다고 주장하였다(이경화, 2003, 재인용). 유아는 다양한 놀이와 활동을 통해 신체적으로 혹은 언어적으로 창의성을 표현한다. 또한 유머가 있고, 경직되지 않은 태도로 기꺼이 도전하며, 그림 그리기, 노래 부르기, 춤추기, 만들기, 문제해결하기 등과 같은 다양한 활동을 통해 자신의 생각과 느낌을 창의적으로 표현한다.

⑤ 창의성에 영향을 미치는 요인

창의성에 영향을 미치는 요인으로는 개인적 요인과 환경적 요인이 있다.

먼저, 창의성에 영향을 미치는 개인적 요인은 개인의 성격과 동기, 지능, 지식 등이 있다. 창의적인 유아는 자신감과 통찰력이 있고, 모험심이 있고, 솔직하며, 자신의 유능함을 인정하고 호기심이 있는 성격 특성이 있다. 또한 아마빌(Amabile, 1983)은 내적인 동기유발이 창의성에 영향을 주는 중요한 요인이며, 창의적인 사람은 일에 대한 흥미, 즐거움, 만족, 도전 등에 의해 동기유발이 된다고 하였다.

지능의 경우, 지능이 지나치게 높은 집단보다는 평균 이상의 지능을 가진 경우에 창의성이 높은 경향이 있다. 이는 창의성 그 자체가 문제에 대한 지각 및 해결에서 나타나는 인간의 지적 · 성격적 특성이 복합되어 작용하는 과정이기 때문에, 특정한 문제를 해결하는 데 작용하는 변인 중 지적 요인에 비해 비지적 요인(흥미, 자신감, 동기 등)이 더 중요한 역할을 하고 있다는 연구결과에서 더 뚜렷해진다. 또한 창의성을 발현시키기 위해서는 특정 분야의 기초 지식이 필요하다.

창의성에 영향을 미치는 환경적 요인은 물리적 환경과 심리적 환경, 자원을 들 수 있다. 유아의 경우 창의적 자극을 받을 수 있는 책, 잡지, 장난감 등 다양한 교재 교구가 있으면 훨씬 더 많은 아이디어를 낼 수 있다. 그러므로 가정에서 어떤 책을 몇 권이나 소유하고 있는지, 어떤 종류의 잡지를 구독하고 있는지 또는 어떤 다양한 취미를 가지고 있는지에 따라 유아의 창의성 발달 정도가 다르다(Simonton, 1988). 또한 유아는 창의적인 아이디어를 발전시킬 수 있는 개방적이고 수용적인 심리적 환경이 마련된 가정과 교육기관에서 더욱더 창의성을 발현시킬 수 있다. 창의성을 발현시켜 주는 자원으로는 주변 사람, 기술, 다양한 자료, 장비, 편리함, 정보와 자금 등이 포함될 수 있다(Amabile, 1996). 가드너(1993)는 아인슈타인, 프로이트, 간디와 같은 창의적인 사람은 그들의 심리적 상태를 이해해 주는 정서적 지원자와 지적 세계를 이해해 주는 인지적 지지자가 있었다고 하였다. 재정적 여유도 창의적인 저작이나 작품 활동을 가능하게 하는 요인이다. 이를 통해 볼 때, 유아는 다양한 교재 교구가 구비된 가정 환경에서 부모가 자녀와 다정하고 친밀한 시간을 보내며, 자녀의 의견을 존중하며, 자녀에게 생각할 수 있는 기회를 갖도록 적절한 질문과 힌트를 제공하며, 자녀가 스스로 결정하며, 자녀의 호기심과 탐색 활동을 격려할 뿐만 아니라 어떤 것을 성취하기 위해 시도하는 것에 대해 높은 가치를 두는 경우에 창의성을 발휘할 수 있다(Amabile, 1996).

TIP 창의성을 기르는 방법

아인슈타인은 15세 때 스위스의 학교에 다니게 된 것이 창의성 발달에 결정적인 계기가 되었다고 한다. 이전에 다니던 군사학교와는 대조적으로 스위스의 학교에서 아인슈타인은 자유로운 개인적 작업과 학생의 내적 동기를 중시하고 지적인 토의를 강조하는 교육을 받았다고 한다(Brian, 1996).

아마빌(1983)은 교사나 부모가 알아야 할 창의성을 기르기 위해 중요한 지침을 다음과 같이 제시하고 있다.

- 내적 동기: 다른 사람을 기쁘게 하거나 보상을 받기 위해서가 아닌 자신을 위해 활동을 하도록 하라.
- 선택: 수행할 과제를 선택하고 그 과제를 수행할 방법을 스스로 선택하게 하라.
- 자극: 인지적으로나 감각적으로 자극적인 환경을 제공하라.
- 영감을 주는 모델: 창의적인 모델이나 멘토가 될 만한 창의적인 사람과 만나게 하라.
- 평가로부터의 자유: 보잘것없다든가 우습다거나 부적절하다는 평가를 받을 두려움에서 벗어나 과제를 수행하게 하라.
- 독립성: 타인에 의해 비판적으로 관찰 당한다는 느낌을 받지 않고 과제를 수행하게 하라.

참고: 전경원, 김경숙(2012). 누리과정이 반영된 유아 창의성 교육, pp. 99-216.

TIP 교사를 위한 유아 창의성 증진의 동기유발 및 워밍업 방법

- 학습 주제(기관에서 진행하고 있는 생활 주제) 관련 교재 · 교구를 제시하라. 일상적인 사물을 오감각을 통해 유아가 느낀 대로 사물을 탐색하고 상상할 수 있도록 유아의 말을 호기심 있게 들어 주며 유아가 추측할 수 있도록 시간을 충분히 주고 돕는다.
- 유아의 반응에 창의성 사고 과정이 포함되도록 하라. 유아에게 제시하는 어떤 상황에서 흥미로운 창의적 자극을 활용하여 발산적 사고를 돕는다. 예로, "아기가 울음을 그치지 않아요. 어떻게 하면 그치게 할 수 있을까요?" 식의 질문을 사용한다. 이때 교사는 다소 엉뚱하고 우스꽝스러운 반응에도 "그런 방법이 있었구나" 라고 반응해 주며 또 다른 생각을 할 수 있도록 돕는다. 이런 과정은 유아 시기의 창의성

발달에 적합한 하위 요소인 유창성, 상상력, 민감성에 도움이 될 수 있다.

- 연상 활동을 제시하라. 동그라미를 보여 주면서 "이 모양을 보니 어떤 것이 생각나요?" 또는 "동그라면서 소리가 나는 물건에는 어떤 것들이 있을까?"라는 식으로 한 가지 범주에서 두 가지 범주를 접근하는 방법도 사용할 수 있다.
- 유아들이 관심과 흥미를 보이는 동물, 장난감, 만화영화, 로봇 등 관심 주제를 제시하라. 예를 들면, "교실에서 키울 수 있는 동물은 어떤 것들이 있을까요?"라고 질문할 수 있다. 이렇게 흥미 있게 나눈 생각들은 유아들과 함께 기록하여 '보이는 곳'에 게시하도록 한다.
- 재미있는 이름 부르기를 해 본다. 교사가 유아들의 이름을 부를 때 대답을 소리, 언어, 동작 등 표현하고 싶은 대로 해 보게 한다. 웃음소리, 재미있는 표정, 동작 등 자유롭게 표현해 보게 한다. 이런 활동을 통해 유아들은 창의성에는 맞고 틀린 것이 없음을 알게 되며 자유롭게 표현하는 것에 익숙해진다.
- 폭소법을 제시하라. 교사와 유아들이 모두 서로 얼굴을 볼 수 있게 앉아서 재미있는 방법과 큰 소리의 두 가지 방법을 이용해서 웃어 본다. 큰 소리로 웃으면서 손뼉을 쳐 보거나 입을 크게 벌리고 혀를 길게 내밀며 웃어 보기 등 여러 가지 방법으로 웃어 본다. 이런 방법을 통해 유아들은 자신의 감정이나 정서를 표현하는 데 익숙해지고, 자신을 표현하는 데 자연스러워질 수 있다.
- 창의적인 동화책을 제시하라. 즉, 창의적인 질문을 통해서 발산적 사고를 돕도록 하라. 유아들이 상상할 수 있는 동화를 선정하여 이야기를 이어서 지어 보게 한다거나, 어떤 부분 그림을 보며 무엇일지 이야기해 보는 기회를 준다.
- 수수께끼를 활용하라. 유아들이 이미 알고 있는 동식물이나 사물에 대해 한 가지씩 힌트를 주는 식의 수수께끼를 제시하면 유아들의 호기심을 더욱 자극할 수 있다.

이런 방법 외에도 지루하지 않도록 방법을 고안하고, 재미없는 교사의 표정, 권위적인 교사의 모습, 답만 원하는 교사의 모습을 버리도록 한다. 또한 동기유발 및 워밍업을 통해 나온 유아들의 대답에 너무 민감해하지 말아야 하며, "아, 그런 방법도 있었구나. 참 재미있는 생각을 했구나."라는 식으로 유아의 반응에 대해 수용하는 태도를 갖도록 한다.

창의적인 유아와 그렇지 않은 유아를 구분하는 명확한 기준은 아직 없다. 모든 유아는 잠재력을 가지고 있으므로 자신의 흥미와 능력의 범위 안에서 적절한 자극을 받는다면 나름의 창의성을 발휘할 수 있을 것이다.

이러한 인적 자원들은 물리적 요인이나 사회적 환경에 영향을 미칠 수 있고, 개인적 특성 요인들과 결합하여 창의적인 개인으로 하여금 창의적 산출물을 이끌어 낼 수 있게 한다.

3. 언어발달

언어는 사고, 기억, 추리, 문제해결 등 인간의 고등 정신 능력에 영향을 주는 중요한 요인이다. 언어를 통해서 인간은 자기의 요구를 충족시킬 수 있고, 다른 사람과 관계를 맺고 주위 환경을 이해하고 조정하여 사회에 적응할 수 있게 된다. 즉, 언어발달은 유아기의 매우 중요한 발달 과업인 것이다. 유아기는 언어가 급속하게 발달하여 언어적 민감기라고도 한다. 유아는 이 시기 동안 일상생활에서 경험하는 언어적 자극을 듣고 이해하고 자신의 생각을 말로 표현하는 과정을 통해 구어 사용 능력을 확장시키며 문어 사용에 대한 흥미와 이에 대한 기초 능력을 발달시킨다. 이 절에서는 언어발달이론을 개론적으로 살펴보고 유아기 언어발달의 특징 및 언어발달에 영향을 주는 환경을 살펴보고자 한다.

1) 언어발달이론

언어는 인간 생활에 필수적인 의사소통 방법이다. 인간은 언어를 이용하여 사고하며 자신을 표현하고 사회에 적응해 나간다. 유아는 처음 태어났을 때 말을 할 수도 이해할 수도 없지만 수 년 내에 언어로 자신을 표현하고 질문하며 자신의 의견을 말할 정도로 성장한다. 이러한 생의 초기의 급속한 언어발달은 비록 개인차가 존재하기는 하지만 모든 문화권에서 보편적으로 일어나는 실로 경이로운 과정이다. 이러한 언어발달 과정과 심리적 기제를 설명하는 데는 여러 이론이 있다. 이러한 이론들은 유전적 요인을 강조하는 생득적 관점, 환경을 강조하는 학습적 관점 그리고 언어 습득을 유전과 환경의 상호작용으로 보는 인지이론적 관점으로 분류해 볼 수 있다(Bjorklund & Blasi, 2012, p. 17).

(1) 생득적 관점: 생득기제이론

생득기제이론은 언어를 획득하는 것이 선천적으로 생리적인 능력에 기인한다고 보는 입장이다. 영유아는 보편적으로 별다른 노력을 기울이지 않고 직접적인 교육 없이도 언어를 빠르게 습득한다는 사실은 생득적 관점을 지지해 준다.

이를 주장한 대표적인 학자는 촘스키(Chomsky, 1969)로서, 그는 언어는 언어획득장치

(language acquisition device: LAD)라는 기제를 통해서 발달된다고 하였다. 즉, 인간은 선천적으로 언어획득장치를 가지고 있기 때문에 주위에서 얻은 언어 자료를 처리하고, 의미를 전달하고 문법 형식을 체계화한다고 하였다.

그러나 촘스키의 설명에도 불구하고 언어획득장치는 추상적이어서 객관적으로 검증하기 어렵다. 또한 촘스키는 언어발달에서 사회적 경험의 중요성을 간과했다고 평가되고 있다(Evans & Levinson, 2009; Tomasello, 2008).

레너버그(Lenneberg, 1967) 역시 언어발달을 생리적 기제와 관련시켜 구체적으로 설명하였다. 그는 언어는 뇌의 발달과 상관이 있으며 뇌의 청각 조직을 통해서 발달하고, 생리 기관의 성숙에 의존한다고 가정하며 언어를 인간의 고유한 능력으로 보았다.

언어발달과 신경계 발달 간의 관련성을 지지해 주는 예로는 옹알이, 첫 단어 등 어느 문화권에서나 언어 획득 시기에 보편성이 존재한다는 사실, 신체발달이 이루어지는 사춘기 이전 시기까지 언어발달도 쉽게 이루어진다는 사실 그리고 인간의 언어 기능을 주로 담당하는 좌반구에 뇌손상을 입었을 경우 영아는 중추신경계의 가소성으로 인해 우반구가 그 결손을 회복시키지만, 사춘기 이후에는 회복이 어렵다는 사실 등을 들 수 있다.

또한 그는 18개월에서 사춘기 사이를 언어발달에 결정적 시기라고 하고 그 중요성을 강조하였다. 야생소녀 카말라(Kamala)와 1970년 미국 캘리포니아에서 발견된 13세 지니(Genie)는 언어발달의 결정적 시기에 언어 자극이 부재하면 생리적 성숙에도 불구하고 언어발달에 치명적일 수 있음을 보여 주는 예이다.

그러나 생득적 관점은 언어발달에서 학습을 지나치게 과소평가했다는 점과 선천적인 언어 기제를 구체적으로 설명할 수 없는 점 그리고 유아의 어휘 획득과 문법 이해에서 개인차가 나타나는 이유 등에 대해 설명하는 데 한계가 있다.

TIP 13세 지니의 언어발달 양상

지니(Genie)라는 13세 여아가 1970년 미국 캘리포니아에서 발견되었는데, 이 여아는 생후 20개월부터 작은 방에 격리되어 자라 왔다. 매일매일 작은 방의 의자에 앉아 있어야만 했고 아버지는 단지 손과 발만을 움직이도록 허락했다. 간혹 밤에 덮을 수 있는 것이 주어졌지만 가지고 놀 것은 아무것도 없었다. 배가 고파 소리를 내어도 아버지는 절대 말을 걸지 않았다. 지니는 발견되었을 때 똑바로 설 수도 없을 뿐만 아니라 말도 할 수 없었고, 단지 흐느낄 수 있을 뿐이었다. 많은 학자가 지니에게 관심을 보였는데, 그 중 언어학자인 커티스(Curtiss)는 7년 동안 지니를 연구하였다. 지니는 결코 선천적으로 말을 못하게 태어나지 않았는데도 말을 배우지 못하였다. 언어 훈련을 받은 후 6~7개월이 지나서 두 단어를 합쳐서 말을 하였지만 그 후의 언어발달이 급속히 일어나지는 않았다. 정상적인 아동은 두 단어를 합쳐서 말을 시작한 후 폭발적인 언어의 사용이 일어난다. 지니가 질문하는 말을 배우지 못하고 문법을 이해하지 못하는 것으로 보아 언어발달의 결정적 시기에 해당하는 영유아기에서 사춘기 사이의 발달자극과 상호작용이 없는 환경의 영향력은 언어발달에 치명적임을 알 수 있다.

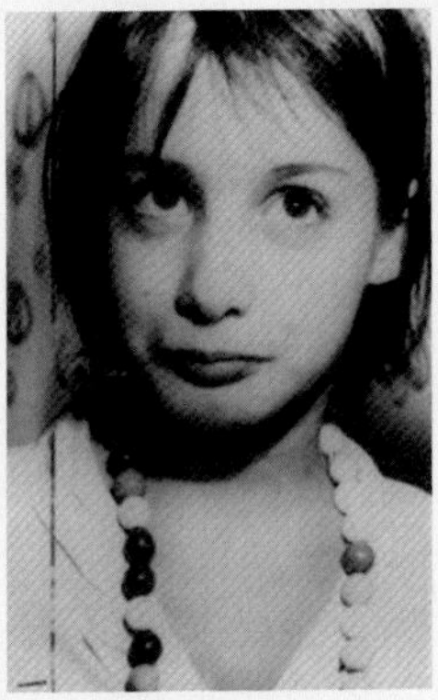

◀ **카메라에 눈을 못 맞추며 무표정한 모습을 보이는 13세 때의 지니**
이후 지니는 계속적인 언어 훈련에도 정상 수준의 언어 습득을 하지 못하였다.

출처: Curtiss, S. (1977). *Genie: A psycholinguistic study of a modern day "Wild child."*, pp. 35-37.

(2) 학습이론적 관점

학습이론적 관점에서는 언어 획득에 있어서 환경, 즉 강화와 모방을 강조하고 있다. 행동주의이론이라고도 일컫는 학습이론적 관점에서 언어발달이론을 살펴보면 다음과 같다.

① 학습이론

학습이론가들은 언어 습득 과정을 자극과 반응의 연합, 그리고 이에 따르는 강화로 설명하고 있다. 스키너(Skinner, 1957)는 『언어 행동(Verbal Behavior)』(1957)이란 저서에서 언어 획득 과정도 다른 행동과 마찬가지로 조작적 조건 형성에 따른 강화 원리로 해석할 수 있다고 주장하였다. 예를 들어, 옹알이를 할 때 부모가 흔히 사용하는 말과 비슷한 음소를 영아가 발성하면, 주의를 기울이고 칭찬하고 즐거워함으로써 보상을 주는 강화가 이루어지고 이를 통하여 자신이 속해 있는 문화권의 언어를 획득한다고 설명하고 있다. 또 두 단어 문장을 말할 수 있고 이것이 점차 문법적인 언어로 발달할 수 있는 정도는 학습 기술(learning skill)에 의한 것이다. 다시 말해서, 언어 획득을 성숙의 문제가 아니라 부모의 훈련의 효과, 즉 강화의 영향으로 본다.

그러나 유아가 언어를 이해하고 사용하는 것을 모두 강화라는 개념만으로 설명할 수는 없다. 유아는 단 한 번도 강화 받은 적이 없는 언어를 사용하기도 하고 영유아의 언어발달 속도는 부모의 강화 빈도와는 비교할 수 없을 정도로 빠르며 복잡한 문장 형성 체제도 발달시키는데, 이런 경우를 자극과 반응, 강화 관계로 설명하기는 어렵다.

② 사회학습이론

인간은 사회적 사태에서 다른 사람들의 행동을 관찰함으로써 여러 행동을 학습한다는 것이 반두라(Bandura, 1974)의 사회학습이론이다. 이 사회학습이론은 학습 과정에서 강화보다는 모방을 설명 개념으로 쓰고 있다.

반두라는 유아가 언어를 획득하는 것 역시 주변 사람들을 관찰하여 모방한 결과라고 설명하고 있다. 유아는 특별히 강화를 받지 않아도 TV 시청 등을 통해 여러 가지 몸짓이나 어휘 등을 습득하곤 하는데 이러한 모방은 어휘 발달과 문법을 습득하는 데 중요한 역할을 한다. 그러나 이러한 관점은 영유아기의 매우 빠른 언어 획득 속도와 유아 언어의 창조적인 면을 설명할 수 없다. 즉, 유아가 모델이 사용하는 것과 다르게 말하기도 하고 자신만의 창조적 방식으로 문장을 구성하는데, 이러한 언어발달 양상을 설명하기 어렵다.

학습이론적 관점은 1960년대까지 유아의 언어발달을 설명하는 데 상당한 영향을 미쳤다. 행동주의이론은 유아의 언어발달에서 부모나 성인이 제공하는 사회언어적 환경의 중요성을 제시하고 강화와 모방의 역할을 강조했다는 점에서 공헌한 바가 크다. 그러나 학습적 관점은 유아가 자신의 어휘와 문장을 능동적이고 창의적으로 만들어 내는 특성과 복잡한 언어 습득 과정을 설명하는 데는 한계가 있다.

(3) 인지이론적 관점

옹알이하는 시기 및 첫 단어 발화 시기 등이 범문화적으로 일치하므로 언어발달이 생리적인 능력에 기인한다고도 볼 수 있지만, 인지적 관점에서는 개인적 경험 및 사회문화적 환경에 따라 언어 능력에 차이가 있는 점 등을 고려하여 언어발달을 유전과 환경의 상호작용의 결과라고 본다. 즉, 언어발달은 유아와 환경 간의 상호작용을 통해서 이루어진다고 본다. 특히 인지발달이론을 중심으로 언어발달을 설명하면서 언어는 사고, 문제해결 등의 인지 기능과 밀접한 관계가 있다고 주장하고 있다(Bjorklund & Blasi, 2012, p. 26; Cole & Lightfoot, 2005, p. 20-21; Akhtar, 2004). 인지이론적 관점에서 언어발달이론을 살펴보면 다음과 같다.

① 피아제 이론

피아제(Piaget, 1926)는 언어를 인지발달에 따라 나타나는 상징적 표상이라고 보고 있다. 즉, 언어는 유기체와 환경이 상호작용을 통해 얻은 지식을 나타냄으로써 아동이 상징체계를 이해해야 하고, 인지발달이 언어발달에 선행한다고 본다. 예를 들어, 전조작기에는 인지발달에서 자아중심적 사고 특징을 가지고 있으므로 이 시기의 유아가 산출하는 언어는 인지적 특성과 일치되는 자아중심적 특성을 보인다. 구체적 조작기가 되어 인지적으로 구체적 조작이 가능해지고 타인의 관점에서 전망할 수 있게 되면, 이때 언어는 자아중심성에서 벗어나서 듣는 사람을 고려한 언어를 구사하게 된다. 언어발달에서 나타나는 문법적 복잡성, 복잡한 구문 사용 등은 인지 구조의 보편적 발달로 이해될 수 있다.

실제로 언어 습득 능력과 인지발달의 관계를 밝히고자 노력한 연구들을 살펴보면, 코리건(Corrigan, 1979)은 10개월 된 아동을 28개월까지 추적하여 연구한 결과 대상 영속성을 인식하는 것과 한 단어를 말할 수 있는 시기가 관련이 있다고 하였으며, 감각운동기에서 전조작기로 옮겨갈 때에 새로운 용어의 습득이 빠르다는 것을 보고하였다. 아동의 자기중심적 사고와 언어의 관계도 연구되었다. 연구결과, 상대방의 위치 및 입장에서 생각할 수 없는 자기중심적 사고는 상대방과의 언어소통에 장애를 일으킨다고 보고하였다(Dicson, 1981).

② 비고츠키 이론

비고츠키는 심리 현상의 기원은 사회적 상호작용에서 찾을 수 있다는 인식론적 입장을 취하고 있다. 그는 이러한 주장을 '개인 간 심리적(interpsychological)'과 '개인 내 심리적(intrapsychological)'이란 개념으로 확장시켰다(Wertsch, 1985). 여기서는 그의 언어에 관한 입장에만 국한시켜 언급하겠다. 비고츠키(Vygotsky, 1962)는 사회적 상호작용을 통해 언어가 발달한다고 본다. 피아제의 주장과는 달리 언어가 사고를 유도한다고 보고 있다. 비고츠키는 언어를 가장 중요한 심리적 도구로 보았다. 초기에는 언어와 사고가 서로 관계없이 기능하지만 영유아가 성장함에 따라 일단 기억하는 것을 돕기 위해 언어를 사용하면 이미지나 인상을 사용하던 기억 과정은 언어적인 형식으로 변한다. 또한 언어를 사용하면서 즉각적인 지각 경험에서 벗어나 과거에 본 것과 안 본 것,

미래에 일어날 일 등을 표상할 수 있게 된다. 이처럼 말을 하거나 들어서 이해하는 과정은 영유아의 사고 과정에 단순히 영향을 미치는 것이 아니라 사고 과정 자체를 바꾼다. 비고츠키는 물건을 만드는 형틀이 그 물건의 모양을 결정하는 것처럼 언어가 사고의 구조를 결정한다고 주장하였다(조성연 외, 2014, p. 135.). 따라서 언어 환경이 단순하고 초보적인 수준이라면 단순하게 사고하게 되고, 언어 환경이 다양하고 복잡한 개념을 포함하고 있다면 좀 더 높은 수준의 사고를 하게 된다고 본다.

비고츠키는 언어에는 다른 사람에게 소리 내어 하는 외적 언어와 자기에게 소리 없이 하는 말인 내적 언어(inner speech)가 있다고 분류하고 있다. 그런데 발달적으로는 외적 언어가 먼저 나타나고 그다음에 언어발달의 최종 단계에서 내적 언어가 나타난다고 하였다. 외적 언어와 내적 언어가 발달상 분명하게 구별되지 않는 시기가 있는데, 이 시기에 유아가 문제를 해결하거나 중요한 목표를 달성하기 위해 자신이 생각한 것을 밖으로 소리 내어 말하는 혼잣말을 하는 경우가 많다. 이를 사적 언어(private speech)라고 하며 이 시기는 피아제의 자아중심적 언어가 나타나는 시기라고 볼 수 있다.

비고츠키는 유아의 언어발달 순서 및 사적 언어에 대한 설명에서도 피아제와 차이가 있다. 예를 들어, 4세 남아가 혼자 블록으로 도로를 만들면서 "이제 큰 길을 만들었으니 슈퍼로 가는 작은 길을 만들어야겠어."라고 하며 자신의 계획을 입 밖으로 말하는 경우이다. 피아제는 유아의 사적 언어를 자기중심적 사고가 언어를 통해 나타난 것이라고 본다. 따라서 피아제는 전조작기 말쯤 유아의 사고가 탈중심화되면서 자기중심적인 언어에서 벗어나 좀 더 사회적인 언어로 바뀌어 간다고 주장하였다. 반면, 비고츠키는 유아의 사적 언어가 자기중심적인 것이 아니라 다른 사람과 주고받는 외적 언어가 내면화되어 내적 언어로 바뀌어 가는 과정에서 나타나는 과도기적인 언어 형태라고 본다. 특히 5~7세 정도의 유아는 어려운 과제에 직면했을 때 자신의 문제 해결에 도움이 되도록 사적 언어를 많이 사용하며, 이후 유아는 밖으로 소리 내어 말하는 사적 언어 대신에 점차 속으로 말하는 내적 언어를 사용한다(Berk & Landau, 1993; Cole, Cole, & Lightfoot, 2005).

인지이론적 관점은 언어발달을 유전과 환경의 복잡한 상호작용의 결과로 보고 그 과정에서 유아가 언어를 능동적으로 구성해 나간다고 본다. 또한 언어발달에서의 사회적 상호작용과 사회문화적 맥락의 중요성을 강조하였다. 그러나 인지이론적 관점은 유아의 언어발달이 사회적 상호작용을 통해 어떻게 다음 단계로 진행하는지에 대해서 구체적으로 입증하는 데 한계가 있다.

2) 유아기 언어발달

3세경의 유아는 개인차가 있지만 450개 정도의 어휘를 표현하며, 그보다 더 많은 단어를 이해할 수 있다. 이후 폭발적인 어휘 습득이 이루어지며, 음절 · 단어 · 문장을 결합해 문법적 지식 역시 급속히 발전한다. 유아는 전보식 언어(telegraphic speech)를 말하면서부터 의사소통이 어느 정도 가능해지는데, 이때의 언어는 주로 자기중심적이다. 이 시기에 유아는 아직 다른 사람의 입장에서 생각하고 느끼고 추리하는 능력, 곧 타인의 전망 수용 능력(perspective taking ability)이 발달되지 않았기 때문에 자기중심적인 언어를 사용한다. 이후 유아는 대부분 기본 언어 규칙을 터득하여 다어문(multi-words sentence)을 사용할 수 있게 된다(이영자, 2013, p. 81). 유아는 읽기와 쓰기에도 점차 관심을 보이면서 기초적인 문해 능력도 발달시킨다. 유아기 언어는 인지발달뿐만 아니라 사회적 능력에도 영향을 준다. 언어를 배우는 데 문제가 없고 친구들과 상호작용을 잘하는 유아는 학습 기술과 문해 기술을 더 잘 배우고, 의사소통에 문제가 있거나 문해 기술을 잘 학습하지 못하는 유아는 이후 학교 학습에서 실패하거나 사회적 능력 발달이 어려울 수 있다고 보고되고 있다(Kostelnik, Soderman, & Whiren, 2011).

TIP **유아기의 자기중심적 언어**

유아는 아직 다른 사람의 입장에서 생각하고 느끼고 추리하는 능력, 곧 타인의 전망 수용 능력이 발달되지 않았기 때문에 자기중심적인 언어를 사용한다. 이러한 특징을 더 자세하게 살펴보면 다음과 같다.

- 반복: 유아가 익힌 단어나 음절을 누구에게 전달하려는 의도 없이 반복 사용하며, 또 반복하는 자체를 즐긴다.
- 독백: 흔히 놀 때 관찰되는 현상으로, 다른 사람이 알아듣지 못하는 정도로, 또 다른 사람을 의식하지 않으면서 자신에게 말한다.
- 집단적 독백: 유아는 옆에 있는 사람과 이야기하는 것 같이 순간적 사고를 나타내는 독백적 언어를 하는데, 의미가 있거나, 옆 사람과 의사를 교환하거나 서로 이해하는 것이 아니다. 다만 상대방에게 자극을 주는 데 불과하다.
- 순응적 정보: 유아가 자기의 생각을 다른 사람과 나누는 과정이다. 즉, 자신에게 흥미 있는 사건을 전달하기도 하고 다른 사람에게 영향을 미치기도 한다. 다투기

보다는 공동 목표를 위해 함께 놀 때 많이 나타난다.

- 비판: 비판은 유아가 다른 사람의 일이나 행동에 대해 비평을 뚜렷하게 하는 것이다. 보통 자신을 우월하게 생각하고 남을 비평하는 것인데, 다툼, 싸움 또는 경쟁적인 언어의 표현은 비판의 대표적인 예이다.
- 명령, 요구, 위협: 유아가 다른 사람들과 상호 영향을 주는 관계에서 나타나는 현상이다.
- 질문: 유아들이 서로 답을 필요로 하는 질문을 말한다.
- 대답: 의미 있는 질문과 명령, 요구에 대한 답을 말한다.

(1) 구어발달

구어는 듣기와 말하기를 포함한다. 듣기는 유아가 들은 청각 자극을 종합하여 의미를 이해하는 것이고, 말하기는 자신의 생각이나 감정 등을 음성을 통해 다른 사람에게 전달하는 것이다. 말하기에는 혀, 입술, 호흡 조절이 관여하므로 소근육 발달과 언어발달은 관련이 있다. 듣기와 말하기를 하려면 다른 사람이 이해할 수 있는 어휘와 문장을 사용해야 하고, 적절한 문법을 구사해야 하며, 의사소통의 규칙을 파악하여 이를 적절하게 활용해야 한다.

① 어휘와 문장

유아는 사용하는 어휘 수와 문장의 길이가 점차 증가하여 기본적인 의사소통이 가능하다. 3세가 된 유아는 자신이 아는 단어를 연결하여 사물 혹은 사태에 대하여 이야기할 수 있다(Boyd & Bee, 2010). 어휘 획득이 빠르게 증가하여 3세경에는 900단어, 4세경에는 1,600단어, 5세경에는 2,500단어 정도의 어휘를 사용할 수 있다. 특히 유아기에는 정서 표현과 관련된 감탄사, 동작을 나타내는 말과 동물이나 음식물과 관련된 표현이 증가한다(이영 외, 2009, p. 278).

유아는 수평적이고 수직적인 어휘 확장을 통해 단어를 습득한다. 수평적 어휘 확장은 한 단어의 여러 가지 속성을 알고 그 단어의 의미를 다양한 상황에서 경험하여 그 단어의 관습적 의미를 습득하는 것이다. 예를 들어, 유아는 여러 상황에서 꽃을 만져 보고 냄새도 맡아 보면서 꽃의 촉감, 형태, 느낌, 색, 냄새 등 꽃의 속성을 경험하게 되고 이를 '꽃'이라는 단어에 연결하여 꽃의 의미를 알게 된다. 수직적 어휘 확장은 유아가 어떤 단어의 개념을 알게 되면 이와 관련된 단어를 하나의 범주로 분류하여 어휘를 학습하는 것이다. 예를 들어, 유아가 꽃, 나무, 풀 등의 개념을 학습한 후 이를 '식물' 로 분류하는 것이다.

유아는 어휘를 사용할 때 과잉 확대, 과잉 축소, 신어 창조 등의 특징을 보인다(이영 외, 2009, p. 279). 과잉 확대는 관습적으로 사용하는 낱말의 의미를 벗어나 보다 넓은 의미로 사용하는 현상이다. 바퀴가 달린 것은 모두 자동차라고 하는 경우를 예로 들 수 있다. 과잉 축소는 단어의 의미를 실제 범주보다 축소해서 사용하는 현상이다. 예를 들어, 콘에 들어 있는 아이스크림만 아이스크림이고 컵에 들어 있는 아이스크림은 아이스크림이 아니라고 하는 경우이다. 신어 창조는 유아가 단어를 새롭게 만들어 자신만의 의미로 사용하는 현상이다. 버스를 '칙칙'이라 부르거나 어머니가 만들어 준 음식을 '돌돌이'라고 표현하는 것을 예로 들 수 있다. 이런 경우에는 부모나 주 양육자와 같은 특정인만이 그 단어의 의미를 이해할 수 있다.

유아기에는 어휘가 늘어나면서 문장의 길이도 길어진다. 3~4세 유아는 3~7개의 단어로 문장을 구성하며, 5~6세가 되면 문법에 맞는 언어를 사용하고 6~12개의 단어로 이루어진 문장을 만들 수 있다.

TIP 제약

제약(constraints)은 영유아가 빠르게 어휘를 습득할 수 있도록 하는 기제 중 하나이며 제약의 종류에는 대상 범위 제약, 분류 제약, 상호배타성 제약 그리고 어휘 대조 제약이 있다.

- 대상 범위 제약(whole-object constraint)이란 들은 어휘를 그 대상의 일부나 속성이 아닌 전체 대상으로 이해하는 것이다. 예를 들면, 털이 있고 꼬리가 있는 흰색 동물을 보면서 '강아지' 라는 어휘를 들으면 그것이 강아지의 꼬리와 같은 신체 일부 혹은 흰색 털과 같은 속성이 아니라 그 동물 전체를 가리킨다고 가정한다는 것이다.
- 분류 제약(taxonomic constraint)이란 들은 어휘를 동일한 범주에 속하는 대상에게 확장시키는 것이다. 예를 들어, '강아지' 라는 단어를 '강아지 집'이나 '강아지 목줄'에 대해서 확장하지 않고 털이 있고 뛰어다니는 다른 동물, 즉 '옆집 강아지' 에 확장하는 것이다.

- 상호배타성 제약(mutual exclusivity constraint)이란 각 대상이 하나의 명칭만을 가지고 있다는 믿음이다. 예를 들어, '강아지' 라는 어휘를 알고 있는 영아가 TV에서 강아지가 고양이를 쫓는 장면을 보고 있을 때 누군가가 "어, 저기 강아지가 고양이를 쫓아가고 있네." 라는 말을 했다면 이때 이 영아는 강아지라는 단어를 알고 있었기 때문에 고양이라는 말을 처음 들었어도 고양이가 이 맥락에서 무엇을 지칭하는지 상호배타성 제약을 이용해서 알 수 있다. 즉, 이미 강아지라는 어휘를 알고 있고 각 대상이 하나의 명칭만을 가지고 있다는 믿음이 있으므로 쫓아가는 동물이 강아지라면 쫓기는 동물은 고양이라고 생각할 것이다.
- 어휘 대조 제약(lexical contrast constraint)은 하나 이상의 어휘를 사용하여 동일한 대상을 지칭할 때 도움이 된다. 예를 들어, "저기 강아지가 있네, 치와와네." 라는 소리를 들었을 때 이미 '강아지' 라는 단어를 알고 있는 영아는 어휘 대조 제약을 이용하여 치와와란 털이 짧은 특별한 종류의 개를 지칭하는 것임을 알게 된다.

출처: Markman (1999), pp. 79-81; 이영, 이미란 외(2015). 영아발달, p. 262에서 재인용.

② 문법의 이용

유아는 세 단어 이상의 단어를 조합한 문장을 사용할 수 있고, 연령이 증가하면서 문장 길이도 점차 길어진다. 유아는 전보식 문장을 벗어나 문법 형태소를 첨가하게 된다. 문법 형태소는 그 자체로는 의미가 없고 문법적으로만 의미가 있는 형태소이다. 문법 형태소는 어휘 형태소와 함께 사용하는데 이에는 조사와 어미가 해당된다. 예를 들어, '새들이 노래를 부른다.' 에서 '새' 와 '노래' 는 어휘 형태소로 개별적인 뜻을 가지고 있고, '들' '이' '를' 은 문법 형태소로 복수형을 만들고, 조사로 활용하며, 목적격을 나타내는 문법적 기능만 한다.

유아는 새로운 문법적 형태소를 습득하면 이 규칙을 친숙한 맥락뿐만 아니라 새로운 맥락에도 적용하려고 한다. 유아가 문법 형태소를 획득하고 적용할 때 종종 과잉일반화가 나타난다. 예를 들어, '선생님이 노래했어.' 라고 말해야 하는 경우에 '선생님이가 노래했어.' 라고 말하는 것이다. 이는 유아가 문법 규칙을 과잉 적용하여 나타난 과잉규칙화(overregularization) 현상이다.

유아는 3세경 복수, 비교어, 소유어, 과거형을 사용할 수 있고, 4세에는 대부분의 언어 규칙에 익숙하여 성인과 비슷한 문장을 구성한다. 4~5세경에는 평서문, 부정문, 의문문, 명령문 등 사용하는 문장 형태가 다양해지고 더 복잡해지며 여러 절로 구성된 문장을 사용한다. 5~6세경이 되면 유아의 이야기가 훨씬 더 길어지고 복잡해지며 정식으로 문법 교육을 받은 적이 없는데도 모국어의 대부분의 문법 규칙을 사용하고 성인처럼 이야기할 수 있게 된다(Yang, 2004).

TIP

유아기 언어 지도(듣기와 말하기 지도)

유아기에는 듣기, 말하기, 읽기, 쓰기 능력이 서로 밀접한 관련을 맺으며 발달한다. 그러므로 부모와 교사는 유아의 언어발달을 촉진하기 위해 듣기, 말하기, 읽기, 쓰기의 언어 영역을 구분하지 않고 통합적으로 접근해야 한다. 다양한 물리적 · 심리적 환경과 올바른 언어 모델을 제공해야 한다.

● 듣기 지도

언어의 기초적인 기능 중 가장 먼저 발달하는 것이 듣기이다. 그러므로 부모나 양육자 혹은 교사는 유아에게 적절한 듣기 환경을 제공하여 유아의 듣기 능력을 향상시켜 주어야 한다. 유아의 듣기 발달을 도와주기 위한 몇 가지 지침을 제시하면 다음과 같다.

첫째, 부모와 교사는 유아에게 듣기가 필요하다는 것을 인식시킨다. 이를 위해 부모와 교사는 유아에게 듣기를 강요하기보다는 집중하여 들을 수 있는 기회를 제공해 주고, 유아가 잘 들었을 때에는 긍정적인 반응과 보상이나 강화 등을 제공한다.

둘째, 부모와 교사는 유아에게 듣기를 경험할 수 있는 여러 활동이나 자료를 제공해 준다. 부모와 교사는 유아와 함께 끝말 이어 가기, 수수께끼, 다섯고개 등과 같은 말놀이를 녹음하여 듣기 활동을 해 볼 수 있다. 또한 유아는 동화 듣기를 좋아하므로 부모와 교사는 유아의 발달 수준에 적합한 동화를 선정하여 유아에게 반복적으로 읽어 준다.

셋째, 부모나 교사는 유아에게 주의를 집중하여 듣는 모델이 되어야 한다. 즉, 부모와 교사는 유아가 말을 할 때 중간에 끼어들거나 끊지 않고 머리를 끄덕이거나 '응' '그렇구나' '그래서' 등의 반응을 해 줌으로써 경청하고 있다는 것을 표현한다.

● 말하기 지도

말하기는 일상생활에서 대화를 통해 자연스럽게 발달한다. 유아의 말하기 발달을 돕기 위한 몇 가지 지침을 제시하면 다음과 같다.

첫째, 부모와 교사는 유아에게 다양한 이야깃거리를 제공하여 유아의 말하고자 하는 욕구를 자극해 준다.

둘째, 부모와 교사는 유아의 수준에 적합한 질문을 하여 유아가 자신의 생각이나 감정을 언어로 표현할 수 있는 기회를 제공해 준다. 부모와 교사가 유아에게 질문할 때는 '예' '아니요'로 답하게 하는 폐쇄형 질문보다 '왜 그렇게 생각해?' '어떤 점이 같니? 다르니?' 등과 같은 개방형 질문을 하여 유아가 자신의 생각과 감정을 다양하게 표현해 볼 수 있도록 한다.

셋째, 부모와 교사는 유아가 편안하게 말할 수 있는 분위기를 조성하고 말하기를 격려한다.

넷째, 부모와 교사는 올바르게 말하는 모델이 되어야 한다. 부모와 교사는 유아의 잘못된 발음을 교정하려 하기보다는 정확한 발음을 직접 들려 주면서 유아가 스스로 교정할 수 있도록 해 준다. 또한 유아의 불완전한 문장에 대해 완전한 문장으로 반응해 주고 대화하는 사람과 상황에 적합하게 말함으로써 말하기의 모델이 되어 준다.

출처: 이영 외(2015). 유아발달, pp. 172-174.

(2) 문해 발달

문해(literacy) 능력이란 읽기, 쓰기에 대한 능력을 지칭한다. 문해 출현(emergent literacy)의 관점에서는 문해 학습이 연속적인 과정이며 어려서부터 구어와 문어, 책자 등을 접하면서 문해 능력이 발달한다고 주장한다(Goodman, 1989). 유아는 문해 환경을 탐색하면서 문해 능력을 발달시킨다. 유아는 문자 언어가 의미가 있다는 것을 인식하면서부터 인쇄물을 가리키며 "저건 뭐라고 해?"라고 묻거나, 낙서를 하고는 편지를 썼다고 표현하면서부터 문자 언어가 구어나 사상을 상징화한다는 것을 알게 되며, 비로소 읽기와 쓰기를 시작하게 된다. 만 3~5세 사이에 유아는 활자가 의미를 가진다는 것을 배우며, 더 어린 유아는 그림이 의미를 지닌다고 생각한다.

① 읽기 발달

읽기는 문자 부호의 해독과 글의 의미를 이해하는 과정을 통해 기록한 사람과 읽는 사람 간에 이루어지는 의사소통이다. 유아가 읽기를 하려면 단어와 읽기에는 규칙이 있다는 것을 이해해야 한다. 즉, 읽기가 낱자로 구성된 단어를 읽는 것이고, 단어는 띄어쓰기가 있으며, 왼쪽에서 오른쪽으로 위에서 아래로 읽는 방향이 있다는 것 등을 알아야 한다. 유아는 초등학교 입학 전에 이러한 지식을 점진적으로 습득한다(Kail, 2007/2008, p. 192 재인용).

맥기와 리치겔즈(McGee & Richgels, 2008)는 읽기 발달을 시작 단계, 초보적 읽기 단계, 실험적 읽기 단계, 관례적 읽기 단계의 네 단계로 구분하였다. 유아기는 초보적 읽기 단계와 실험적 읽기 단계에 해당한다. 초보적 읽기 단계는 대략 3~5세경이다. 유아는 자기가 좋아하는 간식에 쓰인 글자나 간판의 글자 등을 인식하게 되고 글자가 어떤 의미를 전달한다는 것을 알게 된다. 책을 읽을 때 유아는 상황이나 맥락에 따라 읽고 이야기 전개 순서와 인과관계를 이해할 수 있으며 이야기 내용을 추론하기도 한다.

실험적 읽기 단계는 대략 5~7세경인데, 이 단계에서 유아는 지속적인 읽기 활동을 통해 이전 단계보다 훨씬 관례적으로 읽기를 한다. 유아는 거의 모든 철자(spelling)의 이름과 형태를 알며 철자와 소리가 연관되어 있음을 안다. 읽기에서 유아가 관심을 갖는 대상이 철자에서 단어로 옮겨 감에 따라 단어를 정확하게 읽기 위해 손가락으로 글자를 짚으면서 읽는다.

● 쓰기 발달

쓰기는 어릴 때부터 시작되지만 이에 관련되는 기술을 습득하는 데는 수년이 걸린다. 4~5세 유아도 쓰기는 자신의 생각을 전달하기 위해 종이 위에 표식을 남기는 것이라는 것을 어렴풋이 이해한다(McGee & Richgels, 2008).

맥기와 리치겔즈(1996)는 쓰기 발달을 읽기 발달과 마찬가지로 시작 단계, 초보적 쓰기 단계, 실험적 쓰기 단계, 관례적 쓰기 단계로 구분하였다. 유아기는 초보적 쓰기 단계와 실험적 쓰기 단계에 해당한다. 초보적 쓰기 단계는 대략 3~5세경인데 이 단계에서 유아는 스스로 글자를 창조하고 의미를 부여하여 글자를 통해 의사소통하고자 한다. 유아는 철자를 쓰기도 하고 쓰는 흉내를 내기도 하지만 철자와 소리와의 관계를 명확하게 이해하지는 못한다. 이 단계의 유아는 의미 전달을 더 중요하게 여기기 때문에 정확한 철자 쓰기에 대한 인식은 부족하다.

실험적 쓰기 단계는 5~7세경이다. 이 단계의 유아는 쓰기와 관련된 사전 지식을 재통합하고 새로운 지식을 구성한다. 유아는 일상생활에서의 쓰기 활동을 통해 새로운 쓰기 전략을 발전시킨다. 유아는 성인의 쓰기 행동과 자신의 쓰기가 다르다는 것을 알고 쓸 줄 모른다고 말하면서 쓰기 행동을 거부하기도 한다. 이런 경우에 부모와 교사는 유아의 쓰기 활동을 지도하고 안내해 주는 것이 필요하다. 또한 실험적 쓰기 단계에서 유아는 스스로 단어를 발명해서 창안적 글자를 쓰거나 글자를 베껴 쓰기도 한다. 유아는 글자와 소리와의 관계를 이용하여 철자대로 쓰려고 노력하며 단어와 단어 간에 띄어쓰기를 시도한다. 이 단계의 유아는 글자를 정확하게 써야만 정확한 의미가 전달된다는 것을 알며 철자를 이용한 쓰기가 가능하지만 아직 관례적 쓰기는 하지 못한다.

[그림 7-4] 유아가 읽기에 관심을 가질 수 있도록 다양한 자극을 제공하고 있다.

TIP 유아기 언어 지도(읽기와 쓰기 지도)

유아기에는 듣기, 말하기, 읽기, 쓰기 능력은 서로 밀접한 관련을 맺으며 발달한다. 그러므로 부모와 교사는 유아의 언어발달을 촉진하기 위한 다양한 물리적 · 심리적 환경과 올바른 언어 모델을 제공해 주어야 한다. 특히 읽기와 쓰기를 지도할 때 유아가 어려워하거나 싫어하는지를 민감하게 파악하여 유아가 스트레스를 받지 않는 지도 방법을 선택하여야 한다.

● 읽기 지도

부모와 교사는 유아에게 읽기를 지도하는, 발달에 적합한 시기와 방법을 알 필요가 있다. 유아의 읽기 발달을 돕기 위한 몇 가지 지침을 제시하면 다음과 같다.

첫째, 유아의 읽기 수준과 능력은 개인차가 크므로 유아의 읽기 준비 수준에 따라 지도해야 한다. 유아가 읽기 준비가 안 된 경우에는 관습적인 읽기보다는 읽기를 위한 기본 능력에 초점을 맞추어 왼쪽-오른쪽 등의 방향 감각, 형태 지각을 위한 활동 등을 먼저 제시해 줌으로써 읽기를 준비시킬 수 있다.

둘째, 부모와 교사는 유아가 읽기에 흥미를 가질 수 있도록 자극적이고 다양한 언어 환경을 제공해 준다. 유아가 쉽게 접할 수 있도록 유아의 흥미와 발달수준에 맞는 동화책, 잡지, 글자 블록이나 게임판 등과 같은 언어적 경험을 자극할 수 있는 다양한 환경을 마련해 준다.

셋째, 부모와 교사는 유아가 글자의 의미를 파악할 기회를 제공해 준다. 단순히 글자 자체에 대한 읽기 지도보다는 유아가 글자에서 의미를 파악하고 전체적인 문맥이나 이야기를 이해할 수 있도록 지도한다.

넷째, 부모와 교사는 유아가 일상생활에서 자연스럽게 읽기를 경험할 수 있도록 지도한다. 부모와 교사는 유아가 일상생활과 글자가 연결되어 있음을 깨닫고 글을 읽으려는 동기를 갖도록 지도한다. 예를 들면, 길을 가면서 간판을 읽어 주기, 장난감 봉투의 글자 읽어 주기, 어린이집의 환경판에 있는 글자 읽어 주기 등의 활동을 통해 유아가 생활하는 공간에서 쉽게 읽기 경험을 접할 수 있도록 해 준다.

다섯째, 부모나 교사는 유아에게 읽기 모델로서의 역할을 한다. 유아는 부모나 교사의 읽기 활동을 접함으로써 읽기에 대한 흥미가 생길 수 있다.

● 쓰기 지도

쓰기 지도를 위해서는 유아가 쓸 준비가 되어 있어야 한다. 유아의 쓰기 발달을 도울 수 있는 몇 가지 지침을 제시하면 다음과 같다.

첫째, 부모와 교사는 유아의 쓰기 준비 수준에 따라 지도한다. 유아의 쓰기 능력은 개인차가 크므로 쓰기 준비가 안 된 경우에는 소근육 운동, 눈과 손의 협응 활동 등과 같은 쓰기를 위한 기본 능력의 발달에 초점을 두고 지도한다.

둘째, 부모와 교사는 쓰기에 필요한 자료를 제공해 준다. 쓰기 자료로는 줄이 그어져 있지 않은 종이, 크레파스나 색연필, 연필 등의 문구류 등이 있다.

셋째, 부모와 교사는 글자 중심의 쓰기 지도보다는 글자의 의미를 강조하는 쓰기 지도를 한다. 반복적으로 글자의 자음과 모음을 쓰게 하거나 단순히 글자의 형태를 기계적으로 암기하도록 하는 것보다 유아의 일상생활이나 경험과 관련된 내용을 쓰도록 하는 것이 효과적이다.

넷째, 부모와 교사는 유아가 쓰기의 필요성을 인식하고 자발적으로 쓰기 활동에 참여하도록 유도한다. 친구에게 생일 축하카드 쓰기, 가게 놀이에서 사용할 물건 이름 쓰기 등과 같이 놀이를 통해 쓰기 활동을 하도록 격려하고 필요시 적절한 도움을 제공한다.

출처: 이영, 김온기 외(2015). 유아발달, pp. 175-176.

(3) 사적 언어

사적 언어(private speech)는 유아가 문제를 해결하거나 중요한 목표를 달성하기 위해 문제해결 혹은 행동을 계획하는 과정에서 사용하는 혼잣말 또는 내적 언어를 말한다.

사적 언어는 유아기와 아동기에 나타나는 정상적이고 흔한 현상으로 만 4~10세의 유아와 아동 중 20~50%에서 나타난다(Berk, 1986). 만 2~3세 유아는 장난스럽게 규칙적인 소리를 반복하고, 만 3세 이후에는 '큰 소리로 생각' 하거나 거의 알아듣기 힘든 작은 소리로 중얼거린다.

피아제는 사적 언어를 인지적인 미성숙의 징후로 보았다. 피아제에 의하면, 유아는 자기중심적이어서 타인의 관점을 인식하지 못하고 의미 있는 의사소통을 하지 못하며, 대신 단순히 자기 마음에 떠오르는 것은 무엇이든지 음성화한다고 하였다. 또한 유아는 말과 그 말이 의미하는 행동을 아직 구분하지 못하기 때문에 사적 언어를 사용하지만, 전조작기를 지나면서 인지적으로 성숙하고 사회적 경험이 쌓이면 자기중심적 성향이 감소하고 상징적 사고를 할 수 있어서 결국 사적 언어를 사용하지 않게 된다는 것이다.

비고츠키도 피아제와 비슷하게 사적 언어가 유아 자신의 언어와 생각을 통합하는데 도움이 된다고 믿었다. 그러나 비고츠키는 사적 언어를 자신과 대화하는 의사소통의 한 특수한 형태라고 주장하였다. 즉, 비고츠키는 사적 언어가 초기 사회적 언어와 내적 언어 사이의 전이 상태[행동의 외적인 조절보다는 내적 조절로의 전이("이제 난 그림을 말릴 수 있는 곳에 두어야지."]에 있는 중요한 기능을 한다고 보았다. 또한 비고츠키는 사적 언어의 발달이 ∩자 형태를 따르기에 유아기 동안 증가했다가 아동이 자기 행동을 다스리고 숙달할 수 있게 되면서 초등학교 초기 시기 동안에 사라진다고 하였다.

최근의 연구결과는 대체로 비고츠키의 관점을 지지하고 있다. 93명의 저소득층과 중류층의 만 3~5세 유아를 관찰한 연구에 의하면, 유아 중 86%의 언어는 자기중심적이지 않았으며, 가장 사회적인 유아들과 사회적인 대화에 가장 많이 참여하는 유아들은 사적 언어를 가장 많이 사용하는 경향을 보였다. 이는 사적 언어가 사회적인 경험에 의해 자극된다는 증거이다. 또한 사적 언어는 유아의 자기조절을 도와주는 역할을 하는데, 유아는 어려운 일을 하려고 할 때 사적 언어를 사용하는 경향이 있으며, 성인의 지도나 도움이 없는 경우에 사적 언어를 더 많이 사용한다(Berk, 1992, pp. 17-53).

유아는 대개 3단계의 사적 언어 단계를 거친다. 첫 번째는 순전히 자신을 표현하는 말(단어 놀이, 음절 반복, 느낌 표현, 인형이나 상상 속의 친구에게 이야기하기 등)이고, 두 번째는 바로 앞에 닥친 일에 관하여 소리 내어 하는 말(무엇을 하고 있거나, 무엇을 해야 하고, 무엇을 했는지 등)이며, 세 번째는 해야 할 일과 관련된 내적 언어의 외부적인 표시(알아들을 수 없는 중얼거림이나 입술만 움직이는 말)이다. 유아기에는 남아보다 여아가 언어적으로 더 앞서고, 더 성숙한 형태의 사적 언어를 구사하는 경향이 있다. 또 중류층 가정의 유아는 저소득층의 유아보다 더 성숙한 형태의 사적 언어를 사용하는 경향이 있다(Berk, 2013).

유아의 사적 언어 사용에서 감소 시기는 개인차가 크고, 인지발달이 빠른 유아는 사적 언어를 훨씬 일찍 사용하는 경향이 있지만, 어떤 유아는 사적 언어를 거의 사용하지 않는 경우도 있는 것으로 보고되었다(Berk, 1992, pp. 17-53). 이와 관련하여 보다 중요한 것은 유아나 아동이 자기 자신에게 이야기하거나 중얼거리는 것을 잘못된 행동으로 여겨서는 안 되며, 이러한 행동은 유아가 어떤 문제를 해결하기 위하여 소리 내고 있는 것으로 이해해야 한다는 것이다.

3) 언어발달과 환경

유아기의 언어는 생물학적인 성숙에 의해서도 영향을 받지만 언어적 환경이 주어지지 않은 경우 언어 지체로 이어질 수도 있다. 유아의 언어발달에 영향을 미치는 주요 환경에 대해 살펴보면 다음과 같다.

(1) 가정

가정환경은 유아의 언어발달에 중요한 역할을 하는데 가족 유형과 구조, 사회경제적 수준, 형제자매, 부모와의 상호작용, 물리적 환경 등이 유아의 언어발달과 밀접한 관련이 있다.

최근 핵가족과 맞벌이 가족이 증가하면서 과거 대가족일 때보다 가족 간의 대화 시간이 줄어들었고, 이에 따라 유아가 가족과 언어적으로 상호작용하거나 어른들 간의 대화를 들을 수 있는 기회가 줄어들었다고 볼 수 있다. 가족의 사회경제적 수준도 유아의 언어발달에 영향을 미치는데 일반적으로 중류층 유아가 저소득층 유아보다 언어발달이 더 빠르고 언어 이해나 표현력도 더 우수한 편이라고 보고되고 있다(이지연, 곽금주, 2008: Bartlett, 1981).

사회경제적 수준에 따른 언어발달의 차이는 결손가설(deficit hypothesis)과 차이가설(difference hypothesis)로 설명할 수 있다. 결손가설은 낮은 사회경제적 수준인 경우에 유아가 언어적으로 충분한 자극을 받지 못하기 때문에 언어발달이 뒤떨어진다고 보는 것이다. 반면, 차이가설은 언어발달의 차이가 나타나는 것은 사회경제적 수준에 따라 부모가 사용하는 언어가 다르기 때문이라고 본다. 중류층 이상의 사회경제적 수준의 부모는 저소득층 부모보다 더 정교화된 언어를 사용함으로써 표현이 다양하고 대상을 보다 구체적으로 설명한다. 반면, 저소득층 부모는 제한된 언어를 사용함으로써 설명이 정확하지 않고 한정된 어휘로 짧고 단순한 문장을 사용하거나 적합하지 않은 언어 표현을 하는 경우가 많다.

가족 내 형제의 수와 형제간의 연령차 등도 유아의 언어발달에 영향을 미칠 수 있다. 형제 수가 많은 유아가 적은 유아에 비해 형제간 언어적 상호작용을 더 많이 할 수 있기 때문에 언어발달이 더 빠를 수 있다. 그러나 외동아도 성인과의 상호작용을 더 자주 할 수 있기 때문에 언어발달이 빠르다는 연구결과도 있다. 또한 형제간의 연령차가 적거나 쌍생아이면 그렇지 않은 유아보다 언어발달이 더 늦을 수 있다. 왜냐하면 연령차가 적은 경우에는 형제간 언어적 상호작용이 많아지는 반면, 부모와 대화하는 시간은 줄어들어 다양한 언어적 경험을 할 수 있는 기회가 적기 때문이다.

가정의 물리적 환경도 유아의 언어발달에 영향을 줄 수 있다. 가정 내에 유아용 책이 많은 경우에 유아가 읽기와 쓰기를 경험할 수 있는 기회가 많아질 수 있어 그로 인해 유아의 언어발달에 긍정적인 영향을 미칠 수 있다. 반면, TV, 비디오, 컴퓨터 등과 같은 전자 매체를 자주 접하거나 오래 사용하거나 시청하는 것은 유아의 언어발달에 부정적인 영향을 미칠 수 있다. 그러나 단순히 시청이나 사용 여부, 시간만을 가지고 유아의 언어발달에 미치는 영향이 부정적이라고 단정하기는 어렵다. 유아가 교육용 프로그램을 시청할 경우에는 유아의 언어발달에 긍정적으로 영향을 미칠 수도 있기 때문이다.

(2) 유아교육기관

교사의 언어 행동과 교수 방법, 교실의 물리적 환경 등과 같은 유아교육기관의 언어적 환경이 유아의 언어발달에 영향을 미칠 수 있다. 교사는 유아와의 언어적 상호작용을 통해 유아에게 언어 행동의 모델이 될 뿐만 아니라 유아의 언어발달을 자극할 수 있는 다양한 언어적 환경과 경험을 제공해 줄 수 있다. 유아교육기관에서의 연령에 적합한 듣기, 말하기, 읽기, 쓰기 등을 위한 다양한 교육 매체와 물리적 환경은 유아의 언어발달을 위한 자극이 될 수 있다. 특히 교사의 다양한 언어 지도 방법은 유아의 언어발달에 영향을 미칠 수 있다. 총체적 언어 교육법, 균형적 언어 교육법, 글 없는 그림책 활동, 도서 대여 활용 등이 유아의 언어발달에 효과적이다(이영, 김온기 외, 2015, pp. 339-341).

TIP **유아기 외국어교육**

세계화 추세에 발맞추어 많은 부모의 자녀의 외국어교육에 대한 관심이 과열되고 있다. 그 연령도 점차 어려지고 있어 어린 영아에게까지도 외국어교육을 시작한다. 과연 외국어교육의 적기는 언제인가? 외국어교육은 빠를수록 효과적인가? 우남희, 서유현, 강영은(2002)은 현재 우리나라에서 영유아을 대상으로 행해지고 있는 조기 영어교육이 영유아에게 효과적인지, 발달에 적합한 것인지를 규명하기 위해서 실태 조사, 영어 실험교육, 동물실험 등 다각적인 접근을 통해 알아보았다. 그 결과, 영유아에게 구조적인 영어교육은 효과가 적었으며, 유아기의 과잉자극은 뇌 발달에 해를 끼치고 있음이 밝혀졌다.

영어교육의 효과가 유아의 연령에 따라 차이가 있는지를 알아보기 위하여 만 4세 유아 10명과 7세 유아 13명에게 8회에 걸쳐 영어교육을 실시한 후 집단 간 영어 능력을 비교한 결과, 두 연령 간에 통계적으로 의미 있는 차이가 나타나지 않았다. 이러한 결과는 외국어교육이 어릴수록 효과적일 수 있다는 가설과는 상치되며, 어린 연령의 유아들이 결코 더 빨리 영어를 학습하는 것이 아님을 증명해 주는 것이다. 영어교육에 대한 연구자들의 결론은 어린 영유아에게 인위적인 영어교육은 적합하지 않으며, 만약 6세 이전 영유아기에 과도한 강제적 외국어교육을 실시하면 스트레스 증후군은 물론 학습 기억 및 신경세포 회로 형성에 장애를 미칠 수 있다는 것이다.

출처: 이영 외(2009). 영유아발달, p. 207.

TIP 외국어 학습

최근 세계화와 국제화의 흐름 속에서 우리 사회에서는 영어, 중국어 등 외국어 교육에 대한 관심이 증가하였고, 외국어를 언제부터 가르쳐야 하는가 또는 어떻게 가르쳐야 하는가에 대한 논란이 계속되고 있다. 미국과 유럽의 여러 국가는 이민자의 수가 급증하면서 이민자 자녀의 사회 적응을 위해 언어 교육에 관심을 갖게 되었다. 미국의 경우, 「균등 교육 기회 법안(Equal Education Opportunity Act)」을 제정하였는데, 이는 학생의 문화적 정체성을 유지하면서 모국어 이외에 영어를 학습시킴으로써 학교에서의 성취를 도울 수 있기 때문이었다(NCES, 1996).

영어를 외국어로 학습하는 방법은 세 가지로 나누어 볼 수 있는데, 영어 집중 훈련 접근(english-immersion approach; english as a second language: ESL)과 이중 언어 교육(bilingual education), 양방향 언어 학습(two-way or dual-language learning)이 있다. 첫째, 영어 집중 훈련은 소수 민족 아동을 특별 학급에 편성하여 기초 단계부터 집중적으로 학습시키는 것이다. 둘째, 이중 언어 교육은 아동에게 두 가지 언어를 가르치기 위한 방법으로, 모국어를 먼저 가르친 후 모국어에 익숙해지면 영어를 사용하는 정규 학급에서 학습하게 하는 것이다. 이중 언어 프로그램은 아동이 두 가지 언어를 유창하게 하게 하고 문화적 정체성에 자부심을 갖게 할 수 있다. 셋째, 양방향 언어 학습은 영어를 사용하는 아동과 외국어를 사용하는 아동이 서로 자신의 언어를 상대방에게 가르쳐 주고 상대방의 언어를 배우는 방식이다. 이러한 방법은 소수민족 아동이 분리된 학급에 편성되는 것이 아니라 정규 학급에 다니면서 두 가지 언어에 똑같이 가치를 두며 자존감을 형성하도록 도와주고 학교에서의 성취를 향상시키는 데 효과적이다. 반대로 영어를 사용하는 아동도 어린 시기에 외국어를 학습할 수 있다는 장점이 있다.

어떤 방법으로 외국어를 학습시키는 것이 효과적인가에 대해서는 아직까지 논란이 있지만, 지금까지 연구된 바에 의하면 분리된 학급에서 일방적인 학습에 의한 영어 집중 훈련 접근보다는 이중 언어 교육이나 양방향 언어 학습이 장기적으로 더 효과적인 것으로 보고되고 있다(Papalia, Gross, & Feldman, 2003).

한편, 뇌 학자들은 언어 기능과 청각 기능을 담당하는 측두엽이 주로 만 6~12세 사이에 발달하므로 초등학교 입학 전후 시기부터 본격적으로 외국어 교육을 시키는 것이 더욱 효과적이라고 말한다(서유헌, 2006). 이중 언어 환경, 즉 집에서는 한국어를 쓰고 밖에서는 영어를 쓰는 외국에 사는 아이라면 2개의 언어를 동시에 습득할 수 있다. 측두엽의 언어 담당 신경세포는 한국어나 영어나 같아서 2개 언어를 동시에 받아들일 수 있기 때문이다. 즉, 외국어를 말하거나 이해할 때 한국어로 다시 바꾸지 않고 외국어를 한국어처럼 말하거나 이해할 수 있다. 그러나 한국에 사는 아이는 학원이나 비디오 등으로 잠깐 영어를 배운 뒤에 대부분 생활 속에서는 한국어를 사용하기 때문에 교육 효과가 기대만큼 크지 않다. 한국어와 영어를 사용하는 신경세포가 다르므로 영어를 이해해도 말할 때 한국어로 말하게 되기 때문에 그만큼 비효율적이다. 설사 아이가 잘 따라한다고 해도 뇌에서 동기유발을 해 주지 않기 때문에 별 재미가 없고, 그러다 보면 아이는 영어에 대한 스트레스가 쌓여 평생 영어를 싫어할 수도 있다.

한편, 모국어보다 외국어를 너무 강제로 학습시키면 언어중추가 아직 완전히 성숙되지 않은 상태여서 외국어는 물론 모국어까지도 발달이 지연될 수 있다. 또 언어 교육을 할 때는 다양한 내용의 자극을 주면서 재미있게 학습하는 방법이 좋다. 똑같은 내용을 강제로 단순 반복 및 암기 교육을 시키면 뇌에 있는 일부 회로만 자극을 받아 발달한다. 따라서 특정 내용을 암기하는 당장의 효과는 있을지 몰라도 편협한 지식의 소유자로 성장할 수 있다. 예를 들어, 테이프로 계속 같은 글을 읽어 주면 그 아이는 말을 할 때 글 읽는 것처럼만 말하게 되며, 같은 내용의 카드를 계속 보여 주면 오감을 통한 다양한 자극이 없기 때문에 스트레스를 받아서 정서불안을 초래할 수도 있다.

출처: 이영 외(2009). 영유아발달, p. 207.

4. 사회 · 정서발달

1) 정서

(1) 유아기 정서 표현

정서 표현은 자신의 정서와 관련된 욕구를 타인이나 상황을 고려하여 정확하고 적절하게 나타내는 능력이다. 정서 표현은 생의 초기부터 나타나며 유아기 사회화의 중요한 목표 중 하나이다. 유아기에 나타나는 정서 표현은 몇 가지 특징을 지닌다.

첫째, 정서의 지속 시간이 짧다. 유아의 정서는 대부분 2~3분 정도로 짧게 나타나다가 끝나곤 한다. 유아는 순간적으로 강한 정서 표현을 보이더라도 곧 잊어버린다. 이는 성인에 비해 유아의 기억력이 부족하고, 관심사가 쉽게 전환되며, 정서를 남김없이 표출하기 때문이다.

둘째, 정서를 강렬하게 표현한다. 유아의 정서적 반응은 강하게 폭발하는 특징이 있어 자극의 사소함 정도와 무관하게 동일한 정도의 강렬한 정서적 반응을 일으키는 경향이 있다. 예를 들어, 유아는 일상생활에서 원하는 것을 이루지 못할 때 원인이 아주 사소할지라도 갑자기 소리를 지르거나 발길질을 하고, 때로는 친구를 깨무는 등 강렬하게 정서를 표현한다. 성인은 정서를 유발시킨 근원에 대해 생각하고 상황에 맞춰 통제하려고 애쓰는 반면, 유아는 판단하거나 조절하지 않고 느끼는 대로 즉시 표현하기 때문이다. 연령이 많아지면서 유아는 사회적으로 바람직하게 표현하고 조절하는 방법을 경험하고 학습하는데, 이에 따라 정서 표현의 강도가 완화된다.

셋째, 쉽게 다른 정서로 전환된다. 유아기의 정서 표현은 한 정서에서 다른 정서로 쉽게 바뀐다. 예를 들면, 유아는 재미있게 놀다가도 갑자기 화를 내면서 울기도 하고, 울다가도 금방 기분이 좋아져서 애정을 표현하기도 한다. 그 이유로 유아는 다양한 상황에 대한 정서 통제가 미숙하며, 장면에 대한 총체적 이해 능력이 부족하고, 짧고 빈번한 정서 표출을 통해 곧바로 정서를 정화하기 때문이다. 유아의 연령이 많아질수록 상황에 더 적합하며 정제된 방식으로, 직접적이고 격렬한 정서 표현 행동에서 간접적이고 완화된 표현으로 정서를 나타낸다. 또한 울음이나 공격적 행동을 통한 정서 표현은 감소하고 언어적인 정서 표현이 증가한다.

유아기에 나타나는 대표적인 정서로는 기쁨, 분노, 공포, 질투, 호기심을 들 수 있다.

① 기쁨

기쁨은 인간이 생애 초기부터 느낄 수 있는 기본적인 정서 중 하나이다. 유아는 기쁨의 정서를 주로 미소나 웃음과 같은 표정 혹은 깡충깡충 뛰거나 박수치기와 같은 행동으로 표현한다. 유아기에 언어가 발달함에 따라 유아는 언어를 통해 기쁨을 표현하는 것이 증가한다. 기쁨을 유발하는 원인은 연령대에 따라 다르다. 영아기는 생리적 · 감각적 · 운동적 원인에 의해 기쁨을 느끼지만, 유아기가 되면 자아의식이 형성되고 인지능력이 발달하면서 사회적인 인간관계나 사건에 의해 기쁨을 느낀다.

기쁨이나 즐거움은 인간이 느끼는 대표적인 긍정적 정서이므로 유아가 원만한 사회적 관계를 맺고 친사회성을 기르는 데도 도움이 된다. 따라서 부모와 교사 및 주변 성인은 유아기에 즐거움과 기쁨을 느끼는 경험과 기회를 많이 제공해 유아가 긍정적이고 명랑한 생활 태도를 형성할 수 있도록 도와주어야 한다.

② 분노

분노는 영아기부터 자주 표출되는 보편적인 정서 중 하나이다. 대개 분노는 불편함, 불쾌감, 서운함, 박탈감, 좌절 등과 같은 부정적 감정에서 비롯되는데 모든 부정적 감정의 강도가 심해질 경우에 이는 분노로 변할 수 있다.

분노를 유발하는 요인은 연령대에 따라 다른데 신체적인 것과 심리적인 것이 있다. 영아기에는 주로 배고픔이나 젖은 기저귀의 불쾌감과 같은 신체적인 욕구가 불만족스러워서 분노가 발생한다. 유아기에는 신체적 요인뿐만 아니라 원하는 행동을 못하거나 할 수 없을 때, 원하는 것을 가질 수 없을 때, 요구를 거절 당하거나 관심을 받지 못할 때, 자신이 가진 것을 빼앗기거나 강요 당했을 때 등 심리적 요인과 결부된 다양한 상황에 의해 분노가 발생한다.

유아기에는 울음과 떼쓰기, 고집 부리기, 반항, 보복 등 보다 적극적인 폭발적 또는 공격적 행동에서부터 침묵, 불순종 등과 같이 보다 수동적으로 표현하는 것까지 다양한 형태로 분노를 나타낸다. 특히 3~4세 유아는 공공장소에서 주변 사람의 이목을 집중시키면서 울며 소리를 지르거나 바닥에 누워 몸을 구르며 떼를 써서 분노를 표현하는 경우가 많아 종종 보호자를 난처하게 만들기도 한다. 그러므로 부모와 교사 및 주변 성인은 유아의 연령이 많아짐에 따라 분노의 감정을 적절히 조절하고, 육체적 공격보다는 언어로 표현하도록 지도하여 유아가 사회적으로 수용된 방식으로 분노를 표현하게 해 준다.

③ 공포

영아기에 비해 유아기가 되면 공포를 느끼는 대상이 더 많아진다. 영아기에는 인지발달의 제한으로 공포를 유발하는 대상물이나 위험물을 제대로 인식하지 못한다. 또한 영아는 이동 능력이 미숙하고 양육자가 보호해 주므로 두려움의 대상이나 상황에 직면하는 경우가 많지 않다. 그러나 유아기가 되면 인지발달로 이전에는 인식하지 못했던 잠재적 위험물과 자극에 대해 알게 된다. 또한 표상 능력을 습득하고 상상력이 발달하면서 직접 경험해 보지 못한 대상과 자극물에 대해 상상함으로써 공포를 느끼게 된다. 예컨대, 잠을 자다 깨어 보니 어머니가 옆에 없을 때, 골목길에서 큰 개를 만났을 때, 수영장에 처음 가서 깊은 물에 발을 담글 때, 어린이집에 처음 등원할 때 공포를 느낄 수 있다. 또한 유아는 도깨비나 귀신과 같은 가상적 대상에 대해서도 공포를 느껴 이유 없는 공포심이 생겨나 꿈으로 연결되기도 한다.

또한 유아는 현재의 자극은 아니지만 과거의 부정적 경험 때문에 공포 반응을 나타내기도 하고, 경험과 무관하게 부모나 다른 사람이 무서워하는 것을 모방하여 공포심을 갖기도 한다. 예를 들어, 주전자의 끓는 물에 화상을 입은 경험이 있는 유아는 주전자에 대해 공포 정서를 가질 수 있다. 또한 어머니가 강아지를 무서워하면 유아도 강아지를 공포의 대상으로 인식할 수 있다.

유아가 공포를 경험할 때 도와줄 수 있는 방법은 다음과 같다(〈표 7-9〉 참조).

〈표 7-9〉 유아기의 공포 극복을 도와주는 방법

공포 유형	공포 극복 방법
괴물 유령 어둠	• 유아가 현실과 실제를 구별할 수 있을 때까지 책이나 TV 속의 무서운 이야기를 들려주거나 보여 주지 않도록 한다. • 유아와 함께 방에서 괴물을 찾아보는 놀이를 함으로써 방에는 아무것도 없다는 것을 알게 해 준다. • 야간등을 켜 놓고 유아가 잠들 때까지 옆에 있어 준다. • 유아가 보호받는다는 느낌을 갖도록 좋아하는 장난감을 껴안고 자게 한다.
어린이집 유치원	• 유아가 기관생활은 재미있어 하지만 가기를 싫어한다면 분리불안일 수 있다. 이런 경우에는 따뜻함과 보살핌을 주는 동시에 점진적으로 독립심을 고무시켜 준다. • 유아가 기관을 두려워한다면 무엇을 무서워하는지 알아내도록 노력한다(예: 교사인지, 친구인지, 사람이 많고 시끄러운 환경인지 등). 처음에는 유아와 함께 기관에 머물며 특별한 지지를 제공해 주고 점차 함께 있는 시간의 양을 줄인다.
동물	• 유아에게 공포를 유발하는 강아지나 고양이 혹은 다른 동물에 가까이 가는 것을 강요하지 않는다. • 유아에게 동물을 어떻게 안아야 하는지, 동물을 안아 주면 어떻게 반응하는지에 대해 설명해 준다. • 유아가 동물보다 크다면 "네가 훨씬 크단다. 그 동물이 너를 무서워할 거야!"라며 크기를 강조한다.
격렬한 공포	• 유아의 공포가 매우 격렬하고 오랫동안 지속되어 일상생활을 방해하고 위에서 제시한 방법으로 감소하지 않는다면 이는 공포병(phobia)에 해당한다. • 공포병은 가족 문제와 관련된 경우가 많기 때문에 이를 감소시키기 위해서는 전문가와의 상담이 필요하다. • 때로 공포병은 치료를 받지 않은 채 사라지기도 한다.

출처: 이영, 김온기 외(2015). 유아발달, p. 187.

④ 질투

질투는 애정, 분노, 공포가 혼합되어 나타나는 정서로서 애정을 상실했거나 상실할까 봐 두려워하는 경우에 나타난다. 대개 질투는 18개월경 나타나기 시작하여, 2~3세에 가장 많이 나타난다. 그 이후에 질투는 유아의 관심 범위가 넓어지면서 점차 감소하지만 성인기에도 나타난다.

유아는 부모가 다른 아이에게 애정을 표현하면 울거나 삐치는 등의 질투 반응을 보인다. 특히 동생이 태어나 부모의 사랑을 빼앗길 위협을 느낄 때 질투는 절정에 달한다. 그런 경우 유아는 동생을 몰래 괴롭히거나 공격적 행동을 나타내기도 하며 어리광이나 손가락 빨기, 배변 실수와 같은 퇴행 행동을 보이기도 한다. 또한 어린이집이나 유치원에서 다른 친구들이 더 친하게 지내거나 우수함을 보일 때 질투심을 느끼기도 한다. 그러나 부모의 애정이나 우정에 대한 개념이 안정적으로 형성되고 객관적인 상황에 대한 인지력이 증가하면서 유아의 질투는 점차 감소한다. 질투는 죄책감, 수치심, 자부심 등과 같이 자아 개념을 증진시키거나 손상시키는 자아의식적 정서 중 하나이다. 그러므로 부모와 교사는 질투의 정서 경험으로 인해 유아의 자아존중감이 손상되지 않도록 유의한다.

⑤ 호기심

호기심은 새롭고 신기한 것을 좋아하거나 모르는 것을 알고 싶어 하는 마음 및 경향으로 유아기에 활발하게 나타나는 정서 중 하나이다. 유아가 3~4세경이 되면 주변의 사물이나 사람에 대해 많은 호기심을 보이기 시작하는데 이런 유아의 호기심은 탐구하는 행위로 이어져 지식을 습득하거나 문제해결력을 기르는 원동력이 된다. 특히 유아는 눈에 보이는 것마다 "왜?"라고 질문함으로써 호기심을 나타낸다. 이런 경우 부모와 교사는 유아의 끊임없는 질문을 귀찮아하거나 방치하지 말고, 어떻게 답할지 몰라 고민하기보다는 탐구심을 격려하고 유아의 눈높이에서 상호작용하려고 노력하는 태도를 보여 주어야 한다. 때로 부모와 교사는 "네 생각에는 왜 그런 것 같니?"라고 되물어 봄으로써 유아 스스로 생각하고 표현할 수 있는 기회를 준다.

(2) 정서 이해

유아기가 되면 상황에 대한 인지 능력과 정서를 나타내는 어휘력이 발달하면서 정서 이해 능력이 증가한다. 유아는 또래의 정서를 파악하고 이해함으로써 그에 적합한 정서 표현을 할 수 있으며, 상대방의 행동을 예측할 수 있게 됨에 따라 자신의 정서와 행동을 조절할 수도 있다. 그러나 아직까지 유아는 자신의 감정이 다른 사람의 감정과 다르다는 것을 잘 구별하지는 못한다.

유아기의 정서 이해 능력의 발달은 몇 가지 특징이 있다.

첫째, 유아는 슬픔과 같은 부정적 정서보다 기쁨이나 좋음, 행복과 같은 긍정적 정서를 더 쉽게 이해한다. 유아는 타인의 긍정적 정서를 성인과 유사한 수준으로 이해하지만, 부정적 정서를 이해하는 데는 아직 서툴다. 3~5세 유아를 대상으로 가장 자주 느끼는 정서가 무엇인지 질문한 연구에서 70% 이상이 기쁨이고, 약 10%만이 슬픔이라고 답했다(이승은, 2010). 연령이 증가하면서 유아는 부정적인 정서와 함께 난처한, 허전한, 뽐내는 등과 같은 보다 복합적인 정서도 이해할 수 있게 된다.

둘째, 유아는 기쁨, 슬픔, 분노, 놀람 등과 같은 단순한 정서를 유발시키는 원인이나 상황에 대해 이해할 수 있다. 유아는 4~5세경이 되면 "그네를 높이 타서 행복해." "엄마가 보고 싶어서 슬퍼." "친구가 장난감을 빼앗아서 화가 나요."와 같이 정서의 원인을 정확하게 판단하고 이야기할 수 있다.

셋째, 유아는 점차 맥락과 정서, 정서와 행동 간의 관련성을 인식하고 이해할 수 있다. 즉, 상황과 맥락에 따라 타인이 어떤 정서적 경험을 할지, 상대방이 특정 정서를 명확히 표현한 다음에는 어떤 행동을 할 것인지를 예측할 수 있다. 예를 들어, 유아는 친구와 놀다가 상대방이 화가 나면 밀거나 치는 행동으로 연결될 수 있다는 것을 예상할 수 있다.

넷째, 유아는 슬퍼하거나 속상해 하는 타인의 모습을 보고 부정적인 정서를 완화시키거나 없애는 방법을 모색하여 행동으로 표현할 수 있다. 유아는 친구가 아파하거나 슬퍼할 때 표정과 언어로 동조해 주기도 하고, 안아 주기와 같은 행동을 보임으로써 부정적인 정서를 완화시켜 주려고 노력하기도 한다.

다섯째, 유아는 타인이 실제로 느끼는 '내재적 정서'와 외면적으로 표현하는 '외현적 정서'를 구별하는 것을 어려워한다. 예컨대, 유아는 기쁜 표정과 슬픈 표정을 구별할 수는 있지만 실제로 기쁜 상황에 있는 사람이 기쁜 표정을 짓지 않거나 슬픈 사람이 기쁜 표정을 보

이면 혼란스러워한다. 또한 유아는 외현적 정서와 일치하지 않는 맥락적 단서를 동시에 제시하면 타인의 정서를 이해하고 판단하는 것을 어려워한다. 예를 들어, 고장 난 자전거 옆에서 행복한 표정을 짓고 있는 유아의 사진을 보여 주며 무슨 일이 일어났냐고 질문하면 대부분의 유아는 "자전거 타기를 좋아해서 기분이 좋아요."와 같이 표정에 초점을 두고 판단한다. 반면, 학령기 아동은 "자전거가 고장 났는데, 아빠가 고쳐 주신다고 해서 기분이 좋아요."라고 답함으로써 상황적 단서와 외현적 정서 표현의 단서를 통합적으로 고려하여 판단할 수 있다.

(3) 정서 조절

정서 조절이란 직접적인 정서표현을 조절하고 극단적인 감정을 느끼는 상황에서도 합리적으로 행동하는 능력을 포함하는 것으로, 좌절 상황을 참는 능력이 중요한 특성이 된다. 정서 조절 능력은 2세경에 나타나기 시작하여 유아기 동안 급격히 증가한다(Bridges & Grolnick, 1995). 좌절을 참는 것은 만족지연과 관계가 있다. 만족지연은 즉각적인 보상을 지연시켜 미래에 더 큰 보상을 얻기 위해 인내하는 것이다. 유아기에 만족지연 능력이 증가하는 데에는 자신의 부정적인 정서를 통제하는 능력과 더불어 좌절하면서 느끼는 긴장을 감소시킬 수 있는 다양한 전략을 습득하는 것이 포함된다. 예를 들어, 매력적인 장난감을 가질 수 없는 좌절 상황에서 유아는 어린 영아처럼 화를 내거나 떼쓰기보다는 다른 놀이를 하거나 노래를 부르며 기다리는 등 좀 더 견디기 쉬운 상황을 만들기 위한 전략을 사용한다.

또한 유아는 성인이 자신의 정서를 다스리는 방법을 관찰하여 정서 조절 전략을 학습한다. 따라서 부모가 부정적 정서가 유발되는 상황에서 분노와 적대감을 적절히 조절하지 못한다면 유아 또한 정서 조절 문제를 경험할 수 있다(Cummings & Davies, 1994). 따라서 정서 조절 능력의 발달은 이후 정서의 부적절한 표출로 인한 문제행동을 예방하고, 대인 간 문제를 보다 효율적으로 해결할 수 있게 하는 매개체가 될 수 있다. 그러므로 부모와 교사는 자신의 감정을 잘 다룸으로써 유아에게 정서 조절 전략의 모델링이 되어 줄 수 있으며, 부정적인 감정이 드는 상황을 어떻게 극복해 나가면 좋을지에 대해 유아와 이야기를 나눠 보는 것이 필요하다(조형숙, 박은주, 강현경, 김태인, 배정호, 2014, p. 265).

[그림 7-5] 정서 조절 측정에서 사용되는 표정 그림

* 설명: 가슴에 그려진 표정이 여자가 실제로 느끼는 정서이다. 유아에게 다양한 상황을 들려 준 후, 여자가 실제로 느끼는 정서와 외현적으로 보이는 표정을 선택하도록 하는 검사이다.

출처: 이영 외(2015). 유아발달, p. 194.

TIP 유아가 강렬한 정서에 대처하도록 도와주기 위해 어떻게 해야 할까?

유아는 자신이 어떻게 느끼는지 보여 주기 위해 부적절한 행동을 하기도 한다. 이러한 부적절한 표현을 나타내는 이유는 잘못된 모델링 때문이거나, 어떻게 해야 할지 몰라서 또는 자신의 정서에 대한 이해가 미숙하기 때문이다.

어린 유아는 한 번에 한 가지 정서만을 인식하기 때문에 각각의 정서를 강렬하게, 전부인 것처럼 느낀다. 그래서 화가 나면 심하게 화를 내고, 좋은 감정도 강하게 나타내며, 때로는 자신의 감정을 나타내기 위해 신체적 행동도 극단적으로 보인다. 그러나 유아의 이런 강한 행동은 사회적으로 수용되지 않기 때문에 교사는 이런 강렬한 정서에 대처하도록 유아를 도와주어야 한다. 그러기 위해서는 다음과 같은 행동이 필요하다.

- 유아의 강렬한 정서를 인정하지만 파괴적인 행동은 하지 못하게 한다.
- 슬퍼하거나 두려워하는 유아를 위로해 준다.
- 유아가 강렬한 정서를 더 잘 조절할 수 있도록 사건을 다시 해석하고 설명해 준다.

- 유아는 새로운 상황에 대해 불안하기 때문에 강렬한 반응을 할 수 있다는 것을 예상한다. 유아가 경험하게 될 앞으로의 상황에 대해 미리 안내해 준다.
- 유아가 두려워하는 상황에 한꺼번에 혹은 갑자기가 아니라 점차 접근하도록 한다.
- 대화나 현장 지도, 시범 보이기 등을 통해 유아가 스스로 사용할 수 있는 정서 조절전략을 가르쳐 준다.
- 유아가 유아교육기관에서 보이는 정서에 대해 가족에게 알려 주고 의사소통하여야 한다.

유아에게 자신의 강렬한 정서에 대처하도록 지도할 때 교사는 다음의 사항을 주의해야 한다.

- 모두 알고 있다는 듯이 말하는 것은 피해야 한다.
- 심술궂다, 고집이 세다, 욕심이 많다, 속임수를 잘 쓴다 등과 같이 유아를 비난하는 말과 행동은 하지 말아야 한다.
- 유아의 정서를 너무 빨리 분산시키려고 하지 말아야 한다.
- 유아에게 자신의 정서에 대해 말하도록 강요하지 말아야 한다. 특히 취학 전 유아에게 반복해서 물어보는 것은 유아의 대답할 능력을 넘어서는 것이며, 유아에게 스트레스를 준다.

출처: Kostelnik, M., Whiren, A., Soderman, A., & Gregory, K. (2002); 박경자, 김송이, 권연희, 김지현 공역(2010). 영유아의 사회정서 발달과 교육, pp. 180-184.

2) 자아

자아감(sense of self)은 다른 사람과 구별되는 자기의 특성을 인식하는 것이다. 유아는 나와 다른 사람의 존재를 구별함에 따라 스스로를 독립된 개체로 인식하고 관찰하게 되며 자신이 특별한 사람임을 알게 된다. 뿐만 아니라 자기에 대한 지식이 자라나면서 다른 사람에 대한 지식도 생기고 대인관계 이해력도 조금씩 발달해 나간다. 이런 점에서 자아 발달은 장기적으로 개인의 사회 적응력에 중요한 영향을 미친다.

(1) 자아개념의 발달

자아개념이란 자기 자신과 외적 환경과의 상호작용을 통해서 형성된 자신의 능력, 태도, 흥미, 가치관 등에 대한 지각을 의미한다. 유아의 자아개념은 처음에는 자신이 다른 사람과 분리된 독립된 개체임을 인식하면서 시작하지만 유아가 성장함에 따라 보다 상세해지고 복잡해진다. 3~4세경의 유아는 겉으로 보이는 신체 특징(예: "나는 얼굴이 동그라미야!") 또는 좋아하는 것(예: "나는 피자를 좋아해."), 소유물(예: "나는 ○○ 인형이 있어.")로 자신을 묘사한다. 이 시기의 유아가 강한 소유 개념을 보이는 것은 자아에 대한 개념이 자신에게 속한 물건으로까지 확대되어 가는 과정을 나타내는 것으로, 이기주의를 의미한다기보다는 자아가 발달한다는 신호이며 자신을 다른 사람과 확실히 구별하려는 노력이라고 보아야 한다.

5세에서 7세의 유아는 연령, 성, 신체 특징을 포함하여 전체적인 범위에서 구체적으로 자신을 설명할 수 있으며, 주로 능력 면에서 자신을 묘사한다. 즉, 유아는 '나는 달리기를 잘하고, 노래를 잘해.' 라는 식으로 몇 가지 영역을 나누어 잘하는 것을 나열한다. 그러나 '잘한다'와 '못한다' '똑똑하다'와 '똑똑하지 않다' 등과 같이 전적으로 잘하든지 전적으로 못하든지 둘 중 한 가지만으로 판단하며, 대체로 자기 능력에 대해 과대평가하는 경향이 있다.

(2) 자아존중감의 발달

자아존중감이란 자아에 대한 평가적 측면으로 자신이 느끼는 자기 가치에 대한 개인적 판단이다. 자기 가치에 대한 평가는 개인의 정서적 경험, 앞으로의 행동 그리고 장기적인 심리적 적응에 영향을 주기 때문에 자아존중감은 자아 발달에 있어서 가장 중요한 측면이다.

유아기의 자아존중감은 아동이나 성인처럼 현실적이지 않다. 일반적으로 유아는 자신이 기대하는 능력과 자신의 실제 능력을 구분하는 데 혼돈이 있으므로 타인으로부터 어떤 일을 얼마나 잘할 수 있느냐는 질문을 받으면 자신의 능력을 매우 높게 평가하고 과제의 어려움을 과소평가하는 경향이 있다(Harter, 1990). 따라서 부모를 포함한 성인은 유아가 생각했던 기대치와 수행 정도에 차이가 있을 때 긍정적인 자세로 격려해 주며 유아가 보다 현실적인 기대치를 가질 수 있도록 상호작용하는 것이 필요하다(조형숙 외, 2014, p. 233).

만약 부모가 유아의 실패를 조롱하고 무시하는 행동을 보일 경우, 유아는 자신의 능력을 부정적으로 평가하는 낮은 자아존중감을 발달시키게 된다. 예를 들어, 과제를 실패한 경우 부모로부터 벌을 받았거나 무시하는 말(예: "넌 왜 그 모양이니?" "못할 줄 알았어.")을 들은 유아는 새로운 것을 시도하거나 도전하지 않으며 쉽게 포기하고 심하면 무력감에 빠져들게 된다. 이런 유아는 자기가 못 할 거라고 미리 생각하기 때문에 노력도 하지 않게 되며, 유아는 과제에 실패하는 자신에 대해 '나쁜 아이'라는 식으로 생각하기도 한다.

〈표 7-10〉에는 자아를 좌절시키는 행동을 피하고 건강한 자아상을 강화시킬 수 있는 방법이 제시되어 있다.

〈표 7-10〉 유아의 건강한 자아상을 강화시키는 방법

제안	설명
긍정적 관계를 형성하기	유아에게 온전히 함께하는 시간을 만들고 싶다는 것을 알려 준다. 유아의 행동을 판단하지 말고 귀 기울이며, 유아 스스로의 생각과 감정을 표현하도록 한다. 감정을 서로 공유하면 유아는 스스로를 가치 있게 느끼게 된다.
성공을 경험하게 하기	기대를 적절히 수정한다. 유아에게 현재 능력 이상의 것을 요구할 때는 도움을 제공한다. 그리고 유아의 행동이나 작업에서의 긍정적인 면을 강조하고, 구체적인 행동에 대해 언어적 지지로 강화해 줌으로써 동기를 향상시킨다. "잘했구나."라고 단순히 말하는 대신, 유아의 노력과 특정한 행동을 언급해서 칭찬해 준다. 유아의 기술이 향상되고 있음을 지적하면서 작품들을 전시한다.
선택하는 자유를 강화시키기	유아 스스로 선택하게 함으로써 책임감과 자신의 행동을 통제할 수 있다는 느낌을 갖도록 한다. 유아가 아직 혼자서 결정할 수 없다면 언제 그리고 어떤 순서로 과제를 할 것인지를 유아와 함께 선택한다.
유아의 감정을 인정하기	유아의 강렬한 감정을 받아들이고, 이를 조절할 수 있는 건설적인 방법을 제시한다. 누군가 유아의 자존감을 상하게 해서 유아가 부정적 정서를 표현한다면 유아가 지지받고 있다는 느낌이 들도록 이를 공감해 주고 현실적인 설명을 곁들여 준다.

출처: 이영 외(2009). 영유아발달, p. 317.

3) 성역할

우리 사회는 생물학적 성에 의해 남성과 여성을 분류한 후, 남성과 여성에게 적합하다고 생각되는 특성을 규정하고 있다. 유아가 자기가 속한 문화권 안에서 성별에 따라 적합하다고 규정된 행동과 태도를 내면화시키는 과정을 성 유형화라고 하며, 유아는 성 유형화 과정을 통해 성에 따른 적절한 성역할을 학습하게 된다.

(1) 성역할의 발달

다섯 살 난 민희와 건우가 소꿉놀이를 하고 있다. 건우가 가방을 들고 일하러 나가

는 동안 민희는 "나는 엄마야."라고 말하면서 바쁘게 요리하고, 청소하고, 아이를 돌본다. 민희와 건우의 놀이에서처럼 유아는 사회로부터 남아와 여아에게 적합한 것으로 규정된 행동이나 태도를 습득하게 된다. 여기에서 민희가 습득한 사회적 가치 중 하나는 '여자는 집안일을 한다.'는 것이며, 건우는 '남자는 집 밖으로 일하러 간다.'는 것이다.

성역할은 한 사회에서 남성과 여성에게 적합하다고 생각되는 특성과 행동을 말하며, 이러한 성역할이 고정된 형태로 습득되어 특정 행위나 활동이 남성 또는 여성에게 배타적으로 적용되어 판단하는 사고를 성역할 고정관념이라고 한다. 문화마다 남성 혹은 여성에게 적절한 것으로 기대되는 특성이나 행동이 조금씩 다르지만, 대체로 남성에게는 지배적, 공격적, 능동적, 독립적, 경쟁적이기를 기대하고, 여성에게는 감정적이고 수동적이며 의존적이기를 기대한다. 이처럼 유아는 사회에서 성별에 따라 적합하다고 규정된 행동, 의견, 감정 속에서 성장해 가며 이에 따른 적합한 성역할을 습득하게 된다.

콜버그(Kohlberg)는 유아의 성역할 발달이 성 동일화(gender identity), 성 안정성(gender stability), 성 항상성(gender consistency)의 세 단계를 거친다고 보았다. 성 동일화란 유아가 자신의 생물학적 성을 인식하는 것으로 대개 3세 정도가 되면 깨닫는다. 성 안정성이란 시간이 지나도 성은 변할 수 없다는 것을 아는 것으로 3~5세경에 획득된다. 성 항상성이란 유아가 다른 옷을 입거나 머리에 변화를 주어도 자신의 성은 변하지 않는다는 것을 인식하는 것으로 6~7세가 되어서야 성 항상성을 이해하게 된다.

(2) 성정체성

인간은 모두 자신에 대한 성정체성(자신의 남성다움과 여성다움에 대한 자아상)을 가지고 있다. 성정체성은 심리적 적응을 예측하는 중요한 특성으로 흔히 '남성성, 여성성, 양성성'으로 구분된다. 남성적인 성역할 특성은 결단력이 있고 도전적이고 자기주장이 강하고 지배적이며 독립적 · 진취적인 반면, 여성적인 성역할 특성은 포용력이 높고 수줍어하고 남을 잘 배려하고 감성적이며 인정이 많고 의존적이다.

전통사회에서 남성은 남성다워야 하고 여성은 여성다워야 한다고 기대되었지만, 복잡하고 경쟁적인 현대사회에서는 남성적인 특성과 여성적인 특성을 함께 나타내는 양성성이 바람직한 것으로 간주되고 있다. 즉, 사람들은 누구나 어느 정도의 '여성적인' 특징과 '남성적인' 특징을 갖고 있기에 전형적인 성정체성을 발달시키기보다는 상황에 따라 남성적 역할과 여성적 역할을 융통성 있게 수행하는 효율적인 성정체성을 발달시킬 필요가 있다는 것이다.

이를 위해 부모와 교사는 전형적인 성 유형화된 사고방식에서 벗어나려고 노력해야 한다. 우선 부모는 고정화된 성역할 행동에서 벗어나 양성적인 성역할을 유아에게 제시해야 한다. 예를 들어, 어머니와 아버지가 교대로 저녁을 준비하거나 아이를 목욕시키거나 청소를 할 수 있다. 또한 아들과 딸에게 트럭과 인형, 파란 색깔과 분홍 색깔의 옷을 함께 사 줄 수 있다. 교사도 유아가 다양한 직업과 장난감을 경험할 수 있도록 지도해야 하며, 남성과 여성에 대한 성역할 고정관념이 반영되어 있는 대중매체로부터 유아를 보호해야 한다. 즉, 남성과 여성 모두 비전형적인 직업을 선택할 수 있으며, 개인의 직업과 활동은 성이 아니라 흥미, 관심과 기술에 따라 결정된다는 것을 설명해야 한다. 이러한 논리적 설명은 유아가 사회를 성 편견적인 시각으로 바라보는 경향을 완화시키는 데 매우 효과적이다(Bigler & Liben, 1992).

(3) 성역할 발달의 영향 요인

① 생물학적 요인

남성과 여성은 생식체계의 해부학적 차이뿐 아니라 성염색체의 패턴과 호르몬 수준에서도 차이가 있다. 남성과 여성의 대표적인 성호르몬인 안드로겐과 에스트로겐은 남성과 여성 모두에서 생산되나, 남성은 여성보다 더 많은 양의 안드로겐을 생산하고 여성은 남성보다 더 많은 양의 에스트로겐을 생산한다(장휘숙, 2001, p. 349). 사춘기가 되면 성호르몬의 분비가 왕성해지는데, 성호르몬의 분비가 늦은 여아의 경우, 남아처럼 공격적이고 거칠게 놀이하는 것으로 나타났다. 또한 태아 때 테스토스테론 호르몬 양이 많았던 여아는 부모가 여성적인 놀이를 하도록 격려했음에도 남성적인 활동과 놀이를 선호하는 경향이 있었다(Auyeung et al., 2009). 이는 호르몬이 남아를 남성답게 여아를 여성답게 성장하도록 하는 데 중요한 역할을 담당함을 보여 준다.

또한 쌍생아 연구에서도 성차의 생물학적 영향력이 밝혀졌다. 4천여 명의 3세 쌍생아를 대상으로 한 연구에서, 성 유형화된 행동, 즉 총을 좋아하고 군인 놀이와 거칠게 몸으로 노는 놀이를 좋아하는 것, 또는 반대로 인형이나 장신구를 좋아하고 예쁜 것을 좋아하는 행동과 소꿉놀이를 좋아하는 것 등에 있어서 일란성 쌍생아가 이란성 쌍생아보다 훨씬 더 비슷한 행동을 보였다(Iervolino et al., 2005).

② 사회적 요인

성역할의 발달에 영향을 주는 사회적 요인으로는 가족, 또래, 교사, 대중매체 등을 들 수 있다. 부모는 유아의 성역할 발달에 있어서 동일시나 모방의 대상이 될 뿐만 아니라 훈육자로서 유아의 성역할 행동을 적극적으로 강화하고 제한함으로써 유아의 성역할 발달에 영향을 미친다. 대부분의 부모는 유아의 '성에 적합한' 행동을 보상하고 '성에 부적합한' 행동에 벌을 줌으로써 자신의 문화에 적합한 성역할을 학습하도록 한다. 이러한 부모의 성역할 태도는 유아의 자아개념과 기술 습득을 위한 노력 및 수행에 영향을 줄 뿐만 아니라 이후의 직업과 삶의 질에도 영향을 준다. 일반적으로 아버지가 어머니보다 성에 적합한 행동을 하도록 유아를 더 많이 격려하며, 딸보다 아들에게 성 유형화된 행동을 하도록 더 많이 통제한다(Gervai, Turner, & Hinde, 1995).

유아기부터 또래 상호작용의 빈도와 복잡성이 증가하면서 또래집단은 유아의 성역할 발달에 영향을 미친다. 3~4세경부터 동성의 또래들은 성역할에 적합하다고 생각하는 행동을 칭찬하고 모방하는 반면, 이성의 성역할 행동을 보이는 유아에 대해서는 거부하거나 비난하는 행동을 보인다. 또한 유아가 3~4세경이 되면 이성친구보다 동성친구와 노는 시간이 2배 이상 더 많아지고(Martin & Ruble, 2010), 6세경이 되면 동성친구와 노는 시간이 이성친구와 노는 시간보다 거의 11배 정도 더 많아진다(Maccoby, 1998, p. 22). 이처럼 동성끼리 어울리는 시간이 많아지면서 유아의 상호작용 양식도 성별에 따라 달라지는데, 이것이 유아가 성역할을 학습하고 유지하는 또 하나의 경로가 된다.

교사도 가정에서 학습한 성역할을 유지하고 확장시키는 역할을 한다. 많은 교사가 창의적이고 도전적인 지적 수행의 결과에 대해 남아를 칭찬하고, 순응적이고 정숙한 행동에 대해 여아를 칭찬함으로써 여아의 수동성을 강화하고 남아의 독립성을 격려하는 경향이 있다. 또한 교사들은 남아가 여아보다 문제행동을 더 자주 일으킨다고 생각하여 실제 행동 이상으로 남아를 더 많이 꾸짖기도 한다. 그러나 유치원 교사를 대상으로 한 연구(Hilliard & Liben, 2010)에서 교사가 2주 동안 남아와 여아를 구분하는 행동을 최소화한 학급의 유아는 이성 또래와 함께 어울리는 시간이 늘어났고, 남녀 구분 없이 인형 놀이나 주유소 놀이에 참여하는 등 성 유형화된 활동에의 참여가 감소한 것으로 나타나, 교사가 성 구분 행동을 하지 않고 양성성을 격려하면 유아는 보다 양성적인 사람이 될 수 있다는 것을 보여 준다.

유아가 매일 접하는 TV와 책도 성역할 발달에 중요한 역할을 한다. TV와 책에 등장하는 남성은 문제를 해결하는 주체이며 주도권을 잡고 있는 반면, 여성은 예쁘고 희생적인 추종자이거나 도움을 요청하는 의존적 인물로 묘사되는 경우가 많다. 이와 같은 매체의 영향력은 유아의 자아개념에 영향을 주고 전통적인 성역할 고정관념을 가속화시킨다(Huston & Wright, 1998).

4) 도덕성

도덕성이란 옳고 그른 것에 대한 사회적 규범을 자신의 것으로 받아들여 행동하는 것이라고 할 수 있다(조형숙 외, 2014, p. 256). 유아의 도덕성 발달을 설명하는 이론으로는 정신분석이론, 인지발달이론, 학습이론이 있으며, 각 이론이 제시하는 도덕성 발달 과정의 초점이 다르므로 어느 한 이론만으로는 도덕성을 완전히 설명할 수 없다.

① 정신분석이론

정신분석이론에서 프로이트는 오이디푸스 콤플렉스와 엘렉트라 콤플렉스를 극복하기 위해 동성 부모를 동일시하는 과정에서 부모의 도덕적 기준을 내면화함에 따라 양심과 초자아가 발달된다고 설명하였다. 즉, 유아가 이전에 동성 부모에 대해 품었던 적대심은 초자아를 위반했을 때 경험하는 죄책감으로 전환되어, 결국 유아는 엄격한 초자아로부터 받게 될 처벌적 죄책감을 회피하기 위하여 도덕적 규칙에 따라 행동하게 된다(장휘숙, 2001, p. 374).

② 인지발달이론

도덕성 발달에 대한 인지발달이론은 피아제와 콜버그의 이론으로 구분된다.

피아제는 4~13세의 아동을 대상으로 다양한 이야기를 들려주고 누가 더 나쁜 행동을 하였는지를 아동에게 질문하였다. 그리고 아동의 게임의 규칙에 대한 이해와 가설적 이야기에 대한 반응을 기초로 피아제는 아동의 도덕성 발달단계를 크게 타율적 도덕성 단계와 자율적 도덕성 단계로 구분하였다. 먼저 타율적 도덕성 단계(4~7세)는 규칙을 절대적인 것으로 인식하며, 개인의 동기나 의도를 고려하지 못하고 행동의 결과로 그 행동의 옳고 나쁨을 판단하는 시기이다. 이후 아동이 7~10세가 되면 도덕성의 전환기에 진입하여 어떤 부분은 타율적이고 또 어떤 부분은 자율적 도덕성의 특징을 보인다. 자율적 도덕성 단계(10세 이후)에 접어들면 아동은 규칙은 사람이 만든 것으로 변화될 수 있다는 것을 인식하고, 행동의 결과뿐만 아니라 의도까지 고려하는 도덕성 사고를 할 수 있다.

TIP 피아제의 도덕적 이해력 연구

이야기 1: 존이라는 아이가 방에 있었다. 어머니께서 저녁을 먹으라고 존을 부르셨다. 존은 식당으로 갔다. 그런데 문 뒤에 의자가 있었고, 의자 뒤에 접시 15개가 놓여 있었다. 존은 문 뒤에 이런 것들이 놓여 있는 것을 알 수가 없었다. 존은 문을 열고 들어가는데, 문이 쾅하고 접시에 부딪히면서 접시 15개가 모두 깨져 버렸다.

이야기 2: 헨리라는 아이가 있었다. 어느 날 어머니가 외출하고 없는 사이에 헨리는 찬장에 있는 잼을 엄마 몰래 꺼내려고 하였다. 헨리는 의자를 놓고 올라가 손을 뻗어 보았지만, 잼이 너무 높은 칸에 놓여 있어 꺼낼 수가 없었다. 헨리는 잼을 꺼내려고 애를 쓰다가 컵 1개를 넘어뜨렸다. 컵은 바닥에 떨어져서 깨지고 말았다.

질문: 존은 저녁을 먹으러 가다가 접시 15개를 깨뜨렸다. 헨리는 어머니 몰래 잼을 꺼내려다가 컵 1개를 깨뜨렸다. 이 경우, 누가 더 잘못했다고 생각하는가? 그 이유는 무엇인가?

대부분의 유아는 접시나 컵을 깨게 된 동기나 의도와는 상관없이 접시 15개를 깨뜨린 존이 컵 1개를 깨뜨린 헨리보다 나쁘다고 생각한다. 타율적 도덕성 단계의 유아는 행동의 의도나 동기를 고려하지 못하고 결과로 도덕적 판단을 하기 때문이다.

콜버그는 도덕성 발달단계를 전인습적 수준(preconventional level: 4~10세), 인습적 수준(conventional level: 10~13세), 후인습적 수준(postconventional stage: 13세 이상)의 세 수준으로 나누고 수준별로 두 단계씩 구분하여 3수준 6단계의 도덕성 발달단계를 제시하였다. 1단계는 벌을 받지 않기 위해 규칙을 지키며, 2단계는 보상을 받는 정도에 따라 행동의 옳고 그름을 판단한다. 3단계는 다른 사람들에게 착하다는 말을 듣는 것이 도덕적이라고 여기며, 4단계는 사회질서와 법을 지키는 것이 도덕적인 것이라 생각하는 단계이다. 5단계는 임의로 정해진 법을 초월하여 그 사회에 속한 사람 개개인의 권리를 존중하는 것이 중요한 도덕적 덕목이라고 생각하는 단계이며, 6단계는 정의, 박애, 평등과 같은 보편적 윤리 원칙과 내면의 양심이 도덕적 기준이 되는 단계이다. 따

〈표 7-11〉 콜버그의 도덕성 발달단계

수준	단계	내용
전인습적 수준	1단계	복종과 처벌 단계: 보상과 처벌의 기준에 따라 행동을 판단
	2단계	목적과 상호교환 지향 단계: 자신이나 타인에게 이익이 되는 정도에 따라 행동을 판단
인습적 수준	3단계	착한 아이 지향 단계: 타인의 인정을 받고 사회적 규범에 동조하는 정도에 따라 행동을 판단
	4단계	법과 질서 지향 단계: 사회가 정한 규칙이나 질서를 따르는 정도에 따라 행동을 판단
후인습적 수준	5단계	사회계약 지향 단계: 개인의 권리를 존중하고 사회계약을 유지하는 정도에 따라 행동을 판단
	6단계	보편적 원리 지향 단계: 시대와 문화를 초월한 보편적 원리에 근거하여 행동을 판단

라서 유아기는 내면화된 도덕적 기준보다는 보상과 벌 같은 외부 기준에 의해 행동을 판단하는 시기로, 이는 피아제의 타율적 도덕성 단계의 특성과 유사하다. 이에 부모와 교사는 유아가 도덕적 판단을 내릴 경우에 행위의 결과에만 초점을 두지 말고 유아가 행위의 의도와 맥락을 고려하여 생각해 볼 수 있도록 함께 이야기를 나누는 것이 필요하다.

5) 또래관계

또래관계는 성인이나 형제와의 수직적인 관계와는 달리 상호평등성을 기초로 유아의 사회성 발달에 중요한 영향을 미친다. 또래와의 자유롭고 동등한 관계는 새로운 실험이나 탐색을 허용하며 타인의 관점을 자기의 것처럼 이해하고 수용하게 해 주므로, 유아는 또래와의 지속적이고 긴밀한 상호작용을 통해 사회에 적응하는 방법을 배우게 된다.

(1) 또래의 중요성

또래란 동일한 연령의 유아만을 의미하는 것이 아니라, 인지 능력, 행동의 복합성이 유사한 수준에서 상호작용하는 유아를 의미한다. 또래는 타인조망, 공평함, 상호성, 협력이라는 개념을 학습하게 하는 주요 맥락으로 유아의 성장 과정에서 중요한 역할을 한다. 첫째, 유아는 또래관계를 통해 문화적 규범과 가치를 학습한다. 둘째, 또래관계에서 경험한 사회적 지식이나 기술을 문제해결 상황에 효과적으로 적용함으로써 사회적 유능성이 발달한다. 셋째, 또래와의 만족스러운 관계 형성 여부가 이후의 학업성취나 심리적 적응을 예측하는 중요한 요인이 된다. 따라서 부모는 유아에게 또래와 지속적이고 밀접한 상호작용을 경험할 수 있는 기회를 제공해 주며, 또래에게 어떻게 다가가고 행동해야 하는지, 갈등을 어떻게 해결해야 하는지를 지도하고 격려해 줄 필요가 있다.

(2) 또래의 기능

또래가 유아의 사회성 발달에 중요한 역할을 수행하는 것은 또래가 지닌 독특한 기능에 의한다.

① 강화자로서의 역할

또래는 유아와 동등한 위치에 있지만 부모, 교사와 같은 권위적인 인물처럼 유아의 행동을 효과적으로 보상하거나 처벌하는 강화자가 될 수 있다. 예를 들어, 또래로부터 공격을 받은 유아가 울거나 움츠러드는 행동을 보이면 상대방의 공격적 행동을 은연중에 강화시키지만, 유아가 상대방에게 반격하는 행동을 보이면 또래는 더 이상 공격하는 행동을 보이지 않는다. 이와 같이 또래의 호의적이거나 비호의적인 반응이 유아의 사회적 행동을 유지시키거나 소거시키기도 하기에, 또래는 유아에게 사회적 강화를 제공하는 중요한 원천이 된다.

② 사회적 모델로서의 역할

유아는 또래를 관찰함으로써 사회적 행동 기술, 성취행동, 도덕적 판단, 만족을 지연하는 방법, 성 유형화된 행동 등을 학습한다. 일반적으로 유아는 인기가 많거나 자신과 친밀한 관계를 맺고 있는 또래를 더 많이 관찰하고 모방하는 경향이 있다. 또한 손아래 동생보다는 동년배나 손위 아동을 더 많이 모방하며, 특히 5~7세의 유아는 이성보다는 동성의 또래에게 선택적인 주의를 보이며 모방을 더 많이 하는 경향이 있다.

③ 사회적 비교 준거로서의 역할

또래는 유아에게 사회적 모델의 비교 대상이 된다. 유아는 자신의 행동과 성취 결과를 또래와 비교하여 자신의 성격, 능력, 태도 등을 판단한다. 가령, 학급에서 글씨를 제일 잘 쓰는 유아는 자신을 똑똑하다고 생각하지만, 달리기 시합에서 늘 또래에게 지는 유아는 자신을 느림보라고 생각할 것이다. 또래는 연령이나 그 외의 많은 면에서 유아와 유사한 특성을 지니고 있기에 유아는 사회적 비교 대상으로 또래를 선택하는 경향이 있다.

(3) 우정

우정이란 친구들 사이의 정서적 유대로서, 서로의 생각과 감정을 이해하고 공유하며 서로 위로하고 돌보는 상호적 관계를 의미한다. 셀만과 셀만(Selman & Selman, 1979)은 우정에 관한 발달적 경향을 알아보기 위해 3세부터 45세까지의 사람 250명을 인터뷰한 결과, 우정에 관한 아동의 사고를 5단계로 나누었다. 유아기는 첫 번째 단계와 두 번째 단계에 속하는 시기로, 1단계는 '일시적인 놀이 친구 단계(3~7세)이다. 이 단계의 유아는 아직 타인의 관점을 이해할 수 없으며, 주변에 살면서 자주 놀이하는 또래를 친구로 정의하고("건우는 내 친구예요. 옆집에 살거든요."), 친구의 신체적 특성과 소유하고 있는 물건의 특성에 따라 친구를 평가한다("건우는 내 친구예요. ○○ 인형을 가지고 있거든요"). 2단계는 '일방적인 도움의 단계(4~9세)'로, 1단계와 많은 부분이 중복된다. 이 단계의 유아는 친구가 자신과 다른 감정과 의도를 가질 수 있음을 인지하기 시작하나, 정확히 자신과 타인의 관점을 구별하지는 못하기에 여전히 '좋은 우정'이란 '자기가 원하는 것을 함께하며 자신의 요구에 긍정적으로 반응하는 친구' 라고 생각하는 경향이 있다. 그러나 유아기의 우정은 연령이 증가함에 따라 친구의 외면적 특성에서 애정과 위로 같은 정서적 특성이 중요한 요인으로 대체된다.

(4) 또래관계의 영향 요인

또래관계에는 유아의 신체적 · 인지적 특성뿐 아니라 행동적 특성 등 많은 요인이 영향을 미친다. 일반적으로 매력적인 용모와 균형 잡힌 체격을 지니고, 다정하고 협동적이며 이타적 행동을 많이 보이는 유아는 또래로부터 인기가 높다. 반면, 또래에게서 무시당하거나 거부당하는 유아들의 공통된 특징은 뚱뚱하거나 매력적이지 못한 외모를 지니고 있고, 인지 능력도 뒤떨어진다는 것이다. 또한 이러한 유아들은 강압적이고 비협동적인 행동 특성을 많이 보이거나 또래집단의 기대에 둔감하고 사회적으로 미성숙한 행동을 많이 보이는 경향이 있다.

그렇다면 왜 신체적으로 매력적이지 못한 유아는 또래에게 따돌림을 당할 수도 있는 행동양식을 발달시키게 될까? 그 이유 중 하나는 부모, 교사, 또래 등이 은연중에 심어 준 자기충족적 예언(self-fulfilling prophecy) 때문일지도 모른다. 즉, 신체적으로 매력적인 유아는 영특하고 친절하며 또래관계가 좋을 것이라는 사람들의 기대 때문에 자신감 있게 긍정적인 행동 특성을 발달시키는 반면, 신체적으로 매력적이지 못한 유아는 사람들로부터 좋지 않은 피드백을 받아 자존감이 더 낮아지고 반항적이며 공격적으로 변하게 되는 것이다.

부모의 양육방식도 유아의 또래관계에 영향을 미친다. 부모가 온정적이고 민감하며 권위가 있을 때, 유아는 부모와 안정적으로 애착을 형성하며 다른 어른이나 또래와도 좋은 관계를 맺는다. 반면, 부모가 정서적으로 무관심하며 힘으로 통제하는 권위주의적인 행동을 보일 경우 유아는 비협동적이고 공격적이며 파괴적인 행동을 보여 또래로부터 선호되지 않게 된다. 이와 같이 부모의 양육행동이 유아의 또래관계에 영향을 미친다는 사실은 유아가 또래로부터 거부당하거나 무시당하는 등 또래관계에서 장기적으로 부적응적 어려움을 겪고 있는 원인을 또래관계에서뿐만 아니라 역기능적인 가정환경에서도 찾을 수 있음을 의미한다.

TIP 유아의 친구관계를 도와주는 방법

유아가 친구를 사귀고 그 관계를 유지하는 데에는 교사나 부모의 지원이 큰 도움이 된다. 유아의 친구관계를 도와주기 위한 일반적인 방법은 다음과 같다.

- 유아에게 친구와 함께 있을 수 있는 비형식적인 기회, 즉 이야기하고 놀이하고 함께 있는 것을 즐길 수 있는 자유로운 기회를 제공한다.
- 유아끼리의 상호작용을 촉진하기 위해 유아를 둘씩 짝짓는 방법을 계획하여 실시한다. 가능한 한 아이의 특성을 고려하여 다양한 방법을 사용하도록 한다. 예를 들어, 같은 색깔의 옷을 입은 친구, 퍼즐을 좋아하는 친구, 토끼를 좋아하는 친구 등 흥미와 관심이 같거나 비슷한 친구들끼리 짝지어 주는 것, 평상시에 좋아하는 친구, 성향이 비슷한 친구끼리 짝지어 주는 것 등의 방법이 효과적이다.

- 수줍어하거나 행동이 느린 유아는 더 어린 유아와 짝지어 준다.
- 유아의 친구관계를 진지하게 대한다. 교사나 부모는 유아가 친구에 대해 이야기할 때 잘 들어 주는 것이 필요하며, 유아의 걱정이나 관심을 반영해 주고, 관심을 나타내기 위해 질문을 한다.
- 유아가 친구와의 유사성을 스스로 발견하게 하는 집단 이야기 시간을 갖는다.
- 유아가 서로의 이름을 알도록 한다.
- 유아가 또래의 우호적인 제안을 알 수 있도록 옆에서 다시 한 번 말해 주는 것과 같이 즉각적으로 정보를 제공한다.
- 유아의 행동이 친구 사귀기에 어떻게 영향을 미치는지 스스로 인식하도록 돕는다.
- 가능하면 놀이가 시작되는 시점부터 놀이에 참여시킨다. 유치원이나 어린이집의 경우, 등원 시간에 늦지 않도록 하여 놀이의 시작을 함께할 수 있도록 하는 것도 좋은 방법이다.
- 유아의 대화 기술을 발달시키도록 도와준다. 유아의 발달과 더불어 성인이 먼저 유아의 말을 경청하는 것부터 시작하여, 유아가 전하고자 하는 내용에 귀 기울이고 관심을 가지고 대화하도록 한다. 다른 유아의 말을 잘 이해하지 못하거나 상황을 인식하지 못하는 경우, 차근차근 설명해 주어 상황을 인식하도록 도와준다.

출처: Kostelnik, M. J., Whiren, A., Soderman, A., & Gregory, K. (2002); 박경자, 김송이, 권연희, 김지현 공역(2010). 영유아의 사회정서 발달과 교육, pp. 284-287 재인용.

TIP 유아기의 문제행동 지도

이유 없는 막무가내 행동으로 부모를 애태우는 아이들이 있다. 부모들은 '시간이 지나면 괜찮아지겠지.' 라거나 '그래도 다른 장점이 많으니까.' 라며 참고 넘어가곤 한다. 하지만 나쁜 버릇과 문제행동은 아이들이 심리적으로 느끼고 있는 고통을 표현하는 것이므로 나쁜 버릇이나 문제행동의 바탕에 있는 근본적인 문제와 원인이 무엇인지 명확하게 찾아내어 빨리 해결해야 한다. 심각하지 않은 경우에는 부모가 아이의 속마음을 알아주는 것만으로도 많은 부분이 해결되며, 유아 또한 스스로 바뀌게 된다. 유아기 아이들이 흔히 보이는 버릇이나 행동의 몇 가지 사례(신철희, 2007)를 살펴보면 다음과 같다.

● 사례 1: 이유 없이 신경질과 짜증을 내요

민섭이(만 4세)는 어린이집에서는 신나게 잘 놀지만, 저녁 무렵 직장생활을 하는 엄마가 데리러 오면 갑작스럽게 돌변해 짜증을 내며 징징거린다. 집에서도 마찬가지이다. 엄마가 집안일을 하려 하면 짜증을 내면서 아무것도 못하게 매달린다. 밖에 나가면 어리광이 심해져 업어 달라고 조르기 일쑤다.

⇒ "엄마 힘들어요. 나 좀 봐 주세요."라는 속마음의 표현

민섭이가 어머니에게 짜증을 내는 것은 힘든 마음을 표현하는 아이들의 방법 중 하나이다. 어머니가 원하는 대로 맞추다 보니 너무 힘들어 어머니에게 매달리거나 거친 행동을 하는 것이다. 어린 나이에 온종일 어머니와 떨어져 지내다 보니 생활이 벅차게 느껴져 어머니만 보면 짜증을 내고 매달렸던 것이다. 민섭이의 어린이집 생활은 '잘 지내는 것'이 아니라 '하루를 잘 견디는 것'이다. 일단은 아이가 신경질과 짜증을 내도 모른 척하고 지나가도록 하자. 대신 아이와 즐겁게 놀아 주고 아침에 일어났을 때 얼른 안아 주고 반갑게 인사해 주자. 칭찬하는 것도 좋은 방법이다. 아이가 충분히 사랑받고 있다고 느낄 때까지 어머니가 받아 주면 아이는 서서히 변한다. 절대 화를 내서는 안 된다.

● 사례 2: 물건에 대한 집착이 심해요

경철이(만 5세)는 기차를 유난히 좋아한다. 집에서도 기차놀이를 즐겨하고 기차를 타는 것도 보는 것도 너무 좋아한다. 집 안 곳곳에 모아둔 기차표와 전철표가 가득하다. 누가 빼앗아가지도 않는데 자기 옆에 모아 놓고 지키느라 어떤 때는 놀이에도 집중하지 못할 정도이다. 넘쳐나는 것이 기차지만 늘 더 사달라고 조르고 다시 사 주면 2~3일 후에 다시 새것을 사달라고 떼를 쓴다.

⇒ "아기처럼 보살핌 받고 싶어요."라는 속마음의 표현

집착은 바로 매달리는 마음이 행동으로 나타난 것이다. 어머니와의 애착관계가 잘 형성되지 않아 욕구가 제대로 채워지지 않자 장난감이나 물건으로 대신하려는 것이다. 욕구가 어느 정도 채워지면 요구와 집착은 저절로 줄어든다. 장난감이나 물건은 아이가 채우고자 하는 욕구의 일부분일 뿐이다. 부모나 또래 친구들과의 적극적인 상호작용을 통해 사람과 함께하는 즐거움을 느끼도록 해 주자. 부모나 친구들과의 즐겁게 놀면서 마음이 행복하고 흡족해지면 아이는 차츰 집착하고 매달리는 행동에서 벗어날 것이다.

● 사례 3: 욕을 해요

민수(만 4세)는 화가 나면 욕을 한다. 친구는 물론 주변 어른에게도 거리낌 없이 욕을 한다. 민수는 욕하는 버릇 외에도 무조건 자기 욕심대로 하려는 경향도 강하다. 사고 싶은 것은 꼭 사야 하고 놀이터에서도 마음대로 하려 한다. 못하게 말리면 엄청나게 화를 폭발한다. 떼쓰고 울고 불며 난리를 친다. 한번 화가 나면 오래도록 풀어지지도 않는다. 부모는 민수가 욕을 할 때마다 야단을 쳤지만 버릇을 고치지 못했다.

⇒ "혼만 내는 엄마 아빠 싫어요."

욕은 화가 난 감정을 표현하는 도구이므로 화가 누그러지지 않은 상태에서는 습관처럼 나올 수밖에 없다. 화가 날 때 물건을 던지거나 상대방을 때리거나 발버둥 치며 소리를 지르는 등의 행동도 마찬가지다. 부모가 욕을 못하게 하느라 무섭게 혼내기만 하니까 더 화가 나고 화를 적절하게 해소하지 못하고 억누르다 보니 욕이 나오게 되는 것이다. 아이들이 멋모르게 시작하는 욕을 재미있어 하거나 부추겨서는 안 된다. 부모와 자녀의 관계가 좋은 경우에는 부모가 모른 척 무시하거나 한 번 따끔하게 말하면 없어진다. 그러나 부모-자녀 관계가 좋지 않아 부모의 말을 안 듣고 고집이 세며 반항적인 아이는 야단을 칠수록 욕을 더 한다. 이때는 먼저 부모-자녀 관계를 개선하는 데 신경 써야 한다. 부모-자녀 관계가 회복되면 욕하는 버릇은 저절로 없어진다.

● 사례 4: 밥을 먹지 않아요

명수(만 7세)는 지금까지도 밥상에 앉으면 '먹네, 안 먹네' 엄마와 실랑이를 벌인다. 어릴 적 명수를 키워 준 할머니가 매일 밥 먹을 때마다 숟가락을 들고 한 시간 이상 아이를 쫓아다녔다. 편식도 심했다. 아이가 좋아하는 음식을 찾아 시내를 헤매고 다닌 적도 한두 번이 아니었다. 또래보다 키도 작고 마른 명수 때문에 엄마의 걱정은 이만저만이 아니다.

⇒ "억지로 먹으라고 하니 더 싫어요."

스스로 밥을 먹게 하려면 부모가 단호해야 한다. 대신 먹여 주거나 쫓아다니거나 혼내거나 잔소리를 하거나 밥을 먹으면 무엇을 사 준다는 식으로 조건을 거는 것은 삼가야 한다. 달라고 하면 주고 안 먹겠다면 치운다. 물론 이때는 아이가 간식으로 배를 채우지 않도록 주의해야 한다. 며칠을 굶겨도 안 먹는 아이도 있고 밥 대신 다른 음식을 달라고 심하게 떼를 쓰는 경우도 만난다. 이런 경우 밥 먹는 문제로 실랑이를 벌이기보다 부모와 자녀가 따뜻하고 원만한 관계를 만들어 아이의 마음이 좀 편해졌을 때 버릇을 고치기 시작하는 것이 효과적이다.

참/고/문/헌

강성화, 김경회(2003). 유아 언어교육. 서울: 동문사.

강재헌(2006). 소리 없이 아이를 망치는 질병 소아비만. 서울: 웅진지식하우스.

곽금주, 김연수(2014). 영아발달. 서울: 학지사.

교육과학부, 보건복지부(2013). 3-5세 연령별 누리과정 교사용 지침서. 서울: 교육과학기술부, 보건복지부.

김기현, 김미애, 김선숙, 전은화, 황윤숙(2014). 유아발달. 경기: 공동체.

김수연(2003). 유아의 창의성과 어머니의 양육관련 변인 간의 구조분석. 연세대학교 대학원 박사학위 청구논문.

김재은(1998). 어린이의 발달과 스트레스. 삼성복지재단 제6회 학술대회: 유능한 어린이로 키우기. 서울: 삼성복지재단.

박성옥, 이영환, 한유미, 곽혜경, 양연숙, 이진숙, 장혜자, 안은숙, 이민경, 김연주(2003). 영유아의 건강과 안전. 서울: 창지사.

박화윤, 안나리, 하양승(1998). 종일제와 반일제 유치원 프로그램의 유아 스트레스 행동. 유아교육연구, 18(2), 135-155.

서유헌(2006). 아동발달과 뇌 발달의 이해. 2006년 한국아동학회 춘계학술대회 미간행 자료집.

신의진(2001). 과잉조기학습과 어린이 정신건강. 대한어린이교육협회 춘계회원연수 미간행자료집.

신철희(2007). 삐딱한 행동 속에 숨겨진 우리아이 속마음. 경기: 다산에듀.

심성경, 변길희, 박주희, 류경희, 박수경(2014). 유아발달. 서울: 창지사.

유가효(2013). 영아발달. 서울: 창지사.

이경화(2003). 창의성 이론과 발달과제. 영재와 영재교육, 2(1), 89-111.

이승은(2010). 유아의 정서에 관한 연구: 정서 이해, 정서유발원인, 표현방식, 연령차를 중심으로. 유아교육연구, 30(6), 67-94.

이영, 김온기, 조성연, 이혜경, 이선원, 이정림, 나유미, 김상림, 나종혜(2015). 유아발달. 서울: 학지사.

이영, 이미란, 홍희영, 한성희, 민성혜, 박신진, 유영미, 신혜원, 민현숙, 정지나, 문영경(2015). 영아발달. 서울: 학지사.

이영, 이정희, 김온기, 이미란, 조성연, 이정림, 유영미, 이재선, 신혜원, 나종혜, 김수연, 정지나(2009). 영유아발달. 서울: 학지사.

이영자(2013). 유아 언어발달과 지도. 경기: 양서원.

이은해(1995). 아동발달의 평가와 측정. 서울: 교문사.

이지연, 곽금주(2008). 아동초기 사회경제적 지위(SES)와 가정환경이 언어발달에 미치는 영향. 한국심리학회지: 발달, 21(3), 151-165.

장휘숙(2001). 아동발달. 서울: 박영사.

전경원, 김경숙(2012). 누리과정이 반영된 유아 창의성 교육. 경기: 정민사.

전경원, 김경숙(2014). 누리과정이 반영된 유아 창의성 교육(개정판). 경기: 정민사.

정옥분(2002). 아동발달의 이해. 서울: 학지사.

조복희(1999). 아동발달. 경기: 교육과학사.

조운주, 최일선(2004). 유아교육기관에서의 유아생활지도. 서울: 창지사.

조형숙, 박은주, 강현경, 김태인, 배정호(2014). 유아발달. 서울: 학지사.

하정훈(2005). 삐뽀삐뽀 119 소아과. 서울: 그린비.

Akhtar, N. (2004). Nativist versus constructivist goals in studying child language. *Journal of Child Language, 31*, 459-462.

Alpert-Gillis, L. J., & Connell, J. P. (1989). Gender and sex-role influences on children' s self-esteem. *Journal of Personality, 57*, 97-114.

Amabile, T. M. (1983). *The social psychology of creativity*. New York: Springer-Verlag.

Amabile, T. M. (1996). *Creativity in context* (2nd ed.). Boulder, CO: Westview Press.

Ames, E. W. (1997). The development of Romanian orphanage children adopted to Canada: Final report to Human Resources Development Canada. Burnaby: Simon Fraster University, Psychology Department.

Asher, S. R., & Hymel, S. (1981). Children' s social competence in peer relations: Sociometric and behavioral assessment. In J. Wine & H. Syme (Eds.), *Social competence* (pp. 125-157). New York: Guildford.

Asher, S., & Parker, J. (1989). Significance of peer relationship problems in childhood. In B. Schneider, G. Attili, J. Nadel, & R. Weissberg (Eds.), *Social competence in developmental perspective* (pp. 5-23). Dordrecht: Kluwer.

Atkinson, R. C., & Shiffrin, R. M. (1968). Human memory: A proposed system and its control processes. In K. W. Spence & J. T. Spence (Eds.), *The psychology of learning and motivation: Advances in research and theory, Vol. 2*. Orlando, FL: Academic Press.

Auyeung, B., Baron-Cohen, S., Ashwin, E., Knickmeyer, R., Taylor, K., Hackett, G., & Hines, M. (2009). Fetal testosterone predicts sexually differentiated childhood behavior in girls and in boys. *Psychological Science, 20*(2), 144-148.

Bandura, A. (1974). *Aggression: A social learning analysis*. Englewood Cliffs, NJ: Prentice-Hall.

Bartlett, E. G. (1981). Selecting an early childhood language curriculum. In C. B. Bazden (Ed.), *Language in early childhood education* (pp. 83-96). Washington, DC: National Association for the Education of Young Children.

Beal, C. R. (1994). *Boys and girls: The development of gender roles*. New York: McGraw-Hill.

Bem, S. L. (1974). The measurement of psychological androgyny. *Journal of Consulting and*

Clinical Psychology, 42, 155-162.

Benes, F. M., Turtle, M., Khan, Y., & Farol, P. (1994). Myelination of a key relay zone in the hippocampal formation occurs in the human brain during childhood, adolescence, and adulthood. *Archives of General Psychiatry, 51*, 447-484.

Berk, L. E. (1986). Development of private speech among preschool children. *Early Child Development and Care, 24*, 113-136.

Berk, L. E. (1992). Children' s private speech: An overview of theory and the status of research. In R. M. Diaz & L. E. Berk (Eds.), *Private speech: From social interaction to self-regulation* (pp. 17-53). Hillsdale, NJ: Erlbaum.

Berk, L. E. (2001). *Development through the lifespan*. Boston, MA: Allyn & Bacon.

Berk, L. E. (2013). *Child development* (9th ed.). Boston, MA: Pearson.

Berk, L. E., & Landau, S. (1993). Private speech of learning disabled and normally achieving children in classroom academic and laboratory contexts. *Child Development, 64*, 556-571.

Bigler, R. S., & Liben, L. S. (1992). Cognitive mechanism in children' s gender stereo-typing: Theoretical and educational implications of a cognitive-based intervention. *Child Development, 63*, 1351-1363.

Binet, A., & Simon, T. (1916). *The development of intelligence in children*. Baltimore, MD: Williams & Wilkins.

Bjorklund, D. E., & Doglas, R. N. (1997). The development of memory strategies. In N. Cowan (Ed.), *The development of memory in children*. London: London University College Press.

Bjorklund, D. F., & Blasi, C. H. (2012). *Child & adolescent development*. Belmont, CA: Wadsworth Cengage Learning.

Black, J. E. (1998). How a child builds its brain: Some lessons from animal studies of neural plasticity. *Preventive Medicine, 27*, 168-171.

Boldizar, J. P. (1991). Assessing sex typing and adrogyny in children: The children' s sex role inventory. *Developmental Psychology, 27*, 505-515.

Bouchard, T. J. Jr., & McGue, M. (1981). Family studies of intelligence: A review. *Science, 212*, 1055-1059.

Boyd, D., & Bee, H. (2010). *The developing child*. Boston, MA: Allyn & Bacon.

Bradley, R. H., Corwyn, R. F., Burchinal, M., McAdoo, H. P., & Coll, C. G. (2001). The home environments of children in the United States. Part II: Relations with behavioral development through age thirteen. *Child Development, 72*, 1868-1886.

Brian, D. (1996). *Einstein: A life*. New York: Wiley.

Bridges, L., & Grolnick, W. (1995). The development of emotional self-regulation in infancy and early childhood. In N. Eksenberg (Ed.), *Social development: Review of child development research* (pp. 185–211). Thousand Lakes CA: Sage.

Brody, G. H., & Stoneman, Z. (1981). Selective imitation of same-age, order, and younger peer models. *Child Development, 52*, 717–720.

Bronson, F. H., & Desjardins, C. (1969). Aggressive behavior and seminal vesicle function in mice: Differential sensitivity to androgen neonatally. *Ednocrinology, 85*, 871–975.

Brooks-Gunn, J. (1986). The relationship of maternal beliefs about sex typing to maternal and young children' s behavior. *Sex Roles, 14*, 21–35.

Brooks-Gunn, J., & Lewis, M. (1981). Infant social perception: Responses to pictures of parents and strangers. *Developmental Psychology, 17*, 647–649.

Brownell, C. A., & Carriger, M. S. (1990). Changes in cooperation and self-other differentiation during the second year. *Child Development, 61*, 1164–1174.

Burchinal, M. R., Campbell, F. A., Bryant, D. M., Wasik, B. H., & Ramey, C. T. (1997). Early intervention and mediating processes in cognitive performance of children of low-income African American families. *Child Development, 68*, 935–954.

Burhans, K. K., & Dweck, C. S. (1995). Helplessness in early childhood: The role of contingent worth. *Child Development, 66*, 1719–1738.

Cain, K. M., & Dweck, C. S. (1995). The relation between motivational patterns and achievement cognitions through the elementary school years. *Merrill-Palmer Quarterly, 41*, 25–52.

Camaioni, L. (2001). Early language. In G. Breinner & A. Fogel (Eds.), *The Blackwell handbook of infant development* (pp. 404–426). Oxford: Blackwell.

Cattell, R. B. (1963). Theory of fluid and crystallized intelligence: A critical experiment. *Journal of Educational Psychology, 54*, 1–22.

Cepeda, N. J., Kramer, A. F., & Gonzalez de Sather, J. C. M. (2001). Changes in executive control across the life span: Examination of task-switching performance. *Developmental Psychology, 37*, 715–730.

Cervamtes, C. A., & Callanan, M. A. (1998). Recognition of maternal axillary odors by infants. *Child Development, 56*, 1593–1598.

Chomsky, C. S. (1969). *The acquisition of syntax in children from 5 to 10*. Cambridge, MA: MIT Press.

Chomsky, N. (1968). *Language and mind*. New York: Harcourt Brace Jovanovich.

Chomsky, N. (1993). On the nature, use and acquisition of language. In AI. Goldman (Ed.), *Readings in philosophy and cognitive science* (Vol. C., pp. 511–534). Cambridge, MA: MIT Press. (Original work published 1987).

Cole M., Cole, S. R., & Lightfoot, C. (2005). *The development of children* (5th ed.). New York: Worth.

Cooke, T., & Apolloni, T. (1976). Developing positive social-emotional behaviors: A study of training and generalization effects. *Journal of Applied Behavior Analysis, 9*, 65–78.

Corrigan, R. (1979). Gognitive correlates of language: Differential criteria yield differential results. *Child Development, 50*, 617–631.

Cowan, N., Nugent, L. D., Elliott, E. M., Ponomarev, I., & Saults, J. S. (1999). The role of attention in the development of short-term memory: Age differences in the verbal span of apprehension. *Child Development, 70*, 1082–1097.

Cronbach, L. J. (1984). *Essentials of psychological testing* (4th ed.). New York: Harper & Row.

Csikszenmihalyi, M. (1988). Society, culture, and person: A system view of creativity. In R. J. Sternberg (Ed.), *The nature of creativity: Contemporary psychological perspectives* (pp. 325–339). Cambridge: Cambridge University Press.

Cummings, E. M., & Davies, P. T. (1994). *Children and marital conflict.* New York: Guilford.

Cummings, E. M., Iannotti, R. J., & Zahn-Waxler, C. (1989). Aggression between peers in early childhood: Individual continuity and developmental change. *Child Development, 60*, 887–895.

Curtiss, S. (1977). *Genie: A psycholinguistic study of a modern day "wild child."* New York: Academic.

Daniels-Beirness, T. (1989). Measuring peer status in boys and girls: A problems of apples and oranges? In B. H. Schneider, G. Attili, J. Nadel, & R. P. Weissberg (Eds.), *Social competence in developmental perspective* (pp. 107–120). Dordrecht: Kluwer Academic.

Davis, G. A. (2004). *Creativity in forever* (5th ed.). Dubuque, IA: Kendall Hunt.

DeLoache, J. S. (1987). Rapid change in the symbolic functioning of very young children. *Science, 238*(4833), 1556–1557.

DeLoache, J. S., Miller, K. F., & Pierroutsakos, S. L. (1998). Reasoning and problem solving. In D. Kuhn & R. S. Siegler (Eds.), *Handbook of child psychology. Vol. 2: Cognition, perception, and language* (5th ed., pp. 801–850). New York: Wiley.

Diamond, M., & Sigmundson, H. K. (1997). Sex reassignment at birth: Longterm review and clinical implications. *Archives of Pediatric and Adolescent Medicine, 151*, 298–304.

Dickson, W. P. (1981). *Children' s oral communication skills.* New York: Academic.

Downey, G., Lebolt, A., Rincon, C., & Freitas, A. L. (1998). Rejection sensitivity and children' s interpersonal difficulties. *Child Development, 69*, 1074–1091.

Eisenberg, N., & McNally, S. (1993). Socialization and mothers' and adolescents' empathy-related characteristics. *Journal of Research on Adolescence, 3*, 171–191.

Eisenberg, N., Fabes, R. A., Murphy, B., Karbon, M., Smith, M., & Maszk, P. (1996). The relations of children's dispositional empathy-related responding to their emotionality, regulation, and social functioning. *Developmental Psychology, 32*, 195–209.

Eisenberg, N., Fabes, R. A., Nyman, M., Bernzweig, J., & Pinuelas, A. (1994). The relations of emotionality and regulation to children' s anger-related reactions. *Child Development, 65*, 109-128.

Eisenberg, N., Fabes, R. A., Shepard, S. A., Murphy, B. C., Guthrie, I. K., Jones, S., Friedman, J., Poulin, R., & Maszk, P. (1997). Contemporaneous and longitudinal prediction of children' s social functioning from regulation and emotionality. *Child Development, 68*, 642-664.

Evans, N., & Levinson, S. (2009). The myth of language universals: Language diversity and its importance for cognitive science. *Behavioral and Brain Science, 32*, 429-492.

Fagot, B. I. (1984). The child' s expectations of differences in adult male and female interactions. *Sex Roles, 11*, 593-600.

Fagot, B. I., & Hagan, R. I. (1991). Observations of parent reactions to sex-stereotyped behaviors: Age and sex effects. *Child Development, 62*, 617-628.

Festinger, L. (1954). A theory of social comparison processes. *Human Relations, 7*, 117-140.

Fivush, R., & Schwarzmeuller, A. (1998). Children remember childhood: Implications for childhood amnesia. *Applied Cognitive Psychology, 12*, 455-473.

Flavell, J. H., Flavell, E. R., Green, F. L., & Korfmacher, J. E. (1990). Do young children think of television images as pictures, or as real objects? *Journal of Broadcasting and Electronic Media, 34*, 399-419.

Flavell, J. H., Green, F. L., & Flavell, E. R. (1986). Development of knowledge about the appearance-reality distinction. *Monographs of the Society for Research in Child Development, 51* (1, Serial No. 212).

Flavell, J. H., Green, F. L., & Flavell, E. R. (1995). Young children' s knowledge about thinking. *Monographs of the Society fro Research in Child Development, 60* (1, Serial No. 243).

Flavell, J. H., Miller, P. H., & Miller, S. A. (2002). *Cognitive development* (4th ed.). Eaglewood Cliffs, NJ: Prentice Hall.

Flynn, R. (1987). Massive IQ gains in 14 nations: What IQ test really measure. *Psychological Bulletin, 101*, 171-191.

Flynn, R. (1996). What environmental factors affect intelligence: The relevance of IQ gains over time. In D. K. detteman (Ed.), *Current topics in human intelligence: Vol 5. the environment.* Norwood, NJ: Ablex.

France-Kaatrude, A., & Smith, W. P. (1985). Social comparison, task motivation, and the development of self-evaluative standards in children. *Developmental Psychology, 21*, 1080-1089.

Frey, K. S., & Ruble, D. N. (1992). Gender constancy and the cost of sex-typed behavior: A test of the conflict hypothesis. *Developmental Psychology, 28*, 714-721.

Friend, M., & Davis, T. (1993). Appearance-reality distinction: Children' s understanding of the physical and affective domains. *Developmental Psychology, 29*, 907-913.

Furman, W., Rahe, D., & Hartup, W. (1979). Rehabilitation of socially withdrawn preschool children through mixed age and same age socialization. *Child Development, 50*, 915-922.

Gallahue, D & Donnelly, F. C., (2007). *Developmental physical education for all children* (4th ed). Champaign, IL: Human Kinetics.

Gardner, H. (1993). *Frames of mind: The theory of multiple intelligences.* New York: Basic.

Gardner, H. (1998). Are there additional intelligences? In J. Kane (Ed.), *Education, information, and transformation: Essays on learning and thinking.* Englewood Cliffs, NJ: Prentice-Hall.

Gervai, J., Turner, P. J., & Hinde, R. A. (1995). Gender-related behavior, attitudes, and personality in parents of young children in England and Hungary. *International Journal of Behavioral Development, 18*, 105-126.

Gnepp, J. (1983). Children's social sensitivity: Inferring emotions from conflicting cues. *Developmental Psychology, 19*, 805-814.

Goodman, K. (1989). Research and whole language. *Elementary School Journal, 221*, 190-207.

Goswami, U., & Brown, A. L. (1989). Melting chocolate and melting snowmen: Analogical reasoning and causal relations. *Cognition, 35*, 69-95.

Gould, E., Reeves, A. J., Graziano, M. S. A., & Gross, C. G. (1999). Neurogenesis in the neocortex of adult primates. *Science, 286*, 548-552.

Graham, S., Doubleday, C., & Guarino, P. A. (1984). The development of relations between perceived controllability and the emotions of pity, anger, and guilt. *Child Development, 55*, 561-565.

Guilford, J. P. (1950). Creativity. *American Psychologist, 5*, 444-454.

Guilford, J. P. (1959). Traits of creativity. In H. H. Anderson (Ed.), *Creativity and its cultivation.* New York: Harper.

Guilford, J. P. (1985). The Structure-of Intellect Model. In B. B. Wolman (Ed.), *Handbook of intelligence: Theories, measurements, and applications* (pp. 225-266). New York: John Wiley.

Guilford, J. P. (1988). *Creative talents: Their nature, uses and development.* Buffalo, NY: Bearly.

Hall, D. G., & Graham, S. A. (1999). Lexical form class information guides word-to-object mapping in preschoolers. *Child Development, 70*, 78-91.

Harnis, P. L., Rosnay, M. D., & Pons, F. (2005). Language and children's understanding of mental states. *Current Directions in Psychological Science, 14*(2), 69-73.

Hart, B., & Risley, T. R. (1995). *Meaningful differences in the everyday experience of young American children.* Baltimore, MD: Brookes.

Harrist, A. W., Zaia, A. F., Bates, J. E., Dodge, K. A., & Pettit, G. S. (1997). Subtypes of social withdrawal in early childhood: Sociometric status and social-cognitive differences across four years. *Child Development, 68*, 278-294.

Harter, S. (1990). Issues in the assessment of the self-concept of children and adolescents. In A. LaGreca (Ed.), *Through the eyes of a child* (pp. 292-325). Boston, MA: Allyn & Bacon.

Harter, S. (1996). Developmental changes in self-understanding across the 5-7 shift. In A. J. Sameroff & M. M. Haith (Eds.), *The five to seven year shift* (pp. 207-236). Chicago, IL: University of Chicago Press.

Harter, S., & Whitesell, N. (1989). Developmental changes in children' s understanding of simple, multiple, and blended emotion concepts. In C. Saarni & P. Harris (Eds.), *Children' s understanding of emotion* (pp. 81-116). Cambridge: Cambridge University Press.

Hartup, W. W. (1983). Peer relations. In P. H. Mussen (Eds), *Handbook of child psychology. Vol. 4: Socialization, personality, and social development* (pp. 103-196). New York: Wiley.

Hilliard, L. J., & Liben, L. S. (2010). Differing levels of gender salience in preschool classrooms: Effects on children' s gender attitudes and intergroup bias. *Child Development, 81*(6), 1787-1798.

Hobson, J. A., & Silvestri, L. (1999). Parasomnias. *Harvard mental Health Letter, 15*, 3-5.

Hoff, E. (2001). *Language development* (2nd ed.). Stamford, CT: Wadsworth/Thomson Learning.

Hoffman, M. (1979). Development of moral thought, feeling, and behavior. *American Psychologist, 34*, 958-966.

Hoffner, C., & Badzinski, D. M. (1989). Children' s integration of facial and situational cues to emotion. *Child Development, 60*, 411-422.

Huston, A. C., & Wright, J. C. (1998). Mass media and children' s development. In I. E. Sigel & K. A. Renninger (Eds.), *Handbook of child psychology: Vol. 4. Child psychology in practice* (5th ed., pp. 999-1058). New York: Wiley.

Huston, A. C., Donnerstein, E., Fairchild, H., Feshbach, N. D., Katz, P. A., Murray, J. P., Rubinstein, E. A., Wilcox, B. L., & Zuckerman, D. (1992). *Big world, small screen: The role of television in American society.* Lincoln, NE: University of Nebraska Press.

Huttenlocher, J., Newcombe, N., & Vasilyeva, M. (1999). Spatial Scaling in young children. *Psychological Science, 10*, 393-398.

Hymel, S. (1983). Preschool peer relations: Issues in sociometric assessment. *Merrill-Palmer Quarterly, 29*, 237-260.

Iervolino, A. C., Hines, M., Golombok, S. E., Rust, J., & Plomin, R. (2005). Genetic and environmental influences on sex-types behavior during the preschool years. *Child*

Development, 76(4), 826–840.

Ingram, D. (1999). Phonological acquisition. In M. Barrett (Ed.), *The development of language* (pp. 73–98). East Sussex: Psychology.

Johnson, S. L., & Birch, I. I. (1994). Parents' and children's adiposity and eating styles. *Pediatrics, 94*, 653–661.

Johnston, J., & Ettema, J. S. (1982). *Positive images: Breaking stereotypes with children's television*. Newbury Park, CA: Sage.

Kail, R. V. (2008). 아동과 발달[*Children and their development* (4th ed.)]. 권민균, 김정민, 최형성 공역. 서울: 시그마프레스. (원저는 2007년에 출판).

Kestenbaum, R., Farber, E., & Sroufe, L. A. (1989). Individual differences in empathy among preschoolers: Concurrent and predictive validity. In N. Eisenberg (Ed.), *Empathy and related emotional responses: No. 44. New directions for child development* (pp. 51–56). San Francisco, CA: Jossey-Bass.

Klar, A. J. S. (1996). A single locus, RGHT, specifies preference for hand utilization in humans. *Cold Spring Harbor Symposia on Quantitative biology, 61*, 59–65.

Klimes-Dougan, B., & Kistner, J. (1990). Physically abused preschoolers' responses to peers' distress. *Developmental Psychology, 26*, 599–602.

Koestner, R., Franz, C., & Weinberger, J. (1990). The family origins of empathic concern: A 26-year longitudinal study. *Journal of Personality and Social Psychology, 58*, 709–717.

Kostelnik, M. J., Soderman, A. K., & Whiren, A. P. (2011). *Developmentally appropriate curriculum: Best practices in early childhood education* (5th ed.). Upper Saddle River, NJ: Prentice Hall.

Kostelnik, M., Whiren, A., Soderman, A., & Gregory, K. (2010). 영유아의 사회정서발달과 교육[*Guiding children's social development & learning* (6th ed.)]. 박경자, 김송이, 권연희, 김지현 공역. 서울: 교문사. (원저는 2002년에 출판).

Kostelnik, M., Whiren, A., Soderman, A., Stein, L., & Gregory, K. (2006). 유아를 위한 사회정서지도[*Guiding children's social development* (5th edn.)]. 박경자, 김송이, 권연희 공역. 서울: 교문사. (원저는 2002년에 출판).

Kruger, A. C. (1992). The effect of peer and adult-child transductive discussions on moral reasoning. *Merrill-Palmer Quarterly, 38*, 191–211.

Kvavilashvili, L., Messer, D. J., & Ebdon, P. (2001). Prospective memory in children: The effects of age and task interruption. *Developmental Psychology, 37*, 418–430.

Lagattuta, K. H., Wellman, H. M., & Flavell, J. H. (1997). Preschoolers' understanding of the link between thinking and feeling: Cognitive cuing and emotional change. *Child Development, 68*, 1081–1104.

Lange, G., MacKinnon, C. E., & Nida, R. E. (1989). Knowledge, strategy, and motivational contributions to preschool children's object recall. *Developmental Psychology, 25*, 772–

779.

Langlois, J. H., & Downs, A. C. (1979). Peer relations as a function of physical attractiveness: The eye of the beholder or behavioral reality. *Child Development, 50*, 409–418.

Langlois, J. H., & Downs, A. C. (1980). Mothers, fathers, and peers as socialization agents of sex-typed play behaviors in young children. *Child Development, 51*, 1237–1247.

Lenneberg, E. (1967). *The biological foundations of language.* New York: Wiley.

Levine, L. E. (1983). Mine: Self-definition in 2-year-old boys. *Developmental Psychology, 19*, 544-549.

Lewis, M. (1995). Embarrassment: The emotion of self-exposure and evaluation. In J. P. Tangney & K. W. Fischer (Eds.), *Self-conscious emotions* (pp. 198–218). New York: Guilford Press.

Lewis, M., & Rosenblum, M. A. (1975). *Friendship and peer relations.* New York: Wiley.

Lubart, T. I., & Sternberg, R. J. (1995). An investment approach to creativity: Theory and data. In S. M. Smith, T. B. Ward, & R. A. Finke (Eds.). *Creative Cognition Approach.* Cambridge, MA: MIT Press.

Lytton, H., & Romney, D. M. (1991). Parents' sex-related differential socialization of boys and girls: A meta-analysis. *Psychological Bulletin, 109*, 267–296.

Maccoby, E. E. (1980). *Social development.* New York: Harcourt Brace Jovanovich.

Maccoby, E. E. (1998). *The two sexes.* Cambridge, MA: Harvard University Press.

Marion, M. (2007). *Guidance of young children* (7th ed.). Upper Saddle River, NJ: Merrill Prentice Hall.

Markman, E. M. (1999). Multiple approaches to the study of word learning in children. *Japanese Psychological Research, 41*, 79–81.

Martin, C. L., & Ruble, D. N. (2010). Patterns of gender development. *Annual Review of Psychology, 61*, 353–381.

Mascolo, M. F., & Fischer, K. W. (1995). Developmental transformation in appraisals for pride, shame, and guilt. In J. P. Tangney & K. W. Fischer (Eds.), *Self-conscious emotions* (pp. 114–139). New York: Guilford.

McGee, L. M., & Richgels, D. J. (2008). *Literacy's beginnings: Supporting young readers and writers* (4th ed.). Boston, MA: Allyn & Bacon.

Mercer, J. (1998). *Infant development: A multidisciplinary introduction.* Pacific Grove, CA: Brooks/Cole.

Mischel, W., Shoda, Y., & Rodriguez, M. (1989). Delay of gratification in children. *Science, 244*, 933–937.

Money, J. (1975). Alblatiopenis: Norman male infant sex-reassigned as a girl. *Archives of Sexual Behavior, 4*, 65–72.

Money, J., & Ehrhardt, A. A. (1972). *Man and woman/Boy and girl.* Baltimore, MD: Johns Hopkins University Press.

Muñoz, K. A., Krebs-Smith, S. M., Ballard-Barbash, R., & Cleveland, I. E. (1997). Food intakes of U. S. children and adolescents compared with recommendations. *Pediatrics, 100,* 323-329.

Murachver, T., Pipe, M., Gordon, R., Owens, J. L., & Fivush, R. (1996). Do, show, and tell: Children's event memories acquired through direct experience, observation, and stories. *Child Development, 67,* 3029-3044.

Nadel, J., & Fontaine, A. (1989). Communicating by imitation: A developmental and comparative approach to transitory social competence. In B. Schenider, G. Attili, J., Nadel. & R. Weissbeng (Eds.), *Social competence in developmental perspective* (pp. 131-144). Dordrecht: Kluwer.

National Center for Education Statistics (NCES). (1996). *Education indicators: An international perspective* (NCES 96-003). Washington, DC: U.S. Department of Education.

Neisser, U., Boodoo, G., Bouchard, T. J., Jr., Boykin, A. W., Brody, N. Ceci, S. J., Halpern, D. F., Loehlin, J. C., Perloff, R., Sternberg, R. J., & Urbina, S. (1996). Intelligence: Knowns and unknowns. *American Psychologist, 51*(2), 77-101.

Nelson, C. A. (1995). The ontogeny of human memory: A cognitive neuroscience perspective. *Developmental Psychology, 31,* 723-738.

Nelson, C. A., Monk, C. S., Lin, J., Carver, L. J., Thomas, K. M., & Truwit, C. L. (2000). Functional neuroanatomy of spatial working memory in children. *Developmental Psychology, 36,* 109-116.

Nelson, K. (1993). The psychological and social origins of autobiographical memory. *Psychological Science, 47,* 7-14.

Newcomb, A. F., Bukowski, W. M., & Pattee, L. (1983). Children's peer relations: A meta-analytic review of popular, rejected, neglected, controversial, and average sociometric status. *Psychological Bulletin, 113,* 99-128.

Owens, J., Maxim, R., McGuinn, M., Nobile, C., Msall, M., & Alario, A. (1999). Television-viewing habits and sleep disturbances in school children. *Pediatrics, 104* (3), e27.

Owens, R. E. (1996). *Language development* (4th ed.). Boston, MA: Allyn & Bacon.

Pally, R. (1997). How brain development is shaped by genetic and environmental factors. *International Journal of Psycho-Analysis, 78,* 587-593.

Papalia, D. E., Gross, D. L., & Feldman, R. D. (2003). *Child development: A topical approach.* New York: McGraw-Hill.

Papalia, D. E., Olds, S. W., & Feldman, R. D. (1999). 아동의 세계: 태내기에서 청년기 발달까지[*A child's world: Infancy through adolescence*]. 이영, 조연순 공역. 경기: 양서원. (원저는 1991년에 출판).

Parker, J. G., & Asher, S. R. (1987). Peer relations and later adjustment: Are low-accepted children "at risk?" *Psychological Bulletin, 102,* 357-389.

Patterson, G. R., Littman, R. A., & Bricker, W. (1967). Assertive behavior in children: A step toward a theory of aggression. *Monographs of the Society for Research in Child Development, 32* (5, Serial No. 113).

Perlmutter, M. (1986). A life-span view of memory. In P. Baltes, D. L. Featheman, & R. M. Lemer (Eds)., *Lifespan development and behavior* (Vol. 7). Hillsdale, NJ: Lawrence Erlbaum.

Piaget, J. (1926). *The language and thought of the child.* London: Routledge & Kegan Paul.

Plomin, R., Fulker, D. W., Corley, R., & DeFries, J. C. (1997). Nature, nurture, and cognitive development from 1 to 16 years: A parent-offspring adoption study. *Psychological Science, 8,* 442-447.

Pressley, M., & Hilden, D. (2006). Cognitive strategies. In D. Kuhn & Siegler (Eds.), *Handbook of child psychology: Vol. 2. Cognition, perception, and language* (6th ed.). Hoboken, NJ: Wiley.

Radke-Yarrow, M., & Zahn-Waxler, C. (1984). Roots, motives, and patterns in children' s pro-social behavior. In E. Staub, D. Bartal, J. Karylowski, & J. Reykowski (Eds.), *The development and maintenance of pro-social behaviors.* New York: Plenum.

Raver, C. C., & Zigler, E. F. (1997). Social competence: An untapped dimension in evaluating Head Start' s success. *Early Childhood Research Quarterly, 12,* 363-385.

Rolf, J. E. (1972). The social and academic competence of children vulnerable to schizophrenia and other behavior pathologies. *Journal of Abnormal Psychology, 80,* 225-243.

Ruble, D. N., Balaban, T., & Cooper, J. (1981). Gender constancy and the effects of sex-typed televised toy commercials. *Child Development, 52,* 667-673.

Ruffman, T., Slade, L., Deirtt, K., & Crowe, E. (2006). What mothers say and what they do: The relatoin between parenting theory of mind, language and cooperation. *British Journal of Developmental Psychology, 24* (1), 105-124.

Russell, J. A. (1990). The preschooler' s understanding of the causes and consequences of emotion. *Child Development, 61,* 1872-1881.

Rutter, M., & the English and Romanian Adoptees[ERA] Study Team. (1998). Developmental catch-up, and deficit, following adoption after severe global early privation. *Journal of Child Psychology and Psychiatry, 39,* 465-476.

Sapp, F., Lee, K., & Muir, D. (2000). Three-year-olds' difficulty with the appearanve-reality distinction: Is it real or apparent? *Developmental Psychology, 36,* 547-560.

Schaie (Eds.), *Handbook of the Psychology of Aging.* New York: Academic.

Schmitt, B. D. (1997). Nocturnal enuresis. *Pediatrics in Review, 18,* 183-190.

Schneider, B. H. (1993). *Children's social competence in context: The contributions of family, school and culture*. New York: Pergamon.

Selman, R. L., & Selman, A. P. (1979). Children' s ideas about friendship: A new theory. *Psychology Today, 13*, 71-114.

Shaffer, D. R. (2005). *Social and personality development* (5th ed.). Belmont, CA: Wadsworth/ Thompson Learning.

Shneider, W. (2009). Metacognition and metamemory development in childhood and adolescence. In H. S. Waters & Shneider (Eds.), *Metacognition, strategy use, and instruction*. New York: Guilford.

Siegler, R. S. (2000). The rebirth of children' s learning. *Child Development, 71*, 26-35.

Siegler, R., Deloache, J., & Eisenberg, N. (2003). *How Children Develop*. New York: Worths.

Simonton, D. K. (1990). Creativity and wisdom in aging. In J. E. Birren & K. W. Schaie (Eds.), *Handbook of the psychology of aging* (3rd ed., pp. 320-329). New York: Academic.

Skinner, B. F. (1957). *Verbal behavior*. Englewood Cliffs, NJ: Prentice-Hall.

Stein, M. A., Mendelsohn, J., Obermeyer, W. H., Amromin, J., & Benca, R. (2001). Sleep and Behavior problems in school-aged children. *Pediatrics, 107* (4), e60.

Sternberg, R. J. (1997). The concept of intelligence and its role in lifelong learning and success. *American Psychologist, 52*, 1030-1037.

Stiptek, D. (1995). The development of pride and shame in toddlers. In J. P. Tangney & K. W. Fischer (Eds.), *Self-conscious emotions* (pp. 237-252). New York: Guilford.

Stumphauzer, J. S. (1972). Increased delay of gratification in young inmates through imitation of high-delay peer models. *Journal of Personality and Social Psychology, 21*, 10-17.

Taylor, M. C., & Hall, J. A. (1982). Psychological androgyny: Theories, methods, and conclusion. *Psychological Bulletin, 92*, 347-366.

Terman, L. M. (1921). In symposium: Intelligence and its measurement. *Journal of Educational Psychology, 12*, 127-133.

Tomasello, M. (2006). Acquiring linguistic constructions. In W. Damon (Series Ed.), K. Kuhn, & R. S. Siegler (Vol. Eds.), *Handbook of Child Psychology* (6th ed., pp. 225-298). New York: Wiley.

Tomasello, M. (2008). *Origins of human communication*. Cambridge, MA: MIT Press.

Torrance, E. P. (1962). *Guiding creative talent*. Englewood Cliffs, NJ: Pretice-Hall.

Torrance, E. P. (1974). *Torrence tests of creative thinking*. Lexinton, MA: Ginn & Company.

Troseth, G. L., & DeLoache, J. S. (1998). The medium can obscure the message: Young children' s understanding of video. *Child Development, 69*, 950-965.

Turner, P. J., & Gervai, J. (1995). A multidimensional study of gender typing in preschool children and their parents: Personality, attitudes, preferences, behavior, and cultural differences. *British Journal of Developemental Psychology, 11*, 323-342.

Valian, V. (1986). Syntactic categories in the speech of young children. *Developmental*

Psychology, 22, 562-579.

Van Leishout, C. F. M. (1975). Young children' s reactions to barriers placed by their mothers. *Child Development, 46*, 879-886.

Vance, M. L., & Mauras, N. (1999). Growth hormone therapy in adults and children. *New England Journal of Medicine, 341*(16), 1206-1216.

Vygotsky, L. (1962). *Thought and language.* Cambridge, MA: MIT Press.

Wallas, G. (1926). *The art of thought.* New York: Harcourt Brace Jovanovich.

Wellman, H. M., & Gelman, S. A. (1998). Knowledge acquisition in foundational domains. In W. Damon (Series Ed.), K. Kuhn, & R. S. Siegler (Vol. Eds.), *Handbook of child psychology: Vol. 2. Cognition, perception, and language* (5th ed., pp. 523-573). New York: Wiley.

Wellman, H. M., & Woolley, J. D. (1990). From simple desires to ordinary beliefs: The early development of everyday psychology. *Cognition, 35*, 245-275.

Wellman, H. M., Cross, D., & Watson, J. (2001). Meta-analysis of theory-of-mind development: The truth about false belief. *Child Development, 72*, 655-684.

Whitaker, R. C., Wright, J. A., Pepe, M. S., Seidel, K. D., & Dietz, W. H. (1997). Predicting obesity in young adulthood from childhood and parental obesity. *New England Journal of Medicine, 337*, 869-873.

Whiting, B. B., & Edwards, C. P. (1988). *Children of different worlds.* Cambridge, MA: Harvard University Press.

Woolley, J. D. (1997). Thinking about fantasy: Are children fundamentally different thinkers and believers from adults? *Child Development, 68*(6), 991-1011.

Yang, C. D. (2004). Universal grammar, statistics or both? *Trends in Cognitive Sciences, 8*, 451-456.

Zahn-Waxler, C., Radke-Yarrow, M., Wagner, E., & Chapman, M. (1992). Development of concern for others. *Developmental Psychology, 28*, 126-136.

Zajonc, R. B., & Mullally, P. R. (1997). Birth order: Reconciling conflicting effects. *American Psychologist, 52*, 685-699.

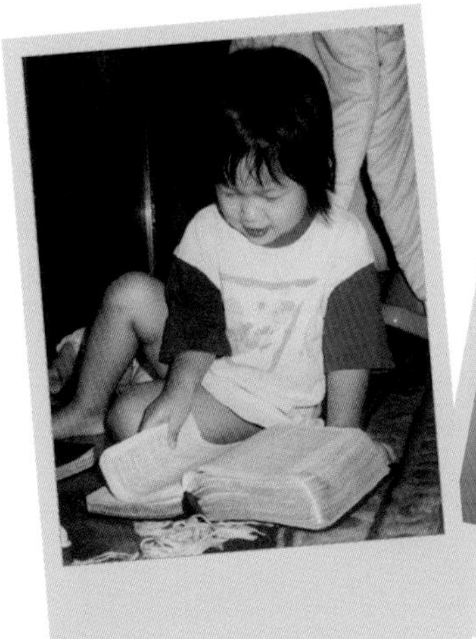

08

chapter

영유아기 발달 이상

1. 발달 이상의 개념
2. 영유아기 발달 이상

학습개요

우리나라는 「장애아동복지지원법」(2013), 「장애인 등에 대한 특수교육법」(2013)과 「영유아보육법」(2015), 「유아교육법」(2014)을 통해 발달적으로 지체된 영유아를 위한 제도적인 뒷받침을 마련하고 있다. 이와 더불어 통합교육을 통해 발달적으로 지체된 영유아에게도 동등한 소속감과 가치감 및 선택권을 줄 것을 강조하고 있다(이소현, 2003). 그러나 특수교육을 전공하지 않은 일반 교사는 발달적으로 문제가 있는 영유아에 대한 지식과 이해가 부족하여 유치원이나 어린이집에서 영유아와 상호작용하는 데 어려움을 겪고 있다. 따라서 이 장은 영유아기에 나타나는 대표적인 발달 이상에 대한 행동 특성과 진단 기준 및 가능한 치료 방법이나 교수 접근방법 등 기초적인 정보와 지식에 대해 살펴보고자 한다.

chapter 08

영유아기 발달 이상

1. 발달 이상의 개념

발달에 지체가 있거나 장애가 있을 때 흔히 정상(normal) 또는 이상(abnormal)이라는 용어가 사용되기도 하고, 적응(adjustment) 또는 부적응(maladjustment)이라는 용어가 사용되기도 하는 등 여러 가지 의미가 혼재된 용어가 사용되고 있어 일반인들에게 혼돈을 일으키기도 한다. 일반적으로 통계적인 기준을 근거로 평균적인 것은 정상으로 보고 평균으로부터 일정한 범위를 넘어서면 그것을 문제라고 본다. 적응과 부적응은 생태학적인 용어로서, 적응이란 환경에 맞추어 자신의 생존에 적합한 행동을 취하는 것을 말하고, 부적응은 이를 어려워하거나 피하거나 거부하는 것을 말한다(현정환, 2003; 김나영, 이승희, 2002).

영유아기의 발달 이상에 대한 진단과 분류체계를 소개한 대표적인 편람으로 미국정신의학회(American Psychiatric Association)에서 발간한 『정신장애 진단 및 통계 편람(Diagnostic and Statistical Manual of Mental Disorders: DSM-5)』(2013)이 있다. DSM-5는 정신장애를 진단하고 분류하는 데 있어 국내의 임상가나 상담사가 현장에서 가장 많이 활용하고 있다. DSM-5에 의하면 영유아기의 대표적인 발달 이상 중 주의력결핍 과잉행동장애(ADHD), 자폐스펙트럼장애, 지적장애, 말더듬증, 틱장애, 반항성 장애와 같은 여섯 가지 유형을 신경발달 장애(neurodevelopmental disorders)로 포괄하였다. 신경발달 장애는 중추신경계의 손상, 즉 뇌의 발달 지연이나 뇌 손상과 연관된 것으로 알려진 정신장애를 포함한다(권석만, 2013, p. 561).

2. 영유아기 발달 이상

영유아기에 가장 많이 나타나는 발달 이상 중에서 먼저 신경발달장애에 속하지 않는 반응성 애착장애, 분리불안장애, 우울장애를 소개하고, 다음으로 신경발달장애 범주에 속하는 여섯 가지 장애를 소개하고자 한다.

1) 반응성 애착장애

반응성 애착장애(reactive attachment disorder)는 자폐스펙트럼장애와 매우 유사한 행동 특성을 나타내어 초기 진단 시 어려움이 있다. 자폐스펙트럼장애는 선천적인 뇌 기능의 손상을 원인으로 본다. 반면, 반응성 애착장애는 양육자의 적절한 사랑과 관심을 받지 못하거나 적절한 교육을 받지 못해서 비롯되는 등 양육자와의 애착 문제로 인해 부적절하고 위축된 대인관계를 나타내는 장애로, 부적절한 양육 환경을 원인으로 본다. 그러므로 반응성 애착장애의 원인은 영유아기에 나타날 수 있는 다른 장애와 달리 환경 요인이 우세하다(정유경, 2001). 반응성 애착장애를 가진 아동은 부모를 포함한 다른 사람과의 접촉을 두려워하고 회피하며 사회성 발달에 어려움이 있다(권석만, 2013, p. 244). 대개 반응성 애착장애는 5세 이전에 발병하는데 이를 치료하고 예방하기 위해서는 양육자와의 애착관계를 개선하는 것이 가장 중요하다(권석만, 2013).

반응성 애착장애는 병적인 양육 환경이 주원인으로 알려져 있는데 이에는 억제형과 탈억제형의 두 가지 유형이 있다. 억제형 반응성 애착장애는 아동이 양육자에게 접근하지 못하거나 아동이 매우 힘든 상황에서 비정상적으로 양육자에게 가까이 가는 것(예: 두려워하는 접근)이다. 억제형으로 진단된 반응성 애착장애 아동은 정서 조절을 잘 못하고, 사회적 상호작용도 부족하다. 반면, 탈억제형 반응성 애착장애는 아동이 낯선 사람을 덜 경계하면서 다가가거나 친숙하지 않은 성인에게 다가가는 행위를 포함하므로 탈억제형 반응성 애착장애 아동은 친숙하지 않은 성인에게 신체 접촉을 구하거나 낯선 사람과 기꺼이 함께 다니려 할 수 있다. DSM-5에서는 애착장애의 억제형만을 반응성 애착장애로 명명하였고, 탈억제형은 탈억제 사회관여 장애(disinhibited social engagement disorder)로 명명하였다(권석만, 2013, p. 244). 아직까지 영유아와 초기 아동기 반응성 애착장애의 진단 및 치료를 위한 최선책은 확실하지 않다(Heller, Boris, Fuselier, Page,

Koren-Karie, & Miron, 2006, p. 643).

2) 분리불안장애

아동이 집이나 애착 대상(주로 어머니)으로부터 분리되는 것에 대해 과도한 불안상태를 나타내는 증상을 분리불안장애라고 한다. 안정된 애착 형성을 이루지 못한 경우와 부적절한 가족관계에서 성장할 때 이러한 증상이 나타나는 것으로 보고 있다. 따라서 분리불안장애를 치료하기 위해서는 부모-자녀 관계의 중요성과 환경의 중요성을 함께 고려해야 한다(오은아, 1998).

분리불안은 영유아기(18~24개월)에는 발달적으로 적절한 것이므로 염려하지 않아도 된다. 그런데 이 발달단계 이후에도 애착 대상과 분리되는 것에 대해 과도한 불안증상을 지속적으로 나타내는 경우에는 주의를 기울여야 한다(Coddington & Wallick, 1999/2002).

아동이 유아교육기관에 처음 등원하게 될 때 보이는 불안은 모든 아동이 나타낼 수 있는데, 이를 방지하기 위해 무엇보다도 부모는 앞으로 일어날 상황에 대해 편안함을 가져야 한다. 이를 위해 부모는 자녀가 다니게 될 어린이집이나 유치원을 주의 깊게 관찰하고 선택해야 한다. 어린이집이나 유치원의 환경이 아동에게 편안할 수 있는지를 고려해 보고 아동이 그 환경에 친숙해질 수 있도록 자주 그곳에 데려가 본다든지 하여 불안이 굳어지는 것을 예방할 수 있다(Wicks-Nelson & Israel, 2003/2005).

3) 우울장애

성인의 우울증과 달리 아동기 우울증의 존재와 개념에 관해서는 DSM-Ⅲ(1980)에서 공식적인 장애로 인정될 때까지 많은 논란이 있었다(강경미, 1994). 아동기 우울증의 원인이 정확하게 밝혀지지 않았고, 이 시기의 우울증이 성인기의 우울증과 관계가 있는지의 여부에 관해서도 여전히 논란이 되고 있다(강경미, 1994).

DSM-Ⅲ에서 아동기 우울장애에 대한 존재를 인정한 이후 DSM-Ⅲ-R, DSM-Ⅳ에서는 아동기 우울증이 연령별로 다소 다른 양상으로 나타날 수 있다고 하였으나 기본적으로 성인의 우울장애 기준을 사용하도록 권고하고 있다(장은진, 서민정, 정철호, 2001). 아동의 우울장애는 발달단계에 따라 현상이 다르게 나타날 수 있기 때문에 아동의 우울장애를 진단하기 위해서는 다양한 평가 방법을 활용하여 여러 정보에 기초해서 판단해야 한다(신민섭, 김민경, 1994). 정신분석학적 입장에서는 우울은 상실 경험에 대한 반응으로 아동이 상실을 경험하면 심리적 안정감을 잃게 되어 울음, 방황, 철회, 허탈감을 차례로 표현한다(김은정, 오경자, 1992)고 본다. 반면, 우울 증상이 연령에 따라 차이가 나지 않는다고 주장하는 측면도 있다. 그러므로 발달에 따른 우울장애에 관한 보다 과학적인 연구가 더욱 필요하다(김은정, 오경자, 1992; 장은진, 서민정, 정철호, 2001).

아동의 우울장애는 유병률이 점차 증가하고 있는 추세이다. 아동은 성인과 다른 발달적 특징을 가지므로 아동의 우울장애는 발달적 차이를 고려하여 성인과 다른 치료적 접근방법을 사용해야 한다. 또한 아동기 우울장애가 성인의 우울장애로 이어지지 않도록 적극적인 조기 진단과 치료가 필요하다(최혜원, 이문수, 임명호 외, 2012).

4) 주의력결핍 과잉행동장애

(1) 주요 임상 특성

주의력결핍 과잉행동장애(Attention Deficit Hyperactivity Disorder: ADHD)는 발달 초기에 가장 흔하게 진단되는 행동장애다. ADHD는 7세 이전에 발생하고 6개월 이상 지속되는데 집이나 학교, 작업장, 또래그룹 등의 여러 상황에서 문제가 발생한다. ADHD는 부주의, 과잉행동, 충동성 등의 세 가지 주된 증상을 나타낸다(National Institutes of Health, 1998, p. 5).

먼저 부주의는 무심함(carelessness), 주의 집중의 어려움, 정확하게 일을 완수하거나 조직하는 것의 어려움과 주저함, 지시를 잘 따르지 못함, 잘 잊어버리고 매우 산만한 특성을 포함한다. 다음으로 과잉행동은 과도한 움직임, 끊임없는 활동, 안절부절못함 또는 지나치게 말이 많은 것과 같은 특성을 포함한다. 마지막으로 충동성은 행동 억제력 부족, 보상을 연기하거나 행동하기 전에 먼저 생각하는 것을 어려워하는 행동 특성을 포함한다(Mulsow & Lee, 2003). 최근 개정되어 소개된 DSM-5에서는 ADHD의 특성과 관련하여 부주의 우세형, 과잉행동-충동 우세형, 복합형의 세 가지 유형으로 구분하였다.

ADHD의 출현율은 대체로 남아가 더 높다고 보고되고 있지만, 최근 여아의 비율도 증가하고 있다(Robison, Skaer, Sclar, & Galin, 2002). 특히 클리닉을 찾는 여아인 경우에는 그 정도가 남아만큼 심각한데(Gaub & Carlson, 1997), ADHD의 주된 증상 중 부주의한 특성을 보이는 경우가 많다. 즉, 여아는 남아에 비해 과잉행동이나 충동적인 행동과 같은 외현적으로 드러나는 문제행동이 잘 나타나지 않아 여아의 ADHD를 발견하는 것은 어렵다. 이로 인해 여아의 경우에는 이에 대한 진단이 지체되어 우울증상으로 발전할 수도 있기 때문에 교사의 세심한 관찰이 필요하다.

ADHD는 흔히 행동장애(Conduct Disorder: CD)나 적대적 반항장애(Oppositional Defiant Disorder: ODD)와 함께 나타나는데 두 가지 용어는 때로 혼용하여 사용하기도 한다(Mulsow & Lee, 2003). 적대적 반항장애는 행동장애와 비슷하지만 덜 심각하고 더 일찍 나타나는데 권위에 대한 거부, 도전, 불복종 또는 적대적 행동과 관계가 있어 버럭 화를 내거나 말대꾸하거나, 지시나 규칙을 무시하고 따르지 않는 특성을 나타낸다(조성연 외, 2010, p. 399). ADHD가 단독으로 존재할 때보다 행동장애나 반항성 장애가 동시에 있을 때 예후는 더 심각하다. 즉, ADHD가 조기에 진단되어 치료되지 않을 경우, 흔히 환경적 요인으로 알려진 부모의 무관심이나 부정적인 양육태도, 교사나 지역사회의 부정적인 피드백 등을 통한 아동의 부정적 경험이 누적되어 행동장애나 반항성 장애가 동시에 발병하기 쉽다. 그로 인해 ADHD로 진단받은 아동이 청소년이나 성인이 되었을 때 반사회적 행동, 물질 남용, 범죄 행위로까지 발전할 수 있다.

(2) 병인

ADHD는 환경적 요인보다 생물학적 요인에 기인한 유전적 취약성과 더 밀접하게 관련되어 있다(Gjone, Stevenson, & Sundet, 1996; Teeter, 1998). 따라서 오늘날의 의학적 방법으로 예방하기가 쉽지 않다. 하지만 물질 남용이나 범죄 행위 등과 같은 지속적이고 장기적인 문제를 예방하기 위해서 사용할 수 있는 몇 가지 방법은 현재 활용되고 있다(Mulsow & Lee, 2003).

ADHD의 정확한 원인은 아직 알려지지 않았지만, 관련 연구결과에 의하면 뇌의 전두엽을 중심으로 한 뇌의 구조나 기능과 관련되어 있다고 본다(Barkley, 1998). 바클리(Barkley, 1997)는 ADHD의 원인을 설명하면서 하이브리드 모델(hybrid model)을 제안하였다. 이 모델에서 그는 ADHD를 가진 아동은 뇌의 실행기능을 주관하고 있는 전두엽 부분이 덜 발달되어 있어 행동억제 장애를 초래함으로써 결국 자기조절능력이 손상되었다고 주장하였다.

(3) 진단

ADHD와 비슷한 특징을 나타내는 발달 이상이 있기 때문에 ADHD는 조기에 정확한 진단을 받는 것이 매우 중요하다(NIH, 1998). 예를 들면, 외상 스트레스나 외상 후 스트레스 장애는 과활동, 분산성, 충동성, 안절부절못하는 것, 공격성 등을 나타내기 때문에 때로 ADHD로 잘못 진단하기도 한다(Thomas, 1995). ADHD를 진단하기 위해서는 부모 혹은 보호자나 교사 등으로부터 영유아의 행동에 관한 다양한 자료와 관련한 증상이 나타나기 시작한 연령 등과 같은 여러 가지 정보를 구해야 한다. 또한 ADHD는 가족력의 가능성이 높기 때문에 다른 가족 구성원 중에서도 이런 증상이 있는지 함께 검사를 받도록 하는 것이 필요하다(Mulsow & Lee, 2003).

ADHD를 진단하는 측정 도구는 코너스(Conners)가 개발한 코너스 부모용 평정척도-개정판(Conners Parents Rating Scale: CPRS), 코너스 교사용 평정척도-개정판(Conners Teacher Rating Scale: CTRS-R), 코너스 단축형 평정척도가 있다. 최근에는 컴퓨터를 이용하여 청각적 방법과 시각적 방법을 이용한 정밀주의력검사(Advanced Test of Attention: ATA)와 같은 도구를 활용하여 진단하기도 한다.

TIP ADHD의 진단 기준

A. (1) 또는 (2)항 중 한 가지 이상이 해당되어야 한다.

(1) 부주의에 관한 다음 증상 중 여섯 가지 이상이 6개월 이상 지속적으로 나타나며, 발달 수준에 맞지 않고 사회적, 학업적/직업적 활동에 부정적인 영향을 미친다.

● 부주의
- 세부적인 면에 면밀한 주의를 기울이지 못하거나, 학업, 작업 또는 다른 활동에서 부주의한 실수를 저지른다.
- 일을 하거나 놀이를 할 때 지속적으로 주의를 집중할 수 없다.
- 다른 사람이 말을 할 때 경청하지 않는 것으로 보인다.
- 지시를 완수하지 못하고, 학업, 잡일, 작업장에서의 임무를 수행하지 못한다. (반항적 행동이나 지시를 이해하지 못해서가 아니다.)
- 과업과 활동을 체계적으로 진행하지 못한다.
- 지속적인 정신적 노력을 필요로 하는 과업(학업이나 숙제 등)에 참여하기를 꺼리

고 싫어하며 저항한다.

- 활동이나 숙제에 필요한 물건(예: 장난감, 학습 과제, 연필, 책, 도구 등)을 잃어버린다.
- 외부 자극에 의해 쉽게 산만해진다.
- 일상적인 활동을 잘 잊어버린다.

(2) 과잉행동-충동성에 관한 다음 증상 중 여섯 가지 이상이 6개월 동안 부적응적이면서 발달 수준에 맞지 않게 지속적으로 나타난다.

● 과잉행동

- 손발을 가만히 두지 못하거나 의자에 앉아서도 몸을 움직인다.
- 앉아 있어야만 하는 교실이나 다른 상황에서 자리를 떠난다.
- 부적응한 상황에서 지나치게 뛰어다니거나 기어오른다. (청소년이나 성인에서는 침착하지 못한 것으로 나타날 수 있다.)
- 조용히 여가 활동에 참여하거나 놀지 못한다.
- '끊임없이 활동하거나' 마치 '무언가에 쫓기는 것'처럼 행동한다.
- 지나치게 말을 많이 한다.

● 충동성

- 질문이 채 끝나기 전에 성급하게 대답한다.
- 차례를 기다리지 못한다.
- 다른 사람의 활동을 방해하고 간섭한다(예: 대화나 게임에 참견한다).

B. 심각한 부주의나 과잉행동-충동 증상이 12세 이전부터 나타난다.

C. 심각한 부주의나 과잉행동-충동 증상이 두 가지 이상의 상황에서 나타난다(예: 학교, 작업장, 가정).

D. 사회적 · 학업적 · 직업적 기능에서 임상적으로 심각한 장애를 초래한다.

E. 이러한 증상은 정신분열증이나 다른 정신증적 장애가 진행하는 중에 나타나는 것이 아니며 다른 정신장애로 더 잘 설명되지 않는다.

(4) 치료

ADHD는 뇌의 기능 장애 때문에 발생하는 것으로 알려져 있어 약물치료를 많이 하며, 그중 흥분제를 가장 많이 처방하여 치료한다. 약물치료 외에는 행동주의기법, 인지행동수정기법, 다중접근 치료 방법 등을 사용한다. 행동주의기법 중에서는 강화를 사용하여 부정적인 행동은 줄이고 긍정적인 행동은 늘리는 행동중재 방법을 많이 사용한다. 인지행동수정기법에서는 자기모니터링(self-monitoring)과 단계적 문제해결과 같은 기술을 사용한다. 다중접근 치료 방법(multimodal treatment)은 약물치료와 병행하여 행동 전략 유형 및 교육적 수정과 같은 중재 방법을 혼합해 사용한다(Mulsow & Lee, 2003).

ADHD 아동을 위해 부모는 이것이 장애라는 생각을 하고, 아이의 문제로 받아들여야 하며, 일관성 있게 양육하고, 계속 말로만 지시하지 말고 행동을 보여 주어야 한다. 또한 부모는 용서하는 것을 연습하고, 아동의 행동에 대해 즉각적인 보상과 피드백을 주되, 자주 강력한 것으로 주어야 한다. 벌을 주기 전에 먼저 격려하고, 문제 상황이 생기기 전에 미리 계획을 세워서 행동하는 것이 효과적이다(Barkley, 1995).

5) 자폐스펙트럼장애

DSM-IV(1994)에서 전반적 발달장애의 넓은 범주에 자폐성 장애(autism)로 분류하여 명명하였던 것을 DSM-5(2013)에서는 자폐스펙트럼장애(autism spectrum disorder)로 통합하여 명명하였다. DSM-5에서는 DSM-IV에서 전반적 발달장애에 포함되었던 자폐성 장애, 소아기 붕괴성 장애, 아스퍼거 장애, 기타 전반적 발달장애를 통합하여 자폐성 발달장애로 규정하였다. DSM-5에서는 네 가지 장애를 증상이 경미한지 혹은 심각한지의 정도만 다를 뿐 연속선상에 존재하는 하나의 장애로 보아 용어를 통합한 것이다(권석만, 2013).

(1) 주요 임상 특성 및 평가

자폐스펙트럼장애는 두 가지의 주된 증상을 보인다. 첫째, 자폐스펙트럼장애는 일상적인 사회적 상호작용에 결함이 있어 대인관계에 필요한 눈 맞춤, 표정, 몸짓 등이 매우 부적절하여 함께 생활하는 부모나 친구와 친밀한 관계를 이루어 나가지 못한다. 둘째, 자폐스펙트럼장애는 제한된 반복적인 행동 패턴을 보여 특정한 패턴의 기이한 행동을 똑같이 반복하며 특정한 대상이나 일에 비정상적으로 고집스럽게 집착하는 행동을 나타낸다. DSM-5에서는 자폐스펙트럼장애를 두 가지 주된 증상의 심각성 정도에 따라 평가한다(권석만, 2013).

자폐스펙트럼장애로 진단받으려면 사회적 상호작용이 어렵거나, 제한된 행동 특성 및 언어지체와 같은 특성이 3세 이전에 나타나야만 한다. 그러나 어떤 경우에는 분명히 정상적으로 발달했음에도 비전형적인 기능을 나타내기도 한다. 발달지체나 지적장애와 같은 다른 아동기 장애와 자폐스펙트럼장애를 구분하는 것이 어려울 수 있기 때문에 유아는 3세나 그 이후까지 자폐를 가진 것으로 진단하지 않는다(Goin & Myers, 2004). 그러나 일찍 발견할수록 조기중재를 통해 자폐스펙트럼장애 유아의 발달적 결과를 증진시킬 수 있으므로 진단은 빠를수록 좋다(Goin & Myers, 2004).

TIP 자폐스펙트럼장애의 진단 기준

A. 다양한 맥락에 걸쳐 사회적 의사소통과 상호작용에서 지속적인 결함을 보인다. 이러한 결함은 현재 또는 과거에서 다음과 같이 나타난다.

- 사회적 · 정서적 상호작용에서 결함이 나타난다. 예를 들면, 다른 사람에게 비정상적인 방식으로 접근하려 하고, 정상적으로 번갈아가며 대화하지 못하며, 다른 사람과 관심사나 감정을 공유하지 못하고, 심한 경우에는 사회적 상호작용을 시작하지 못하거나 그에 반응하지 못한다.
- 사회적 상호작용을 위해 사용하는 비언어적인 의사소통 행동에 결함을 나타낸다. 예를 들면, 언어적이거나 비언어적인 의사소통을 통합하여 사용하지 못하고, 눈맞추기와 몸동작에서 비정상성을 나타내며, 심한 경우에는 표정이나 비언어적 의사소통을 전혀 사용하지 못한다.
- 대인관계를 발전시키고 유지하며 이해하는 데 결함을 나타낸다. 예를 들면, 다양한 사회적 맥락에 맞게 행동을 조율하지 못하고, 다른 사람과 상상적 놀이를 함께 하거나 친구를 사귀는 데 어려움을 나타내며, 심한 경우에는 또래 친구에 대해 전혀 관심을 보이지 않는다.

B. 행동, 흥미 또는 활동에서 제한적이고 반복적인 패턴이 다음 네 가지 중 두 가지 이상의 증상으로 나타난다.

- 정형화된 혹은 반복적인 움직임 동작, 물체 사용이나 언어 사용[예: 단순한 운동의 반복, 장난감을 한 줄로 정렬하거나 물체를 뒤집는 행동, 반향언어(다른 사람의 언어를 무의식적으로 되풀이하기) 사용, 이상한 어구 사용].
- 동일한 것을 고집하고, 일상적인 것에 지나치게 집착하거나 언어적이거나 비언어적 행동의 의식화된 패턴을 나타낸다(예: 작은 변화에 대한 심한 불쾌감, 경직된 사고 패턴, 의식화된 인사법, 매일 동일한 일상 활동을 하거나 동일한 음식을 먹으려 함).
- 매우 제한적이고 고정된 흥미를 지니는 데 강도나 초점이 비정상적이다(예: 독특한 물건에 대한 강한 애착 또는 집착, 과도하게 제한적이거나 고집스러운 흥미).
- 감각적 자극에 대한 과도한 혹은 과소한 반응을 나타내거나 환경의 감각적 측면에 대해 비정상적인 관심을 나타낸다(예: 고통이나 온도에 대해 현저하게 무감각함, 특정한 소리나 재질에 대한 혐오 반응, 특정한 물건을 만지거나 냄새를 맡는 데 집착함, 빛이나 물건의 움직임에 매료됨).

C. 이러한 증상은 어린 아동기에 나타난다.

D. 이러한 증상은 사회적 · 직업적 또는 다른 중요한 기능 영역에 심각한 손상을 초래한다.

E. 이러한 장애는 지적장애나 전반적 발달 지연에 의해 더 잘 설명되지 않는다.

(2) 치료

자폐스펙트럼장애 아동이 나타내는 흥분하는 행동과 떼쓰는 행동의 빈도를 줄이거나 특정 단어의 사용 빈도를 증가시키는 것은 사회적 기능을 향상시키는 것에 비해 비교적 용이하다. 자폐스펙트럼장애 아동의 사회성을 증진시키기 위해 많이 사용하는 방법은 **사회적 이야기**(social stories), **사회성 기술 중재집단**(social skill groups), **관계성 개발 중재**(relationship development intervention) 등이다(Hillman, Snyder, & Neubrander, 2007; 이영 외, 2009, pp. 352-355). 사회적 이야기는 단순하고 읽기 쉬운 이야기로 구성되어 있고, 내용은 다가올 사건이나 상황에 맞추어져 있다. 이 방법은 무엇이, 언제, 어떻게, 왜 일어나는지를 예측하는 데 필요한 구체적인 정보를 자폐스펙트럼장애 아동에게 제공해 줄 수 있도록 만들었다. 읽을 수 있는 자폐스펙트럼장애 아동은 스스로 이야기를 읽게 하지만 그렇지 못한 경우에는 부모나 교사가 읽어 준다(Scattone, Wilczynski, Edwards, &

Rabian, 2002; Hillman, Snyder, & Neubrander, 2007 재인용). 사회성 기술 중재는 사회적 기술을 가르치기 위해 자폐스펙트럼장애가 있는 5~12명의 아동으로 구성하여 치료하는 집단 중재 방법이다. 중재집단은 심리학자나 행동 전문가, 언어치료사, 작업치료사가 주도한다(Hillman, Snyder, & Neubrander, 2007). 관계성 개발 중재는 보상이 이루어지는 상황을 통해 자폐스펙트럼장애 아동에게 사회적 기술을 가르치려는 방법이다. 이 방법은 아동이 자발적으로 사회적 상호작용을 추구하거나 실제로 해 보도록 함으로써 자폐스펙트럼장애 아동을 가르친다(Hillman, Snyder, & Neubrander, 2007).

6) 지적장애

DSM-5에서는 지적장애를 지적기능과 적응기능에서의 결함으로 정의하였다. 지적기능(intellectual functions)은 추리, 문제해결, 계획, 추상적 사고, 판단, 학교에서의 학습 및 경험을 통한 학습이고, 적응기능(adaptive functions)은 가정, 학교, 직장, 지역사회와 같은 다양한 환경에서 의사소통, 사회적 참여, 독립적인 생활과 같은 일상생활을 영위할 수 있는 능력이다(권석만, 2013, p. 562). 그러므로 지적장애를 가진 아동은 전반적으로 지적능력이 떨어져 학업능력이 부진하고, 적응능력도 떨어져 다른 또래 아동에 비해서 사회생활도 미숙하다.

지적장애는 지적기능의 손상 정도에 따라 '가벼운, 중간 수준의, 심한, 아주 심한' 지체의 네 수준으로 분류한다(Mash & Barkley, 2003/2006, p. 275). 가벼운 지적장애(IQ 55~70)는 일반 아동과 별다른 차이가 없어 보이고, 단지 일상생활에서 해결해야 하는 문제 상황에 부딪힐 때 해결하는 속도가 느려 일반 아동보다 더 많은 도움이 필요한 것처럼 보이는 정도로서 가장 많은 지적장애가 이 범위에 속한다. 중간 정도의 지적장애(IQ 40~54)는 학령 전기에 진단되는 경우가 더 많고 두 번째로 많은 지적장애가 이 범위에 속한다. 이 범위에 속한 아동은 다운증후군이나 X 염색체 결함 증후군과 같은 한 가지 이상의 기질적 원인을 나타낸다. 심한 지적장애(IQ 25~39)는 더 심한 손상이 있는데 대부분 한 가지 이상의 기질적 원인을 가지고 있으며, 이 범위에 속한 다수의 아동은 신체나 보행에 문제가 있으며 호흡기나 심장 등에도 문제가 있는 경우가 있다. 아주 심한 지적장애(IQ 25 또는 20 이하)는 일반적으로 아주 초보적인 의사소통 기술만 가르칠 수 있어 평생 동안 보살펴 주어야 한다(Mash & Barkley, 2003/2006, p. 276).

지적장애를 판단하여 분류할 때 실제로 IQ점수에 근거하곤 하는데 표준화된 지능검사에서 IQ 70 미만인 경우를 지적장애로 보는 것이다. 지능지수 이외에 적응기술의 정도를 판단하고자 바인랜드 사회성숙 척도(Vineland social maturity scale)를 사용하기도 한다.

7) 말더듬증

말더듬증은 말을 유창하게 하지 못하는 장애로서 말더듬 장애가 있는 아동은 소리나 단어를 반복하거나 지연하고, 말하기 전에 유난히 주저하며 머뭇거린다. 학령 전기 아동은 발달상 말을 유창하게 하지 못하는 때가 있으며, 대부분 학령 전기의 말더듬증은 자연스럽게 해결된다. 특히 학령 전기에 부모가 아동의 말하기에 지나치게 관심을 가지고 아동이 말하는 것에 비판적인 양육을 할 경우에 아동은 의사소통에 불안을 느껴 말더듬증 문제를 지속시킬 수 있으므로 부모의 주의가 필요하다. 말더듬증은 대부분 2세에서 9세 사이에 진단할 수 있고, 모든 연령층에서 남아의 유병률이 여아보다 4배 정도 더 많다. 성인이 되기 전에 아동기의 심한 말더듬증이 해결되는 경우는 약 50% 정도이다. 성장하면서 말더듬증이 계속 이어질 경우에는 낮은 자존감과 자신감, 사회적 상황의 회피, 자기주장성 부족, 의사소통에서의 불안감을 동반하게 되어 사회생활에 어려움을 갖는다(Coddington & Wallick, 1999/2002, p. 215).

8) 틱장애

틱(tic)은 자신의 의지와는 무관하게 자주, 갑자기, 빠른 속도로 소리를 내거나 근육을 움직이는 반복적인 행동이다. 흔히 틱은 강박적인 생각과 행동을 함께 수반하며, 비교적 자주 과잉행동과 주의산만 및 충동성을 함께 나타내기도 한다(조성연 외, 2010, p. 405). 틱은 스트레스가 있으면 더 심해지고, 차분한 활동을 하는 동안에는 감소되는 경향이 있어 대개 잠자는 중에는 현저히 감소한다. 이는 심리 상태가 틱 증상에 영향을 미친다는 사실을 뒷받침해 준다. 틱 증상을 나타내는 아동의 가정 중에는 부모가 아동에 대해 지나치게 높은 기대를 갖는 경우 혹은 강압적이고 지시적인 가정 분위기인 경우가 많다. 그러므로 아동이 틱 증상을 보일 때 부모는 가정 분위기를 편안하게 해 주고 아동이 느끼는 부담감을 덜어 줌으로써 아동을 이완시켜 주는 것이 무엇보다 중요하다(조성연 외, 2010, p. 406).

흔히 일어나는 단순 운동 틱(motor tic) 장애는 눈 깜빡거리기, 목을 경련하듯이 갑자기 움직이기, 어깨를 움츠리기, 얼굴 찡그리기, 기침하기와 같은 행위를 포함한다. 흔히 일어나는 단순 음성 틱(vocal tic) 장애는 헛기침하기, 꿀꿀거리기, 킁킁거리기, 콧바람불기, 동물의 소리로 짖기를 반복한다. 특히 운동 틱과 음성 틱이 동시에 나타날 때 뚜렛 장애(Tourette disorder)라고 한다.

9) 반항장애

반항장애는 권위에 대한 거부, 도전, 불복종 또는 적대적 행동을 지속적으로 보이는 것이다. 반항장애는 분노하며 짜증내는 기분, 논쟁적이며 반항적인 행동, 복수심의 세 가지 주된 증상으로 이루어져 있다(권석만, 2013). 반항장애는 행동장애 및 ADHD 증상과 많이 중복된다. ADHD와 행동장애에 관한 정보나 관심에 비해 반항장애에 관한 정보는 많이 결여되어 있고, 또 반항장애는 다른 두 장애에 비해 가장 최근에 다시 공식화한 장애이다(Blau, 1995). 반항장애의 주된 증상은 권위를 거부하고 도전하는 적대적인 행동을 하는 것이다. 이러한 거부적이고 도전적인 행동의 표현은 거의 대부분 집에서 나타나며 유아교육기관에서나 지역사회에서는 표출되지 않을 수 있다. 따라서 반항장애의 행동 증상은 잘 알고 있는 어른이나 친구들과의 관계에서 자주 표출되지만 임상적인 관찰 중에는 잘 나타나지 않을 수 있다(이은진, 2005; 채은영, 2003).

반항장애는 8세 이전에 분명하게 나타나며 집에서 잘 아는 사람하고 있을 때만 드러나서 학교나 낯선 대상과 있을 때는 발견되지 않기도 한다. 이는 양육자가 자주 바뀌거나 애정적인 보살핌을 받지 못한 아동 혹은 엄격하고 비일관적이거나 방임적인 가정에서 자란 아동에게서 많이 나타난다(조성연 외, 2010, pp. 399-400). 반항장애는 조기에 문제행동을 치료하지 않으면 이차적으로 사회 · 정서적인 문제를 야기할 수도 있어(이정숙, 백지은, 2001) 청년이나 성인이 되었을 때 반사회적 행동이나 범죄 행위로 이어지기도 한다. 그러므로 반항장애가 있는 아동에 대한 적절한 조기 개입이 필요하다(조영숙, 공마리아, 2003).

TIP 장애 영유아를 위한 부모 및 교사의 역할

장애 영유아를 둔 부모와 이를 교육하거나 돌봐주어야 하는 교사는 영유아의 장애를 인정하는 태도를 지녀야 하고, 장애 영유아를 일반 영유아와 비교해서는 안 된다. 부모와 교사는 장애가 있기 때문에 잘할 수 없는 부분을 받아들이고 도와주어야 한다. 부모는 자녀의 장애를 받아들이기가 장애 영유아를 담당하고 있는 교사보다 더 어려울 수도 있다. 교사는 부모의 이러한 태도를 이해하고 부모가 자녀의 장애를 받아들일 수 있을 때까지 기다려 주고 도와주어야 한다. 또한 부모나 교사는 영유아의 장애가 자신의 양육 태도나 교육 방법 때문에 비롯되었다는 인식을 버리고, 그로 인한 스트레스를 경험하지 않도록 해야 한다.

일반적으로 정상적인 발달을 이루지 못하고 있는 영유아를 돌보는 교사가 가장 먼저 해야 할 일은 영유아의 장애를 조기에 발견하여 적기에 적절한 도움을 제공해 줄 수 있도록 부모와 협력하는 것이다. 이를 위해 부모뿐만 아니라 교사도 장애에 관한 지식을 획득하고 장애 영유아의 행동을 이해할 수 있어야 한다. 그러므로 부모와 교사는 장애 영유아의 행동 특성을 알고 그 행동의 이유를 파악하려고 노력할 필요가 있다. 이를 위해 부모와 교사는 장애와 관련된 다양한 정보를 획득하고 파악할 뿐만 아니라 정서적으로 위안을 받을 수 있도록 인터넷상의 다양한 장애 관련 사이트와 협회 등을 알아 두는 것도 도움이 될 수 있다.

① CHADD(www.chadd.org)

CHADD(Children and Adults with Attention-Deficit/Hyperactivity Disorder)는 미국의 대표적인 비영리 단체로 1987년에 만들어져서 현재 1만 2,000여 명의 회원이 있다. 회원은 대부분 ADHD를 가진 아동과 부모 그리고 치료나 서비스를 제공하는 전문가이다. 매년 ADHD와 관련하여 국제학술대회를 개최하면서 ADHD에 관한 연구 발전에 주도적인 역할을 하고 있으며, ADHD를 가진 사람의 권리를 옹호하고 지지해 주는 역할을 한다.

CHADD가 주관하여 매년 정기적인 국제적 규모로 개최되는 학술대회(Annual International Conference on ADHD)에서는 ADHD 관련 연구 발표, 실제 임상 사례 발표, 공공 정보 공유 등의 활동이 이루어지고 있다. 또한 「주의(Attention)」란 잡지를 격월로 발행하고 있다.

② 꿈내우(cafe.daum.net/ADHDParents)

'꿈을 안고 내일로 가는 우리들' 의 약자로서 2003년 ADHD 자녀를 둔 부모들이 만들어 2014년 현재 약 1만여 명의 회원이 있는 인터넷 카페이다. 이 모임은 ADHD 자녀를 양육하면서 경험하는 어려움을 서로 공유하면서 회원들 간 정서적 지지와 ADHD 관련 지식 및 정보를 공유한다. 매년 1박 2일로 정기 캠프를 개최한다.

③ ADHD 성인용 카페(cafe.daum.net/Attentiondeficit)

ADHD는 유전적인 성향으로 인해 부모가 ADHD일 가능성이 높다. 우리나라에서 성인을 위한 유일한 ADHD 카페 모임이다.

④ (사)한국정서 · 행동장애아교육학회(www.ksebd.org)

ADHD와 관련한 연구가 가장 많이 발표되는 국내 학회 중 하나이다.

⑤ (사)한국자폐인사랑협회(www.autismkorea.kr)

사단법인 한국자폐인사랑협회는 2006년 12월 보건복지부의 인가를 받아 설립된 단체이다. 이 협회는 자폐성장애인과 가족의 권익을 대표하고, 자폐의 영향을 받는 지역사회 구성원의 사회통합과 삶의 질 향상을 위한 복지 사업을 수행하기 위해 만들어졌다. 이 협회는 자문위원단으로 의학 · 법률 · 교육 전문가를 두고 있으며, 자폐성장애를 가진 영유아와 부모에게 다양한 서비스를 제공하고 있다. 이 협회는 매년 여름 캠프와 부모 강연회, 비장애 형제를 위한 프로그램 등 다양한 활동을 실시한다.

TIP 장애 영유아 통합교육

장애 영유아에 대한 통합교육은 단순히 일반 영유아와 장애 영유아가 한 공간에 머무르며 함께 활동하는 것을 넘어서 '포함(inclusion)'의 개념을 강조한다(이정림, 김은영, 엄지원, 강경숙, 2012, p. 21). 포함을 강조하는 통합교육은 장애 영유아의 교육 선택권을 인정하고 공동 구성원(membership)으로서의 동등한 권리를 행사할 수 있어야 하며, 모든 교육 환경에서 장애 영유아도 동등한 소속감을 느낄 수 있어야 한다는 가치를 표방한다(이소현, 박은혜, 2011, p. 50). 즉, 장애 영유아를 일반적인 교실 환경이나 교수-학습 상황에 맞추기보다는 장애 영유아가 유치원이나 어린이집의 교육과 보육 프로그램에서 진정한 구성원이 되어 생활할 수 있도록 환경을 재구조화하거나 조정하는 등의 적극적인 개념의 통합을 의미한다(이정림 외, 2012). 현재 우리나라의 통합교육은 포함의 개념보다는 단순히 물리적으로 합한 수준에서의 통합교육에 가깝다고 할 수 있다. 특수교육과 일반교육이 이분화되어 있고, 2개의 교육체제가 별개의 교육으로 인정되어 교육서비스를 제공하고 있기 때문에 교사들 간에도 공유된 책무성보다는 각자 담당하는 일이 다르다는 인식에 따라 교육을 진행하는 면이 있다(강경숙, 2007; 박승희, 2003; 박승희, 강경숙, 2003; 이소현, 박은혜, 2011). 그러므로 진정한 통합교육을 위해서는 장애 영유아가 각기 다른 교실에 소속되어 일부 활동에만 참여하는 것이 아니라 같은 학급에서 일반 영유아와 함께 하루 일과를 보내며 다양한 활동에 같이 참여할 수 있는 교육적 · 사회적 · 환경적 · 복지적 서비스를 제공해야 한다(김은영, 이소현, 유은영, 송신영, 2007).

참/고/문/헌

강경미(1994). 소아기 우울증: 소아기 우울증의 개관과 발달학적 측면. 소아 · 청소년정신의학, 5(1), 3-11.

강경숙(2007). 장애 학생의 질적 통합을 위한 관련변인 고찰. 한국교육, 34(1), 119-158.

권석만(2013). 현대이상심리학(2판). 서울: 학지사.

김나영, 이승희(2002). 아동임상 및 상담심리. 서울: 동문사.

김은영, 이소현, 유은영, 송신영(2007). 장애 영유아 통합교육 및 통합보육 내실화 방안 연구. 서울: 육아정책연구소.

김은정, 오경자(1992). 발달적 관점에서 본 아동 및 청소년기 우울증상. 소아 · 청소년정신의학, 3(1), 117-128.

박승희(2003). 한국 장애학생 통합교육: 특수교육과 일반교육의 관계 재정립. 서울: 교육과학사.

박승희, 강경숙(2003). 초등학교 학교교육운영계획서에 포함된 장애학생 통합교육 관련 내용 분석. 초등교육연구, 16(1), 423-447.

신민섭, 김민경(1994). 아동기 우울증의 평가. 소아 · 청소년정신의학, 5(1), 12-27.

오은아(1998). 분리불안장애아의 부모놀이치료 사례분석. 놀이치료연구, 2(1), 69-88.

이소현(2003). 장애 유아의 사회적 통합 촉진을 위한 사회-의사소통 능력 증진. 언어청각장애연구, 8(10), 300-325.

이소현, 박은혜(2011). 특수아동교육. 서울: 학지사.

이영, 이정희, 김온기, 이미란, 조성연, 이정림, 유영미, 이재선, 신혜원, 나종혜, 김수연, 정지나(2009). 영유아발달. 서울: 학지사.

이은진(2005). 미술치료가 반항성 장애아동의 공격행동과 가족관계에 미치는 영향. 정서 · 행동 장애연구, 21(3), 243-271.

이정림, 김은영, 엄지원, 강경숙(2012). 장애영유아 통합보육 · 교육 현황과 선진화 방안. 서울: 육아정책연구소.

이정숙, 백지은(2001). 반항성 장애아동의 놀이 치료. 놀이치료연구, 5(1), 83-99.

장은진, 서민정, 정철호(2001). 아동 우울에 관련된 요인 및 부모 우울 간의 관계연구. 소아 · 청소년정신의학, 12(2), 245-255.

정유경(2001). 반응성 애착장애와 자폐장애의 가족 맥락적 특성에 관한 비교연구. 성균관대학교 대학원 석사학위논문.

조영숙, 공마리아(2003). 반항성 장애 아동의 공격적 행동 감소를 위한 미술치료 사례연구. 미술치료연구, 10(2), 321-344.

조성연, 이정희, 천희영, 심미경, 황혜정, 나종혜(2010). 아동발달. 서울: 신정.

채은영(2003). 반항성 장애아동의 놀이치료 사례연구. 놀이치료연구, 8(1), 75-90.

최혜원, 이문수, 임명호, 권호장, 하미나, 유승진, 김은정, 백기청(2012). 소아기 우울장애의 유병률 및 역학적 특성: 자가평가 연구. 소아 · 청소년정신의학, 23(3), 134-142.

현정환(2003). 아동 문제 행동의 이해와 지도. 서울: 창지사.

Accardo, P. J., & Capute, A. J. (1998). Mental retardation. *Mental Retardation and Developmental Disabilities Research Review, 4*, 2-5.

American Psychiatric Association (1994). *Diagnostic and statistical manual of mental disorders* (4th ed.). Washington, DC: Author.

American Psychiatric Association (2013). *Diagnostic and statistical manual of mental disorders* (5th ed.). Washington, DC: Author.

Barkley, R. (1995). *Taking charge of ADHD: The complete, authoritative guide for parents*. New York: Guilford.

Barkley, R. (1997). Behavioral inhibition, sustained attention, and executive functions: Constructing a unifying theory of ADHD. *Psychological Bulletin, 121*(1), 65-94.

Barkley, R. A. (1998). *Attention-deficit hyperactivity disorder: A handbook for diagnosis and treatment* (2nd ed.). New York: Guilford.

Blau, G. M., & Gullotta, T. M. (1995). *Adolescent dysfunctional behavior: Causes, intervention, and prevention*. Thousand Oaks, CA: Sage.

Coddington, R. D., & Wallick, M. M. (2002). 소아정신의학: 아동전문 치료사를 위한 지침서[*Child psychiatry*]. 진혜경, 이경숙, 박영숙 공역. 서울: 학지사. (원저는 1999년에 출판).

Conners, C. K. (1969). A teacher rating scale for use in drug studies with children. *The American Journal of Psychiatry, 126*(6), 884-888.

Gaub, M., & Carlson, C. (1997). Gender differences in ADHD: A meta-analysis and critical review. *Journal of the American Academy of Child and Adolescent Psychiatry, 36*(8), 1036-1045.

Gjone, H., Stevenson, J., & Sundet, J. M. (1996). Genetic influence on parent-reported attention-related problems in a Norwegian general population twin sample. *Journal of the American Academy of Child and Adolescent Psychiatry, 35*(5), 588-596.

Goin, R. P., & Myers, B. J. (2004). Characteristics of infantile autism: Moving toward earlier detection. *Focus on Autism and Other Developmental Disabilities, 19*(1), 5-12.

Goyette, C. H., Conners, C. K., & Ulrich, R. F. (1978) Normative data on Revised Conners Parent and Teacher Rating Scales. *Journal of abnormal Psychology, 6*(2), 221-236.

Heller, S. S., Boris, N. W., Fuselier, S., Page, T., Koren-Karie, N., & Miron, D. (2006). Reactive attachment disorder in maltreated twins follow-up: From 18 months to 8 years. *Attachment & Human Development, 8*(1), 63-86.

Hillman, J., Snyder, S., & Neubrander, J. (2007). *Childhood Autism: A clinician's guide to early diagnosis and integrated treatment.* London, New York: Routledge.

Mash, E. J., & Barkley, R. A. (2006). 아동정신병리(개정판)[*Child psychopathology* (2nd ed.)]. 이현진, 박영신, 김혜리, 정명숙, 정현희 공역. 서울: 시그마프레스. (원저는 2003년에 출판).

Mulsow, M., & Lee, J. (2003). The prevention of long-term problems associated with attention deficit hyperactivity disorder in childhood. In M. Bloom & T. P. Gullotta (Eds.), *Encyclopedia of primary prevention and health promotion* (pp. 207-212). New York: Kluwer/Plenum Academic.

MTA Cooperative Group. (1999). A 14-month randomized clinical trial of treatment strategies for Attention Deficit/Hyperactivity Disorder. *Archives of General Psychiatry, 56*, 1073-1086.

National Institutes of Health (NIH). (1998). Diagnosis and treatment of attention deficit hyperactivity disorder. *NIH Consensus Statement, 16*(2), 1-37. Available from: http://odp.od.nih.gov/consensus/cons/110/110_statement

Robison, L. M., Skaer, T. L., Sclar, D. A., & Galin, R. S. (2002). Is attention deficit hyperactivity disorder increasing among girls in the US?: Trends in Diagnosis and the Prescribing of Stimulants. *CNS Drugs, 16*(2), 129-137.

Scattone, D., Wilczynski, S. M., Edwzrds, R. P., & Rabian, B. (2002). Decreasing disruptive behaviors of children with autism using social stories. *Journal of autism and developmental disorders, 32*(6), 535-543.

Stormont, M. (2001). Social outcomes of children with ADHD: Contributing factors and implications for practice. *Psychology in the schools, 38*, 521-531.

Teeter, P. A. (1998). *Intervention for ADHD: Treatment in developmental context.* New York: Guilford.

Thomas, J. M. (1995). Traumatic stress disorder presents as hyperactivity and disruptive behavior: Case presentation, diagnoses, and treatment. *Infant Mental Health Journal, 16*(4), Special Issue: Posttraumatic stress disorder (PTSD) in infants and young children.

306–317.

Wicks-Nelson, R., & Israel, A. C. (2005). 아동기 행동장애[*Behavior disorders of childhood*]. 정명숙, 손영숙, 정현희 공역. 서울: 시그마프레스. (원저는 2003년에 출판).

찾/아/보/기

❖ 인명 ❖

❖ 내용 ❖

저자 소개

이 영(Lee, Young)
미국 Cornell University, Dept. of Human Development & Family Studies 졸업(Ph.D.)
현 연세대학교 아동·가족학과 명예교수

이정희(Lee, Junghee)
연세대학교 대학원 아동학과 졸업(Ph.D.)
전 우송정보대학 유아교육과 교수

김온기(Kim, Ongi)
연세대학교 대학원 아동학과 졸업(Ph.D.)
현 푸르니보육지원재단 상임이사

이미란(Lee, Miran)
연세대학교 대학원 아동학과 졸업(Ph.D.)
현 동양대학교 유아교육과 교수

조성연(Cho, Songyon)
연세대학교 대학원 아동학과 졸업(Ph.D.)
현 호서대학교 유아교육과 교수

이정림(Lee, Jeongrim)
미국 Texas Tech University, Dept. of Educational Psychology 졸업(Ph.D.)
현 육아정책연구소 연구위원

박신진(Park, Shinjin)
연세대학교 대학원 아동·가족학과 졸업(Ph.D.)
현 연세대학교 심바이오틱라이프텍 연구원 전문연구원

유영미(Ryu, Youngmi)
연세대학교 대학원 아동 · 가족학과 졸업(Ph.D.)
현 서경대학교 아동학과 교수

이재선(Lee, Jaesun)
연세대학교 대학원 아동 · 가족학과 졸업(박사과정 수료)
현 숭실사이버대학교 아동학과 외래교수

신혜원(Shin, Hyewon)
연세대학교 대학원 아동 · 가족학과 졸업(Ph.D.)
현 서경대학교 아동학과 교수

나종혜(Rha, Jonghay)
미국 Pennsylvania State University, Dept. of Human Development & Family Studies 졸업(Ph.D.)
현 한남대학교 아동복지학과 교수

정지나(Chung, Jeenha)
연세대학교 대학원 아동 · 가족학과 졸업(Ph.D.)
현 신한대학교 유아교육과 교수

문영경(Moon, Youngkyung)
연세대학교 대학원 아동 · 가족학과 졸업(Ph.D.)
현 대전대학교 아동교육상담학과 교수

영유아발달(개정판)

Infant and Early Childhood Development(Revised and updated edition)

2017년 3월 20일 1판 1쇄 발행
2024년 3월 25일 1판 6쇄 발행

지은이 • 이 영 · 이정희 · 김온기 · 이미란 · 조성연
이정림 · 박신진 · 유영미 · 이재선 · 신혜원
나종혜 · 정지나 · 문영경

펴낸이 • 김 진 환

펴낸곳 • (주) 학지사
04031 서울특별시 마포구 양화로 15길 20 마인드월드빌딩 5층

대표전화 • 02) 330-5114 팩스 • 02) 324-2345

등록번호 • 제313-2006-000265호

홈페이지 • http://www.hakjisa.co.kr
인스타그램 • https://www.instagram.com/hakjisabook

ISBN 978-89-997-1175-6 93370

정가 20,000원

저자와의 협약으로 인지는 생략합니다.
파본은 구입처에서 교환하여 드립니다.